PERSONAS JURÍDICAS

EDICIONES UNIVERSIDAD CATÓLICA DE CHILE
Vicerrectoría de Comunicaciones y Extensión
Casilla 114-D Santiago, Chile
Fax (56-2)- 635 4789
E-mail: mriverv1@puc.cl

PERSONAS JURÍDICAS
Alberto Lyon Puelma

Marzo 2003
I.S.B.N. 956-14-0675-6

Primera edición:1.500 ejemplares
Diseño: Paulina Lagos e Isabel del Río
Impresor: Salesianos

C.I.P.- Pontificia Universidad Católica de Chile
Lyon Puelma, Alberto
Personas Jurídicas / Alberto Lyon Puelma
Incluye notas bibliográficas
1. Personas Jurídicas-Chile.
I. t.
2002 346.8306 dc.21 RCA2

Lecciones

PERSONAS JURÍDICAS

Abuso de la Forma – Gobierno Corporativo y Responsabilidad
Derechos y Obligaciones de los Miembros – Divisiones
Fusiones – Conflictos de Interés – Control

Alberto Lyon Puelma

Profesor de Derecho Civil

Pontificia Universidad Católica de Chile

EDICIONES
UNIVERSIDAD
CATÓLICA
DE CHILE

SUMARIO

CAPÍTULO PRIMERO

INTRODUCCIÓN

CAPÍTULO SEGUNDO

CONCEPTO Y ALCANCE DE LA PERSONALIDAD JURÍDICA

SECCIÓN PRIMERA
PROBLEMAS DE APLICACIÓN DE NORMAS

SECCIÓN SEGUNDA
EL ABUSO DE LA FORMA DE LA PERSONA JURÍDICA

CAPÍTULO TERCERO

CLASIFICACIÓN DE LAS PERSONAS JURÍDICAS

SECCIÓN PRIMERA

PERSONAS JURÍDICAS DE DERECHO PÚBLICO

SECCIÓN SEGUNDA

PERSONAS JURÍDICAS DE DERECHO PRIVADO

CAPÍTULO CUARTO

CONSTITUCIÓN, ESTRUCTURA Y RELACIONES INTERNAS DE LAS PERSONAS JURÍDICAS

SECCIÓN PRIMERA

PARTE GENERAL

SECCIÓN SEGUNDA

PARTE ESPECIAL

I. Sociedades anónimas

II. Sociedades colectivas

III. Las corporaciones

IV. Las sociedades cooperativas

V. Comunidades y asociaciones de canalistas

CAPÍTULO QUINTO

VOLUNTAD Y ADMINISTRACIÓN DE LAS PERSONAS JURÍDICAS

INTRODUCCIÓN

SECCIÓN PRIMERA

LA ASAMBLEA DE SOCIOS O JUNTA DE ACCIONISTAS

PARTE GENERAL

PARTE ESPECIAL

SECCIÓN SEGUNDA

EL ÓRGANO ADMINISTRADOR O DE GOBIERNO DE LAS PERSONAS JURÍDICAS

PARTE GENERAL

PARTE ESPECIAL

I. Sociedades anónimas

II. Sociedades colectivas

III. Sociedades cooperativas

IV. Las comunidades y asociaciones de canalistas

V. Las corporaciones

SECCIÓN TERCERA

FORMACIÓN DE LA VOLUNTAD COLECTIVA

SECCIÓN CUARTA

RÉGIMEN DE QUORUM Y MAYORÍAS EN LOS ÓRGANOS COLEGIADOS DE LAS PERSONAS JURÍDICAS

CAPÍTULO SEXTO

PATRIMONIO DE LAS PERSONAS JURÍDICAS

SECCIÓN PRIMERA

CONCEPTOS GENERALES

SECCIÓN SEGUNDA

DIVISIÓN DE SOCIEDADES

A. DIVISIÓN Y DISTRIBUCIÓN DE CUENTAS PATRIMONIALES

SECCIÓN PRIMERA

LOS ACTOS O CONTRATOS CELEBRADOS POR LA ENTIDAD CON PERSONAS RELACIONADAS

SOCIEDADES ANÓNIMAS

OTRAS SOCIEDADES QUE NO SEAN ANÓNIMAS

SECCIÓN SEGUNDA

CUESTIONES QUE DEBAN RESOLVERSE ENTRE LOS ACCIONISTAS Y ENTRE ÉSTOS Y LA SOCIEDAD SOBRE LA BASE DEL PRINCIPIO MAYORITARIO

SECCIÓN TERCERA

EFECTOS DE LAS INFRACCIONES A LOS ARTÍCULOS 44 Y 89 DE LA LEY 18.046 Y DEL ABUSO DEL PRINCIPIO MAYORITARIO RESPECTO AL CONTRATO DE SOCIEDAD

CAPÍTULO OCTAVO

EXTINCIÓN DE LA PERSONALIDAD JURÍDICA

CAPÍTULO PRIMERO

INTRODUCCIÓN

1. CATEGORÍAS JURÍDICAS

Todo ordenamiento jurídico se encuentra organizado y se desenvuelve alrededor de unos cuantos conceptos fundamentales «que tienen la propiedad de ser, no resultados, sino instrumentos de la ciencia jurídica, no generalizaciones casuales de fenómenos jurídicos empíricos, sino categorías imprescindibles del pensamiento jurídico».[1]

En otras palabras, son conceptos que la misma ciencia jurídica ha construido para alcanzar por su intermedio los resultados que se propone. Como tales, no nacen de la observación de la realidad empírica ni constituyen tampoco el resultado de sucesivas apropiaciones o elaboraciones abstractas de relaciones humanas, son formas puras, carentes de todo juicio valorativo que no sea la utilidad que prestan para una organización abstracta de las normas de conducta.[2]

Así, por ejemplo, no puede pensarse en orden jurídico alguno que no estructure las relaciones jurídicas sobre la base de derechos y deberes. A su vez, no cabe pensar en derechos y deberes sin sujetos en quien residan o sin objetos a que referirse.

La noción de persona es uno de estos conceptos fundamentales en que descansa la ciencia del derecho. Es uno de los métodos de ordenación de nuestra conciencia jurídica. Sólo mediante su intervención se puede entender que una cuestión concreta pueda articularse y proyectarse dentro de la totalidad del Derecho.

---

(1) RADBRUCH, Gustavo, *Filosofía del Derecho*, (Editorial Revista de Derecho Privado, 4ª. edición, año 1959), pág. 50.

(2) STAMBLER, Rudolf, *Tratado de Filosofía del Derecho*, (Editorial Reus S.A., 1ª. edición, año 1930), pág. 289 y siguientes, contiene un amplio desarrollo del tema relativo a Categorías Jurídicas.

2. LA NOCIÓN DE PERSONA

En el lenguaje corriente, la palabra persona sugiere de manera inmediata y directa al hombre de carne y hueso, al ser humano. Sin embargo, desde el punto de vista jurídico, el término persona no indica una cosa o entidad que posea una existencia natural, así como tampoco desde el punto de vista del derecho podemos concebir sólo al hombre como esa unidad específica que denominamos persona.

Persona y hombre son conceptos sustancialmente diferentes. La palabra hombre da cuenta de una realidad. El concepto de persona da cuenta de una abstracción jurídica que expresa solamente el centro de convergencia de un conjunto de derechos y obligaciones. Por eso se define corrientemente a la persona como una entidad capaz de adquirir (centro de convergencia) derechos y obligaciones.

La personalidad es, en consecuencia, un producto del orden jurídico que este puede ligar a cualquier sustrato de base estable. El hombre es persona, no por su naturaleza, sino por obra del Derecho. No necesariamente el hombre debe estar dotado de personalidad así como tampoco necesariamente debe ser la única cosa o entidad que sea considerada por el derecho como persona. La historia nos da un vivo testimonio de lo aseverado. Ella demuestra que por largo tiempo hubo una clase de hombres a los que se les negaba la calidad de sujetos de derecho, los esclavos. Es más, hasta hace poco tiempo la personalidad podía perderse por la muerte civil. El artículo 95 de nuestro Código Civil, hoy derogado, decía: «Termina también la personalidad, relativamente a los derechos de propiedad, por la muerte civil, que es la profesión solemne, efectuada conforme a las leyes, en instituto monástico, reconocido por la Iglesia Católica».

Por otra parte, es perfectamente posible y en nada afecta al derecho desde un punto de vista técnico que este le reconozca personalidad, esto es, la posibilidad de ser titular de derechos y deberes a otras entidades distintas del hombre. En el Derecho Romano se admitía que algunos dioses, como Apolo, Júpiter, etc. (Vep. 22.6), fueran instituidos herederos; y durante la Edad Media fueron reconocidas como válidas las disposiciones en favor de Jesucristo, de la Virgen, de los ángeles, etc.

No obstante lo anterior, existe en la doctrina una cierta inclinación a identificar el concepto de personalidad con el hombre real de carne y hueso. Se tendió a aceptar como un hecho indudable que el hombre era persona no por creación del derecho sino por su naturaleza intrínseca, como si desde el día en que fue creado hubiese traído consigo la noción jurídica de la personalidad. Esto motivó que se mantuviera en la atmósfera del pensamiento jurídico la idea de que la personalidad del hombre no era un concepto creado y construido por el derecho, en circunstancias que la personalidad de las asociaciones humanas sí lo era.[3] Pero esta creencia no resulta efectiva. La personalidad jurídica individual es un concepto creado por el Derecho de la misma manera como lo es la personalidad del ente colectivo. La personalidad es una misma tanto para el hombre como para las asociaciones y en ambos casos la han obtenido así como podrían obtenerla otras entidades.

(3) Por ello, la personalidad de las asociaciones humanas debía ser concebida como una ficción, dado que difícilmente podrían éstas tener una existencia real o tangible como la del hombre de carne y hueso.

En este sentido hay autores que han sostenido que «no hay diferencia alguna entre la personalidad jurídica individual y la colectiva; desde el punto de vista del derecho, es irrelevante que el sustrato de la personalidad jurídica sea una persona humana única o una pluralidad de personas unificadas idealmente por el orden jurídico. Como es irrelevante también que esta pluralidad de personas constituye a su vez, o no, una «persona» o incluso se trate de una entidad que deba a la ley su realidad».[4]

Sin embargo, debemos advertir –para templar la omnipotencia formal del derecho– que el orden jurídico es «la norma de convivencia humana, es un producto del espíritu humano y por consiguiente, tiene siempre por objeto el desarrollo y la garantía de los intereses sociales.[5] No se puede negar que toda personalidad jurídica (individual o colectiva) presupone «ontológicamente el momento formal y abstracto de la persona humana: un ser con dignidad, un ser que es sujeto y no objeto, que posee libertad y sobre el cual gravita un destino».[6]

3. SUSTRATO DE LA PERSONALIDAD

Establecido que la personalidad es una forma jurídica y no un ente en sí, nos ocuparemos de los distintos sustratos a los que el Derecho o la doctrina moderna le atribuyen o sugieren atribuirle personalidad, esto es, la calidad de sujetos de derecho.

a) El hombre

En primer lugar, sujeto de derecho es el hombre y lo es como el más inmediato y único portador originario de derechos subjetivos. La personalidad es un atributo del hombre en cualquier condición que este se encuentre: enfermo, baldado, angustiado, loco, ajusticiado, anciano o infante. Nada importa, puede hallarse imposibilitado de ejercer sus derechos, pero los tiene. En este sentido, es exacto lo que sostiene Radbruch:[7] «El hombre no es persona en cuanto ser únicamente compuesto de cuerpo y alma, sino porque él, ante el parecer del orden jurídico, se manifiesta como un fin en sí». El hombre no es otra cosa que la unidad de la vida jurídica,[8] y toda persona reconocida por el Derecho debe necesariamente estar integrada por hombres o por intereses humanos. El fin del Derecho es el hombre, de suerte que resulta inconcebible desde el punto de vista lógico que el sustrato de la personalidad jurídica pudiere estar constituido por algo que fuere ajeno al hombre o a sus intereses.

b) Asociaciones humanas

En segundo lugar, sujeto de derecho es también un conjunto de asociaciones humanas a las cuales el derecho positivo les reconoce u otorga personalidad jurídica. En estos casos,

(4) LEGAZ y LACAMBRA, *Introducción a la Ciencia del Derecho*», (Editorial Bosch, Barcelona, 1943), pág. 514.
(5) FERRARA, Francisco, *Teoría de la Persona Jurídica*, (Editorial Bosch, Barcelona, 1943), pág. 154.
(6) LEGAZ y LACAMBRA, op. cit., pág. 511.
(7) RADBRUCH, op. cit., pág. 172
(8) FERRARA, Francisco, op. cit., pág. 336.

el sustrato real que se encuentra detrás de estos entes colectivos es siempre una asociación, es decir, una pluralidad más o menos variable de individuos o de intereses humanos. Ferrara ha definido la personalidad jurídica como «la vestidura orgánica, con la que ciertos grupos de hombre o establecimientos se presentan en la vida del derecho, es la configuración legal que asumen para participar en el comercio.[9]

Es necesario advertir que no necesariamente toda asociación de individuos goza de personalidad jurídica. Sólo lo hacen aquellas creadas bajo la forma que el Derecho Positivo considera para atribuir tal beneficio. No obstante, el sustrato de unas y otras es siempre el mismo. En este sentido, la única diferencia esencial que existe entre un club social y una corporación es que el primero no goza de personalidad jurídica y la segunda sí. Sin embargo, es necesario considerar que existen muchos intereses humanos que no son únicamente del individuo sino comunes a un grupo de seres humanos y que solo pueden satisfacerse por la cooperación ordenada y duradera de esa pluralidad. Este objetivo se puede conseguir desde luego de forma que todos los individuos asociados sean sujetos de los derechos subjetivos y de las obligaciones: Asociaciones sin personalidad jurídica. «Pero entonces la unión o conjunto se halla en situación dependiente de las personalidades individuales, lo cual constituye un obstáculo para el logro de fines permanentes».[10] Por tal motivo, el Derecho consagra una alternativa que en cierto sentido es opuesta a la anterior, puesto que gozando del beneficio de la personalidad jurídica, en realidad, cada individuo se subordina a la totalidad desde el momento que las fuerzas de cada cual operan en una dirección determinada por el fin de la asociación, y por ende la voluntad de la asociación está o pasa a estar digamos que por sobre la voluntad de los individuos que la conforman.

c) El patrimonio

El patrimonio es una operación conceptual que designa solamente un conjunto de bienes vinculados al pago de un conjunto de obligaciones. Como tal, no es un concepto jurídico autónomo sino dependiente del concepto de obligación,[11] toda vez que la razón de su tratamiento unitario por parte de la legislación positiva es la de colocar a un conjunto de bienes como adscritos al pago de un conjunto de obligaciones o lo que es igual la de «servir de vinculación entre ciertos bienes y ciertas obligaciones y responsabilidades que están llamados a satisfacer».[12] El concepto de patrimonio surge entonces con motivo del derecho de prenda general de los acreedores. Nace por aplicación del artículo 2465 del Código Civil desde el momento que toda obligación personal da al acreedor el derecho de perseguir su ejecución sobre todos los bienes raíces o muebles del deudor, sean presentes o futuros.

Ahora bien, existen numerosas doctrinas y concepciones sobre el patrimonio, pero, a pesar de que la discusión ha durado por lo menos cien años, ninguna de las concepciones

(9) FERRARA, Francisco, op. cit., pág. 342.

(10) ENNECCERUS, Ludwig, *Derecho Civil. Parte General*, tomo I (Editorial Bosch. Buenos Aires, 1948), pág. 436.

(11) BUSTAMANTE, Luis, *El Patrimonio, Dogmática Jurídica* (Editorial Jurídica de Chile, Santiago, 1979), pág. 17

(12) STITCHKIN, David, *Curso de Derecho Civil Profundizado* («Teoría General del Patrimonio», Santiago, 1974), pág. 13.

en boga ha podido excluir a las otras, fundamentalmente porque ninguna tiene toda la razón y ninguna está totalmente equivocada. Cada una ha partido desde una visión parcial de las cosas, lo que ha provocado que todas ellas hayan interpretado correctamente la realidad, pero ninguna toda la realidad.

Bonelli ha sido el autor de una de esas teorías. Aquella que considera al patrimonio como el sustrato de la personalidad jurídica de derecho privado. Para este autor, «las relaciones jurídicas de derecho privado se dan siempre entre unidades patrimoniales, en el interior de las cuales no sólo el individuo humano, solo o asociado con otros individuos, es parte integrante, sino que, a veces, representa únicamente un instrumento para relaciones de acción, o bien un investido temporal que saca provecho del patrimonio, el cual existe para un fin que trasciende su individualidad.»[(13)] El investido temporal no es otro que el sujeto que administra y que, en ocasiones, se contrapone al sujeto que goza el que puede incluso faltar.[(14)] Este autor sostiene en otras palabras que lo que tienen de común las personas naturales y los distintos tipos de personas jurídicas es el concepto de patrimonio, lo que hace pensar que el único sustrato verdaderamente importante de la personalidad es éste.

La tesis de Bonelli es, en cierto sentido, correcta. El patrimonio también sirve de sustrato para la personalidad jurídica de derecho privado. La tesis de Bonelli permite explicar a la perfección numerosas figuras jurídicas que no podrían entenderse sin recurrir a la doctrina en comentario. Las fundaciones de beneficencia pública no son asociaciones y no tienen miembros, de suerte que su sustrato no es otro que su patrimonio. Sin la teoría de Bonelli habría resultado difícil, por no decir imposible, explicar la naturaleza jurídica de las fundaciones. Por otra parte, los fondos mutuos y los fondos de pensiones, que desde el punto de vista formal carecen de personalidad jurídica, en el fondo son titulares de derechos y obligaciones y participan en la vida jurídica y económica tal como si fueran personas que actúan representadas por otras, las que en estos casos son las Sociedades Administradoras de Fondos Mutuos o Fondos de Pensiones.

4. TEORÍAS QUE EXPLICAN LA NATURALEZA JURÍDICA DE LAS PERSONAS MORALES

Tanto para la ciencia del derecho como para nuestra legislación positiva, resulta evidente que lo que se encuentra detrás de la personalidad natural es el hombre, esto es, un individuo de la especie humana cualesquiera sea su edad, sexo, estirpe o condición; y también les resulta evidente que no pueden desprenderse del hombre o de sus intereses para construir el estatuto jurídico que reglará todos los atributos de la personalidad natural y todos los derechos que aseguran al hombre el goce de esa personalidad. Luego, en la construcción jurídica del estatuto de las personas naturales, que en definitiva abarca prácticamente todo el derecho, no sólo se considera la personalidad natural como una noción abstracta y técnica sino que se penetra hasta encontrar su sustrato que es el hombre en sí mismo y también en sus intereses morales y económicos. Y así veremos, por ejemplo, que los contratos que celebren las «personas» pueden ser anulados por fuerza o dolo, lo que

(13) DE DIEGO, Clemente, *Instituciones de Derecho Civil Español*, (Madrid, 1959, tomo I), pág. 285.
(14) BUSTAMANTE, Luis, op. cit., págs. 36 y 37.

supone necesariamente al hombre concreto de carne y hueso y no una noción abstracta y técnica de la persona como mero sujeto de derechos y obligaciones.

Pero para la ciencia del derecho y para nuestra legislación positiva, si bien a estas alturas resulta claro que es lo que se encuentra detrás de la persona jurídica, de manera alguna existe acuerdo en orden a determinar si ello debe ser considerado para construir el estatuto jurídico que reglará los atributos de las personas morales y su forma de actuar en la vida jurídica. No existe acuerdo en orden a si se puede penetrar la persona jurídica hasta encontrar al hombre que se encuentra detrás del velo corporativo, con todos sus intereses morales y económicos. No existe acuerdo en cuál es la forma que debe revestir dicha penetración. En fin, existen numerosas preguntas, interrogantes, que no son susceptibles de una respuesta única, puesto que, en el fondo, existen diversas maneras de abordar el problema.

No obstante, la tarea parte por desentrañar la naturaleza jurídica de las personas morales. Esto significa que se debe tener una respuesta clara cuando se trata de explicar qué es una persona jurídica. Las respuestas han sido, ciertamente, abundantísimas en la doctrina jurídica y ellas se han venido multiplicando y entrelazando (sobre todo entrelazando) con fecundidad. En su elaboración, han intervenido –al decir de Ferrara– los más preclaros nombres del mundo jurídico.

El problema de la personalidad jurídica tiene estrechísima relación con el del derecho subjetivo. Los elementos del derecho subjetivo sólo encajan inmediatamente cuando su titular es un hombre de carne y hueso. Cuando se trata de personas jurídicas, es difícil encontrar el sujeto a quien le corresponde el poder jurídico.(15)

5. TEORÍA DE LA FICCIÓN

Esta teoría, que tiene sus orígenes en el derecho romano(16) y que debe principalmente a Savigny(17) su empadronamiento en la ciencia jurídica moderna, parte del supuesto, también enunciado por el mismo autor, que el derecho subjetivo es un poder atribuido a una voluntad y que en tal sentido sólo el hombre puede ser naturalmente sujeto de derechos en cuanto es el único ente que puede tener razón y voluntad. Por ello, la capacidad de goce o de derecho sólo le pertenece naturalmente a él y sólo a él.

Sin embargo –agrega Savigny–, el derecho positivo puede modificar esta regla natural y «considerar la capacidad jurídica en relación con otros seres **ficticios a los cuales se les llama personas jurídicas, es decir, personas** que no existen sino para fines jurídicos y que aparecen al lado del individuo como sujetos de las relaciones de derecho».(18). En otras palabras, el derecho positivo modifica el principio natural de que sólo el hombre puede ser sujeto de derechos y le atribuye «personalidad», esto es, capacidad de goce, a entes artificiales, ideales o ficticios, que no son el hombre y cuya capacidad no es natural sino artificial, creada por el derecho.

(15) Véase sobre el particular a ENNECCERUS, op. cit., volumen primero, pág. 292.

(16) La teoría fue iniciada por Sinibald Fieschi (Inocencio IV, desde 1243).

(17) SAVIGNY, Federico Carlos, *Sistema del Derecho Romano Actual*» (F. Góngora y Compañía Editores, Madrid 1872), págs. 59 y 55.

(18) Ibíd.

Estos entes ficticios a los cuales la ley atribuye personalidad no descansan, «ni en uno de sus miembros individualmente considerado, ni aún en todos sus miembros, sino en un conjunto ideal».[19] Y agrega Savigny[20] que «en realidad, el total de los miembros que la componen, difiere esencialmente de la corporación misma».

Se concluye entonces que la persona jurídica o ficticia sólo tiene por sustrato algo que no existe realmente más que en la imaginación, pues, como se ha visto, para Savigny, el sustrato no es ni uno de sus miembros ni el total de sus miembros juntos. «Lo que se considera como sujeto jurídico de los bienes, lo que es fingido como persona no es más que el fin general que les está asignado»,[21] aunque se debe reconocer que para los más teóricos y abstractos partidarios de esta misma doctrina de ficción, la creación de la persona jurídica es creación de la nada.[22]

La teoría de la ficción sienta dos principios fundamentales:

a) La entidad ficticia a la cual se atribuye personalidad jurídica y, en consecuencia, capacidad de derecho, no equivale ni a sus miembros individualmente considerados ni a la suma total de ellos, por lo que se debe concluir, también, que el sustrato de la entidad no reconoce fundamento en ellos;

b) En realidad, el sustrato, o es el fin que le está asignado a la persona jurídica o, simplemente, es la nada.

No obstante, la doctrina de la ficción se armoniza con una opinión posterior. «En la corporación, se dice, el sustrato es una universitas personarum (universalidad de personas) entendiendo unas veces la suma de miembros actuales, otras la totalidad de los miembros presentes y ficticios, otras la ideal unidad de la totalidad; en las fundaciones el sustrato es una universitas bonorum (universalidad de bienes), un patrimonio».[23]

Esta opinión, si bien reconoce que el sustrato de las personas jurídicas está constituido por las personas o por los bienes, según sea el caso, no concibe ni a unas ni a otros de una manera concreta sino formando parte de una «universalidad», lo que constituye también un concepto jurídico, puesto que ésta es, por definición, una entidad distinta a los bienes o personas que la conforman.

De los postulados mencionados se extraen las siguientes consecuencias prácticas:

1º. El nacimiento y la extinción de las personas jurídicas depende de la voluntad o autorización del poder estatal. Ello resulta del hecho de que las personas jurídicas no son seres reales sino meras creaciones intelectivas de la ley. Por lo anterior, Savigny concluye que para el nacimiento de las personas jurídicas «no basta el acuerdo de muchos individuos o la voluntad del fundador, sino que además es requisito necesario la autorización del poder supremo del Estado, autorización tácita o expresa, resultado de un reconocimiento formal o de una tolerancia manifiesta, todo lo cual se considera como regla general».[24] Fundamenta, además, la necesidad de la autorización estatal, en el peligro que significa abandonar en favor de las voluntades individuales la posibilidad de crear personas jurídicas, puesto que –señala– sería arrojar seguramente sobre el estado del derecho

(19) SAVIGNY, op. cit., pág. 60.
(20) Ibíd.
(22) Ibíd.
(23) FERRARA, *Teoría de la Persona Jurídica*, op. cit., pág. 128.
(24) SAVIGNY, op. cit., párrafo LXXXIX, págs. 83 y 84.

una grande incertidumbre, sin hablar de los abusos que podrían traer consigo si eran fraudulentos.»(25)

Una vez constituida la persona jurídica –agrega Savigny– no debe disolverse por la voluntad sola de sus miembros actuales, porque su existencia es independiente de la primera; sino que es necesaria aquí la autorización del poder supremo, tanto más cuanto que, de otra parte, las personas jurídicas pueden ser disueltas por la exclusiva decisión de la autoridad, no obstante la voluntad de sus miembros, si llegaren a comprometer la seguridad o los intereses del Estado».(26)

2º. Por ser la persona jurídica una entidad distinta que la de sus miembros, individual o colectivamente considerados, es inadmisible sostener que la persona ficticia muere a su vez por la falta de todos ellos, pues descansa sobre un interés público y permanente. Y por esto, «el cambio total o parcial de sus miembros no toca a la esencia ni a la unidad de la corporación.»(27)

3º. «La propiedad del mismo modo que los derechos de otra naturaleza pertenecen a la persona jurídica considerada como unidad, y los miembros no tienen parte alguna estimados individualmente».(28)

4º. Y porque la persona jurídica es un ser ficticio que no existe, y que sólo descansa en el fin o en los miembros presentes o futuros procede la devolución al Fisco del patrimonio de la persona extinguida.(29)

5º. Y como en realidad, el total de los miembros que componen la corporación difieren esencialmente de la corporación misma, cuando «se reunieran para obrar, esto no sería un acto del ser ideal a quien llamamos persona jurídica».(30) En otras palabras, las personas jurídicas carecen de voluntad y de razón y, por consiguiente, de la posibilidad de actuar por sí mismas. Para ello es menester que actúen por medio de representantes; y aún la voluntad de todos los miembros de la corporación reunidas en asamblea no sería la voluntad de la corporación sino la de sus representantes.

6º. En cuanto a la responsabilidad criminal de las personas jurídicas, Savigny(31) ha dicho que «el derecho criminal considera al hombre natural, es decir, a un ser libre, inteligente y sensible: la persona jurídica, por el contrario, se encuentra despojada de estos caracteres, siendo sólo un ser abstracto capaz de goce, y que el derecho criminal no podría mezclarse en su esfera de acción; la realidad de su existencia se funda sobre las determinaciones de representantes que, en virtud de una ficción, son consideradas como sus propias determinaciones; y una representación parecida, que excluya la voluntad propiamente dicha, puede tener efecto en cuanto al derecho civil, nunca en cuanto al derecho penal». Luego, las personas jurídicas son incapaces de responsabilidad criminal. Y esto se confirma aun más para la teoría de la ficción, porque, siendo el único fundamento de la creación del ente, el bien común, la autorización del Estado para la actuación de ellas por medio de sus

(25) Ibíd., pág. 85.
(26) Ibíd., pág. 86.
(27) Ibíd., págs. 87 y 64.
(28) Ibíd., pág. 90.
(29) FERRARA, op. cit. *Teoría de la Persona Jurídica*, pág. 133.
(30) SAVIGNY, op. cit., pág. 89.
(31) Ibíd., pág. 106.

representantes, se restringe sólo al ámbito de los actos lícitos, nunca a los ilícitos. En otras palabras, por los actos ilícitos responden criminalmente las personas naturales que directamente hayan intervenido en ellos.

7º. En cuanto a la responsabilidad civil por los delitos o cuasidelitos civiles y criminales, Savigny considera que no se le puede imputar responsabilidad a la persona jurídica misma, toda vez que el delito o cuasidelito importa siempre «dolo» o «culpa», y, en este sentido, «no se les puede imputar más a las personas jurídicas que a los impúberes o incapaces».(32) En consecuencia, las personas jurídicas carecen de responsabilidad civil por los delitos o cuasidelitos de sus representantes u órganos de administración, aún cuando ellos manifiesten que obraban en su representación. Pero las personas jurídicas son responsables y por tanto deben devolver o restituir el beneficio que les hubiere reportado el fraude de sus jefes o miembros directivos.(33)

8º. En cuanto a la responsabilidad contractual de las personas jurídicas, Savigny ha sostenido que no puede dejar de aceptarse o instituirse porque las obligaciones y derechos que nacen de los actos o contratos le son imputadas en virtud de su capacidad de goce y de las actuaciones de sus representantes dentro de sus facultades. Y resulta también responsable por el dolo o culpa cometido por sus representantes en uno de los contratos; y ello porque –según señala– «se trata de una modificación inseparable de la obligación principal, y la voluntad de la persona jurídica es tan indiferente como la de una persona natural cuyo apoderado hubiese cometido en un contrato dolo o una falta cualquiera».(34)

El gran problema de la teoría de la ficción es que creyó ver un mero artificio ahí donde existía una realidad concreta. Y a fuerza de considerar artificial y ficticia la personalidad jurídica, estableció sobre esa base una serie de consecuencias prácticas que no se justificaban ni eran convenientes. El primer gran postulado desde el cual Savigny desprende el carácter artificial de las personas jurídicas es el hecho de que, en realidad, el hombre es el único sujeto de derechos, pues es el único que puede tener voluntad. «Ahora bien, esto no es verdad, porque si tal debiéramos admitir, procedería lógicamente negar la subjetividad de los niños y de los locos. Puesto que estos seres no tienen voluntad no deberían tampoco tener derechos».(35) Y si es verdad que el hombre no es el único sujeto de derechos, ¿quién es en realidad el que está detrás de la persona jurídica? La teoría de la ficción renuncia a determinarlo y aún llega a confesar su inexistencia. Esto lo hace llegar a consecuencias inexactas. «Ante todo crea un falso concepto de reconocimiento legal de las personas jurídicas, que interpreta como creación ex nihilo y concesión de un privilegio, siendo así que, por el contrario, tiene un diverso valor jurídico. Esto conduce a la idea desastrosa en materia de asociaciones de que el legislador tiene un arbitrio ilimitado en la concesión o denegación de la personalidad y puede caprichosamente suprimir las corporaciones reconocidas».(36) «Además, acentúa marcadamente el divorcio entre el ente colectivo y sus miembros: los unos son extraños al otro; éste es independiente de aquellos; no

(32) SAVIGNY, op. cit., pág. 109.
(33) SAVIGNY, op. cit., pág. 110.
(34) SAVIGNY, op. cit., pág. 109.
(35) FERRARA, op. cit., *Teoría de la Persona Jurídica*, pág. 134.
(36) Ibíd., pág. 139.

puede ser tocado en su existencia ideal, y sobrevive también a la muerte de todos».[37] El divorcio, sin embargo, no es tan marcado. Se debe reconocer que el patrimonio puede ir en ventaja de los miembros mismos y que extinguida la persona jurídica, pueda su patrimonio repartirse entre los miembros.

Finalmente, «se debe reconocer que las personas jurídicas son poderosas individualidades sociales que ejercen una función importantísima, como organizaciones de fuerzas y de iniciativas, como medios poderosos de actuación de fines generales que vence en intensidad y duración a la capacidad misma de los hombres singulares y ante los cuales éstos pasan casi a segunda línea».[38]

6. LA POSICIÓN DE IHERING

Ihering no pretendió elaborar una teoría de la personalidad jurídica para determinar si la ficción debe ser admitida o rechazada o sustituida por otra concepción jurídica que el mismo no construye.[39] Para Ihering «todo derecho privado existe para asegurar al hombre una ventaja cualquiera, para venir en ayuda de sus necesidades, para salvaguardar sus intereses y concurrir al cumplimiento de los fines de la vida».[40] Según este autor, es inconcuso que «los derechos que son el patrimonio de la persona jurídica aprovechan a los miembros aislados (presentes o futuros) de la corporación. No es este un efecto accidental (acción refleja), es el fin mismo de la relación. Los miembros aislados son los verdaderos destinatarios de la persona jurídica. Consideraciones prácticas quieren que los intereses comunes sean perseguidos, no por los miembros aislados, sino por el conjunto de estos miembros, representado por una unidad artificial».[41] Para Ihering, el derecho subjetivo es un interés jurídicamente protegido o, lo que es lo mismo, es la posibilidad jurídica del goce. En consecuencia, el verdadero titular del derecho es aquel al cual la ley le destina la utilidad del derecho. La misión del derecho no es otra que garantizar el goce. Según esto, ninguno puede engañarse sobre el verdadero sentido real y el fin de la relación que se oculta bajo la forma jurídica que es la personalidad moral. Esta, en realidad, no tiene ni intereses ni fines, y no puede tener derechos más que como un instrumento técnico necesario para corregir la falta de determinación de los sujetos. «Cuando varias personas tienen derechos u obligaciones comunes, el ejercicio se complica: como medio de simplificación, se separa el lado interno de la relación, del lado externo. Técnicamente esta separación del lado subjetivo de la relación es efectuada por la creación de un ente artificial en el cual la relación se concentra y que figura exteriormente como sujeto. Pero este ente jurídico no es en realidad más que una máscara, es el mecanismo que sirve de vehículo a las relaciones de la comunidad hacia el exterior, un intermediario».[42]

Como se puede apreciar, Ihering no pretendió atacar la teoría de la ficción, incluso parece que la justifica o la acepta como una necesidad técnica. Lo que ocurre es que su

(37) Ibíd.
(38) Ibíd.
(39) Véase sobre el particular a CLARO SOLAR, Luis, *Explicaciones de Derecho Civil Chileno y Comparado* (Editorial Jurídica de Chile, Santiago, 1979), tomo V, pág. 400.
(40) Citado por CLARO SOLAR, op. cit., pág. 398.
(41) Ibíd., pág. 399.
(42) FERRARA exponiendo la posición de Ihering, op. cit., *Teoría de la Persona Jurídica*, pág. 236.

concepción del derecho templa la omnipotencia formal de la teoría de la ficción, que a ratos pretende sustraerse del verdadero contenido real de la «persona jurídica».

El aporte de Ihering a la teoría de la persona jurídica se basa, principalmente, en haberla concebido como un instrumento técnico insuperable, como una mera forma jurídica. Esta idea motivó sin duda a Ferrara y a muchos otros, según veremos.

El mérito de Ihering fue revelar que el derecho existe para un interés y para la satisfacción de intereses humanos, pero como dice Ferrara[43] esto forma el fin del derecho y no la esencia del derecho subjetivo. Si aceptásemos que éste –como dice Ihering– no es más que la posibilidad jurídica del goce, debiéramos también concluir que aquellos que gozan del derecho son los titulares del mismo. Y esto no es efectivo porque el goce es una facultad fisiológica que puede corresponder a otros seres de la naturaleza, incluso a las cosas inorgánicas y a los animales. Y como no podemos aceptar que ni unos ni otros sean sujetos de derechos, tenemos que concluir que la concepción de Ihering es, en cierta medida, errada.

El vicio de la concepción de Ihering nos lleva a no apreciar exactamente la esencia de las personas jurídicas. La persona jurídica no es un simple mecanismo, un intermediario artificial que permite asegurar el goce de individuos aislados o sujetos indeterminados. La persona jurídica es una modalidad de los asociados, es la configuración jurídica que la totalidad de los miembros reviste para conseguir permanentemente sus fines».[44] La persona jurídica es la traducción jurídica de un fenómeno empírico y el legislador «no interviene aquí abruptamente por motivos de oportunidad, para decir que hay unidad donde hay pluralidad».[45]

7. TEORÍA DE LOS PATRIMONIOS DE AFECTACIÓN

La teoría de los patrimonios sin sujeto o patrimonios de afectación fue elaborada por Brinz y Bekker y para ellos, «si se parte de la idea inicial de Ihering que el derecho no pertenece jamás sino a sus destinatarios, habrá que admitir que si los destinatarios no tienen más que una representación ideal y por lo mismo un goce indirecto, en lugar de destinatarios es preciso hablar de destinación; y la fórmula de Ihering llegará a ser ésta: «Los derechos pertenecen a su destinación, destinatario cuando hay un destinatario directo, o fin ideal cuando sólo hay destinatarios indirectos o indeterminados, disimulados detrás de una afectación ideal».[46] La persona jurídica disimula en consecuencia sólo la existencia de un patrimonio afectado a la consecución de un fin.

Bekker profundiza en el terreno teórico la noción de sujeto de derecho. Con respecto a un derecho cualquiera –afirma– se pueden tener dos situaciones: la disposición y el goce. La disposición es el derecho a conducirse como dueño. El goce es el derecho de gozar materialmente de las ventajas que la cosa procura. La disposición sólo puede pertenecer a un ser dotado de voluntad; el goce puede pertenecer no sólo a un hombre sino a una cosa o un animal. Si el destinatario del goce es o no persona o sujeto de derecho importa poco,

(43) Ibíd., pág. 136.
(45) Ibíd., pág. 347.
(46) CLARO SOLAR, op. cit., pág. 394.

pues la cosa o el animal pueden reportar las ventajas de la disposición hecha en su favor, y el derecho en ciertos límites debe admitir estas disposiciones, aunque en principio sea hecho para el hombre, porque en el fondo lo que protege es la voluntad humana. Tal sería, para Bekker, la situación de las personas jurídicas y no hay para qué preocuparse de buscar en ellas un sujeto de derecho.(47)

El mérito de esta teoría es haber acentuado la idea del fin, que es el punto central en torno al cual viene a constituirse un patrimonio. Pero la afectación de un patrimonio no explica por sí solo el sustrato de la personalidad jurídica. Es más, el fin no es una especialidad de ningún patrimonio sino el carácter general de todos. Incluso el patrimonio de una persona natural está destinado a la consecución de los fines que el individuo se propone. Hay casos en los que el sustrato de la personalidad jurídica no está constituido por un patrimonio, precisamente porque este no resultó relevante para la consecución de los fines de la entidad. Ahí tenemos el caso de los sindicatos en los que su objetivo se obtiene o puede obtenerse sin que exista patrimonio.

8. TEORÍA DE FERRARA

Francisco Ferrara, en una obra titulada *Teoría de las Personas Jurídicas*, recogió parte importante de casi todas las doctrinas elaboradas sobre la naturaleza jurídica de las personas jurídicas, y después de hacer un minucioso examen de cada una de ellas, elaboró una doctrina propia, fruto más bien de un trabajo de selección, de coordinación y de síntesis. No pretendió decir nada nuevo sino simplemente agrupar en una sola y misma concepción las distintas teorías que se habían venido entrelazando en el transcurso del tiempo.

Para Ferrara la naturaleza de la persona es una cualidad abstracta, ideal, proporcionada por la capacidad jurídica y no resultante de la individualidad corporal y psíquica; persona es el hombre en el derecho, en cuanto es reconocido como ente jurídico, dotado de derechos subjetivos. Pero, el concepto de persona no coincide y es más amplio que el del hombre, y, por consiguiente, nada obsta a que haya personas que no sean hombres. Ferrara llega a la conclusión, aceptada por la doctrina dominante, que el término persona en el sentido técnico-jurídico, quiere decir sujeto de derechos.

Para Ferrara, persona es una categoría jurídica que por sí no implica ninguna condición de corporalidad o espiritualidad en el investido; el ser punto de reunión de derechos subjetivos basta formalmente para que haya un sujeto, y la cualidad de ser tal, forma la personalidad. Por tanto, personalidad es sinónimo de capacidad jurídica, de subjetividad de derechos y obligaciones, de receptividad de los efectos del orden jurídico y es una situación jurídica, un status, no un derecho.

El concepto de persona precedentemente diseñado es extraído por Ferrara después de haber analizado y determinado la naturaleza misma del derecho subjetivo. Ferrara estima que el derecho subjetivo no es más que un efecto del derecho objetivo, individualizado y hecho propio en el particular. El mandato de la ley se convierte en mandato del titular: el derecho pasa a ser su derecho. En otras palabras, el derecho subjetivo impone deberes de

(47) Ibíd.

protección de los intereses humanos, y como reflejo surge en aquellos en cuyo favor son dictadas las normas, el poder de constreñir en favor propio al cumplimiento de éstas.

El derecho subjetivo es, en su esencia, un poder jurídico, que tiene por fuente el derecho objetivo, que se dirige contra los demás hombres, para obtener el cumplimiento de los deberes resultantes de las normas jurídicas con el fin de satisfacer los intereses humanos. Y el derecho subjetivo no puede concebirse como una relación transitoria que nace solamente en el momento del conflicto; existe también, siendo normales sus supuestos, antes de la colisión. El derecho es un poder constante, como es constante la eficacia del orden jurídico.

Al derecho subjetivo corresponde el deber jurídico, y se puede decir que el uno no es más que un derivado del otro. Y como el derecho subjetivo implica una potestad ideal jurídica, así el deber implica un estado de sujeción a la norma. La norma se impone a todos y exige coactivamente la observancia de sus mandatos. Por esto el derecho prescinde, aun cuando sus supuestos sean normales, de la voluntad o conciencia del destinatario del precepto, porque la función del derecho es regular relaciones sociales, no hacer tentativas de motivación. De aquí se sigue que, para Ferrara, puedan haber seres dotados de derechos subjetivos como portadores de derechos jurídicos, que no tienen potestad de querer, y como los niños de pecho, los ausentes y los locos, también otros entes ideales que el derecho objetivo le plazca revestir de tal cualidad.

Concluye sosteniendo que persona quiere decir titular de un poder o deber jurídico, de donde se desprende que no es necesario que el investido esté dotado de voluntad o sea centro de intereses. La personalidad es para Ferrara, un producto del orden jurídico y surge por el reconocimiento del derecho objetivo. El hombre es persona no por la naturaleza sino por obra del derecho. La calidad natural del hombre, como de un ente racional y capaz de voluntad, es sólo la base ética, para que el derecho reconozca a todos los hombres personalidad. Pero el ser titular de derechos subjetivos no es innato al hombre, no es una cualidad inherente al individuo, sino una realización ideal que, sin el orden jurídico, es inconcebible. Anteriormente a una organización estatal el hombre no es persona, y aun constituido el orden jurídico, la historia demuestra que por largo tiempo ha habido una clase de hombres a los cuales se le negó la calidad de sujetos de derecho, los esclavos.

9. TEORÍA DE KELSEN

Para Kelsen, el concepto de persona «sólo designa un haz de obligaciones, de responsabilidades y de derechos subjetivos; un conjunto, pues de normas».[48] Para él, la persona no es el hombre como lo considera la doctrina tradicional. El hombre –dice– no es una noción jurídica que expresa una función específica del derecho; es una noción biológica, fisiológica y psicológica. La persona física –añade Kelsen– designa el conjunto de normas que regulan la conducta de un solo y mismo individuo; la persona jurídica, en cambio, designa

(48) KELSEN, Hans, *Teoría Pura del Derecho* (Editorial Universitaria de Buenos Aires, Buenos Aires, Argentina, 1960), pág. 72. Véase también la obra de Hans Kelsen, *Teoría General del Estado* (Editora Nacional, México, 1965), págs. 87 y siguientes.

un conjunto de normas que regulan la conducta de una pluralidad de individuos. Sin embargo, en ambos casos la persona representa el punto común al cual deben ser referidas las acciones y las omisiones reguladas por esas normas.

En el caso específico de las personas jurídicas, sus deberes, responsabilidades y derechos subjetivos no son otra cosa que los deberes, responsabilidades y derechos subjetivos de ciertos individuos, pero impuestos o conferidos de manera colectiva y no, como sucede habitualmente, de manera individual. Algo similar ocurre con los actos de la persona jurídica. Ellos, en rigor de verdad, son actos cumplidos por individuos, pero imputados a un ser ficticio que representa la unidad de un orden jurídico parcial o total. La persona jurídica se convierte, así, en un punto de imputación de actos, derechos y obligaciones, es decir, una entidad ficticia a la cual deben ser referidas las acciones y las omisiones reguladas por las normas jurídicas.

10. NUESTRA LEGISLACIÓN

Se dice que según una nota que aparece en el Proyecto de 1853, a propósito del art. 645 del Código Civil, Bello habría seguido las ideas de Savigny y de Pothier. Además, se argumenta que la propia definición de persona jurídica contenida en el artículo 545 del Código Civil, señala que estos son entes «ficticios». Sin embargo, parece irrelevante determinar cual es la doctrina por la que optó nuestro legislador, si se considera que la totalidad de sus prescripciones sobre personas jurídicas están ahí, contenidas en nuestra legislación. Si se quiere conocer cuál es la voluntad del legislador sobre un asunto determinado hay que estudiar la norma jurídica y no la doctrina en la que parece fundamentarse.

En todo caso, debe hacerse presente que nuestro Código Civil se apartó de la teoría de la ficción en muchas de sus consecuencias. Por de pronto, considera que las personas jurídicas son capaces de voluntad propia, circunstancia que es rechazada por Savigny, según se ha visto. En efecto, el art. 550 del Código Civil establece expresamente que «la voluntad de la mayoría de la sala, que es la reunión legal de los miembros de la corporación, es la voluntad de la corporación». En cuanto a la responsabilidad civil de la persona jurídica por los delitos o cuasidelitos civiles o criminales cometidos por sus representantes, el Código de Procedimiento Penal, en su art. 39 se aparta, también, de la solución dada por Savigny. En efecto, el referido artículo 39 del Código de Procedimiento Penal hace responsable a la persona jurídica por los daños que provoquen los delitos y cuasidelitos cometidos por su representante, siempre que obraren dentro de la esfera de sus atribuciones.

CAPÍTULO SEGUNDO

CONCEPTO Y ALCANCE DE LA PERSONALIDAD JURÍDICA

11. CONCEPTOS GENERALES

La extensión de la personalidad jurídica y sus limitaciones es un tema que ha ocupado siempre un lugar preponderante en la ciencia del derecho. En el antiguo Derecho Romano, por ejemplo, se dudaba que pudiera aplicarse la posesión a las personas jurídicas; porque el carácter de hecho de aquélla parecía poco compatible con la naturaleza general ficticia de éstas; idea que cambió en tiempos de los jurisconsultos clásicos, quienes consideraron que las ciudades y todas las personas jurídicas podían adquirir la posesión, ya fuera por sus esclavos, ya por medio de representantes libres.(49)

Savigny(50) ha escrito, por una parte, que la persona jurídica no está afecta sino al derecho de los bienes y que, por lo tanto, las relaciones de familia quedan excluidas a su respecto. Y así lo ha sostenido porque, para él, todas las relaciones de familia proceden originariamente del hombre natural. Ha escrito, también, y por otra parte, que las personas jurídicas no existen como tales sino para el cumplimiento de un fin jurídico.

De las palabras de Savigny se desprende que la institución misma de la personalidad jurídica ha sido creada por el legislador para el establecimiento de ciertos fines y que, por consiguiente, son dichos fines los límites dentro de los cuales no puede ser desconocida la personalidad jurídica o, lo que es lo mismo, son esos fines los que determinan el alcance y la extensión de la personalidad jurídica.(51)

Idénticas consideraciones han sido formuladas por la jurisprudencia de nuestros tribunales. Se ha sostenido, por ejemplo, que «la distinción entre la sociedad y los socios indivi-

(49) SAVIGNY, op. cit., pág. 94, párrafo XCI.

(50) SAVIGNY, op. cit., págs. 60 y 61.

(51) En este mismo sentido, SERICK, Rolf, *Apariencia y Realidad de las Sociedades Mercantiles*», (Editorial Ariel, Barcelona, 1958), p. 52; LEHMANN, Henrich, *Tratado de Derecho Civil*», (Editorial Revista de Derecho Privado, Madrid), 1956, págs. 447 y 448.

dualmente considerados responde al concepto de que el patrimonio social no pertenece en condominio a los asociados sino a la sociedad como ser ficticio capaz de adquirir derechos y contraer obligaciones, por lo que dicha distinción está fuera de lugar en materias que ninguna relación tienen con su razón de ser».[52] [53]

Sin embargo, la idea de que el campo de aplicación de la personalidad jurídica se encuentra limitado por la finalidad y razón de ser de la institución, debe necesariamente ser precisada. Desde luego cabe advertir, como lo ha hecho Ihering,[54] que las instituciones jurídicas han sido desde siempre modeladas por la práctica, de tal forma que en muchos casos o se ha templado alguno de sus efectos demasiados absolutos o se han extendido dichos efectos a campos no previstos por la voluntad del legislador, sin traspasar por ello la barrera de la licitud.

En consecuencia, no son exclusivamente los fines que tuvo en vista el legislador al momento de crear la institución de la personalidad jurídica los determinantes para limitar su campo de aplicación. La extensión de la personalidad jurídica y, en general, la de toda institución del derecho, no queda circunscrita por los fines que el legislador previó en un determinado momento sino que encuentra su limitación natural en aquellos fines que el orden jurídico rechaza como ilícitos. En otras palabras, la institución de la personalidad jurídica o la combinación de ésta con otras figuras del derecho, puede que se utilice para fines distintos a los previstos por el legislador; pero con tal que ellos no sean ilícitos, no se puede desconocer la personalidad del ente colectivo, pues no se ha utilizado para fines que el derecho rechaza.[55]

Analicemos, entonces, con mayor detención qué es lo que se debe entender por finalidad o razón de ser de la personalidad jurídica; lo que, en ciertos casos, como veremos, puede motivar una inquietante inseguridad jurídica en torno al concepto y al alcance de la personalidad de los entes morales.

12. ES UN ERROR CREER QUE LA FINALIDAD DE LAS PERSONAS JURÍDICAS CONSISTE EN UNA MERA SEPARACIÓN DE PATRIMONIOS

La razón de ser de la personalidad jurídica trasciende la idea de que su objetivo es lograr una simple separación de patrimonios entre la sociedad y los socios individualmente considerados, con miras a evitar que estos últimos respondan de sus deudas personales con

(52) Corte de Santiago, 15 de diciembre de 1937, *Revista de Derecho y Jurisprudencia*, tomo 36, sección 2, pág. 57.

(53) El mismo pensamiento se encuentra en una sentencia que aparece en la obra de SERICK, Rolt, op. cit., pág. 52, nota 26, dictada en «First National Bank of Chicago», et al. V.F.C. Trebein Co. et al., 52, H.E. 834, 59, Ohio, ST. 316: «En sentido legal, una «corporation» es una entidad jurídica, una persona ideal, separada de las personas reales que la componen. Sin embargo, esta ficción queda limitada a los usos y fines para la que fue adoptada, conveniencia en el desarrollo de los negocios y en demandar y ser demandado en su nombre corporativo, y en la persistencia de sus derechos y responsabilidades, que no se vean afectadas por los cambios que experimente en sus miembros».

(54) Para Ihering, «los actos aparentes eran uno de los numerosos expedientes a los cuales los jurisconsultos romanos recurrían para satisfacer las necesidades que surgían de la vida diaria». IHERING: *El Espíritu del Derecho Romano*, IV, (Casa Editorial Bailly-Barilliere), Madrid, 5ª edición, p. 314.

(55) Serick, op. cit., pág. 246, sostiene que hay que descartar la forma de la persona jurídica cuando se utiliza para fines que el derecho rechaza.

los bienes aportados para formar el capital social, idea que ha sólido inspirar votos disidentes en los tribunales colegiados de nuestro país.[55 bis] Tal suposición es errónea y debe ser rechazada, no sólo porque reduce la atribución de personalidad a un campo poco menos que similar a ciertos patrimonios fraccionados de afectación, sino porque, además, y muy especialmente, provoca una peligrosa inestabilidad en casi todos los derechos de la personalidad que asisten, por igual, a personas naturales y jurídicas.

Por cierto, la separación de patrimonios o la «autonomía patrimonial» puede resultar una de las consecuencias de la atribución de personalidad jurídica, considerando que el legislador se atiene, en la mayoría de los casos, a la personalidad para vincular ciertos bienes al pago de ciertas obligaciones, pero no es la única ni tampoco es aquella indispensable para que se pueda sostener que un ente goza de tal beneficio. Basta para ello traer a colación el ejemplo de una sociedad colectiva en la cual, pese a ser persona jurídica, los socios responden conjunta o solidariamente de las deudas sociales y donde la quiebra de la primera trae como consecuencia la de los socios individualmente considerados (arts. 2094 del Código Civil, 370 del Código de Comercio y 46 de la Ley de Quiebras).[56]

La capacidad de la persona jurídica no está restringida sólo al campo patrimonial. La medida de esta capacidad está determinada básicamente por una «parificación entre personas físicas y jurídicas, esto es, la ley da por principio a los entes morales una capacidad correspondiente a la de los individuos.»[57] [58]

Por otra parte, «se engañan quienes creen que la actividad de las personas jurídicas se agota en la actividad patrimonial, porque hay otras relaciones de naturaleza personal, como los derechos de la personalidad que, sin obstáculos, pueden competir a los entes ideales, y esto prescindiendo de las prerrogativas de derecho público. Y viceversa, hay otras relaciones propias de los entes colectivos que no encuentran aplicación respecto de los particulares como los que se refieren a la estructura corporativa».[59]

De modo que no puede sostenerse con seriedad que el fin de la personalidad jurídica sea lograr una simple separación de patrimonios entre la entidad y sus miembros.

(55 bis) Voto disidente de los ministros señores Burgos y Rondanelli y del abogado integrante señor Álamos. Corte Suprema, 8 de julio de 1946. *Revista de Derecho y Jurisprudencia*, tomo 44, sección 1ª, pág. 5.

(56) La autonomía patrimonial no es un efecto de la personalidad aun cuando el patrimonio sea considerado como un atributo de la misma. El patrimonio es una operación conceptual que designa solamente un conjunto de bienes vinculados al pago de un conjunto de obligaciones. Pero no necesariamente todos los bienes de una persona habrán de estar vinculados -habrán de garantizar- el pago de todas sus obligaciones (art. 150 Código Civil) como tampoco necesariamente los bienes de una persona jamás habrán de estar vinculados al pago de obligaciones contraídas por otra persona distinta, sociedad colectiva civil, por ejemplo, en la cual, según el art. 2904 del Código Civil, si la sociedad queda obligada respecto de terceros, la deuda se divide entre los socios a prorrata de sus participaciones.

(57) FERRARA, Francisco, op. cit., *Teoría de la Persona Jurídica*, pág. 781; SERICK, Rolf, op. cit., pág. 251, quien estima «que las normas que se fundan en cualidades y capacidades humanas o que consideran valores humanos, también deben aplicarse a las personas jurídicas cuando la norma corresponde a esta clase de personas».

(58) ENNECCERUS, KIPP Y WOLFF, *Tratado de Derecho Civil*, I, Vol. I, op. cit., pág. 448, sostienen que las personas jurídicas están equiparadas a las naturales en el orden patrimonial. Sin embargo, agregan que le son accesibles todos los derechos personales que no presupongan individualidad humana, criterio que compartimos plenamente; en idéntico sentido se inclina LEHMANN, Heinrich, op. cit., pág. 636.

(59) FERRARA, Francisco, op. cit., *Teoría de la Persona Jurídica*, pág. 781.

13. ES UN ERROR CREER QUE LA PERSONALIDAD JURÍDICA SE APLICA SÓLO AL DERECHO PRIVADO

Es un error creer que la personalidad jurídica sólo puede encontrar sentido en el derecho privado y que, por consiguiente, encuentra aplicación exclusivamente en el ámbito de éste sin que pueda extenderse a materias regladas por una ley que forma parte del derecho público.

Esta falsa creencia proviene del error introducido por la teoría de la ficción, que considera a la persona jurídica como un ente imaginario o ficticio, carente de contenido real o sustrato propio. Puesto que en realidad la persona moral no existe, no hay razón –se dice– que autorice extenderla, por ejemplo, a materias tributarias.(60)

Tal suposición, empero, es hoy día rechazada por casi toda la doctrina y en el hecho, aunque no en la forma, las legislaciones comparadas, incluso la nacional, han roto con ella. Las personas jurídicas son poderosas organizaciones que albergan o resumen un conjunto de bienes y de hombres para la consecución de un fin lícito y cuyo anhelo de ser consideradas y tratadas como «personas independientes» ha sido sancionado expresamente por el orden jurídico.

Esta interpretación ha sido sustentada por la Corte Suprema,(61) que ha estimado que «el Código Civil representa una legislación general que debe considerarse como supletoria de las demás leyes cuando éstas no contienen disposiciones especiales sobre una determinada materia». En otras palabras, en tanto la ley no disponga que, para algún efecto en especial, la personalidad jurídica o la separación entre entidad y miembros debe ser desestimada, se debe aplicar en toda su verdadera magnitud y para todas las ramas del derecho.(62)

14. ES UN ERROR CREER QUE LA PERSONALIDAD SÓLO SE CONCEDE PARA LA CONSECUCIÓN DEL FIN. TEORÍA DE LA ESPECIALIDAD

La teoría de la especialidad, nacida en el derecho inglés bajo el nombre de «Teoría Ultra Vires», responde al principio general de que una persona jurídica puede obrar en todo cuanto sea necesario para la consecución de su fin. Las facultades de que goza no se

(60) La trascendencia práctica de la sentencia de la Corte de Apelaciones mencionada en la cita anterior «consistía en determinar si el mayor valor obtenido en el precio de venta de un inmueble perteneciente a la sociedad y que se distribuye entre los socios, constituirá para éstos aumento de capital o renta sujeta a los impuestos de tercera categoría y global complementario. La Corte de Santiago, negando en el campo tributario la diversidad de la persona jurídica y la de los socios individualmente considerados, concluía que el sobreprecio señalado era aumento de capital, tanto para la sociedad como para los socios; en cuanto a estos sería aumento de sus respectivos aportes de capital. La Corte Suprema, mantenía la diversidad jurídica entre entidad y miembros, y sostenía, en consecuencia, que el sobreprecio era aumento de capital para la sociedad, porque así la ley lo establecía; pero que era renta para los socios por así desprenderse de la interpretación de la legislación y jurisprudencia del Código Civil.

(61) Corte Suprema, 23 de junio de 1951, *Revista de Derecho y Jurisprudencia*, tomo 48, sección 1, pág. 206.

(62) Conformes FERRARA, *Personas Jurídicas*, op. cit., pág. 783; RICCI, *Persone Fisiche e Persone Guidirich*». ENNECCERUS, KIPP y WOLFF, op. cit., tomo I, Vol. I, pág. 447, nota 1, expresan que: «la capacidad de las personas jurídicas se refiere a todo el derecho privado, pero sobre los derechos y deberes públicos de las personas jurídicas, por ejemplo, sobre los deberes fiscales, etc. se trata en el derecho público».

extienden más allá de las consignadas expresamente en el acta de incorporación. Todo lo que escapa de este ámbito de vida de la persona jurídica es nulo.

La teoría ultra vires, aplicada por la jurisprudencia y seguida por la doctrina francesa,[(63)] bajo el nombre de teoría de la especialidad nació, como advierte Ferrara,[(64)] más que como una consecuencia de la teoría de la ficción, «por la influencia de motivos políticos, porque fue creada y empleada como arma de lucha contra la expansión de los entes eclesiásticos.»

Ahora bien, la teoría de la ultra vires priva de todo efecto al acto jurídico ejecutado o celebrado excediendo o contraviniendo los fines de la entidad en razón de que, más allá de tales fines, carece de capacidad jurídica o de personalidad.

Hay otros[(65)] que estiman que el acto jurídico celebrado en las circunstancias expresadas adolecería de causa ilícita, porque le animaba a la persona jurídica un motivo ilícito, consistente en violentar sus propios estatutos.

Pero como advierte Ferrara[(66)] no se puede hablar de ilicitud del acto en sentido técnico, porque ésta resulta de la contradicción con la ley, la moral o el orden público; y en el caso descrito tendremos, a lo sumo, una violación del estatuto, pero no de una norma legal, circunstancia por la cual debe rechazarse semejante interpretación.

En todo caso, cualesquiera que sean los mayores o menores fundamentos de la teoría de la especialidad, el hecho es que nuestro ordenamiento jurídico no la contempla.[(67)] Entre nosotros no se atribuye a las personas jurídicas una capacidad funcional, en razón o en función del fin específico.

La persona jurídica tiene, al igual que la persona natural, una capacidad jurídica general; solución que «seguramente ha sido acogida por la dificultad práctica de determinar los límites de una capacidad funcional, dada la utilidad instrumental que ciertas relaciones, incluso extrañas al fin, tienen para la consecución del fin mismo.»[(68)]

Se concluye de esta manera porque, constituyendo un principio general de nuestra legislación que todas las personas (tanto jurídicas como naturales) gozan de capacidad jurídica, es necesario, para hacer excepción al principio, que exista una ley general o especial que pueda ser interpretada en el sentido de que la personalidad de los entes colectivos se extiende sólo para los actos relativos a la consecución de su propia finalidad; disposición que, entendemos, no existe.

---

(63) Así piensan Baudry-Lacantiniere y Colin diciendo: «las personas morales tienen cada una, una misión exclusiva, determinada. Al establecer las condiciones de su existencia, la ley que las crea fija su función social al mismo tiempo que precisa y regula su capacidad». (FERRARA, op. cit., pág. 779)

(64) FERRARA, *Personas Jurídicas*, op. cit., pág. 779.

(65) MICHOUD, *Personas Morales*, pág. 150; BÉQUIE, *Theorie Générale de la Specialite de Personnes Morales*, Grenoble, 1908, págs. 90 y 111, ambos citados por Ferrara, *Teoría de la Persona Jurídica*, op. cit., pág. 808.

(66) FERRARA, *Teoría de la Persona Jurídica*, op. cit., pág. 808.

(67) Conformes VODANOVIC, Antonio, op. cit., Vol. I, segunda parte, pág. 391; BAEZA PINTO, Sergio Sociedades Mercantiles de Personas, (Editorial Jurídica de Chile, 1977), pág. 30. En contra PALMA ROGERS, *Derecho Comercial*, (Editorial Nascimento, 1941), p. 99; STITCHKIN, David, *Derecho Civil* Apuntes de sus Clases. II Parte General, 1960, pág. 121, quien expresa: «En consecuencia, debemos considerar que podrá adquirir derechos y contraer obligaciones en la medida que los precisa para el cumplimiento de su objetivo. Su capacidad, desde luego, resulta más restringida que la de las personas naturales, precisamente por la existencia del fin colectivo que tienen estas personas morales».

(68) PASSARELLI, Santtoro: *Doctrinas Generales de Derecho Civil*, (Editorial Revista de Derecho Privado, Madrid, 1964), pág. 29.

Para nuestro ordenamiento jurídico el fin es el motor interno que encauza y, por tanto, limita la actividad de las personas jurídicas; pero, de ninguna manera, es la medida de su personalidad. Una cosa es la actividad de las personas jurídicas y otra muy distinta es su capacidad de goce. La extensión de la actividad de una persona jurídica a un fin no previsto en sus estatutos podrá justificar una medida administrativa interna o externa, pero nada más. Será interna cuando el órgano de la persona jurídica que se desvió del fin estatutario sea sancionado por la junta de accionistas en el caso de una sociedad anónima, o por alguno de sus socios en el caso de una sociedad de personas, o por la asamblea de socios en el caso de una corporación. Será externa cuando para el caso de esta última y de las fundaciones, el Presidente de la República disponga la cancelación de su personalidad jurídica por no corresponder al objeto de su institución (art. 559, inc. 2° Código Civil).

15. ELEMENTOS ESENCIALES DE LA PERSONALIDAD JURÍDICA. EL PRINCIPIO DE LA RADICAL SEPARACIÓN ENTRE LA ENTIDAD Y MIEMBROS

La razón de ser de la personalidad jurídica puede basarse en diversas consideraciones de orden práctico y teórico. Pero cualesquiera que sean, y estimando con seguridad que pueden variar con el curso de los años, el hecho es que, en la actualidad, nuestro ordenamiento jurídico considera a ciertos entes colectivos como verdaderos sujetos de derecho y por ello los ha dotado de una capacidad general, nacida –como lo advierten Ferrara y otros–[(69)] de una parificación de la concedida al hombre de carne y hueso; pudiendo celebrar actos jurídicos en lugar de sus miembros; adquirir propiedades y otros derechos, demandar y ser demandados, sin que los afecte el cambio que pudiere sobrevenir en la composición de su sustrato.

La circunstancia de que el orden jurídico atribuya personalidad a un ente colectivo significa que los deberes, responsabilidades y derechos subjetivos le son imputados o conferidos de manera colectiva; y no, como sucede habitualmente, de manera individual. La persona jurídica así formada se convierte, entonces, en un punto de imputación; en el sujeto distinto que soporta los deberes, las facultades y los derechos subjetivos que resultan de las normas jurídicas o más exactamente en el punto común al cual deben ser referidas las acciones y las omisiones reguladas por esas normas.[(70)]

Pero, para que lo anterior se pueda realizar, es menester discurrir siempre sobre la base del principio de la radical separación entre la entidad y sus miembros individualmente considerados, esto es, sobre la base de que son personas distintas. Este principio, que es el punto de partida de toda la teoría de las personas jurídicas, se encuentra consignado en el

(69) Además de Ferrara, ya citado, SERICK, op. cit., pág. 252, que expresa: «El legislador ha creado la personalidad jurídica como un sujeto de derecho del mismo valor o equiparable al hombre, que puede entrar en relación con el mismo en un pie de igualdad y sobre la base del ordenamiento jurídico», PASSARELLI, Santoro, op. cit., pág. 29, «La persona jurídica tiene también, al igual que la persona física, una capacidad jurídica general»; ENNECCERUS, KIPP y WOLFF, op. cit., tomo I, Vol. I, pág. 437, cita 1.b. «Se deben aplicar a estas organizaciones todas las reglas que valen para los sujetos de derecho, pero no quiere decir que haya de representarse la organización como si fuera un hombre». Véase, además, la cita 268 que contiene la posición de Puig Brutau, Kelsen y Legaz y Lacambra.

(70) KELSEN, Hans, op. cit., págs. 126 y 128.

inciso segundo del art. 2053 del Código Civil que dice: «La sociedad forma una persona jurídica, distinta de los socios individualmente considerados». Se encuentra también contemplado en el art. 549 del mismo Código que expresa: «Lo que pertenece a una corporación, no pertenece ni en todo ni en parte a ninguno de los individuos que la componen; y recíprocamente, las deudas de una corporación no dan a nadie derecho para demandarlas, en todo o en parte, a ninguno de los individuos que componen la corporación, ni dan acción sobre los bienes propios de ellos, sino sobre los bienes de la corporación».

De lo dicho precedentemente se concluye entonces que la personalidad jurídica de los entes colectivos está básicamente constituida por el principio de la radical separación entre entidad y miembros. Este principio, que es el punto de partida de la teoría de las personas jurídicas, se encuentra consignado en el inciso segundo del artículo 2053 y en el artículo 549, ambos del Código Civil.

El principio de la radical separación entre entidad y miembros se compone de dos elementos que es necesario diferenciar y analizar detenidamente. Un primer elemento que consiste en la imputación al ente colectivo de actos, derechos y responsabilidades y un segundo elemento que consiste en la aplicación de las normas jurídicas con independencia del sustrato personal de las entidades morales.

a) Primer elemento: La imputación de actos, derechos y responsabilidades

Por una parte, ciertos hechos, intereses, derechos y responsabilidades que en el fondo pertenecen o pueden serle atribuidos a determinados individuos no aparecen, desde el punto de vista del derecho, como emanados, pertenecientes o atribuidos a ellos sino como de un tercero que no son ellos, ni conjunta ni individualmente considerados. Sobre este particular, Legaz y Lacambra(71) ha escrito que «la personalidad jurídica implica –además– y esto es esencial, que todo cuanto el hombre hace desde su situación jurídica ya como actuación de esta, ya como abuso de la misma y eventualmente, como negación de toda situación jurídica en general, le sea imputado como suyo por el derecho mediante la atribución de las oportunas consecuencias».

La imputación es entonces doblemente compleja, pues, por una parte, se imputan al ente ciertos derechos y ciertos deberes que de no existir no podrían sino atribuírseles a los miembros o integrantes de la persona jurídica; y por otra parte, se le imputan como propios del ente colectivo, los hechos queridos, deseados o cumplidos por un cierto número de individuos que tienen una personalidad distinta de dicho ente colectivo.

Aparece como necesario y justificado hacer una distinción entre la imputación de actos, hechos o intereses y la imputación de derechos, deberes y responsabilidades, porque la circunstancia de que un ente colectivo goce de capacidad jurídica no basta para que se entienda que un acto realizado por uno de sus miembros o por todos ellos juntos le va a ser imputado como suyo propio y no como emanado de éstos o de aquél.(72)

(71) LEGAZ y LACAMBRA, op. cit., p. 512.

(72) El problema no consiste en ser o no partidarios de la teoría del órgano o de la representación. Aun partiendo de la base de las premisas de esta última posición, en realidad, las verdaderas poderdantes son los miembros o integrantes de la entidad; sin embargo, los efectos del acto jurídico no se radican en ellos, sino en la entidad misma.

Por consiguiente, cuando definimos a las personas jurídicas como aquellos entes capaces de adquirir derechos y contraer obligaciones, estamos sólo diciendo que gozan de capacidad jurídica, que no es lo mismo que gozar de personalidad jurídica y, por ende, no estamos haciendo una descripción completa del objeto definido, porque la personalidad no sólo está constituida por la capacidad de goce sino, también, por el hecho de que se le atribuyen al ente como si fueren propios ciertos actos, hechos o intereses, o más bien, ciertas situaciones jurídicas que de no existir este ente ideal o ficticio para el orden jurídico, no podría dejar de imputársele a sus miembros o integrantes. Esta es, por lo demás, la distinción que el propio Savigny hacía cuando, a propósito de señalar los elementos esenciales de la institución, diferenciaba lo que era uno de sus elementos del otro que denominaba «poseer» (capacidad de goce). Al efecto, Savigny sostenía: «Todas las corporaciones artificiales tienen un carácter común: creadas a semejanza de las ciudades podrán como ellas poseer y hacerse representar, que es lo que constituye en realidad la persona jurídica».(73) Tales son, también, los mismos elementos que se desprenden de la definición contenida en el artículo 545 del Código Civil. Muchas veces, cuando aplicamos el principio de la radical separación entre entidad y miembros, no estamos ni con mucho rozando el tema de la capacidad de goce. No se puede decir –por ejemplo– que cuando los tribunales han fallado que la sentencia dictada en contra de uno de los socios no produce cosa juzgada en relación con la sociedad hayan estado tratando el tema de la capacidad de goce.(74)

b) Segundo elemento: Aplicación de las normas jurídicas con independencia del sustrato personal de las entidades morales

Este elemento significa que todas las normas del orden jurídico se aplican a las personas morales, y se les aplican con absoluta prescindencia de lo que constituya su sustrato personal, exclusivamente sobre la base de los datos y características propias de la persona jurídica.(75)

Por regla general, los supuestos de las normas jurídicas toman como base el hombre de carne y hueso, y no a su personalidad natural, que es un concepto elaborado por el derecho. Sin embargo, tales normas deben ser aplicadas a las personas jurídicas. Desde luego que esta regla, que se desprende más bien tácitamente de nuestro ordenamiento jurídico, no quiere decir que haya de imaginarse a la organización como si fuera un hombre sino solamente que se trata de determinar si tales normas jurídicas, que fueron pensadas en relación con el ser humano, pueden resultar igualmente útiles a las personas morales.

Pero no sólo se trata de aplicar las normas jurídicas a las personas morales sino que, también, de aplicarlas recurriendo a los datos y características que proporciona su propia

(73) SAVIGNY, op. cit., pág. 74.
(74) Corte Suprema, 9 de agosto de 1907, *Revista de Derecho y Jurisprudencia*, tomo 9, sección I, pág. 540.
(75) Conformes, SERICK, op. cit., pág. 252 quien expresa: «De ello resulta que, en lo fundamental, todas las normas que rigen para las personas naturales se le aplican a las personas jurídicas». ENNECCERUS, KIPP y WOLFF, op. cit., tomo I, Vol. I, pág. 437, cita 1.b; el Código Civil suizo, en su art. 53, determina que las personas jurídicas son capaces de toda clase de derechos y de obligaciones que no tengan por supuesto indispensable las propiedades naturales del hombre.

individualidad, sin que se tenga que recurrir a ninguna clase de conexión con las peculiaridades de sus miembros o integrantes, y ello porque la persona jurídica forma una entidad distinta de los miembros individualmente considerados, según lo instituye el Código Civil.

Por ejemplo, para determinar el domicilio de una persona jurídica o su misma nacionalidad, no necesariamente tendremos que asignarle a esta última el mismo domicilio o la misma nacionalidad de sus miembros o integrantes. Para resolver sobre el particular, tendremos que basarnos en las características propias de la persona jurídica, sin hacerle extensivas aquéllas pertenecientes a los individuos que la integran.

Estos dos elementos son la significación práctica del tan mentado principio de la diversidad jurídica entre entidad y miembros o el de la radical separación entre la sociedad y sus socios.

16. ESFERA DE APLICACIÓN DEL PRINCIPIO DE LA RADICAL SEPARACIÓN ENTRE ENTIDAD Y MIEMBROS

Resulta evidente que las normas jurídicas se relacionan con conductas humanas. Es al hombre a quien el ordenamiento jurídico le impone deberes y responsabilidades, al hombre individual de carne y hueso y al hombre que se encuentra detrás del velo de una persona jurídica. Confieren estas normas un «derecho subjetivo relacionando un efecto jurídico determinado con la expresión de voluntad de un hombre y le imponen un deber vinculando una sanción a una de sus acciones u omisiones».[(76)]

La personalidad es un concepto elaborado por la ciencia jurídica, un instrumento del cual se sirve para ordenar y describir su objeto.[(77)]

Tanto la personalidad jurídica como la natural contienen, en el fondo, un mismo concepto; esto es, designan como unidad a un centro de imputación de actos, hechos, deberes, derechos subjetivos y de normas jurídicas.[(78)]

Pero, mientras en las personas naturales la imputación no adquiere relevancia, porque el sustrato es el mismo hombre o individuo cuya conducta queda regulada por la norma jurídica y cuyos actos o hechos son en realidad de él mismo y sólo de él, en las personas jurídicas se aprecia bajo una mayor perspectiva porque, en realidad, la imputación pasa a ser ficticia, esto es abstracta, puesto que los actos, derechos y deberes que se le imputan representan en verdad la conducta de un grupo de hombres, que no son uno mismo con ella.

Por estas circunstancias, el problema de cuáles son los límites del principio de la radical separación entre entidad y miembros se reduce en gran medida a determinar los límites de la imputación, esto es, cuáles derechos, deberes y actos de los hombres que la forman se

(76) KELSEN, Hans, op. cit., pág. 127.

(77) Ibíd.

(78) La afirmación, sin embargo, ha sido controvertida por la doctrina. Por ejemplo: PUIG BRUTAU ha señalado que «la persona natural y la jurídica solo de una manera muy artificiosa pueden ser equiparadas. Tratándose de la primera, la respuesta a la pregunta «¿Qué es una persona?» se contesta con referencia directa a una realidad extra-jurídica (moral, sicológica, antropológica, social), mientras que la misma pregunta en el segundo caso solo permite llegar a la realidad extrajurídica a través de normas que regulan efectos muy diversos, contenidos en esta elipsis mental a que se refiere la expresión «persona jurídica» (op. cit., pág. 298). Sin embargo, afirmativamente se manifiestan FERRARA, *Teoría de la Persona Jurídica*, op. cit., pág. 781; KELSEN, op. cit., pág. 198; LEGAZ y LACAMBRA, op. cit., pág. 511 y en general todos los partidarios de la teoría de la realidad técnica.

le pueden imputar a la persona jurídica y cuáles no.(79) Es decir, cuáles derechos, deberes y actos de los miembros de la entidad vamos a considerar como realmente de la entidad y cuáles vamos a seguir considerándolos como de los miembros mismos, no obstante serle imputados a la persona moral, o sea, no obstante la personalidad jurídica diferente que ostenta la entidad.

De la misma manera, en ocasiones se presentan grandes dificultades cuando se pretende aplicar las normas jurídicas a las personas morales; o, especialmente, cuando se pretende aplicarlas recurriendo solamente a las peculiaridades que ofrece su propia naturaleza y prescindiendo de aquellas que corresponden a los individuos que la integran.

Por ello el problema de cuáles son los límites del principio de la radical separación entre entidad y miembros consiste también en determinar si una norma jurídica puede ser aplicada a una persona moral y en tal caso, hasta dónde le puede ser aplicada prescindiendo de las peculiaridades de sus miembros; esto es, en qué circunstancias no es posible prescindir de dichas particularidades y si deben hacerse ellas extensivas a la persona jurídica misma, no obstante el principio de la radical separación entre la entidad y sus miembros.

El derecho pretende que el intérprete intente aplicar las disposiciones legales a las personas jurídicas considerándolas como organizaciones independientes; y le impone la obligación de realizar la imputación al ente colectivo de los deberes, derechos, facultades, responsabilidades, actos e intereses de los hombres que la integran siempre que ella resultare procedente.

Esto hace que el intérprete deba interpretar las normas jurídicas para determinar si es o no posible tal aplicación o imputación o si siéndola no contradice el espíritu de la disposición claramente manifestado en ella misma o en la historia fidedigna de su establecimiento. Para realizar esta interpretación, debe penetrar el velo de la persona jurídica y estudiar las reales situaciones económicas o jurídicas que se esconden tras ella. Y «sólo cuando la finalidad así comprobada del precepto de derecho no puede conciliarse con la finalidad de la persona jurídica en el sistema legal, ha de estimarse inaplicable la norma a las personas jurídicas»; o habrá de aplicárselas de una manera tal que no se prescinda de las peculiaridades de sus miembros.(80)

El problema de la aplicación del principio de la radical separación entre entidad y miembros se transforma entonces en una pura cuestión de interpretación de la ley y en un examen sobre la finalidad que cumple la institución de la personalidad jurídica dentro del sistema legal.

Esta cuestión de interpretación de la ley implica la realización de dos operaciones que es conveniente enunciar y estudiar después por separado.

a) Por una parte, es preciso averiguar si una norma es susceptible de ser aplicada a una persona jurídica; y si tal aplicación debe hacerse prescindiendo de las peculiaridades de sus miembros o integrantes, todo ello a base de comparar la finalidad de la norma con la finalidad que persigue la institución;(81)

---

(79) LEGAZ y LACAMBRA, op. cit., p. 513 ha escrito que «la personalidad jurídica se acaba donde termina la imputación por el derecho de los actos que materialmente realiza la persona humana....»

(80) SERICK, op. cit., pág. 252.

(81) Ibíd., pág. 254.

b) Por otra parte, es preciso averiguar si los efectos de la personalidad jurídica pueden producir o pueden ser utilizados para producir un conflicto entre una norma de derecho y la forma de la persona jurídica, de tal manera que, con motivo de dicho conflicto, se obtenga un resultado práctico que contradiga el contenido o la finalidad de una ley, de un contrato o se cause un daño a los intereses de terceros.

En el primer caso, se trata de determinar hasta qué punto sostener que es válida y posible la aplicación de una norma jurídica a un ente moral prescindiendo de las características de los integrantes, desvirtúa el contenido de la norma o la finalidad de la institución de la personalidad jurídica, dado que la norma legal no considera en sus supuestos la posibilidad de tal aplicación.

Por ejemplo, resulta evidente que hay ciertos derechos o facultades cuyo goce o ejercicio sólo compete al hombre de carne y hueso; v. gr., la posibilidad de testificar en juicio. Y así como no podemos concebir (y por tanto permitir) que una persona jurídica testifique en juicio, así también debemos entender que es una misma declaración testimonial aquella prestada en juicio por un individuo como persona natural y aquella prestada por el mismo individuo, pero atribuyéndose la calidad de órgano de una persona jurídica. Es decir, es la declaración de un testigo y no la de dos contestes en los hechos y en sus circunstancias esenciales. No sería concebible, en estos términos, que en un juicio depusiera como testigo un pariente consanguíneo de una de las partes, alegando, para eludir la tacha, que actúa no como persona natural, sino que como órgano de una persona jurídica.

En el segundo caso, se trata de determinar si con motivo de la imputación de un acto, derecho u obligación a una persona jurídica o la aplicación lisa y llana a ésta de una disposición legal, puede producirse, con o sin intención de los agentes o personas involucradas, un resultado práctico que la ley prohíba o uno que vulnere las obligaciones contraídas por el agente o que perjudique los intereses de terceros; y, en tales casos, si debemos permitir que dichos resultados queden en la impunidad, precisamente, como consecuencia de la radical separación que existe entre la entidad y sus miembros, toda vez que los actos respectivos no aparecen realizados por los miembros de la entidad, o los derechos u obligaciones no aparecen radicados en ellos mismos, sino que en una persona distinta; o precisamente porque las normas jurídicas les son aplicadas al ente con absoluta prescindencia de las peculiaridades de sus miembros.

Por ejemplo, con el objeto de burlar la prohibición impuesta por el art. 1798 del Código Civil, dos empleados públicos, que no pueden comprar los bienes públicos o particulares que se vendan por su ministerio, forman una sociedad y hacen que esta persona jurídica sea la adquirente o compradora.

Las dos operaciones descritas o ejemplificadas difieren sustancialmente entre sí: en el primer caso, es preciso averiguar si puede aplicarse una norma a la persona jurídica sobre la base de comparar la finalidad y el sentido de la disposición con la finalidad que debe cumplir la personalidad jurídica dentro del orden legal; en el segundo caso, existe una colisión de una norma jurídica con la estructura formal de la personalidad moral, basada en una radical separación entre la entidad y sus miembros, y es menester decidir a cuál corresponde la preferencia.[82] En el primer caso, si se determina que la norma es inaplica-

(82) SERICK, op. cit., pág. 254.

ble a las personas jurídicas será, necesariamente, porque ella ha pretendido regular a ultranza conductas humanas, por lo que, precisamente, se desvirtúa y se desnaturaliza si se le quiere aplicar a una entidad abstracta como son las personas morales. En el segundo caso, la norma, en sí misma, resulta plenamente aplicable a las personas jurídicas; sus supuestos consideran la posibilidad de tal aplicación y, por ello, no se desvirtúa ni se desnaturaliza. Sin embargo, en ciertas circunstancias especiales, con motivo de la combinación de esta norma con los efectos propios de la personalidad jurídica, a saber, la radical separación entre entidad y miembros, se obtiene un resultado práctico o una ventaja ilícita, la cual, por cierto, el derecho no puede permitir, de manera que autoriza para desestimar la forma de la persona jurídica.

En el primer caso, decimos que ha surgido un problema de aplicación de normas; en el segundo, que existe abuso de la forma de la persona jurídica. Ambos serán analizados a continuación.

SECCIÓN PRIMERA
PROBLEMAS DE APLICACIÓN DE NORMAS

17. CRITERIOS QUE SE DEBEN SEGUIR

1. Generalidades

Las normas jurídicas que generan problemas de aplicación al enfrentarse con la estructura formal de la persona jurídica son de dos naturalezas, a saber: (a) Aquellas que están elaboradas bajo los supuestos de requisitos o cualidades humanas, y (b) Aquellas que están elaboradas bajo el supuesto de que existe diversidad de los sujetos interesados en la relación jurídica que la norma regula.

En el primer caso, las normas jurídicas o toman como punto de partida propiedades naturales del hombre o presuponen peculiaridades jurídicas que parecen exigir como titular a un ser humano. Tal es el caso, por ejemplo, de las normas que determinan la nacionalidad, el domicilio, los derechos de la personalidad, etc. En todas ellas, y en muchas otras, el legislador ha establecido un régimen jurídico que toma siempre como referencia al hombre de carne y hueso. Determinar si tales normas pueden o no ser aplicadas a las personas jurídicas, y en caso afirmativo, bajo qué respecto, es decir, con qué modalidades, es lo que ha producido inquietantes problemas y ha dado lugar a soluciones doctrinarias diferentes.

En el segundo caso, las normas jurídicas han sido elaboradas para aplicarse cuando por ambas partes de un negocio jurídico concurren efectivamente personas diferentes. Es más, la consideración de dicha diversidad ha sido esencial para que el legislador atribuya determinadas consecuencias jurídicas, consecuencias que resultan absurdas si detrás del velo corporativo se oculta una efectiva identidad. Pongamos como ejemplo el caso del artículo 1707 del Código Civil. Esta norma previene que las escrituras privadas hechas por los contratantes para alterar lo pactado en una escritura pública, no producirán efectos contra terceros. Pero si resulta que el tercero es una persona jurídica cuyos socios corresponden a una de las partes del contrato, pareciera improcedente aplicar la consecuencia jurídica contenida en dicha disposición legal, puesto que ella fue desprendida o enlazada a la circunstancia de que concurriera una efectiva diversidad de personas y no a una puramente nominal como ocurre en el caso del ejemplo dado.

2. *Criterios para resolver conflictos de normas que suponen atributos del hombre*

Hemos visto que establecer si una norma jurídica puede ser aplicada a una persona moral es un típico problema de interpretación de la ley. Desde luego, hay que partir de la base de que la sola circunstancia de que una norma se halle enlazada con atributos humanos no es suficiente para excluir su aplicación a las personas jurídicas. «Ello más bien ha de decidirse con el análisis de la regla de derecho afectada, de los motivos legislativos a que se debe y de la función atribuida a la norma en la trama del ordenamiento jurídico. Sólo cuando la finalidad así comprobada del precepto de derecho no puede conciliarse con la finalidad de la persona jurídica en el sistema legal, ha de estimarse inaplicable la norma a las personas jurídicas.[83] De esta manera, se puede llegar a la conclusión de que las personas jurídicas no pueden declarar como testigo en juicio; no pueden adoptar y ser adoptadas; no pueden ser titulares del derecho moral de autor, etc.; todo ello según veremos.

En muchos casos, puede resultar procedente aplicar a los entes morales las normas jurídicas adaptando la cualidad humana que constituye el supuesto de la norma a la peculiar condición de la entidad moral. Como dice Serick,[84] «esto significa que son diferentes en las personas jurídicas y en las naturales los supuestos de las normas de que se trata, pero que las consecuencias jurídicas son las mismas». Es decir, que aun cuando adaptemos las cualidades humanas contenidas en la norma a la peculiar condición de la persona jurídica, no alteramos, con ello, la finalidad de la norma respectiva.

Sin embargo, en ocasiones, precisamente con motivo de dicha adaptación, se obtienen consecuencias jurídicas distintas a las que persigue la norma respectiva, esto es, que contravienen su finalidad. Ello se produce porque, a veces, lo pretendido por la norma es precisamente afectar a los hombres que reúnan determinadas cualidades, alcance que no se logra porque se interpone la forma de la persona jurídica. Es estos casos, lo procedente es transferir las cualidades o capacidades de los socios o miembros a la persona jurídica misma.

Pero cuando seguimos este camino rompemos, evidentemente, con el principio legislativo (art. 2053 del Código Civil) de la radical separación entre la entidad y sus miembros, por lo cual debemos buscar, ciertamente, las razones legales que justifican tal trasgresión.

Tales razones sólo se pueden encontrar en las normas jurídicas que determinan la debida interpretación de la ley. Por supuesto que no se trata, con el pretexto de extraer la finalidad de una norma, de romper con el principio de la diversidad jurídica de la entidad y sus miembros; sino que de establecer si el espíritu de la disposición permite hacerla

(83) Ibíd., págs. 252 y 253.
(84) Ibíd., pág. 253.

aplicable tanto a las personas naturales, como a las jurídicas. Y, ello porque puede ocurrir que la norma jurídica regule o pretenda regular a ultranza conductas humanas, ejecutadas por personas naturales o jurídicas, indistintamente.

3. *Criterios para resolver conflictos de normas que suponen una efectiva diversidad de personas*

Cuando se trata de aplicar una norma jurídica que enlaza determinadas consecuencias jurídicas a la circunstancia de que concurra una efectiva diversidad de personas y no una puramente nominal, parece prudente penetrar el velo corporativo en busca de esa determinada diversidad, pues de lo contrario, no estamos aplicando la norma jurídica que debe regir el caso sino otra norma prevista para regir circunstancias diferentes.

Más arriba hemos dado un ejemplo en el que una norma jurídica (la del art. 1707 del Código Civil) nos entrega una regla que supone que existe entre los entes intervinientes una efectiva diversidad de personas. Sin embargo, es conveniente agregar otro ejemplo para explicar mejor esta situación: el directorio de una sociedad matriz, que denominaremos A, dueña de numerosas subsidiarias, acuerda vender a una persona que llamaremos B, diversos paquetes accionarios de una importante compañía, los cuales en conjunto aseguran el control de la entidad, motivo por el cual se pactó como precio una cantidad que excedía el valor bursátil de cada acción. Dichos paquetes accionarios vendidos se encontraban en parte en poder de la matriz y en parte en poder de algunas de sus subsidiarias. Por esta razón, para llevar a efecto la operación, en la práctica, se celebraron varios contratos de compraventa, en los cuales figuraban como vendedor A o alguna de sus subsidiarias, y como comprador B o alguna de sus subsidiarias. Ahora bien, surge a estas alturas una pregunta medular para resolver el conflicto que se puede suscitar en torno a este caso: ¿La mora en entregar la cosa vendida por parte de A, purga la mora en pagar el precio en que ha incurrido B respecto de una de las filiales o subsidiarias de A? Es decir, ¿cómo se debería aplicar en este caso la excepción de contrato no cumplido? Y respecto de lo mismo, ¿cómo debería operar la condición resolutoria tácita?

En estos casos, la penetración del velo de la persona jurídica se impone por imperativo de una correcta interpretación de la ley y, desde luego, no tiene por objeto atribuir a la persona jurídica las cualidades o características de sus miembros sino, por el contrario, producir una completa identificación entre la persona jurídica y sus socios a fin de aplicar correctamente los preceptos contenidos en los artículos 1707, 1489 y 1552 del Código Civil. Esta identificación es procedente solo cuando se encuentren involucradas las mismas personas, aunque bajo diversa apariencia jurídica. Si en parte concurren las mismas personas y en parte no lo hacen, la norma jurídica que supone una efectiva diversidad debe ser plenamente aplicada, debiéndose recurrir a otros principios del derecho para resolver la cuestión suscitada.

4. *Para aplicar los criterios mencionados, no se requiere la mala fe del agente*

En estos casos, lo que se ha producido, en realidad, es un problema de interpretación de la ley, por lo que debe resolverse aplicando los artículos 19 y siguientes del Código Civil.

El hecho de que uno o más de los agentes intervinientes se encuentre o no de mala fe, es un problema que resulta absolutamente extraño a la cuestión que debe resolverse, que no puede ser otra que aplicar correctamente las instituciones del derecho. Cosa distinta se concluirá cuando exista abuso de la forma de la persona jurídica.

18. LA NACIONALIDAD DE LAS PERSONAS JURÍDICAS

No cabe duda de que las normas jurídicas que determinan la nacionalidad o, mejor dicho, el concepto mismo de nacionalidad, es algo que supone a un hombre de carne y hueso capaz de lealtad de sentimiento de pertenencia a un pueblo, de amor a la patria, de apego a la tierra, etc. En este sentido, se debe reconocer y aceptar la posición de muchos autores(85) que se han negado a considerar la posibilidad de que a una persona jurídica le sea imputada una auténtica nacionalidad.

Pero aún reconociendo tal circunstancia, estimamos que no se puede renunciar de antemano a la posibilidad de caracterizar a una persona jurídica como nacional o extranjera, pues existe una pluralidad de relaciones y consecuencias jurídicas que necesitan encauzamiento; y en este sentido, el concepto de nacionalidad puede resultar para las personas jurídicas igualmente útil que para las personas naturales.

Pero lo que se debe tener siempre presente es que las personas jurídicas no pueden ser, por ejemplo chilenas, francesas o inglesas en el mismo sentido y para los mismos efectos que lo pueden ser las personas naturales. No cabe duda de que es conveniente que puedan ostentar tal o cual nacionalidad, pero la ostentan para otros efectos.(86)

Esto significa que estamos adaptando el concepto mismo de nacionalidad a la peculiar condición de las personas jurídicas y para ciertos efectos que no se contradicen con la finalidad de las normas respectivas. En otras palabras, discurrimos sobre la siguiente base: «Así como el individuo forma parte de un Estado y de allí su condición de nacional o extranjero, lo mismo cabe decir, hasta cierto punto, (para ciertos efectos) de las personas jurídicas: que son nacionales las que están directamente vinculadas a los intereses económicos, políticos y sociales de un Estado particular, y extranjeras, las que no tienen dichas conexiones».(87)

(85) Entre otros, LAURENT, *Principes de Droit Civil Francais*, I, (Bruxelles - Paris 1878), pág. 405: «Por más que se haga un esfuerzo de imaginación, no puede afirmarse que un ser ficticio sea francés o alemán, inglés o belga». La delegación argentina formuló la siguiente declaración y reserva frente al Código de Derecho Internacional Privado: N°4: «no aprueba disposiciones que afecten, directa o indirectamente, al principio sustentada por las legislaciones civil y comercial de la República Argentina, de que, «las personas jurídicas deben exclusivamente su existencia a la ley del Estado que las autorice y por consiguiente no son ni nacionales ni extranjeras; sus funciones se determinan por dicha ley de conformidad con los preceptos derivados del «domicilio» que ella reconoce». Para las delegaciones de Colombia y Costa Rica, las personas jurídicas no pueden tener nacionalidad ni de acuerdo con los principios científicos ni en conformidad con los más altos y permanentes conveniencias de América.

(86) En el mismo sentido se manifiesta DUNCKER; «Nacionalidad de las Personas Juridicas», *Revista de Derecho y Jurisprudencia*, tomo 42, pág. 51. «Sin embargo –dice– la tendencia de la doctrina moderna es atribuir una nacionalidad a las personas jurídicas, reconociendo si que ella se rige por principios algo diferentes»; PASSARELLI, Santoro, op. cit., pág. 32: «La nacionalidad de la persona jurídica es esencialmente distinta a la ciudadanía de la persona física....» SERICK, op. cit., pág. 157: «Por ello el concepto de nacionalidad se utiliza incluso con relación a las personas jurídicas. Pero no cabe desconocer, naturalmente, que por su presupuesto es completamente diferente del que se aplica en el caso de las personas naturales». En contra, FERRARA, op. cit., págs. 704 y siguientes, especialmente, págs. 705 y 706.

(87) DUNCKER, op. cit., pág. 51.

Desde luego, cabe advertir que nuestro ordenamiento jurídico acepta y ha aceptado directamente la caracterización de una persona jurídica como nacional o extranjera, con lo cual reconoce la posibilidad de que puedan ostentar una nacionalidad. En efecto, los artículos 121 y siguientes de la Ley 18.046, sobre sociedades anónimas, consagran la distinción entre compañías chilenas y extranjeras. Además, los artículos 16 y siguientes del Código de Bustamante aceptan expresamente dicha caracterización.

En realidad, los efectos para los cuales una persona jurídica puede ser considerada nacional o extranjera merecen ser ordenados en los siguientes grupos:[(88)]

a) Personas jurídicas constituidas en el extranjero que establecen relaciones jurídicas en Chile;

b) Personas jurídicas constituidas y operantes en Chile, pero con capital o participación extranjera.

A continuación se analizarán por separado cada una de tales situaciones.

19. PERSONAS JURÍDICAS CONSTITUIDAS EN EL EXTRANJERO QUE TRATAN DE ESTABLECER RELACIONES JURÍDICAS EN CHILE

En este párrafo es menester tratar dos situaciones diversas: la primera dice relación con la llamada extraterritorialidad de las personas jurídicas, esto es, si aquellas entidades constituidas en el extranjero pueden ser consideradas «personas» en Chile; la segunda dice relación con los requisitos que deben cumplir para establecerse en Chile y realizar su giro u objeto.

En lo relativo a la extraterritorialidad de las personas jurídicas entendemos –como Ferrara–[(89)] que es preciso separar la parte teórica del alcance práctico del problema: «Porque desde el punto de vista teórico no puede ponerse en duda que aunque la persona jurídica no es una ficción, sin embargo, como forma jurídica, es un producto del derecho estatal y por consiguiente, territorial, y, por consiguiente, fuera del Estado no existe un nuevo sujeto, porque no puede dominar la ley extranjera, que se limita en su eficacia a los confines del territorio». Por estos motivos, si circunscribiéramos el problema a una pura cuestión teórica, deberíamos estimar siempre como necesario un nuevo reconocimiento, un nuevo acto de concesión del Estado.

Pero se debe reconocer que dicha conclusión teórica es insostenible desde el punto de vista práctico. No cabe duda que exigir a las personas jurídicas extranjeras, sean éstas públicas o privadas, con o sin fines de lucro, un reconocimiento por parte del orden jurídico chileno para poder gozar de personalidad en Chile y, por tanto, para poder adquirir y contraer derechos y obligaciones, sólo contribuiría a entorpecer el comercio, la industria y las relaciones internacionales; a la vez que introduciría un elemento de injusta discriminación entre entidades chilenas y extranjeras, las cuales, en ciertas circunstancias, no obtuvieron un reconocimiento determinado, pues no previeron o pudieron prever que podrían llegar a tener relaciones jurídicas en Chile.

---

(88) Seguimos así –en parte– la ordenación de PUIG BRUTAU, op. cit., pág. 342.
(89) FERRARA, op. cit., pág. 715.

a) Personas jurídicas de derecho público extranjeras

Nuestra legislación interna no contiene norma jurídica alguna que implique un reconocimiento general a los Estados extranjeros. No obstante, la doctrina y la jurisprudencia nacional ha admitido, sin excepciones, el goce de los derechos civiles por parte de los estados extranjeros, en el mismo pie de igualdad que las personas jurídicas de derecho público nacionales. En otras palabras, puede afirmarse que en Chile nadie discute que los Estados extranjeros son reconocidos como verdaderas personas jurídicas y que, por consiguiente, tienen capacidad para ejercer los derechos inherentes a tal calidad.

Quizás aquí, más que nunca, parece innecesario dar razones para justificar una posición que se sustenta con tan sólo el peso de los hechos. No obstante, se han dado.

Se ha dicho por la doctrina y confirmado por la práctica internacional que si bien es necesario un reconocimiento por parte del orden jurídico o estatal chileno, basta simplemente con un mero reconocimiento diplomático, pues éste –se observa– lleva implícitas la aceptación y constatación de la personalidad del Estado en el Derecho Privado.(90)

No concordamos con esta posición que sólo contribuye a dar una solución parcial al problema planteado, porque la cuestión subsiste, sin duda, para aquellos Estados que no han obtenido el reconocimiento diplomático. Por lo demás, como advierte Ferrara,(91) «una cosa es el reconocimiento internacional como ente igual e independiente, y otro el reconocimiento como posible sujeto de relaciones interiores, como miembro sujeto al señorío del Estado».

Nos parece más aceptable la posición que funda el reconocimiento de la personalidad jurídica de los estados extranjeros en un principio general del Derecho Internacional que ha sido aceptado por el orden jurídico chileno en numerosos tratados incorporados a nuestra legislación, posición ésta que parece conciliarse en mayor grado con la doctrina de la Corte Suprema.(92)

En este mismo sentido, es conveniente advertir que el Código de Derecho Internacional Privado, en su art. 31 expresa: «Cada Estado contratante, en su carácter de persona jurídica, tiene capacidad para adquirir y ejercitar derechos civiles y contraer obligaciones de igual clase en el territorio de los demás, sin otras restricciones que las establecidas expresamente por el derecho local».

---

(90) «Un Estado que reconoce a otro Estado –dice Pillet– reconoce por este solo hecho que este estado posee las funciones jurídicas que él mismo posee. Desde ese momento, la cualidad de persona jurídica debe ser reconocida al Estado so pena de caer en una contradicción con el reconocimiento político de que ese Estado es objeto. En igual sentido se pronuncia en nuestro país CLARO SOLAR, op. cit., tomo V, pág. 481; GUZMÁN Y MILLÁN, *Curso de Derecho Internacional Privado*, (Ed. Jurídica de Chile, 1973), pág. 428, VODANOVIC, Antonio, op. cit., I, segunda parte, pág. 375.

(91) FERRARA, *Teoría de la Persona Jurídica*, op. cit., pág. 715.

(92) La Corte Suprema tuvo ocasión de pronunciarse sobre el tema en comentario en fallo de 10 de diciembre de 1912, mediante el cual ordenó al C.B.R. de Arica inscribir a nombre del Estado de Bolivia la casa que este país había adquirido con el objeto de instalar su agencia aduanera en dicho lugar. Algunos de sus considerandos decía: «PRIMERO: Que conforme a las reglas de Derecho Internacional, los Estados en sus relaciones recíprocas tienen una personalidad jurídica capaz de adquirir derechos y contraer obligaciones. TERCERO: Que según el Derecho Internacional pueden adquirirse propiedades por un gobierno, en territorio de una potencia extranjera, sin ejercer sobre ellas más que el dominio ordinario, semejante al de los particulares, pero no el que siempre corresponde al soberano del territorio.

b) Corporaciones y fundaciones

Respecto de las personas jurídicas de derecho privado sin fines de lucro, la doctrina extranjera se divide en dos escuelas: «la más antigua y comúnmente difundida, que admite la igualdad de la persona jurídica con la persona física, reconoce en la persona jurídica un status personal con capacidad civil general para el goce y ejercicio de los derechos civiles y sostiene que las personas jurídicas, una vez adquirida su personalidad en el país donde fueron creadas y reconocidas con capacidad de goce de los derechos civiles, llevan consigo esta personalidad a cualquier país donde quieran ejercitar sus derechos».(93)

La segunda escuela sostiene que, a diferencia de las personas físicas, las personas jurídicas no tienen existencia fuera del territorio del Estado en que han obtenido su reconocimiento como tales. Para algunos, ello se produce por la naturaleza ficticia de las personas jurídicas; para otros porque el reconocimiento de tales entidades es una cuestión que concierne internamente a cada Estado, pues solo él los puede estimar conveniente para su organización política, social y administrativa; finalmente, hay otros, que niegan a la persona jurídica el goce de un verdadero estatuto personal.(94)

En Chile la cuestión se ha complicado aún más con motivo de la redacción del art. 546 del Código Civil que dice: «No son personas jurídicas las fundaciones o corporaciones que no se hayan establecido en virtud de una ley, o que no hayan sido aprobadas por el Presidente de la República».

Como consecuencia de la disposición citada, la doctrina nacional se ha dividido en dos posiciones claramente divergentes.

La primera de ellas, sostenida principalmente por Arturo Alessandri R., afirma que para que una corporación o fundación constituida en el extranjero pueda gozar de personalidad jurídica en Chile, es menester que cumpla todos los requisitos establecidos en el art. 546 del Código Civil, esto es, que previamente se establezcan en Chile en virtud de una ley o que hayan sido aprobados por el Presidente de la República. Se concluye de tal manera en virtud de los siguientes fundamentos:

1°. Los claros términos del art. 546 del Código Civil que no distingue entre personas jurídicas nacionales o extranjeras.

2°. Porque de acuerdo con lo dispuesto por el art. 14 del Código Civil, la ley chilena es obligatoria en Chile, aun para los extranjeros.

3°. Porque esta posición parte de la base de que el Código Civil acepta la doctrina de la ficción, y en virtud de tal circunstancia, atendido que la persona jurídica sólo existe en virtud de una ficción de la ley, tal ley debe surtir los efectos de toda ley extranjera que pretende ser aplicada en Chile, esto es, debe desconocerse su autoridad, pues no tiene efectos más allá del país en que impera.

La segunda posición, sostenida principalmente por Luis Claro, afirma que no puede afirmarse que una corporación o fundación constituida en el extranjero carezca de personalidad jurídica en Chile. Para este autor el art. 546 del Código Civil no puede ser aplicado en la especie porque «el código legisla para Chile y al tratar de las personas jurídicas se

---

(93) CLARO SOLAR, op. cit., V, pág. 472, quien cita en esta posición a Merlin, Demangeat y otros.

(94) Véase CLARO SOLAR, op. cit., pág. 473.

refiere a las personas jurídicas chilenas, únicas que tiene en vista al expresar que no tienen personalidad jurídica las fundaciones o corporaciones que no han sido autorizadas como tales por la autoridad pública chilena».[95]

Concordamos con esta última opinión. Creemos que, de acuerdo con lo dispuesto por el art. 22 del Código Civil, el contexto de la ley sirve para ilustrar el sentido de cada una de sus partes, de manera que haya entre todas ellas la debida correspondencia y armonía. Y estimamos que no puede ser armónica una interpretación que postula que no son personas jurídicas las corporaciones y fundaciones extranjeras, que son entidades sin fines de lucro; en circunstancias que sí serían personas jurídicas las sociedades extranjeras o entidades que persiguen fines de lucro. La lógica más sencilla enseña que no puede haber armonía en una solución desequilibrada.

c) Sociedades civiles y comerciales

Al respecto cabe distinguir entre sociedades que no requieren de autorización de existencia por parte de la autoridad pública y aquellas que sí la requieren.

Respecto de las primeras, no ha habido en Chile quien postule la falta de personalidad jurídica de estas sociedades cuando se han constituido en el extranjero; y ello, porque se sabe que la sociedad es un contrato y nuestra legislación, en virtud del principio de la producción internacional de efectos de los actos jurídicos legalmente ejecutados, reconoce, en el art. 16 del Código Civil, la eficacia de los contratos válidamente otorgados en país extranjero.[96]

Respecto de aquellas sociedades que sí requieren de autorización de existencia, tales como compañías de seguros o administradoras de fondos mutuos o de pensiones, el asunto se ha discutido. Para Arturo Alessandri, en el sistema legislativo chileno, dichas sociedades nacen a la vida jurídica en virtud de la aprobación de sus estatutos por la autoridad administrativa. Antes de obtenerla, no pueden ejecutar acto jurídico alguno. Para Luis Claro Solar, en cambio, el sistema legislativo chileno sólo se aplica para aquellas sociedades que nacen en Chile, porque ese sistema sólo legisla para Chile.

Concordamos con esta última opinión, fundamentalmente por las mismas razones señaladas para el caso de las corporaciones y fundaciones.

Ahora bien, en lo relativo a la ley que rige la capacidad de las personas jurídicas en análisis, si creemos que la personalidad jurídica otorgada por un sistema legislativo debe ser reconocida por el de otros países, tenemos que concluir que la medida de esa personalidad o capacidad habrá de determinarse de acuerdo con las leyes del país donde se obtuvo dicha personalidad jurídica. Así se ha fallado.[97]

Para poder emprender su giro en Chile, las personas jurídicas extranjeras necesitan acomodarse a la legislación chilena y cumplir con los mismos requisitos establecidos para las personas jurídicas constituidas en Chile. Eso no significa, sin embargo, que deban obtener personalidad jurídica en Chile.

---

(95) CLARO SOLAR, op. cit., V, pág. 478.
(96) Guzmán, Diego y Millán, Marta, op. cit., pág. 439.
(97) «La capacidad de la persona jurídica se rige por la ley del país de su nacionalidad y el reconocimiento que de su existencia se haga en país extranjero, se encuentra fundamentalmente limitado por esa capacidad (*Rev. de Derecho y Jurisprudencia*, tomo 33, sección primera, pág. 449).

Los requisitos que tendrán que cumplir las personas jurídicas extranjeras para poder establecerse en Chile varían según sea el tipo o la naturaleza de la entidad; y ellos se establecen en las respectivas leyes que regulan su actividad.

Se debe hacer presente que las personas jurídicas deben cumplir los requisitos que se establecen en la legislación chilena para desarrollar su giro o actividad y no aquellos que el ordenamiento jurídico chileno exige en consideración al tipo o naturaleza de la persona jurídica misma. Así, por ejemplo, una sociedad anónima constituida en el extranjero no está sometida al control de la Superintendencia de Sociedades Anónimas. Todo ello se entiende sin perjuicio de lo que dispongan las leyes, v. gr., para el caso de las corporaciones y fundaciones, los arts. 34 y siguientes del Reglamento sobre concesión de personalidad jurídica.

20. PERSONAS JURÍDICAS CONSTITUIDAS Y OPERANTES EN CHILE, PERO CON CAPITAL O PARTICIPACIÓN EXTRANJERO

Las personas jurídicas constituidas y operantes en Chile, pero con capital o participación extranjero, entran normalmente en conflicto con ciertas medidas establecidas en la legislación nacional que tienden sea a impedir que pasen a depender del extranjero bienes o personas jurídicas nacionales, sea a reservar para los chilenos o para los extranjeros radicados en Chile, la realización de ciertas actividades productivas o de comercio, o el goce de ciertos beneficios o preferencias.

Los problemas surgen al determinar o precisar los casos en que deberá considerarse como extranjera a una persona jurídica constituida en Chile cuando la ley específica de que se trata no ha sentado el criterio para determinar si la sociedad o persona jurídica es chilena o extranjera o no ha previsto que la actividad que prohíbe a los extranjeros como personas naturales sea desarrollada por una persona jurídica.

Desde luego, cabe observar que es poco frecuente que tal omisión se produzca, pero si llegare a presentarse, la doctrina ofrece dos posibilidades; una de ellas consiste en reflejar la nacionalidad de los miembros de la persona jurídica o la de aquellos que en razón del capital o de los estatutos estén en condiciones de manejar la administración de la Compañía; la otra posibilidad consiste en determinar la nacionalidad sobre la base de datos que hagan referencia a la propia persona jurídica, esto es, de datos objetivos de la entidad.

Como datos objetivos se han propuesto los siguientes: a) El país que interviene en su constitución determina la nacionalidad de la persona jurídica; b) El país en el cual la persona jurídica tiene su sede o asiento social determina la nacionalidad de la persona jurídica; c) El país que proporciona el capital social determina la nacionalidad,y d) La nacionalidad por la que optaren sus fundadores será aquella que ostente la entidad.

21. DOMICILIO DE LAS PERSONAS JURÍDICAS

Así como la persona física, la persona jurídica debe ser necesariamente localizada en un lugar determinado. En este sentido, las normas que determinan el domicilio de las personas físicas (arts. 59 al 73 C.C.) resultan igualmente útiles para las personas jurídicas; aunque requieren de cierta adaptación, pues sólo fueron pensadas para serle aplicadas al hombre de carne y hueso.

La sede estatutaria de la persona jurídica no fija el domicilio legal de la misma sino en cuanto corresponde realmente a su sede efectiva. «La indicación de la sede de la sociedad en el acto constitutivo no puede referirse más que aquella que la sociedad quiere que sea la propia sede, no a un domicilio efectivo que todavía no existe por no haber nacido aún la sociedad. La sociedad no puede, en efecto, a través de la determinación de una sede que no corresponda a la sede real, perjudicar los derechos que nacen para los terceros basándose en su sede efectiva».[(98)]

En realidad, el haber domiciliado a la sociedad en un lugar distinto a la sede fijada en los estatutos constituye más bien una violación o trasgresión de éstos, de lo cual podrían ser responsabilizados los administradores.

Todo lo cual conduce a concluir, entonces, que las normas de los arts. 59 y siguientes del Código Civil les son íntegramente aplicables a las personas jurídicas con total independencia de cual sea su sede estatutaria.

Por ello, el art. 142 del Código Orgánico de Tribunales establece: «Cuando el demandado fuere una persona jurídica, se reputará por domicilio, para el objeto de fijar la competencia del juez, el lugar donde tenga su asiento la respectiva corporación o fundación. Y si la persona jurídica demandada tuviere establecimientos, comisiones u oficinas que la representen en diversos lugares, como sucede con las sociedades comerciales, deberá ser demandada ante el juez del lugar donde exista el establecimiento, comisión u oficina que celebró el contrato o que intervino en el hecho que da origen al juicio».

Igual regla debe aplicarse, por analogía, a los demás casos en que sea preciso determinar el domicilio de una persona jurídica.

22. EL NOMBRE DE LAS PERSONAS JURÍDICAS

Como se ha dicho, nombre es en esencia el signo que la ley impone a las personas para distinguirlas entre sí. Su misión fundamental es individualizar a la persona. Es, por consiguiente, una institución de policía civil al mismo tiempo que un elemento esencial de la personalidad, pues esta supone la individualidad propia.

Lo mismo es para las personas naturales que para las personas jurídicas. El nombre es un elemento esencial de la personalidad, porque ésta supone su individualización. El nombre permite, por sí solo o con otras circunstancias, la identificación de cada persona jurídica en relación con los demás.

23. DETERMINACIÓN DEL NOMBRE DE LAS PERSONAS JURÍDICAS

La determinación del nombre de las personas jurídicas se encuentra tratado de diferente forma que en el caso de las personas naturales, donde los elementos determinantes del mismo se encuentran dados por el apellido familiar y el nombre de pila. En las personas jurídicas, la determinación queda entregada casi por entero a la voluntad de los miembros o socios. La denominación social es una de las menciones fundamentales del acto de constitución de todas las personas jurídicas.

(98) ASCARELLI, Tulio, *Sociedades y Asociaciones Comerciales* (Ediar S.A., Editores, Buenos Aires, 1947), pág. 73.

Sin embargo, la ley exige que en el nombre de cada persona se incluya, por lo general, una referencia al giro de la sociedad y otra que determine la naturaleza de la persona de que se trate.

Así, en las corporaciones, el artículo 4 del Reglamento sobre concesión de personalidad jurídica exige que en los estatutos de éstas se contenga la indicación precisa del nombre y el artículo 31 exige lo mismo para las fundaciones. En el caso de las sociedades colectivas comerciales, el artículo 352 del Código de Comercio establece que la escritura social debe contener el nombre de la sociedad y el artículo 365 del Código de Comercio señala que la razón social es la fórmula enunciativa de los nombres de todos los socios o de alguno de ellos, con la agregación de las palabras: *y compañía*. En el caso de las sociedades de responsabilidad limitada, el artículo 4 de la Ley 3.918 establece que la razón o firma social podrá contener el nombre de uno o más socios, o una referencia al objeto de la sociedad, debiendo, en todo caso, terminar con la palabra «limitada», pues de lo contrario los socios responderán solidariamente con su patrimonio de las deudas de la sociedad. En las sociedades comanditas simples el artículo 476 del Código de Comercio establece que la razón social debe comprender necesariamente el nombre del socio gestor si fuere uno solo, o el nombre de uno o más de los gestores si fueren muchos, al mismo tiempo que prohíbe la inclusión en la razón social del nombre de un socio comanditario. Finalmente, en materia de sociedades anónimas, el artículo 8 de la Ley 8.046 establece que el nombre de la sociedad debe incluir las palabras «Sociedad Anónima» o la abreviatura «S.A.»

24. DERECHO AL NOMBRE EN LAS PERSONAS JURÍDICAS

Cuanto se ha dicho del nombre es lo que le corresponde como institución de policía civil y atributo de la personalidad, pero, al igual que en las personas naturales, el uso del nombre genera una circunstancia peculiar, pues le otorga a la persona jurídica la posibilidad que se le distinga no ya por el nombre sino por el prestigio que este supone precisamente por haberse usado. En este aspecto, no hay que confundir el nombre como institución de policía civil con el derecho al nombre

El derecho al nombre es un derecho de la personalidad que intenta proteger el interés de la persona individual en una característica que hace posible distinguir sus relaciones sociales y comerciales de las de los demás.[(99)] No cabe pues confundir ambos conceptos que, obviamente, son comprensivos de situaciones diversas.

En este sentido, parece conveniente aludir a lo que dispone el inciso segundo del artículo 8 de la Ley 18.046. En efecto, esta disposición establece que si el nombre de una sociedad fuere idéntico al de otra ya existente, esta última tendrá derecho a demandar su modificación en juicio sumario. Al respecto, cabe advertir en primer lugar que lo que esta disposición protege es precisamente el derecho al nombre. No existe ninguna razón para sostener que, al existir dos personas jurídicas con el mismo nombre se está cuidando el nombre como atributo de la personalidad o como institución de policía civil, como no lo hay en el caso de las personas naturales. Para éstas, el ordenamiento jurídico no impide la

(99) LEHMANN, Heinrich, *Tratado de Derecho Civil*, (Editorial Revista de Derecho Privado, Madrid, 1956), pág. 614.

existencia de dos nombres iguales. Lo que la ley protege en este caso es el interés de la persona jurídica en una característica que hace posible distinguir sus relaciones sociales y comerciales de las de los demás. En segundo lugar, hay que advertir, también, que la ley prefiere en tal caso, a la sociedad más antigua, esto es, protege a la «ya existente» por sobre la más nueva. Algunos han sostenido que, para determinar la antigüedad de la sociedad, solo se debe considerar la constitución conforme a la ley chilena. Sin embargo, creemos que tal postura es incorrecta, tanto por motivos de forma como de fondo. De forma, pues la ley chilena reconoce la existencia de las personas jurídicas extranjeras, según ha quedado demostrado en los párrafos anteriores. De fondo, porque si lo que se protege es un interés, lo que hay que preguntarse verdaderamente es para quién nació primeramente el interés protegido, y no sobre quién fue la persona que se constituyó antes en Chile. Incluso, si la persona de que se trate se constituyó en Chile después que otra, pero proviene de una persona jurídica extranjera que tiene desde antes el nombre de que se trata, primará el nombre de esta persona, pues, como se ha dicho, lo que se protege es el interés surgido con motivo de haberse usado el nombre, en cualquier parte del mundo.

25. LA CALIDAD DE PARIENTE O CÓNYUGE

Es necesario resolver la cuestión de si una persona jurídica puede ser «pariente» o puede tener parientes en el sentido que lo establecen determinadas normas jurídicas. Y ello porque, al parecer, el parentesco sólo es posible tratándose de personas naturales. Otro tanto cabe decir respecto a si una persona jurídica puede ser «cónyuge» o tenerlo. Este tipo de problemas reviste especial importancia en el derecho de quiebras.

Creemos que la solución a estos problemas se logra comprobando si la norma jurídica respectiva que emplea el concepto de cónyuge o pariente «regula relaciones que específicamente tengan el carácter de Derecho de Familia o si se trata de la descripción de un fenómeno de derecho patrimonial, en general, en el que se halle interesado precisamente un cónyuge o un pariente».[(100)] Sólo en el primer caso la norma será inaplicable a la persona jurídica. En el segundo, por el contrario, creemos que la aplicabilidad de la norma a la entidad moral debe ser reconocida.

En otras palabras, creemos que es perfectamente posible el hecho de considerar, en determinadas condiciones, a una persona jurídica como pariente o cónyuge de una natural. «Ninguna consideración dogmática debe permitir que se formulen reparos contra la aplicación de semejantes reglas de derecho a las personas jurídicas, por tratarse en este caso de normas que por su finalidad no pueden quedar limitadas a las personas naturales».[(100)]

El problema en análisis tiene relevancia en los contratos celebrados en consideración a la persona del otro contratante: ¿Podría declararse la nulidad del acto jurídico si se demostrare que hubo error en cuanto a la persona de los socios de la persona jurídica? Creemos que sí. La entidad moral puede ser digna de confianza, pero para ello se debe tomar en cuenta a los hombres que se encuentran detrás de ella. En la vida práctica la identificación de la sociedad con las personas naturales que la integran o que la administran es un hecho que no puede desconocerse.

(100) SERICK, op. cit., pág. 206

26. PODRÍA LA PERSONA JURÍDICA SER TITULAR DE UN DERECHO PERSONALÍSIMO

a) Derechos de uso y habitación

En doctrina se ha discutido mucho acerca de la posibilidad de que los entes morales puedan ser titulares de un derecho de uso y habitación. Ello, porque estos últimos son delimitados e individualizados en su amplitud por las necesidades del usuario y de su familia y esto –se dice– no puede aplicarse a sujetos meramente ideales.(101)

En nuestro derecho, tal posición debe ser rechazada. En efecto, el antiguo inciso 3° del art. 556 del Código Civil, hoy derogado, que establecía una prohibición a las personas jurídicas para conservar la posesión de los bienes raíces que adquirieran, sin permiso especial de la legislatura, señalaba expresamente que «esta prohibición no se extiende a los derechos de censo o pensión, asegurados sobre bienes raíces; ni a los derechos de usufructo, uso o habitación». Al haber el Código Civil señalado expresamente que la prohibición no se extendía a los derechos de uso o habitación de los cuales pudieran ser titulares personas jurídicas, obviamente estaba reconociendo la posibilidad de que los entes morales pudieran ser titulares de ellos. Si bien esta disposición se encuentra hoy derogada, no cabe duda que la intención del legislador fue la de permitir que los derechos de uso y habitación pudieran ser gozados, también, por las personas jurídicas.

En cuanto al goce de estos derechos reales en comentario, concordamos plenamente con la opinión de Luis Claro Solar(102). «Naturalmente –dice– hay diferencia entre la manera de cómo puede gozar de un derecho de uso una persona jurídica que no tiene la existencia real de una persona física; pero se comprende que puede proporcionarse a una corporación una parte de los frutos de una cosa como puede dársele la totalidad de ellos. En cuanto al derecho de habitación –añade–, que para una persona natural consiste en morar la casa en que se constituye, la persona jurídica puede ejercitarlo teniendo en ella sus oficinas o el lugar de reunión de sus miembros».

b) Derecho moral de autor

En general, la cuestión de si el derecho de autor puede corresponder con carácter originario a la persona jurídica, ha sido un tema muy discutido en la doctrina contemporánea. En el derecho de autor hay que distinguir dos elementos diversos: por un lado, un derecho patrimonial que permite al autor la explotación financiera de su obra; y, por otro, un derecho moral que tiene por objeto proteger la paternidad y la integridad de la obra y, en general, proteger el honor que como creador debe reconocérsele al autor.(103)

El problema no consiste, obviamente, en saber si a una persona jurídica debe reconocérsele la posibilidad de ser titular del derecho de autor. Ello ciertamente es posible a la luz de las disposiciones actuales de la Ley 17.336 sobre propiedad intelectual. Basta para ello leer los artículos 25 y 26 de la citada ley que expresan que el derecho de autor de una obra cinematográfica corresponde a su productor, entendiéndose por productor, «la persona,

---

(101) FERRARA, *Teoría de la Persona Jurídica*, op. cit., p. 795.
(102) CLARO SOLAR, op. cit., V, p. 538.
(103) Véanse los arts. 14 a 23 de la Ley 17.336 sobre propiedad intelectual.

natural o jurídica, que toma la iniciativa y la responsabilidad de realizarla» [la obra cinematográfica]. El problema consiste en saber si una persona jurídica puede ser considerada como titular original del derecho de autor.(104)

Los que niegan tal posibilidad sostienen que, para la confección de una obra, es elemento primordial la actividad creadora del hombre, actividad que no puede ser desarrollada por las personas jurídicas por ser solamente entidades ideales.

No concordamos con esta posición. A nuestro entender, el elemento decisivo debiera estar en determinar la importancia del aporte individual de todos aquellos que participaren en la obra. Si resulta muy escaso, como puede suceder en la confección de obras colectivas tales como antologías, crestomatías, enciclopedias, diccionarios, etc., nos parece obvio que es posible negar simplemente el derecho de autor de las personas individuales que han participado en la obra y dejar que surja con carácter originario a favor de la persona jurídica que ha dirigido la obra cuando sus intereses en la misma aparecen como más dignos de protección que los de los hombres que han realizado el trabajo bajo la completa dirección de la persona jurídica a la que también se debe por entero la financiación.(105)

Esta conclusión parece estar expresamente corroborada por el tenor literal del art. 24 de la Ley 17.336. Esta disposición señala que los derechos de autor en los casos de enciclopedias, diccionarios y otras recopilaciones análogas corresponde al organizador de la obra, tanto sobre la compilación como sobre los aportes individuales. Y no cabe duda que el organizador de una obra puede ser, evidentemente, una persona jurídica. No hay nada que lo impida.

c) Derecho a suceder

En lo que se refiere a las sucesiones abintestato se debe concluir necesariamente que las personas jurídicas son incapaces de adquirir derechos por esta causa. El parentesco que forma la base de estas sucesiones, falta en las personas jurídicas. Y si bien nosotros hemos sostenido que es posible aplicar el concepto de cónyuge o pariente a las personas jurídicas lo hemos hecho sólo en los casos en que se trate de la descripción de un fenómeno de derecho patrimonial y hemos negado la posibilidad de aplicar tales conceptos a las entidades morales cuando se regulen relaciones que específicamente tengan carácter de derecho de familia, cosa que ocurre en la especie.

En los casos de sucesión testamentaria, es evidente que las personas jurídicas pueden recibir herencias y legados por este medio.

d) El derecho al honor

Resulta fundamental para determinar si es posible que una persona jurídica pueda ser titular de un derecho al honor precisar la concepción que se tenga de éste. Si se pretende buscar la existencia del honor en la vida interior del hombre, es evidente que las personas jurídicas necesariamente carecen de este derecho, pues consideradas psicológicamente, no pueden tener ninguna sensibilidad. Sin embargo, si se quiere ver en el derecho al honor

(104) El art. 7 de la Ley 17.336 expresa que es titular original del derecho, el autor de la obra. Es titular secundario del derecho, el que lo adquiera del autor a cualquier título.

(105) SERICK, op. cit., p. 197.

más que un valor interior congénito a la dignidad humana, un valor que corresponde a una persona dentro de la sociedad, resulta evidente que se debe sostener que una persona jurídica también puede ser titular de un derecho al honor y puede ser ofendida.

Nosotros concebimos el honor en dos niveles. El primer nivel del honor, lo hemos considerado como aquel grado mínimo de respetabilidad que le permite al hombre vivir en sociedad; el segundo nivel del honor, lo hemos considerado como una emanación de la virtud interior que se proyecta, que se esparce en la sociedad y que le permite a la persona adquirir un mayor o un menor grado de prestigio o fama.

De acuerdo a lo anterior, es evidente que el derecho al honor le debe ser reconocido a la persona jurídica. Estas, como los seres humanos, necesitan ser tratadas con un grado mínimo de respetabilidad que les permita alcanzar la sociabilidad, esto es, la posibilidad de relacionarse con los demás en un mismo pie de igualdad. De igual manera, las personas jurídicas pueden ser más o menos virtuosas según sea la naturaleza de sus fines, la forma como han pretendido desarrollarlos, los intereses que protegen, etc.

Nos resulta evidente, también, que las personas jurídicas pueden ser ofendidas en la misma manera y en igual grado que las personas naturales. El derecho no puede permitir –por ejemplo– que se afirme impunemente que una entidad protege la delincuencia o la prostitución o defiende intereses inmorales, etc.

SECCIÓN SEGUNDA
EL ABUSO DE LA FORMA DE LA PERSONA JURÍDICA

27. CONCEPTOS GENERALES

La utilización abusiva de la estructura formal de la persona jurídica, basada en una radical separación entre la entidad y sus miembros, plantea la necesidad de indagar bajo qué circunstancias puede prescindirse de esa estructura formal para penetrar hasta su mismo sustrato y alcanzar así a las personas que se han encubierto tras el velo corporativo para obtener resultados que el derecho les prohíbe obtener como personas naturales.

El tema resulta de suyo delicado puesto que además de ser discutible la determinación de los casos en que será posible alcanzar el objetivo mencionado, existe ciertamente el peligro de que el hecho de prescindir de la radical separación entre la entidad y sus miembros componentes se generalice demasiado y con ello quede sin valor la misma figura de la persona jurídica.

Empero, «la figura de la persona jurídica hace posible que, bajo la apariencia de un acto ajustado a derecho, se persigan fines ilícitos. Existe en tal caso un abuso de la forma de la sociedad que el ordenamiento jurídico no puede tolerar, pues atenta contra las bases morales y lleva el descrédito a la misma institución de la persona jurídica».[106]

(106) SERICK, op. cit., pág. 241

No se trata de poner en duda el principio legislativo de la radical separación entre la entidad y sus miembros, sino de perseverar siempre en la recta aplicación del fin de la ley, reaccionando contra la utilización de las formas legales para contrariar o burlar el orden jurídico.

Tampoco se trata de poner en duda el principio legislativo de la radical separación entre la entidad y sus miembros, sino de perseverar siempre en la recta aplicación del fin de la ley, reaccionando contra la utilización de las formas legales adoptadas para contrariar o burlar la disposición.

El problema de la utilización de las formas jurídicas con objetivos distintos a los previstos por el legislador(107) forma parte de la teoría general de los actos aparentes, respecto de los cuales no necesariamente debe asumirse una posición contraria, tanto porque no siempre conducen a un resultado ilícito, cuanto porque el propio ordenamiento jurídico los permite en virtud del principio de la libertad contractual. Para Ihering(108) «los actos aparentes eran uno de los numerosos expedientes a los cuales los jurisconsultos romanos recurrían para satisfacer con los medios existentes las nuevas necesidades que surgían de la vida diaria».

De igual manera debe enfrentarse el problema de la utilización de la estructura formal de la persona jurídica para fines distintos a los previstos por el legislador, esto es, dicha utilización no necesariamente debe ser proscrita o rechazada. En numerosas ocasiones ella corresponde a un modo particularmente útil de enfrentar una actividad empresarial –por ejemplo– limitando la responsabilidad del empresario que no quiere compartir con un socio los beneficios del negocio.(109)

En fin, respecto de la utilización de la estructura formal de la persona jurídica y en general de los actos aparentes, creemos que son exactas las palabras de Ihering:(110) «El acto aparente se une al acto original, no dogmáticamente, sino por una relación puramente histórica, y procede del acto jurídico, no como una rama viva de la vida del tronco, sino como una nueva estaca que ha adquirido una existencia independiente. Y para hablar rectamente, la teoría del acto originario no se aplica nunca al acto aparente, que con teoría propia se aparta a menudo del otro en los puntos más esenciales».

Cuando la estructura formal de la persona jurídica es utilizada para lograr con ella fines distintos a los previstos por el legislador, la lógica exige que el juez penetre la estructura formal de la persona jurídica y estudie, pondere y analice la verdadera situación jurídica que la sociedad le pide que juzgue, para así aplicar la norma jurídica correcta.(111)

---

(107) Kohler, el primero en hacer una elaboración sistemática sobre este particular tema, parte de dos proposiciones: «el aspecto jurídico de los negocios causales puede no coincidir con el económico; asimismo, el fin práctico propio de un negocio, se puede lograr, también, a través de la combinación de otros negocios. RUBINO, Doménico, *El Negocio Jurídico Indirecto* (Editorial Revista de Derecho Privado, Madrid), pág. 11.

(108) IHERING, op. cit., IV, pág. 314.

(109) La limitación de la responsabilidad individual se puede obtener fácilmente sin recurrir siquiera a un socio testaferro permanente: Primero se crea una sociedad con el auxilio de un testaferro; Segundo, se crea otra sociedad teniendo como socia a la anteriormente formada; y tercero, el segundo ente formado le compra al testaferro las participaciones sociales en la primera compañía. Se crean así dos personas jurídicas que tienen como sustrato una sola persona, natural o jurídica.

(110) IHERING, op. cit., IV, p. 320.

(111) ENNECCERUS, KIPP y WOLFF, op. cit., pág. 437 han dicho: «La diferenciación jurídica entre asociados y asociación (o incluso dos asociaciones) tiene que enervarse (Teoría de la Unidad) en ciertos casos de seria dominación de la última. Verdad es que subsiste la dualidad jurídica, pero el que la ha producido no puede invocarla en perjuicio de terceros, si de hecho existe una unidad económica especialmente fuerte, y si el apoyarse en la dualidad lesiona gravemente los intereses del tercero. La cuestión sólo puede decidirse caso por caso observando cuidadosamente lo que exige la buena fe.

La verdad es que nuestro ordenamiento jurídico, como el de muchas otras naciones, se ha preocupado de impedir en mayor o menor medida este tipo de abusos en el caso de la sociedad anónima, reglamentando, al efecto, las relaciones que se pueden presentar entre sociedades matrices y filiales. Empero, la gama de posibilidades de utilización de la estructura formal de la persona jurídica excede con creces tan reducido campo de aplicación. Desde luego, no todas las personas jurídicas revisten la forma de una sociedad anónima; de la misma manera como no todos los intereses que el derecho debe proteger son los de los accionistas minoritarios. Por otra parte, las agrupaciones de sociedades han creado y crean actualmente una suerte muy variada de relaciones jurídicas y económicas cuya regulación no puede ser improvisada recurriendo a normas jurídicas (civiles y penales), que fueron pensadas para regular realidades muy diversas. Y ello no sólo para proteger los intereses de terceros sino, también, para resguardar los derechos de los propietarios.

28. LA DESESTIMACIÓN DE LA FORMA DE LA PERSONA JURÍDICA POR ABUSO DE SU ESTRUCTURA FORMAL. FUNDAMENTACIÓN

Consideramos que es poco conveniente que los casos que den lugar a una desestimación de la forma de la persona jurídica, con el objeto de poder adoptar medidas que afecten a los hombres que se hallan tras el velo corporativo o societario, en razón de que se ha abusado de su estructura formal, se resuelvan y se fundamenten a la luz de posiciones y actitudes metajurídicas, esto es, sobre la base de argumentaciones y consideraciones fundadas en la equidad; pues lo que de tal modo se logra en el terreno de la justicia material, se pierde en el campo de la seguridad jurídica. «La íntima contradicción y la inseguridad que resultan de semejante manera de considerar el problema se reflejan en los fundamentos con los que en ocasiones trata de justificarse la negación de la persona jurídica. Para ello se recurre ampliamente a cláusulas generales y a flexibles giros de lenguaje como «poder de los hechos», «buena fe, etc., con cuyas fórmulas todo puede recibir fundamento sin que por ello se logre convencer a nadie».[112] [113]

Desde luego que con ello no se trata de restarle autoridad al principio de la buena fe como fundamento de las decisiones judiciales que se adopten en este sentido; sino que de precisar los casos en que existe un atentado a la buena fe mediante la utilización de la estructura formal de la persona jurídica.

En este sentido, creemos que existe un atentado en contra de la buena fe, que justifica que se descarte el principio de la radical separación entre la entidad y sus miembros y que se desestime la forma de la persona jurídica, sólo en los casos en que se pretenda burlar una ley, quebrantar las obligaciones contractuales o perjudicar fraudulentamente a terceros, para lo cual el juez o el intérprete deberá tener siempre presente que, al crear y

(112) SERICK, op. cit., pág. 40.

(113) En sentencia de la Corte Suprema de fecha 4 de mayo de 1983 se rechazó un recurso de queja y se hizo propio el criterio de los ministros recurridos que habían confirmado una sentencia de primera instancia que había sentenciado que dos personas jurídicas diferentes constituyen un solo empleador. La sentencia decía: «que aunque ambas demandadas constituyen personas jurídicas distintas, dado los hechos establecidos en autos en cuanto a que ambas sociedades tienen los mismos socios, el mismo objetivo social y funcionan juntas ocupando los mismos dependientes, parece equitativo considerarlos como un solo empleador».

configurar el legislador la persona jurídica, lo ha hecho sólo para el tráfico jurídico y negocial de buena fe, pues no es posible concebir un ordenamiento jurídico que permita que sus instituciones se utilicen para violar el espíritu de sus propias disposiciones. Es preciso tener presente que no cabe imaginar a la persona jurídica sin la existencia de personas naturales que actúan tras ella, y determinan su conducta. Por ello, resulta decisivo estudiar, ponderar y analizar la conducta de estas personas, como único medio para saber si existe o no un abuso de la forma de la persona jurídica. «La sociedad, por tanto, no puede ser considerada separadamente de las personas que la componen, pues sólo lo que sucede detrás de su apariencia puede poner en claro si todavía se mueve dentro de la esfera que para ella ha sido creada por el legislador».(114)

Por último, cabe preguntarse cuáles serían las consecuencias cuando el juez desplace la forma de la persona jurídica. En realidad, la posible consecuencia jurídica se determina según la peculiaridad de cada caso concreto e irá encaminada solamente a frustrar la finalidad ilegítima perseguida.

29. ANÁLISIS DE LOS CASOS QUE AUTORIZAN PARA DESESTIMAR LA FORMA DE LA PERSONA JURÍDICA

Como lo hemos señalado precedentemente, la única causal que legitima la desestimación de la estructura formal de la persona jurídica está constituida por un atentado en contra de la buena fe, entendiendo que lo hay en tres casos específicos: a) Burla a la ley; b) Burla o lesión del contrato; y c) Otros daños fraudulentos causados a terceros.

a. Burla a la ley

«Una ley puede quedar burlada con la utilización de la figura de la persona jurídica cuando los individuos a quienes la norma se dirige se ocultan tras aquélla, tanto si ya existía como si sólo fue creada para tal fin, con lo que logra sustraerse al mandato legal».(115) En estas circunstancias, el mandato imperativo o prohibitivo no aparece formalmente infringido, pues el que figura absteniéndose de ejecutar un hecho o, por el contrario, realizando la conducta prohibida es una persona distinta a la destinataria del mandato legal.

b. Burla o lesión del contrato

De la misma manera como puede quedar burlada una ley utilizándose abusivamente la estructura formal de la persona jurídica, puede suceder que quede burlado un contrato. «El supuesto de hecho fundamental de tal fraude al contrato es sencillo: A y B se obligan frente a C a no realizar determinado acto. Pero resulta que el mismo acto lo realiza la sociedad X, cuyos socios son A y B. La sociedad X, una persona jurídica, ha sido creada con la finalidad de burlar el contrato celebrado con C. Cabe preguntar si el acto de referencia puede ser prohibido a dicha sociedad y, en caso afirmativo, en virtud de qué fundamento».(116)

(114) SERICK, op. cit., pág. 44.
(115) Ibíd., pág. 59.
(116) Ibíd.

En este tipo de casos, el objeto principal de la decisión judicial debería centrarse en la valoración de la prueba referente a la identidad de los miembros de la sociedad creada, como indicio o dato revelador de la intención desleal en el proceder de los contratantes. Pero tal decisión no podría jamás enfocarse en tal sentido si se desea mantener a ultranza el principio legislativo de la radical separación entre la entidad y sus miembros.

c. *Otros daños causados con deslealtad a terceros*

Finalmente, existen otros casos que pueden no quedar incluidos en las dos categorías analizadas. La característica general de estos casos es que mediante la utilización de la estructura de la persona jurídica, se impide la aplicación de una ley que los debiera regular. Coloquemos un ejemplo: X ha celebrado un contrato de compraventa con una persona jurídica que comparece representada en las conversaciones preliminares y en la celebración del contrato, por su gerente general, un empleado dependiente de la entidad. Al mismo tiempo, X ha sido objeto de un engaño doloso por parte de los socios de la misma entidad, con el objeto preciso de obtener el consentimiento para el contrato; engaño que el gerente de la compañía contratante desconoce. En estricto rigor, no se podría pedir la nulidad del contrato, pues el dolo no habría sido obra de la contraparte.

30. LOS TRES CASOS SON HIPÓTESIS DE FRAUDE A LA LEY

Los tres casos analizados precedentemente son en el fondo hipótesis de fraude a la ley,(117) pues en todos ellos se obtiene un resultado práctico consistente en sustraerse a la fuerza coactiva del derecho. En consecuencia, lo que diremos a continuación no sólo se aplica al primer caso analizado sino también a los de lesión del contrato y al de los otros daños fraudulentos a terceros. Estas tres hipótesis de fraude a la ley presentan la circunstancia común de que los socios o integrantes de la persona jurídica, o también sus administradores o socios mayoritarios, «se proponen huir de la aplicación de una norma jurídica, conformando su conducta de tal modo que no pueda reprobarse directamente y que, con el conjunto de los medios oblicuos empleados, venga a conseguirse un resultado que la ley quería impedir».(118)

Sin embargo, es necesario precisar bajo qué circunstancias se debe estimar que existe fraude a la ley, pues con este concepto del fraude a la ley se puede llegar al extremo de considerar que un determinado resultado práctico solo se puede alcanzar mediante las fórmulas sacramentales que el derecho haya previamente sancionado, cosa que se contradice ampliamente con el principio de la autonomía de la voluntad que nuestro ordenamiento jurídico consagra expresamente.

En general, la doctrina alemana estima que existe fraude a la ley «cuando el resultado que la ley rechaza se alcanza por otro camino que no ha previsto y cuando precisamente resulta de la finalidad de la norma que esta ha tratado de impedir de manera general un

(117) Entre las hipótesis de fraude a la ley que considera la doctrina se encuentran fundamentalmente tres: 1) Empleo de un negocio distinto o de una combinación de actos jurídicos; 2) Modificación de las condiciones de hecho, y 3) Interposición de personas. Véase sobre el particular la obra de FERRARA. *La Simulación*, op. cit., págs. 80 y 81.

(118) FERRARA, *La Simulación*, op. cit. pág. 79.

resultado determinado, en lugar de limitarse a prohibir que se alcance por medio de una determinada forma negocial».(119)

La definición contiene varios elementos que es necesario considerar: 1) En primer lugar debe existir un resultado que la ley rechace. La fórmula que haya empleado el legislador para impedir que se produzca ese resultado no necesariamente debe ser mediante una disposición «prohibitiva»; puede ser también imperativa de requisitos o puede consistir en cualquier otra fórmula que contenga o sea demostrativa de la intención del legislador de impedir un determinado resultado; 2) En segundo lugar, el resultado que la ley rechaza se debe haber alcanzado por otros medios que el legislador no previó directamente, pues no puede exigírsele a éste que imagine todos los caminos que pueden conducir a una determinada situación jurídica. Pero si, por el contrario, el legislador los hubiere previsto, no puede estimarse que existe fraude a la ley, pues al haber dejado subsistentes esos caminos, implícitamente está autorizando que el resultado que rechaza se alcance por esta vía, con lo cual tampoco el rechazo es absoluto, y 3) En tercer término, es necesario que el legislador haya tratado de impedir de manera general y absoluta que se obtenga un determinado resultado. Lo que la norma debe reprochar es el resultado y no la forma en que se alcance. Muchas veces nos encontramos con normas jurídicas que prohíben que un resultado determinado se alcance por uno o más medios específicos. Mas, en estos casos, lo que el legislador reprueba son los medios y no el resultado. En esto se debe ser extremadamente prudente, pues resulta muy fácil imponer a ultranza formalidades o darle a estas un carácter absoluto, en circunstancias que el legislador sólo las ha impuesto cuando se usan determinados medios y no las exige cuando se usan otros.

En los casos de burla al contrato, los requisitos anteriores deben aplicarse al contrato mismo a fin de desprender de las estipulaciones contenidas en él, y evidentemente de la voluntad de las partes, que el resultado que la convención rechaza se ha alcanzado por otros medios que no ha previsto y que ha sido la voluntad de las partes impedir de una manera general y absoluta que ese resultado se alcance cualquiera sea la vía utilizada. En estos casos, se ha producido un fraude al contrato, pero se ha producido evidentemente un fraude a los artículos 1545 y 1546 del Código Civil.

En los casos de otros daños causados fraudulentamente a terceros, los requisitos para que se configure el fraude a la ley deben ser aplicados a la norma jurídica que debiera regir el caso. Esto significa que se debe analizar esa norma en términos de extraer una conclusión definitiva, a saber: si la disposición o regla contenida en ella debe ser aplicada a todos los casos en que se den los supuestos de hecho que considera o, por el contrario, solamente se aplica cuando dichos supuestos se presentan en una determinada forma negocial o jurídica.

31. LA UTILIZACIÓN DE LA FORMA DE LA PERSONA JURÍDICA NO CONSTITUYE SIMULACIÓN

El acto jurídico en fraude a la ley y la utilización abusiva de la estructura formal de la persona jurídica no es una figura de simulación.

---

(119) SERICK, op. cit., pág. 44.

La naturaleza del acto «in fraudem legis» difiere sustancialmente del negocio simulado. «Estos últimos casos se caracterizan fundamentalmente por el hecho de ocultar la realidad y la existencia del acto verdadero». Sin embargo, «la ocultación ni pone ni quita nada al negocio realizado: apartando el velo engañador, queda el negocio en su verdadera esencia, en su realidad desnuda y escueta; y si este negocio resulta en contradicción con una ley prohibitiva, se tendrá en contra legem agere, no in fraudem legis agere. Contra legem: escondido, velado, oculto; circunstancia que no altera su naturaleza».(120)

El acto jurídico fraudulento no es en absoluto un negocio simulado. «Es perfectamente serio: se quiere realmente. Es más, se quiere tal como se ha realizado, con todas las consecuencias que corresponden a la forma jurídica elegida». Y se quiere realmente tanto más cuanto representa la única forma de obtener el fin práctico que la ley prohíbe.(121)

Cuando el acto que la ley prohíbe realizar a los socios se ejecuta o celebra por medio de una persona jurídica que se crea para tal efecto, no se puede sostener que la asociación que dio origen a la persona jurídica es un acto simulado. Por el contrario, es un acto jurídico real indirecto que tiende a conseguir el mismo resultado que la ley prohíbe o al menos uno indirecto. Lo mismo se puede decir respecto del fraude al contrato.

Cuando los socios utilizan la forma societaria para impedir la aplicación de una norma jurídica que les resulta incómoda y así sustraerse a la fuerza coactiva que conlleva, no puede decirse que han creado la sociedad simuladamente. Por el contrario, la quieren realmente como único medio de obtener su cometido.

Tampoco puede sostenerse que estamos en presencia de una figura de simulación por interposición de persona, esto es, que los socios o integrantes de la persona jurídica han actuado por medio de la interposición de la misma persona jurídica a fin de que aparezca ésta y no ellos en la situación jurídica determinada. Ello no es así, la figura de simulación por interposición de persona supone necesariamente un pacto encubierto entre la persona interpuesta y el contratante que obra por su intermedio. En los casos de utilización fraudulenta de la forma de la persona jurídica no existe tal pacto encubierto, tanto más cuanto precisamente no existen personas distintas encubiertas sino que más bien esas personas constituyen en sí mismo la sociedad utilizada.

32. PROBLEMAS QUE CREA LA DESESTIMACIÓN DE LA PERSONA JURÍDICA POR CAUSA DE FRAUDE A LA LEY

La teoría del fraude a la ley ha engendrado siempre dos problemas insolubles: el primero, sobre el cual no existe todavía unanimidad de criterios en resolverlo, se refiere a si debe ser considerado como requisito esencial para desplazar la forma de la persona jurídica y, por consiguiente, del fraude a la ley, la intención fraudulenta; el segundo dice relación con cuál debe ser la naturaleza del mandato legal que pretende ser burlado, respetando su letra pero violándolo en espíritu.

En otras palabras, para saber si por medio de la persona jurídica se ha cometido un fraude a la ley, que autorice a desplazar la forma societaria, se requiere determinar previamente dos cosas:

(120) Ibíd., págs. 81 y 82.
(121) Ibíd.

a) Si se va a exigir para configurar el fraude a la ley que haya existido entre los asociados la intención de escaparse del mandato legal o contractual mediante el expediente de la persona jurídica o basta solamente un resultado contrario a los postulados de la ley;

b) Si se va a considerar infringido cualquier tipo de mandato legal o contractual o solo alguno de ellos y en tal caso, cual sería la naturaleza de estos mandatos.

Finalmente, los fraudes a la ley cometidos mediante la utilización abusiva de la estructura formal de la persona jurídica engendran un tercer problema que consiste en saber si se va a exigir, para determinar el fraude a la ley que se tenga, por quien comete el fraude, el control de la entidad jurídica utilizada para tales fines fraudulentos y, en tal evento, cual sería la naturaleza del control requerido.

33. LA INTENCIÓN O ÁNIMO FRAUDULENTO COMO REQUISITO PARA DESPLAZAR LA FORMA DE LA PERSONA JURÍDICA

En las figuras mencionadas de utilización abusiva de la estructura formal de la persona jurídica, la intención o ánimo fraudulento de los agentes intervinientes consiste, básicamente, en haber obrado en la conciencia de que, utilizando la referida forma jurídica, obtienen un resultado práctico que constituye en sí mismo una violación indirecta de la ley, o de un contrato; o consiste en haber obrado en la conciencia de que, mediante la utilización de la citada estructura formal de la persona jurídica, consiguen eludir la aplicación de la norma jurídica más idónea para regir el caso concreto.

«Si de los hechos se desprende que el negocio más directo para conseguir el resultado que se desea en primer lugar hubiere sido adoptado por las partes, de no existir la prohibición legal, debe concluirse que el motivo que indujo a las partes a escoger el otro medio fue, sin lugar a dudas, escapar a la aplicación de la norma prohibitiva.[122]

Ferrara[123] ha explicado lo anterior señalando que «un elemento de la conducta fraudulenta es la intención de las partes de substraerse a la fuerza coactiva del derecho, pero no es esencial la conciencia de que se persigue un fin prohibido». En otras palabras, los socios o integrantes de la persona jurídica están concientes de que no pueden ejecutar o celebrar por sí mismos un hecho o acto jurídico porque tal actitud resulta contraria a la ley o al contrato. Atendida esta circunstancia, deciden realizarlo por intermedio de una persona jurídica que dominan. De esta manera, estuvieron conscientes de que escapaban a la fuerza coactiva del derecho, pero es posible que creyeran que, a través de ese camino, no contradecían la prohibición.

Aclarado en qué consiste la intención fraudulenta, es preciso determinar si la deberemos considerar un requisito esencial para desplazar la forma de la persona jurídica.

Nos inclinamos por la afirmativa, aunque reconocemos que el asunto es extremadamente discutible. En este punto, el problema de la desestimación de la forma de la persona jurídica no puede ser resuelto a la luz de la teoría general del fraude a la ley, porque engendra problemas diversos. Si bien puede estimarse acertado considerar en este caso el

(122) VERGARA BAEZA, Juan de Dios: *Fraude a la Ley en el Derecho Privado Interno.* Memoria de prueba, 1958, pág. 45.

(123) FERRARA, *La Simulación,* op. cit., págs. 79 y 80.

problema como una pura cuestión, de interpretación de la ley, cuando se usa la forma de la persona jurídica surge claramente un conflicto de normas jurídicas o, más bien, de instituciones jurídicas, y debe decidirse a cuál de ellos corresponde la preferencia. Y en este sentido debe tenerse presente que, al haber creado y configurado el legislador la persona jurídica ha realizado ya una ponderación de valores. «Esta persona debe ser respetada como un sujeto de derecho con pleno valor y con absoluta independencia de lo que constituya su sustrato personal». Tampoco hay que olvidar –como dice Serick– que «los miembros de la persona jurídica disponen de una pretensión para que sea protegida su confianza en la forma adoptada por la misma y que el ordenamiento jurídico ha puesto a su disposición, siempre que la hayan utilizado legítimamente.[124] La finalidad de una norma de carácter general no puede realizarse a costa de la forma de la persona jurídica porque de lo contrario se atentaría gravemente en contra de la seguridad jurídica y de la justificada confianza puesta por los particulares en la configuración que le ha dado el legislador a la institución de la personalidad moral.

Y así como la finalidad de una norma legal no puede realizarse a costa de la forma de la persona jurídica, así tampoco puede buscarse a su costa el cumplimiento a ultranza de las obligaciones contractuales, aun cuando la interposición de la entidad moral haga inaplicable una norma jurídica apta para regular el conflicto.

Pero quien intentó utilizar abusivamente la forma de la persona jurídica para fines ilícitos no merece ninguna protección. Por ello, si se prueba la existencia de una intención fraudulenta en los términos antes indicados, debe desplazarse la forma de la persona jurídica destruyendo los velos que impiden la aplicación del espíritu de la ley o del contrato.

34. LA INTENCIÓN FRAUDULENTA Y LA CAUSA U OBJETO ILÍCITO

La intención fraudulenta como causal legítima para desplazar la forma de la persona jurídica es algo absolutamente independiente de la institución de la causa o del objeto ilícito como causal de nulidad absoluta de los actos jurídicos. Desde luego cabe aceptar que todo acto jurídico ejecutado o celebrado en fraude a la ley adolece de causa u objeto ilícito, según se trata de una norma imperativa o prohibitiva.

Pero no necesariamente la intención fraudulenta está constituida por la voluntad de vulnerar una prohibición legal. Muchas veces se trata de eludir obligaciones contractuales. Por otra parte, pueden existir hipótesis de fraude a la ley en que la burla a la norma jurídica se realiza, no por intermedio de actos jurídicos, sino que por la ejecución de hechos que no participan de las características de éstos.

En todos estos casos, existe una evidente intención fraudulenta, pero sería absolutamente ineficaz pretender canalizarlos bajo la institución de la causa o el objeto ilícito.

La intención fraudulenta sólo autoriza a desplazar la forma de la persona jurídica, para así ponderar debidamente cuál debe ser la norma jurídica que regule el caso concreto. No autoriza, por el contrario, ni para dejar sin efecto la sociedad por causa u objeto ilícito ni para anular el contrato celebrado porque se ha abusado de la estructura formal de la persona jurídica.

(124) SERICK, op. cit., pág. 51.

35. NATURALEZA DEL MANDATO LEGAL O CONTRACTUAL INFRINGIDO

En primer término se debe tratar de un mandato legal o convencional imperativo o prohibitivo. No cabe hacer más comentarios a este respecto.

Sin embargo, se debe advertir que para desplazar la forma de la persona jurídica, ha de resultar de la finalidad de la norma legal o contractual que ésta ha tratado de impedir de manera general un resultado determinado, en lugar de limitarse a prohibir que se alcance por medio de una determinada forma negocial.(125) (126)

La naturaleza del mandato prohibitivo o imperativo de la norma, esto es, si ella procura o no impedir de manera general un resultado determinado, sólo puede determinarse después de un análisis de la finalidad de la misma.

Por otra parte, el resultado no necesariamente debe ser idéntico a aquel que la ley o el contrato desean impedir; puede tratarse de un resultado similar o parecido.

36. EL CONTROL DE LA ENTIDAD

A primera vista podría pensarse que para desplazar la forma de la persona jurídica resulta un requisito esencial la circunstancia de que aquel que pretenda abusar de ella esté en situación de controlarla o dominarla a su voluntad. Empero, ello no siempre es así. La procedencia de tal requisito depende sólo de la naturaleza del abuso, esto es, es menester determinar primero en qué consiste el abuso que se pretende cometer con el expediente de la persona jurídica para ver después si es procedente aquél. Esto significa que el control de la entidad se exigirá en la medida de que sea determinante para consumar el abuso. En muchos casos no lo será. Ello ocurre, por regla general, cuando la situación de hecho en la que interviene la forma de la persona jurídica está dada y uno de los agentes intervinientes se escuda en la consabida separación entre entidad y miembros para cometer un fraude a la ley, al contrato o causar otros daños en deslealtad a terceros sabiendo que con ello obtiene una ventaja ilícita en perjuicio de otros, ventaja que no obtendría si no recurriera a ese argumento.(127)

Ahora bien, en los casos en que se considere necesaria la concurrencia del requisito del control de la entidad, es menester inquirir sobre la naturaleza del control. Tampoco es posible dar una respuesta decisiva. En realidad, poco importa la naturaleza del control si, en el hecho, la persona jurídica está siendo instrumentalizada. En la mayoría de los casos, esto sucede cuando el socio ejerce los derechos que le corresponden en tal calidad, obligando a la persona moral a adoptar una voluntad que permita al socio obtener sus fines ilícitos. Empero, pueden existir otras formas de dominación que no sean estrictamente jurídicas: puede existir una presión, la actitud de una persona jurídica puede ser motivada por una transacción, etc. Lo importante y lo decisivo para nosotros es que la forma de la persona jurídica sirva de instrumento para aplicarla a fines ilegales.

(125) SERICK, op. cit., pág. 44.

(126) En este sentido se manifiesta también LEHMANN, op. cit., I, pág. 283.

(127) El ejemplo de SERICk es revelador: «Cuando el inmueble de una sociedad inmobiliaria deba ser trasmitida mediante la cesión de todas sus participaciones sociales, por haberlo convenido así las partes, y el enajenante de las participaciones, al oponerse a una demanda del adquirente fundada en defectos del inmueble, señala que se ha limitado a trasmitir las participaciones sociales y no ha enajenado ningún inmueble (op. cit., pág. 245).

CAPÍTULO TERCERO

CLASIFICACIÓN DE LAS PERSONAS JURÍDICAS

37. CONCEPTOS GENERALES

En relación con la capacidad jurídica o de goce, las personas morales se clasifican en personas de derecho público y de derecho privado.

En consideración a sus fines, las personas jurídicas de derecho privado se clasifican en entidades con fines de lucro y sin fines de lucro. Estas últimas se clasifican, a su vez, en aquellas que persiguen fines ideales o altruistas o sólo les anima la intención de ayudar a sus miembros.

Finalmente, en consideración a su estructura interna las personas jurídicas de derecho privado se clasifican en corporaciones, fundaciones y personas jurídicas especiales.

SECCIÓN PRIMERA
PERSONAS JURÍDICAS DE DERECHO PÚBLICO

38. CONCEPTOS GENERALES

Desde el momento en que se debe reconocer que no sólo existen derechos privados sino también derechos o potestades públicas, se debe admitir que existen sujetos de derecho privado y sujetos de derecho público, lo que significa, en el fondo, que estos últimos son entes titulares de potestades públicas.

«La distinción no se entiende en el sentido de que las dos categorías se muevan en una esfera absolutamente separada, en dos hemisferios distintos, sino en el sentido de que las personas de derecho público, fuera de su esfera pública, se encuentran en la esfera del derecho privado, mientras que las segundas se limitan sólo a este campo.»(128)

De lo que se concluye, también, que las personas públicas tienen una doble capacidad, pública y privada.

Descansando la naturaleza pública de una entidad en su capacidad jurídica para ser titular de potestades públicas, es menester explicar qué se entiende por tales potestades y qué es lo que significan.

La distinción entre el derecho público y privado reposa o descansa en la diversa posición de los sujetos en la relación jurídica, «habiendo relación pública cuando el sujeto interviene como portador de potestades supremas, investido de «imperium», mientras que en la relación privada los sujetos se contraponen en condiciones de paridad, en un pie de igualdad.(129)

Se desprende entonces que existen potestades públicas allí donde unos arbitrios pueden ser impuestos coactivamente, «allí cuando se tiene señorío de mando, cuando puede desarrollarse una voluntad imperante que vincula a todos los demás a la obediencia».(130)

Y como lo público se identifica con el Estado, puesto que fuera del Estado nadie puede poseer potestades públicas, son personas jurídicas de derecho público aquellas que participan de los caracteres estatales, de cualidades o prerrogativas que son exclusivas y esenciales del Estado.

Debe destacarse que no se trata de funciones o fines públicos sino de los medios y poderes para cumplirlos. En muchas ocasiones encontraremos actividades que realiza el Estado y que son de interés general, pero sin embargo, los que realizan tales actividades siguen siendo privados, porque en el ejercicio de tal actividad se encuentran en condiciones de igualdad con los demás sujetos.

De acuerdo con el inciso 2° del art. 547 son personas jurídicas de derecho público el Fisco, las Municipalidades, las Iglesias, las Comunidades Religiosas y los establecimientos que se costean con fondos del erario. Analizaremos a continuación estas personas jurídicas.

39. EL ESTADO O FISCO

«El Estado representa la organización política, jurídica y económica de la sociedad nacional y constituye la fuente de todo el derecho; por ello es la persona jurídica por excelencia y se fija a sí misma las condiciones para el desarrollo de su actividad y aquellas para el desarrollo de toda actividad pública y privada».(131)

Ahora bien, cuando el Estado interviene como titular de potestades públicas suele denominársele «Estado»; y cuando interviene como titular de derechos subjetivos privados, esto es, cuando interviene como titular de capacidad patrimonial, se le denomina Fisco. Y así encontraremos numerosas leyes en las que, al referirse al Estado, se utiliza la palabra Fisco, que, como se ha dicho, alude al Estado en su capacidad patrimonial.

---

(128) FERRARA, op. cit., *Teoría de la Persona Jurídica*», págs. 684 y 685.
(129) Ibíd., p. 692.
(130) Ibíd., p. 694.
(131) VODANOVIC, Antonio, op. cit., Vol. II, p. 307.

La distinción entre Estado y Fisco designa también la calidad en que interviene en la actividad jurídica. Si lo hace ejerciendo una potestad pública, esto es, cuando hace uso de su señorío de mando, cuando hace uso de una voluntad imperante que vincula a todos los demás a la obediencia, se denomina Estado. Sin embargo, cuando se presenta en la esfera jurídica como sujeto igualitario, como cualquiera otra persona jurídica ejerciendo los derechos y las obligaciones que el ordenamiento jurídico establece, se denomina Fisco.

Hay algunos autores(132) que han querido desprender de esta dualidad una doble personalidad del Estado. En otras palabras, el Estado es persona jurídica de derecho público y es persona jurídica de derecho privado según actúe como Estado o como Fisco. Empero, la doctrina moderna(133) ha objetado esta posición que sólo sería admisible si se demostrara o comprobara la duplicidad de finalidades u objetivos del Estado, cosa que la misma doctrina moderna niega y considera al Estado como ente único y con fines únicos y que, para desarrollarlos, obra en diversa esfera jurídica, ya sea presentándose como sujeto igualitario y utilizando su capacidad patrimonial, ya sea actuando como autoridad imperante. Sin embargo, siempre pretenderá objetivos únicos constituidos por los fines del Estado.

Para la doctrina moderna, en consecuencia, el Estado tiene una personalidad jurídica única de derecho público, lo que no le inhibe para tener capacidad de goce, esto es, para presentarse en la esfera jurídica como titular de derechos y de obligaciones.

40. LAS MUNICIPALIDADES

Las Municipalidades son instituciones de derecho público, funcional y territorialmente descentralizadas, cuyo objeto es administrar la comuna para satisfacer las necesidades locales y promover el desarrollo comunal (art. 1 DL. 1.289).

Algunos tratadistas pretenden negar la personalidad jurídica del municipio, sosteniendo que participa solamente de la personalidad general del Estado. Sin embargo, otros autores han sido categóricos en afirmar la personalidad jurídica del municipio.

Creemos que las municipalidades deben ser consideradas como personas jurídicas de derecho público, pues, de lo contrario, no se podría explicar, al menos desde un punto de vista jurídico, la capacidad de goce que indudablemente ostentan.

La representación judicial y extrajudicial de las municipalidades se encuentra radicada en el alcalde (art. 12 letra d, DL. 1.289).

41. ESTABLECIMIENTOS QUE SE COSTEAN CON FONDOS DEL ERARIO

El inciso 2° del artículo 547 incluye dentro de las corporaciones y fundaciones de derecho público a «aquellos establecimientos que se costean con fondos del erario». Sin embargo, del precepto aludido no puede desprenderse que todo establecimiento que se costea con fondos del erario sea una persona jurídica de derecho público.

Además, hay establecimientos que se costean con fondos del erario que no son siquiera persona jurídica, a la vez que hay instituciones jurídicas privadas que reciben un auxilio

(132) Laband y Jellinek, ambos citados por VODANOVIC, op. cit., p. 305.
(133) FERRARA, op. cit. *Teoría de la Persona Jurídica*, pág. 838.

fiscal o municipal fijo, lo que no significa que tengan personalidad jurídica de derecho público.

En realidad, son personas jurídicas de derecho público los «establecimientos públicos». Estos son ramas de los servicios generales del Estado o Municipio y que se han desprendido del conjunto para erigirse en órganos dotados de una vida propia. Son sujetos de derecho distintos del Estado considerado como persona jurídica, pero son parte de la misma administración y desde el punto de vista administrativo forman parte de toda la organización estatal. De modo que desprendiéndonos de las formas, debemos llegar a la conclusión de que participan de los caracteres esenciales del Estado.

42. IGLESIAS Y COMUNIDADES RELIGIOSAS

Entre las personas jurídicas de derecho público que se enumera, por vía ejemplar, el inciso 2° del artículo 547 del Código Civil incluye a las Iglesias y a las comunidades religiosas.

A pesar de que nuestro Código Civil habla en forma general y sin distinguir el tipo de culto de que se trata, se debe concluir necesariamente que se refiere a la Iglesia Católica, Apostólica y Romana, puesto que, bajo la sola vigencia del Código Civil, ésta era la única que podía existir por expresa disposición de la Constitución vigente en aquella época.

Por iglesia se entiende las distintas subdivisiones de la Iglesia Católica universal a las que el Derecho Canónico reconoce personalidad: Iglesia Catedral, iglesias parroquiales, etc.

Por corporaciones religiosas debe entenderse lo que para el Derecho Canónico se denominan religiones. La religión es «la asociación aprobada por la autoridad eclesiástica legítima y cuyos miembros pronuncian según las reglas propias de cada asociación, votos públicos perpetuos o temporales, renovables, tendientes a la perfección evangélica.

Las religiones se subdividen, a su vez, en órdenes y congregaciones: las primeras son religiosas de voto solemne; las segundas son los votos simples, perpetuos o temporales.[(134)]

La parte final del inciso 2° del artículo 547 establece expresamente que las personas jurídicas de derecho público se rigen por leyes y reglamentos especiales. Aplicando esta disposición para el caso de la Iglesia Católica y de las comunidades religiosas, se debe llegar a la conclusión de que las leyes y reglamentos especiales que la rigen son sus constituciones y leyes canónicas. Así se ha fallado.[(135)]

La Ley N° 19.638, que establece normas sobre la constitución jurídica de las iglesias y organizaciones religiosas, no innova sobre esta materia. En efecto, el artículo 20 de la misma ley señala expresamente que «el Estado reconoce el ordenamiento, la personalidad jurídica, sea esta de derecho público o de derecho privado, y la plena capacidad de goce y de ejercicio de las iglesias, confesiones e instituciones religiosas que los tengan a la fecha de publicación de esta ley, entidades que mantendrán el régimen jurídico que les es propio, sin que ello sea causa de trato desigual entre dichas entidades y las que se constituyan en conformidad a esta ley.»

---

(134) VODANOVIC, op. cit., p. 311.

(135) Corte Suprema, 9 de agosto de 1964, *Revista de Derecho y Jurisprudencia,* tomo 42, sección primera, p. 244.

La expresión «sin que ello sea causa de trato desigual», puede resultar ambigua, pues es de suyo desigual que unas confesiones no necesiten –para obtener personalidad jurídica– la intervención del Estado, porque gozan de una personalidad de derecho público, y otras sí. Sin embargo, conforme a lo dispuesto en el artículo 9 de la misma ley, establece expresamente que «se reconoce que las asociaciones, corporaciones, fundaciones y otros organismos creados por una iglesia, confesión o institución religiosa, que conforme a sus normas jurídicas propias gocen de personalidad jurídica, son reconocida como tales. Acreditará su existencia –dice la ley- la autoridad religiosa que los haya erigido o instituido». Esto significa en la práctica que no se produce trato desigual alguna, desde el momento que las iglesias que no gocen de personalidad jurídica de derecho público puedan obtener personalidad jurídica sin intervención del Estado.

La importancia de que a las iglesias y comunidades religiosas católicas se les reconozca personalidad jurídica de derecho público radica, entre otras cosas, en el hecho de que dichas comunidades e iglesias no necesitan, para adquirir personalidad jurídica, de la aprobación de los estatutos por parte del Presidente de la República o mediante una ley, como lo requieren las demás personas jurídicas de derecho privado sin fines de lucro. Les basta con cumplir los requisitos y formalidades exigidas por el Derecho Canónigo para la atribución de dicha personalidad.

Como consecuencia de lo anterior, las iglesias y las comunidades religiosas católicas pueden adquirir bienes y ejercer los derechos de dominio o de cualquier otra naturaleza sin que, para ello, la ley o el Presidente de la República haya autorizado su existencia como persona jurídica.

La jurisprudencia de los Tribunales ha sido uniforme en el sentido de reconocerles a las iglesias y comunidades religiosas católicas su personalidad jurídica de derecho público y, por ende, su capacidad para adquirir bienes; con posterioridad, incluso, a la promulgación de la Constitución de 1925, que dejó de reconocer a la religión católica como única religión del Estado.

Como en nuestra legislación positiva se da un régimen de separación entre el Estado e Iglesia, las colectividades e instituciones eclesiásticas deberían considerarse como estable cimientos privados de utilidad pública, en los que el poder político debe ciertamente interesarse, pero que, sin embargo, viven en una esfera independiente y por consiguiente en condiciones de paridad con las demás entidades privadas.(136)

Pero independientemente al problema de la separación entre Estado e Iglesia e incluso circunscribiéndonos a lo estrictamente jurídico, se debe reconocer que la Iglesia Católica es una institución que trasciende, con creces, lo que en el campo jurídico se entiende por una «corporación» o una «fundación». En este sentido, y aun cuando la religión católica haya dejado de ser la religión oficial y única del Estado de Chile, se debe reconocer, también, que no ha dejado de ser la religión mayoritaria del pueblo chileno y, además, que es aquella que con más autoridad puede atribuirse la titularidad de la exposición y defensa de los principios que forman la civilización occidental, los cuales, sin duda, han inspirado todo nuestro ordenamiento jurídico. Por ello, no existe peligro alguno, desde el punto de

(136) FERRARA, op. cit., *Teoría de la Persona Jurídica*, p. 839.

vista del derecho, para reconocer a las iglesias y comunidades religiosas católicas como personas jurídicas de derecho público y, por consiguiente, otorgarle la posibilidad de regirse por leyes y reglamentos especiales que, incluso, no reconozcan su origen en el poder político.

43. APLICACIÓN A LOS ENTES PÚBLICOS DE LAS NORMAS DE DERECHO PRIVADO

La jurisprudencia uniforme de nuestros Tribunales ha reconocido que cuando el Estado actúa en la órbita del derecho privado se rige por las leyes del mismo derecho privado. A este respecto, ha señalado que «el Estado, cuando contrata con un particular, ejecuta un acto de gestión privada que queda sometida al derecho privado, pues no procede como poder público, sino que se desprende de su facultad potestativa para pasar a ser sujeto de aquel derecho en iguales condiciones que su contratante.»(137)

En otras palabras, el derecho público rige la actividad de imperio del Estado. El derecho civil domina su actividad privada. La responsabilidad civil del Estado o de otros entes públicos en el desarrollo de su actividad privada se logrará a semejanza de las demás personas jurídicas. En cambio, en la actividad pública la responsabilidad del Estado se regulará por principios propios, como veremos enseguida.

Pero, ¿qué se entiende por actividad privada de los entes públicos y qué es lo que significa actividad pública de los mismos?

Una parte de la doctrina entiende por actividad privada aquella actividad económica, gestión de patrimonio, o satisfacción de los intereses particulares. Es más, se ha señalado que la actividad privada sería la actividad patrimonial del fin egoísta en circunstancia que la actividad pública sería la actividad del interés general, para satisfacción de un interés público.

Sin embargo, no basta decir que el Estado posee bienes y dispone de ellos, que obra como acreedor, como deudor, etc., para llegar a la conclusión de que no tiene imperio y por consiguiente que no ejerce la actividad pública. Porque en tales objetos la actividad del Estado no se desarrolla con el puro carácter y para los fines de la disposición de los bienes patrimoniales, sino con formas, motivaciones y fines de carácter político. Los actos analizados no tienen nunca carácter y fines de utilidad pública, sino siempre serán invariablemente de utilidad pública; por consiguiente, todos los actos del Estado son de gobierno, son actos administrativos sin excepción, aun cuando una serie de ellos por una garantía política se realice bajo el régimen del derecho privado.(138)

En otras palabras, el Estado jamás actúa con el fin de satisfacer intereses particulares. Luego, no podemos entender por actividad privada del Estado aquella que se relaciona con la gestión de su patrimonio.

En realidad, no es el fin lo que caracteriza la actividad, sino los medios que se emplean para conseguir el fin. La intención económica o ideal, egoísta o altruista, es indiferente para

(137) Corte Suprema, 30 de noviembre de 1923, *Revista*, T. 22, sección 1ª., p. 681; Corte de Santiago, 8 de junio de 1923, *Revista*, T. 40, sección 2ª, p. 50; Corte Suprema, 9 de agosto de 1944, *Revista*, T. 42, sección 1°, p. 244.

(138) FERRARA, op. cit., p. 45.

la calificación de la actividad jurídica en privada o pública. Porque puede existir un fin económico y, sin embargo, existir una actividad de derecho público y viceversa, un fin de utilidad pública, y una actividad privada. La distinción entre la acción privada y la acción pública del Estado se dibuja de igual modo que la de derecho privado y público, según se ha visto.

Para distinguir entre las dos esferas mencionadas, hay que atender a la posición de los sujetos en la relación jurídica.

Cuando los entes se ponen respectivamente entre sí en un pie de igualdad, con iguales derechos y deberes, y obras fundándose en declaraciones de voluntad libremente aceptadas, entonces nos encontramos en la esfera del derecho privado.

El derecho privado, en suma, es el derecho igualitario; el derecho público es el derecho autoritario; la actividad pública no es la que está dirigida a un fin público o al cumplimiento de servicios públicos, sino que es la actividad de imperio, es decir, aquella actividad que se desarrolla por vía de providencia, de órdenes, de decisiones con carácter coactivo, y que no encuentra ejemplo en la acción desarrollada por los entes privados.(139)

Cuando el Estado actúa ejerciendo su facultad de imperio, ora ordenando o prohibiendo un acto, ora imponiendo obligaciones patrimoniales (impuestos o tasas) o límites o sacrificios a la persona y a la propiedad, entonces el Estado desarrolla su actividad pública, sus actos quedan sujetos al derecho público y la responsabilidad por ellos no queda regida por la responsabilidad civil consagrada en el derecho privado, sino por normas especiales estatuidas para el caso de la responsabilidad de los entes públicos.

SECCIÓN SEGUNDA
PERSONAS JURÍDICAS DE DERECHO PRIVADO

44. CONCEPTOS GENERALES

Las personas jurídicas de derecho privado se clasifican, atendiendo a sus fines, en personas jurídicas con fines de lucro y sin fines de lucro.

Asimismo, atendiendo a su estructura interna, se clasifican en corporaciones, fundaciones y personas jurídicas especiales.

A continuación desarrollaremos las clasificaciones aludidas.

45. PERSONAS JURÍDICAS CON FINES DE LUCRO

Una persona jurídica tiene fines de lucro cuando persigue una ganancia pecuniaria o material, que aumenta la fortuna de los socios. En otras palabras, hay fines de lucro cuando la persona jurídica reparte las utilidades que haya obtenido entre sus miembros, socios o integrantes.

(139) Ibíd.

Por el contrario, una persona no tiene fines de lucro cuando las utilidades o ganancias que obtenga en el desarrollo de su actividad no pueden repartirse entre los miembros o integrantes de la misma persona jurídica.

En resumen, si hay reparto de utilidades hay persona jurídica con fines de lucro; si no hay reparto de utilidades hay persona jurídica sin fines de lucro.

Si una persona jurídica sólo tiene por objeto evitar pérdidas o realizar economías, que favorezcan o beneficien a los socios o integrantes de la misma, pero no reparte las utilidades que obtenga en el desarrollo de su actividad, esa persona jurídica es sin fines de lucro y, por consiguiente, podrá organizarse como tal, esto es, bajo la forma de una corporación, de una fundación, de una cooperativa, de un sindicato, de una asociación gremial, etc., según sea la naturaleza de sus fines y la estructura interna que los socios o integrantes le quieran dar.

La conclusión anterior, en un principio sostenida por Guillermo Correa Fuenzalida[140], encuentra su apoyo en el hecho de que nuestro propio ordenamiento jurídico considera a los sindicatos y a las cooperativas como personas jurídicas sin fines de lucro, en circunstancias que los primeros, por definición, tienen por objeto la ayuda mutua; y, los segundos, también por definición, tienden a prestar ayuda a sus asociados y promover la cooperación mutua entre los miembros, circunstancias que, en ningún caso, excluye el beneficio o ayuda económica.

Las personas jurídicas con fines de lucro son las sociedades o compañías. De acuerdo con lo dispuesto en el art. 2053 del Código Civil, la sociedad es un contrato en que dos o más personas estipulan poner algo en común con la mira de repartir entre sí los beneficios que de ello provengan. La sociedad –continúa el citado artículo– forma una persona jurídica, distinta de los socios individualmente considerados.

Las sociedades se clasifican en civiles y comerciales, según sea la naturaleza del objeto social; en sociedades de personas y de capital, según sea la importancia que se le asigna a la persona de los socios o al capital aportado por éstos; y, finalmente, en sociedades colectivas, anónimas, de responsabilidad limitada, en comanditas simples y por acciones, todo ello según sea la organización interna de la entidad y las modalidades de sus relaciones con terceros.

En el día de hoy, las más importantes personas jurídicas, tanto por la frecuencia con que es posible encontrarlas como por la magnitud de los intereses económicos y jurídicos que involucran, son las sociedades o compañías.

46. PERSONAS JURÍDICAS SIN FINES DE LUCRO

Como lo hemos señalado precedentemente, son personas jurídicas sin fines de lucro las corporaciones, las fundaciones y algunas otras personas jurídicas especiales como las cooperativas, los sindicatos y las asociaciones gremiales. No tienen fines de lucro porque no pueden repartir las utilidades que obtengan de su actividad entre sus distintos socios o miembros.

A continuación, analizaremos las corporaciones y fundaciones.

(140) CORREA Guillermo, *Revista de Derecho y Jurisprudencia*, tomo 49, pág. 13.

47. CORPORACIONES Y FUNDACIONES

Nuestro Código Civil no define lo que debe entenderse por corporaciones y fundaciones. Sin embargo, del examen de las disposiciones que las reglamentan, se pueden desprender algunos elementos para la definición de las mismas.

Las corporaciones son colectividades de personas asociadas para conseguir un fin no lucrativo y común de ayuda a sus miembros, con medios propios y dotadas de personalidad jurídica.

Las fundaciones son establecimientos y obras creadas por una persona, habiéndoseles dotado de un patrimonio a tal objeto destinado, y conformándose en su acción a un estatuto establecido en el acta de constitución.

De las definiciones precedentes se llega a la conclusión de que las diferencias entre corporación y fundación son las siguientes:

a) La corporación está constituida por un círculo de interesados. En cambio, la fundación carece de un núcleo de interesados internos, esto es, que formen parte de la misma persona jurídica. En el lugar de los interesados o miembros, en las fundaciones encontramos una obra o establecimiento. El móvil que constituye la corporación parte de los mismos socios o integrantes, mientras que en las fundaciones el estímulo viene de fuera, de la orden del fundador. De lo que se concluye que las corporaciones tienen miembros y las fundaciones carecen de los mismos;

b) Como consecuencia de lo anterior, el patrimonio de la corporación es suministrado por los miembros. En cambio, el patrimonio de la fundación viene del fundador y está destinado al fin de la misma fundación;

c) La voluntad de los miembros de la corporación es decisiva para el ulterior desenvolvimiento de la misma, toda vez que son los miembros los que sustentan la persona jurídica. En cambio, en la fundación, el fin del patrimonio está determinado para siempre por la voluntad del fundador. De esta manera, la corporación tiene órganos dominantes y la fundación órganos sirvientes.

48. PERSONAS JURÍDICAS MIXTAS

El artículo 547 del Código Civil, después de señalar que las personas jurídicas son de dos especies, esto es, corporaciones y fundaciones de beneficencia pública, señala que «hay personas jurídicas que participan de uno y otro carácter».

En otras palabras, el Código Civil reconoce que pueden existir personas jurídicas que, en su esencia, reúnan los requisitos tanto de las corporaciones como de las fundaciones. De esta manera, es posible que existan las siguientes clases de personas jurídicas mixtas:

a) Corporaciones de tipo fundacional, y

b) Fundaciones de tipo corporativo.

En las primeras, la persona jurídica se presenta con base y tejido de una verdadera corporación; la cual, sin embargo, por las funciones que ejerce no parece que tenga como sustrato un grupo de interesados que persigue un fin común o propio, de ayuda mutua, sino uno mucho más elevado y trascendente; de tal forma que, aparecen implantadas o forjadas por la voluntad superior, por un interés extraño a los mismos asociados y adquieren, por este motivo, un sello fundacional.

Creemos que revisten tal carácter, por ejemplo, las universidades, con exclusión de la Universidad de Chile que es una persona jurídica de derecho público y de la Universidad Católica, que participa de la personalidad jurídica de derecho público de la Iglesia Católica.

En las segundas, estructuralmente existe una verdadera fundación. Sin embargo, si se penetra en el sustrato de la misma persona jurídica, se puede distinguir alguno de los siguientes elementos:

El gobierno y administración de la fundación se encuentra confiado a un cuerpo electivo en el seno de los mismos interesados; o

Aún gobernada o administrada por terceros, aprovecha a un círculo cerrado de destinatarios, los que contribuyen con sus expensas a conseguir dicha ventaja.

CAPÍTULO CUARTO

CONSTITUCIÓN, ESTRUCTURA Y RELACIONES INTERNAS DE LAS PERSONAS JURÍDICAS

SECCIÓN PRIMERA
PARTE GENERAL

49. EL ACTO JURÍDICO QUE LES DA ORIGEN A LAS PERSONAS JURÍDICAS CON BASE CORPORATIVA, RESOLUCIÓN Y NULIDAD

Entendemos por personas jurídicas con base corporativa aquellas que tienen como sustrato personal una colectividad de individuos. Caben dentro del concepto las corporaciones, las sociedades cooperativas, las asociaciones y comunidades de canalistas y las sociedades civiles y comerciales cualquiera sea su naturaleza.

El acto constitutivo de una persona jurídica contiene la declaración común de voluntad de sus miembros en orden a unirse en asociación, a formar un todo colectivo, al cual cada uno se declara pertenecer como miembro subordinado.

El acto jurídico que da origen a las personas jurídicas con base corporativa fue concebido por la doctrina antigua, incluyendo a nuestro Código Civil, como un contrato; y dentro de la clasificación de estos como un contrato bilateral. Era un contrato, puesto que, en principio, cada uno de los individuos que intervenían en el acto constitutivo se obligaban a dar, hacer o no hacer alguna cosa (art. 1438 del Código Civil). Era bilateral, puesto que, también en principio, todas las partes resultaban obligadas (art. 1439 del Código Civil). Sin embargo, la doctrina moderna empezó a cuestionar este aserto basada principalmente en la idea de que el acto constitutivo no es un contrato de eficacia personal, puesto que sus efectos no estriban principalmente en la creación de relaciones crediticias sino en el establecimiento de un sujeto de derechos y de las relaciones de participación de sus miembros.[141] Esta peculiaridad jurídica del acto constitutivo hacía que las diversas definiciones de contrato y de contrato bilateral no calzaran precisamente con las definiciones legislati-

(141) VON THUR, Andreas, *Derecho Civil, Teoría General del Derecho Civil Alemán*, Editorial Depalma, (1946) volumen I, tomo 2, pág. 137.

vas. Así, en nuestro Código Civil, si bien parte de las definiciones de los artículos 1438 y 1439 calzan con el concepto de acto constitutivo la otra parte de las mismas no lo hace, pues los diversos individuos que intervienen en aquel no se obligan recíprocamente los unos para con los otros sino que todos ellos en una dirección común.

Esto hizo que, en un principio, la doctrina moderna representada fundamentalmente por Gierke(142) designara al acto constitutivo social como ajeno a la categoría de los contratos y de los negocios jurídicos y con posterioridad, como formando parte de una categoría especial de los negocios jurídicos bajo la denominación de «actos colectivos». Ahora bien, excluir al acto constitutivo de la categoría de los contratos constituye a nuestro juicio un error puesto que, en realidad, ambos gozan de la misma estructura y naturaleza y solo se diferencian en aspectos que si bien no son esenciales, ameritan sí, bajo ciertos respectos, una consideración y un tratamiento diverso.

La teoría del acto colectivo carece de una definición clara en doctrina. Bajo tal denominación pretenden agruparse numerosos actos jurídicos que tienen en común el hecho de constar de diversas declaraciones idénticas y paralelas formuladas frente a terceros por un grupo de personas que, en principio, no concluyen un contrato entre sí. Tales serían –para los partidarios de esta doctrina– las deliberaciones de los órganos colegiados de las personas jurídicas y el acto constitutivo de las mismas. La contraposición entre acto colectivo y contrato se suele fundar en dos observaciones: a) Por una parte, se dice que los efectos del contrato afectan las relaciones jurídicas de los contratantes, mientras que el acto constitutivo produce un efecto que excede los límites de las esferas jurídicas de aquellos, esto es, da nacimiento a una persona jurídica. Tal afirmación es, a nuestro juicio, insuficiente para fundamentar la postura tanto porque existen contratos que producen efectos jurídicos que escapan a la esfera de los contratantes, como la estipulación en favor de otro, cuanto porque el acto constitutivo crea evidentemente relaciones jurídicas entre los miembros o socios de la persona jurídica, y b) Por otra parte, se dice que el acto colectivo constituye un conjunto de declaraciones unilaterales paralelas que cada socio o miembro no emite frente a los demás como en los contratos sino junto con ellos. Tampoco esta afirmación es enteramente válida, porque se debe reconocer que las distintas declaraciones de voluntad de los socios o miembros han sido emitidas en tanto cuanto los demás las han emitido también. No se trata, por ende, de actos puramente unilaterales

En realidad, no creemos que el acto constitutivo de las personas jurídicas con base corporativa sea algo distinto a un contrato. Lo único que tiene de peculiar es que es difícil encuadrar este contrato dentro de la clasificación de unilaterales y bilaterales, pues las partes no contraen obligaciones propiamente **recíprocas**. Por ello, la doctrina moderna ha agregado a dicha clasificación una tercera categoría de contratos, que es la de los plurilaterales. «Los contratos plurilaterales se caracterizan porque participan generalmente más de dos partes, y aunque haya dos se mantiene siempre la posibilidad de aumentar el número de ellas, y en este contrato cada parte contrae obligaciones y adquiere derechos, no de otra parte, sino de todas las otras partes, de suerte que puede decirse que las partes

(142) Gierke, citado por VON THUR, op. cit., pág. 137.

de este contrato sui géneris, se encuentran situadas en un círculo, mientras que en los demás contratos lo está en los dos extremos de una línea».[(143)]

Por no tratarse de un contrato bilateral, no les resultan enteramente aplicables las normas propias de los contratos bilaterales, principalmente aquellas contenidas en los artículos 1489 y 1552 del Código Civil, a saber, la condición resolutoria tácita y la excepción de contrato no cumplido. Esto significa que la inejecución de las obligaciones de uno de los socios o miembros no trae consigo, necesariamente, el derecho a pedir la resolución del acto constitutivo así como tampoco impide a las demás partes caer en mora. A lo sumo, se podrá pedir la resolución del vínculo jurídico que une al socio o miembro incumplidor con las demás partes. Sobre este propósito, se debe advertir, sin embargo, que en el caso de las sociedades industriales, existe el artículo 2101 del Código Civil que establece: «Si cualquiera de los socios falta por su hecho o culpa a su promesa de poner en común las cosas o la industria a que se ha obligado en el contrato, los otros tendrán derecho para dar la sociedad por disuelta».

Tampoco podemos asegurar de una manera categórica que los vicios de la voluntad o la incapacidad de uno de los contratantes produzca la nulidad del acto constitutivo si las demás partes no han incurrido en igual o distinta causa de ineficacia, Creemos a este respecto que las normas jurídicas aplicables deben interpretarse con mayor latitud, por cuanto las diversas declaraciones de voluntad que forman dicho acto jurídico no necesariamente han sido emitidas teniendo en consideración aquella que adolece de nulidad, de suerte que la existencia, inexistencia, nulidad o validez de una de las declaraciones puede que no sea relevante para la validez de las demás. Sin embargo, atendidas las normas de nuestro Código Civil sobre vicios de la voluntad y nulidad, creemos que no se pueden efectuar distinciones de esta naturaleza, a menos que se sostenga que no existe norma jurídica que regule la cuestión debatida, dado que las que existen no fueron pensadas para los contratos plurilaterales y que, por ende, sólo pueden aplicarse los principios generales del derecho y la equidad natural. Debe en todo caso considerarse la disposición contenida en el artículo 1420 del Código Civil italiano que dispone: «En los contratos con más de dos partes en los que las prestaciones de cada una de ellas van dirigidas a la consecución de un fin común, la nulidad que afecte al vínculo de una sola de las partes no importará la nulidad del contrato, salvo que la participación de ella deba considerarse, de acuerdo con las circunstancias, como esencial».

50. MODIFICACIONES AL ACTO CONSTITUTIVO. TRANSFORMACIÓN DE LA ENTIDAD

En el caso de las sociedades, es principio fundamental de nuestro ordenamiento jurídico el hecho de que sus socios puedan modificar sus estatutos cuantas veces quieran, a fin de adoptarlos a sus necesidades actuales.

En el caso de las corporaciones y de las sociedades que requieren autorización de

(143) SOLA DE CAÑIZARES, Felipe: «*Tratado de Derecho Comercial Comparado*, III, (Ed. Montaner y Simón S.A., Barcelona, 1963), pág. 53.

existencia por parte de la autoridad, las modificaciones estatutarias deben cumplir los mismos requisitos exigidos para constituir la persona jurídica.

Ahora bien, dentro de nuestro régimen jurídico es posible practicar o introducir cualquier modificación al estatuto. En las sociedades de personas, estas modificaciones al acto constitutivo no pueden, salvo cláusula estatutaria expresa, tener lugar más que por unanimidad; en las corporaciones y en general en las sociedades de capitales, la modificación del estatuto se efectúa en una asamblea extraordinaria de socios o accionistas y con mayorías especiales.

En el caso de las sociedades anónimas, ciertas modificaciones introducidas a los estatutos dan derecho al accionista disidente para ejercer su derecho a retiro conforme lo indicado en el artículo 69 de la Ley 18.046.

Sin el voto conforme de los socios o accionistas respectivos, no pueden introducirse por mayorías especiales, modificaciones al estatuto corporativo de una corporación o sociedad de capitales que importen una alteración de los derechos individuales de éstos que el estatuto originario establecía en su favor. Tales derechos deben emanar de cláusulas expresas y no deducirse de la posición que el socio ocupa atendida la distribución del capital de la entidad, por ejemplo.

Por la vía de la modificación estatutaria puede resultar una transformación de la entidad, que consiste, básicamente, en un cambio, en una mutación del tipo corporativo o social. Así, una sociedad anónima se puede transformar en una sociedad de responsabilidad limitada; una corporación, en una cooperativa.

En todos estos casos, la doctrina está de acuerdo en reconocer que la transformación no hace desaparecer a la persona; así como no la hace desaparecer la modificación de los otros elementos del contrato social. La persona jurídica sigue siendo la misma, aunque haya variado su formato externo o interno.

Sin embargo, ninguna modificación estatutaria podría afectar o vulnerar los derechos de terceros. Así si una sociedad colectiva se transforma en una sociedad de responsabilidad limitada, los socios no podrían oponer a los terceros que contrataron con la sociedad antes de la transformación, el beneficio de la limitación de responsabilidad que adquirieron después. Lo mismo puede decirse en el caso de una disminución del capital social en el caso de una sociedad de responsabilidad limitada o una anónima.

Este tipo de actos son inoponibles a los terceros, quienes tienen el derecho para exigir que se respete el statu quo jurídico que existía al momento de la contratación.

Por otra parte, la actitud que los terceros podrían adoptar para resguardar sus intereses varía según los varios casos. La transformación de una sociedad colectiva en sociedad de responsabilidad limitada podría ser ciertamente desconocida por los acreedores. En cambio, una disolución anticipada de la entidad que provoque perjuicio a los acreedores, podría ser atacada mediante la acción pauliana o revocatoria.

La protección de los terceros está expresamente establecida para el caso de las corporaciones en el artículo 548, inciso 2 del Código Civil que prescribe: «Todos aquellos a quienes los estatutos de la corporación irrogaren perjuicio, podrán recurrir al Presidente [de la República] para que en lo que perjudicaren a terceros se corrijan; y aún después de aprobados les quedará expedito su recurso a la justicia contra toda lesión o perjuicio que de la aplicación de dichos estatutos les haya resultado o pueda resultarles».

51. EL STATUS O POSICIÓN DE MIEMBRO EN LAS PERSONAS JURÍDICAS

La doctrina moderna, cuando se refiere a la relación que existe entre miembro y persona jurídica o entre socio y sociedad, prefiere hablar de status más que de relación jurídica. Para Ascarelli(144) por ejemplo, «a diferencia de lo que tiene lugar en las relaciones jurídicas, entre socio y sociedad, la relación no se produce entre dos sujetos independientes y contrapuestos, ya que uno de los sujetos (socios) puede considerarse casi parte del segundo (sociedad). Estamos –dice– en un campo que no es el de la relación jurídica, sino más bien, en el de los presupuestos de las relaciones jurídicas, las cuales podrán nacer después, o concurriendo ulteriores elementos, o más raramente, por la sola concurrencia del presupuesto».

Con esto del status se quiere decir que los derechos y obligaciones del socio o miembro pueden ser de la más diversa naturaleza y, no obstante dicha diversidad, el concepto jurídico de la posición de socio no cambia, porque esta condición no se identifica con uno o varios de los derechos y obligaciones sino que, por el contrario, esa posición es la que posibilita, la que sirve de presupuesto para que nazcan determinados derechos y obligaciones. De esta forma, el concepto de socio o miembro de una persona jurídica se asemeja al de persona, porque ambos constituyen el presupuesto de relaciones jurídicas sin que ninguna de ellas les sea consubstancial. Nadie puede decir con algún fundamento que el concepto de persona sea una relación jurídica. Es una categoría jurídica, pero no una relación. Lo mismo ocurre con la condición de socio. Se es socio o no se es; pero nadie puede concluir algo respecto a ello examinando los derechos y obligaciones que un individuo tiene, porque, de tenerlos, los tiene en virtud de su condición de socio y no por otra razón. En este sentido, es inconcebible el ejercicio de los derechos de miembro por parte de una persona que no sea socio o que no sea causahabiente a título universal o singular del socio. Lo único que puede hacernos dudar al respecto es el derecho a percibir, en las sociedades, una determinada participación de sus utilidades. Pero si profundizamos en el estudio de este derecho, debemos llegar a la conclusión que éste no puede faltar no porque identifica el status de socio sino porque es un elemento esencial del contrato de sociedad, de modo que su concurrencia u omisión hace que el contrato de sociedad no exista o degenere en uno diverso. En este sentido, debe advertirse que el contrato de sociedad no puede identificarse con la persona jurídica, pues no se trata de la misma cosa ni en el hecho ni el derecho. El reparto de utilidades no puede faltar en el contrato de sociedad, pero puede faltar en las personas jurídicas. Si falta en el contrato de sociedad, no hay sociedad y como la personalidad deriva de la existencia de este contrato, solo por consecuencia deja de existir la persona jurídica.

La cuestión debatida en el párrafo precedente tiene importancia para los efectos de analizar cuáles derechos u obligaciones de un miembro o socio de una persona jurídica pueden ser renunciables y cuales no. Por lo mismo, nosotros pensamos que no existen derechos irrenunciables porque el status de miembros no está conformado por derechos y obligaciones sino que constituye en realidad el presupuesto de esos derechos y obligacio-

(144) En este mismo sentido, BRUNETTI, *Tratado del Derecho de las Sociedades*, III, (Unión tipográfica, Editorial Hispano Americana, Buenos Aires, 1960), pág. 525.

nes. Lo que ocurre es que frente a determinados casos o tipos de personas jurídicas, la ley puede asegurar –teniendo en vista el interés público– ciertas pretensiones o potestades de los miembros. Sin embargo, estas normas constituyen garantías legales que el Derecho ha pretendido instituir porque en un caso concreto se encuentra comprometido el orden público.

52. LOS DERECHOS DE MIEMBRO

Los derechos de miembro de una persona jurídica pueden ser derechos generales y derechos individuales. Los primeros se clasifican, a su vez, en derechos administrativos o políticos y derechos de goce de los beneficios sociales o corporativos.

Los derechos administrativos son todos aquellos que consisten en la facultad de participar en la formación de la voluntad corporativa, incluyendo aquellos necesarios para el gobierno de la entidad. Comprenden fundamentalmente la facultad de intervenir en la asamblea, de participar en la discusión y de votar.

Los derechos de goce o patrimoniales son todos aquellos que consisten en la facultad de gozar de las ventajas o beneficios sociales o corporativos y percibir la cuota de liquidación, en su caso.

Los derechos individuales son privilegios especiales que corresponden a algunos miembros o clases de miembros por el estatuto o por deliberación de la asamblea.(145)

Todos ellos serán analizados con detención enseguida.

53. NATURALEZA JURÍDICA DE LOS DERECHOS POLÍTICOS

Es esencial para desentrañar la naturaleza jurídica de los derechos políticos y concretamente del derecho a voto así como para fijar los límites de su ejercicio, el determinar previamente a quien corresponde el interés que protege y expresa. Para ello tenemos sólo dos alternativas: a) La primera es sostener que el voto constituye una potestad concedida al socio o accionista para la protección de un interés ajeno (el de la sociedad)(146); b) La segunda es sostener que el voto es un derecho destinado a proteger simplemente los intereses del socio. Hay desde luego alternativas intermedias que combinan los efectos que produce una u otra postura, pero no nos ayudan para explicar la naturaleza jurídica del voto.

a) Pues bien, la primera concepción ha sido sostenida fundamentalmente por la doctrina italiana y, en parte, por la doctrina alemana, ambas influidas por concepciones que pretenden ver en las sociedades anónimas instituciones portadoras de intereses públicos, superiores e independientes de la finalidad lucrativa de los accionistas. Según éstas, los derechos en cuestión integran el grupo designado como facultades de poder(147) y consisten en la «potestad de producir efectos jurídicos en la esfera de los derechos de un tercero

(145) FERRARA, Francisco, *Teoria de las Personas Juridicas*, op. cit, pág. 772.

(146) PEDROL, Antonio, *La Anónima Actual y la Sindicación de Acciones*, Editorial Revista de Derecho Privado, Madrid, 1969), pág. 125.

(147) VON THUR, (*Derecho Civil, Teoría General del Derecho Civil Alemán*) op. cit., volumen I, tomo 1, pág. 210 y tomo 2, pág. 224.

mediante la expresión de la propia voluntad, como también la de participar en esa producción». De esta forma, así como en el exterior el representante actúa por la asociación, la votación del miembro determina la resolución de la asamblea, y constituye su voluntad interna. Esto es parecido a la representación, pero se diferencia en que si un órgano deliberante como la asamblea, o de gestión como el directorio, deciden la realización de un determinado acto jurídico, la existencia del mismo depende de un acto del representante, pero la procedencia de la actuación de ese representante depende de lo resuelto por el órgano de la persona jurídica, dado que aquel, en el ejercicio de la representación, debe acatar su voluntad. Esta distinción se oscurece cuando ambas funciones se encuentran reunidas en una sola mano, pero ello constituye una mera contingencia que no altera la verdadera naturaleza de la institución.

Para esta postura, las mencionadas facultades o derechos de los miembros de una persona jurídica no consisten precisamente en derechos subjetivos sino, más bien, en poderes jurídicos conferidos al socio o miembro no sólo en su interés individual sino también como un instrumento de la organización de la sociedad, no correspondiendo ningún sujeto pasivo, esto es, ninguna obligación correlativa. Es por ello, precisamente, que no constituyen un derecho subjetivo. A estas facultades o poderes jurídicos no les corresponde un deber correlativo porque –al decir de esta doctrina– el ejercicio de la facultad se realiza mediante una declaración unilateral de voluntad cuyos efectos repercuten automáticamente, sin intervención de la persona jurídica y sin que pueda tampoco impedirlos mediante oposición.(148) Von Thur lo explica en términos muy simples, «el que intenta violarlos –dice– queda frustrado por las disposiciones de la ley; en caso de que a un miembro no se le convoque, o no se le permita participar en la votación, o no se le compute su voto, la resolución carece de validez siempre que su voto sea decisivo». Esto quiere decir que la defensa de las facultades de poder de que hemos venido hablando se ejerce directamente mediante la impugnación del acuerdo adoptado por el órgano de la entidad.

b) La segunda concepción ha sido seguida por la doctrina francesa y por los sistemas jurídicos de Estados Unidos e Inglaterra.(149) Para los franceses el derecho a voto es un derecho subjetivo, siendo la única obligación del accionista frente a la sociedad la de realizar su aportación económica. El derecho a voto puede ser ejercido libremente en caso de conflicto de intereses y la lesión que puede causarse al interés social se corrige por la vía del abuso del derecho. Para los ingleses y norteamericanos, el voto es considerado una «proprietary right» y tiene igual naturaleza y extensión que los otros derechos de los socios o accionistas como por ejemplo el percibir las utilidades sociales.

En nuestra opinión, el derecho a voto constituye la expresión de voluntad del socio o miembro de una persona jurídica y ella representa sólo el interés del sufragante y no así el de una tercera persona ajena al mismo. Se trata, en consecuencia de un derecho subjetivo y no admite otra limitación que el derecho ajeno, existiendo para frenar los ímpetus egoístas del titular toda la teoría del abuso del derecho y las indemnizaciones de perjuicios que haya lugar.

---

(148) VON THUR, Vol. I, tomo 2, op. cit., pág. 225.
(149) PEDROL, op. cit., pág. 132

54. RENUNCIABILIDAD, CESIÓN Y TRÁFICO DEL DERECHO A VOTO. LOS DERECHOS POLÍTICOS SON INHERENTES AL STATUS DE SOCIO

Hemos anticipado ya que los derechos de miembro son en general renunciables. Pero el hecho de que lo sean no significa que puedan pertenecer o ser ejercidos por individuos que no tengan la calidad de socios o miembros de la entidad de que se trate. Esto quiere decir que el socio puede renunciar a sus derechos políticos a fin de que sean los demás socios o miembros los que en uso de los suyos propios determinen la voluntad de la persona jurídica. Sin embargo, es inconcebible la coexistencia del status de socio con el ejercicio de los derechos políticos por personas que no sean socios y que los hayan adquirido de ellos. En este sentido, los derechos políticos no son transferibles, ni pueden transmitirse en forma independiente a la condición de socio. Se entiende por cesión de los derechos políticos o del voto, «la transmisión del derecho o su ejercicio, operada separadamente del título, y por virtud de la cual se produce una escisión entre el voto y los demás derechos correspondientes al status de socio».(150)

Muchos pueden ser los argumentos para fundamentar la conclusión de que los derechos políticos son inseparables del status de socio, pero el más relevante, a nuestro juicio, es que los derechos políticos «se encuentran insertos en una relación social cuya finalidad es la protección, a través de la formación de voluntad del ente, de los intereses del socio en el patrimonio común. Cuando tales intereses no existen el instrumento de protección carece de sentido».(151) Como veremos más adelante, pueden desmembrarse del status de socio aquellos derechos que por su contenido patrimonial son susceptibles de una vida en cierta manera autónoma, pero la desmembración de los derechos políticos «no resulta aceptable porque se trata de derechos puramente jurídicos, sin contenido patrimonial, que solo pueden operar insertos en el conjunto de la relación social sirviendo a la realización de derechos de naturaleza patrimonial».

No debe confundirse el concepto de cesión de los derechos políticos o del voto con el de «tráfico económico del voto». Este último equivale a la venta del voto frente a una determinada decisión que se deba adoptar por la persona jurídica, siendo rechazada esta operación por la mayoría de las legislaciones(152) cuando se está en presencia de un acto en el que descaradamente el socio percibe una suma de dinero o una recompensa de claro contenido económico, y vota simplemente en consideración a ello. Sin embargo, esto ocurre muy raramente. Lo normal es que el tráfico del voto encuentre su causa en circuns-

(150) PEDROL, op. cit., pág. 172.

(151) PEDROL, op. cit., págs. 177 y 178.

(152) Según Pedrol, la ley alemana de sociedades por acciones de 6 de septiembre de 1965 (art. 405, párrafos 2, 6 y 7) castiga a quienes han obtenido, mediante concesiones o promesas, las acciones de un tercero para ejercitar sus derechos en la Junta, o a quien se hace prometer o aceptar determinados beneficios como contraprestación para votar o dejar de hacerlo en una votación de Junta General o a quien ofrece, promete u otorga tales beneficios. El artículo 27 de la Stock Corporation Law norteamericana prohíbe la venta del voto o el otorgamiento de un poder para votar a cambio de dinero o de «anything value». El artículo 171 de la Ley brasileña sobre Sociedades Anónimas impone la pena de seis meses a dos años de prisión a los accionistas que para obtener ventajas para sí o para otro negociaran el voto en las deliberaciones de la Junta General. El artículo 440 de la Ley de Sociedades francesas de 24 de julio de 1966 castiga con una pena de prisión de tres meses a dos años y una multa, o una de las dos penas solamente, a los que se hayan hecho conceder, garantizar o prometer ventajas para votar en cierto sentido o para no participar en la votación, así como aquellos que las hayan concedido, garantizado o prometido.

tancias mucho menos burdas que la mencionada, lo que hace dudar sobre la licitud o ilicitud de la operación. En todos estos casos, como en otros, para decidir sobre la validez del acto o contrato deberá considerarse detenidamente su causa, esto es, el motivo que induce al acto o contrato. Si este es prohibido por la ley o contrario a las buenas costumbres o al orden público, el acto será ilícito y, por ende, nulo.

55. LOS DERECHOS POLÍTICOS SON EXTRAPATRIMONIALES. INEMBARGABILIDAD DE LOS MISMOS

Los derechos políticos no tienen contenido patrimonial, pues no representan valor pecuniario directo. Indirectamente podría decirse que lo tienen en cuanto la determinación de la voluntad corporativa incide en el resultado pecuniario o patrimonial de la entidad, pero esa relación de causa-resultado nunca ha sido relevante para la calificación de los derechos en patrimoniales o extrapatrimoniales, porque dicha clasificación apunta al contenido de los derechos y no al resultado del ejercicio de los mismos.

En todo caso, aunque lo fueran, dichos derechos no podrían ser jamás embargados porque son personalísimos, le corresponden al socio en cuanto tal, no en cuanto se encuentran en su patrimonio.

56. EL DERECHO A VOTO Y SU EJERCICIO

La cuestión que analizaremos en el presente párrafo consiste en determinar cómo el socio, miembro o accionista de una persona jurídica debe ejercer su derecho a voto y si encuentra algún límite en el ejercicio del mismo. Lo primero que debe destacarse es que una cosa es el derecho a voto y otra muy distinta es el voto. El primero es un derecho subjetivo; el segundo es un acto o declaración de voluntad. El ejercicio del derecho a voto supone ejecutar o celebrar un acto jurídico, y si bien este acto constituye el ejercicio de un derecho es importante separar los dos conceptos para los efectos de analizar los límites del derecho a voto.

Hemos dicho precedentemente que, en opinión nuestra, el ejercicio del derecho a voto expresa el interés del propio accionista y no necesariamente se encuentra establecido en interés de la sociedad.

Ascarelli[(153)] sostiene que «el voto no es conferido al socio sólo en su interés individual, sino que constituye un medio para el buen funcionamiento de la sociedad. Voto y poder de mayoría reposan, en definitiva, sobre la comunidad de fin existente entre los accionistas. Por eso –agrega– el voto no puede ser ejercitado por aquel socio que se encuentra en conflicto de intereses con la sociedad, porque se desconocería en este caso la razón legislativa de la concesión del voto» Con posterioridad, este autor precisó su opinión sobre la materia. Sostuvo que pueden existir acuerdos de la Junta que, aunque causen perjuicio al grupo minoritario de socios, no atenten contra el interés social definido objetivamente por el estatuto y, en tal caso, admitió que se producía una declaración de neutralidad desde el punto de vista del interés social, no procediendo rectificar de manera alguna los

(153) ASCARELLI, op. cit., pág. 290.

acuerdo de la Junta, aunque lesionaran el interés minoritario, ya que en esos casos el interés de estos debe considerarse como extrasocial.

Von Thur, a pesar de afirmar que el derecho a voto constituye una potestad conferida en interés ajeno,[154] opina que «los miembros pueden dejarse guiar por sus propios intereses, aún egoístas cuando se trate de cuestiones económicas; la deliberación no es nula aunque represente el ejercicio desmedido de los derechos de la mayoría o se funde en motivos arbitrarios o irrazonables o choque con los intereses de la asociación; esta –agrega– es la consecuencia del poder que corresponde a los miembros; su voluntad mayoritaria únicamente encuentra un límite en los estatutos y, por último, en el objeto de la asociación, tal como se fijó en su origen».

Ferrara,[155] sostiene que «contra los abusos de la mayoría los individuos no tienen otra garantía que la dimisión».

Se transcriben las opiniones de los autores mencionados porque se quiere poner en evidencia, que aunque ellos participan de la idea de que el voto es una potestad conferida al socio o accionista en interés ajeno, no obstante, al momento de decidir sobre el ejercicio mismo del voto por parte de ellos, han templado parte de los efectos de su postura.

Lo que a nuestro juicio se debe resolver en este asunto son fundamentalmente tres cosas: a) Si puede considerarse nulo por causa ilícita un voto emitido por un miembro cuya motivación no está constituida por resguardar los intereses de la sociedad sino los suyos propios o los de terceros relacionados, con la de que los derechos del que vota han entrado en conflicto con los de la sociedad y el de otros miembros de la persona jurídica; b) Si la voluntad de la mayoría puede, aun siendo arbitraria, imponerse a toda costa contra la voluntad de la minoría, y c) Si los perjuicios causados a la minoría deben ser indemnizados o no.

Respecto al primer aspecto del problema, nuestro Código Civil entiende por causa ilícita la prohibida por la ley, o contraria a las buenas costumbres o al orden público. Las buenas costumbres pueden considerarse por algunos como un concepto carente de contenido práctico; pero el hecho es que la Suprema Corte Alemana ha considerado que un acuerdo puede ser ilegal si la mayoría, en un modo contrario a las buenas costumbres, actúa en perjuicio de la sociedad o de la minoría.[156] Sin embargo, si se ha ejercido el derecho a voto habiendo conflicto entre los intereses propios con los de la sociedad o los de otros socios o accionistas, el asunto debe resolverse conforme a los criterios que se indican en párrafo siguiente.

Respecto al segundo aspecto del problema, debe, en primer término, recordarse la jurisprudencia alemana mencionada en el párrafo precedente, pero debe considerarse muy especialmente que la sociedad es dirigida fundamentalmente por los intereses de la mayoría, no pudiendo un minoría pretender, a pretexto de verse perjudicada en sus intereses, oponerse siempre a los acuerdos de los socios principales, aun cuando ello importe un perjuicio para los intereses sociales, pues cuando ingresaron a la sociedad, partieron de la base que en lo que se refiere al criterio cómo se manejan los negocios sociales, debe

(154) VON THUR, op. cit., Vol. I, tomo 2, pág. 177.
(155) FERRARA, Francisco, *Teoría de la Persona Jurídica*, op. cit., pág. 767.
(156) VON THUR, op. cit., Vol. I, tomo 2, pág. 177.

estarse al resultado de una votación. Ante lo anterior, lo que procede es la dimisión del socio o su retiro.

Respecto al tercer aspecto del problema, creemos que en un caso concreto, si se demuestra un perjuicio cierto, presente o futuro, procede la indemnización de perjuicios, siempre que se pruebe que el socio o miembro no ha podido dimitir de su condición de tal antes de que haya ocurrido el hecho que motiva el perjuicio. El fundamento de la obligación indemnizatoria es el incumplimiento del contrato social, que obliga en primer lugar a cuidar de los intereses corporativos y a cumplir de buena fe los fines de la comunidad de intereses que dio origen a la persona moral. Sin embargo, el que sabiendo que su permanencia en una determinada sociedad le puede producir perjuicios como socio, pues los intereses de la mayoría pueden entrar en conflicto con los de la sociedad, no puede exigir de estos el pago de indemnización alguna, pues, por una parte, no ha obrado como un hombre diligente lo haría en el manejo de sus negocios propios y por la otra, no resulta ilegítimo que la mayoría proteja sus intereses extracorporativos, mediante la ejecución de actos corporativos.

57. LOS LÍMITES DEL PRINCIPIO MAYORITARIO. CONFLICTO DE INTERESES ENTRE MIEMBROS DE UNA PERSONA JURÍDICA

Los límites del principio mayoritario se encuentran fundamentalmente en el propio contrato de sociedad, porque siendo este principio un derecho emanado precisamente del contrato, éste no puede ejercerse de una manera que constituya una infracción a las estipulaciones contenidas en él.

En efecto, el artículo 1546 del Código Civil previene que los contratos deben cumplirse de buena fe y por consiguiente obligan no solo a lo que en ellos se expresan, sino a todas las cosas que emanan precisamente de la naturaleza de la obligación, o que por la ley o la costumbre pertenecen a ella. Por otra parte, el artículo 30 de la Ley 18.046, que no es otra cosa que una de las aplicaciones prácticas del referido artículo del Código Civil, establece expresamente que «los accionistas deben ejercer sus derechos sociales respetando los de la sociedad y los de los demás accionistas». Esta norma se supone incluida, por lo demás, en toda relación jurídica, pues el derecho de dominio, que es el derecho subjetivo por excelencia, y que se ejerce sobre los derechos que emanan del contrato de sociedad, por definición, no puede ejercerse contra derechos ajeno. De esta suerte, entonces, ejercer los derechos que emanan de un contrato perjudicando los derechos que el mismo contrato establece para la contraparte o para las demás partes involucradas en la relación jurídica, constituye un ilícito sancionado por el derecho.

La interpretación que la doctrina(157) siempre ha hecho del principio por el cual la ejecución de los contratos debe hacerse de buena fe, que se encuentra por lo demás inserto en todas las legislaciones civilizadas, consiste en considerar el alcance de la buena fe, predominantemente contractual, bajo tres aspectos que se diferencian entre sí del modo que a continuación se expresa:

(157) BETTI, Emilio, *Teoría General de las Obligaciones*, Editorial Revista de Derecho Privado, Madrid, 1969, tomo 1, páginas 99 y siguientes.

a. En un primer aspecto, la buena fe lleva a ampliar las obligaciones de las partes integrándola con obligaciones instrumentales predominantemente de conservación y de respeto al derecho ajeno;

b. En un segundo aspecto, la buena fe lleva a mitigar las obligaciones asumidas en un contrato transformándolas o incluso resolviéndolas según las circunstancias sobrevinientes;

c. En tercer término, la buena fe conduce a descubrir un abuso del derecho o a prevenir conductas contrarias al propio acto.

En lo que toca al primer aspecto, que es el relevante para los fines de este trabajo, la buena fe es «esencialmente una actitud de cooperación encaminada a cumplir de modo positivo la expectativa de la otra parte, actitud que tiene como aspectos más destacados la confianza, la fidelidad, el compromiso, la capacidad de sacrificio, la prontitud en ayudar a la otra parte...»(158) Concretamente, en las relaciones asociativas en sentido amplio y en el contrato de sociedad particularmente hablando, «la buena fe abraza todo cuanto sea necesario para alcanzar el objetivo común, y por lo tanto se potencia el deber de fidelidad».

La hipótesis según la cual un socio o accionista ejerce su derecho a voto perjudicando, esto es, no respetando los derechos de la sociedad y los de los otros socios o accionistas, se explica casi en su integridad, cuando existe conflicto entre los intereses de unos y otros. Normalmente, esos conflictos no se presentan en las personas jurídicas, pues existe por lo general, una comunidad de intereses entre todos sus miembros. Sin embargo, en ocasiones, los intereses de sus miembros no son los mismos. Esto sucede fundamentalmente entre accionistas o socios mayoritarios o controladores y socios minoritarios. En estas ocasiones, los intereses de unos y otros chocan, de forma que se produce un conflicto que es necesario solucionar. Si la solución de los mismos quedara entregada lisa y llanamente al principio mayoritario, querría decir que siempre primaría el derecho de los controladores por sobre los de los demás socios y los de la sociedad. En otras palabras, si se aceptara una interpretación como la mencionada, significaría que nuestro ordenamiento jurídico autorizaría a una de las partes en un contrato a ejercer sus derechos de forma que se perjudiquen los de las demás partes del mismo, lo que no solo sería ilegal, porque constituye una conducta que precisamente rechaza el artículo 1546 del Código Civil al no cumplirse las obligaciones instrumentales predominantemente de respeto al derecho ajeno que establece, sino que inconstitucional, pues importaría sancionar como lícita la expropiación de un derecho de dominio sin que exista una causa de utilidad pública que la justifique.

Las hipótesis del ejercicio del derecho a voto en perjuicio de los derechos de la sociedad y de los demás accionistas, sin conflicto de intereses, se reducen al ejercicio doloso o descuidado del mismo. El ejercicio descuidado debe descartarse como causal de infracción a las obligaciones que imponen los contratos por aplicación del artículo 1546, pues, por lo mismo que sería culpable, no se opondría a la buena fe y recibiría una sanción propia no por ser contrario a la misma, sino por haberse obrado con culpa en el cumplimiento de la obligación. Respecto al ejercicio doloso de un derecho sin que se satisfaga un interés, o sea, el ejercicio de un derecho por puro causar daño o, lo que es igual, el ejercicio sin

(158) BETTI, Emilio, *Teoría General de las Obligaciones*, Editorial Revista de Derecho Privado, Madrid, 1969, tomo 1, páginas 99 y siguientes.

conflicto de intereses, la doctrina sostiene que debe eliminarse de la investigación sobre la buena fe, tal y como ha sido planteada, ya que entonces, la propia buena fe se esfumaría en un incoloro deber social de respeto, cosa que es diferente al planteamiento del propio artículo 1546 antes transcrito, que exige una conducta positiva o negativamente activa y particular según fuere el caso.

De manera entonces que, si no existiere un conflicto de intereses, no habría infracción al artículo 1546 del Código Civil y si no existiere infracción, mal podría haber incumplimiento de obligaciones nacidas de la aplicación de esa disposición legal. Los casos de ejercicio del principio mayoritario con culpa, no es sancionado por el artículo 1546, porque el ejercicio culposo no se opone a la buena fe, y es sancionado por las normas generales sobre cumplimiento de contratos. El caso de ejercicio doloso del principio mayoritario, sin conflicto de intereses, constituye un ilícito no ya por violar el artículo 1546 sino por infringir una regla general de respeto al derecho ajeno y cuya sanción es la indemnización de perjuicios extracontractual, porque el agente usa sus derechos derivados de un contrato para dañar a las personas igual como podría haber usado un arma, un automóvil o cualquier otro elemento.

Pero, si concurre un conflicto de intereses, el accionista controlador no puede ejercer el principio mayoritario de modo de que se perjudique el derecho de los demás accionistas y el de la sociedad, porque, al hacerlo, infringe el contrato de sociedad, fundamentalmente porque no actúa de buena fe si privilegia sus intereses a los de los accionistas minoritarios o a los de la sociedad.

Ni los artículos 582 y 1546 del Código Civil, ni el artículo 30 de la Ley 18.046 antes transcrito, establecen un régimen de preferencia o prioridad entre los distintos derechos de los socios o accionistas o entre los de estos y los de la sociedad. Todos se encuentran en un mismo pie de igualdad y, por ende, en caso de conflicto o choque de los intereses que protegen, ninguno prima sobre los demás. Ninguno es más importante que otro. Ambos tienen el mismo valor y protección ante el Derecho. Dicho lo anterior, se debe concluir que, en caso de choque de intereses entre los distintos derechos de los miembros y los de la sociedad, este no puede resolverse sobre la base de la aplicación del principio mayoritario[(159)] [(160)] [(161)], pues, si aceptásemos la aplicación de este principio para solucionar el conflicto, se debería llegar a la conclusión que los derechos de los controladores priman por sobre los derechos de los minoritarios y los de la sociedad, lo que constituye algo

(159) Incluso ASCARELLI, Tulio, *Sociedades y Asociaciones Comerciales*, Eduar S.A. Editores, Buenos Aires, 1947, página 290, quien en un tiempo fue partidario de la teoría objetiva del derecho a voto, expresa que "el voto no puede ser ejercitado por aquel socio que se encuentra en conflicto de intereses con la sociedad, pues se desconocería en este caso la razón legislativa de la concesión del voto".

(160) PEDROL, Antonio, *La Anónima Actual y la Sindicación de Acciones*, Editorial Revista de Derecho Privado, Madrid, 1969, página 128, expresa que "resulta inconcebible la aplicación del principio mayoritario si no existiera una comunidad de intereses en el tema concreto entre la mayoría y la minoría". Este mismo autor cita en la página 278, referencia 297, una sentencia del Tribunal Supremo español que anula el acuerdo que facultaba al Consejo para una ampliación del capital social, porque dicho aumento no estaba inspirado en una racional necesidad del negocio, sino que en un propósito de abuso en perjuicio de la minoría.

(161) Por su parte, la Suprema Corte alemana ha declarado que un acuerdo puede ser ilegal si la mayoría, en un modo contrario a las buenas costumbres, actúa en perjuicio de la sociedad o de la mayoría. Sentencia citada por VON TOUR, Andreas, *Derecho Civil*, Vol. I, tomo 2, página 177.

absolutamente contrario a lo prevenido por las normas mencionadas; y porque el supuesto o premisa que crearía esa interpretación, haría que las mismas normas carecieran de sentido, porque si fuere el principio mayoritario la forma de resolver los conflictos suscitados por la colisión de los derechos entre los socios, el respeto a los mismos pasa a último lugar.

Por otra parte, si todos los derechos de los accionistas se encuentran en un pie de igualdad, quiere decir una de dos cosas: o que ninguno puede resultar dañado o que todos deben resultar dañados en la misma magnitud, cada uno en beneficio de los otros, lo que importa renuncia y transacción. Respeto a los derechos de los otros no necesariamente significa que los conflictos se solucionan sin perjuicio alguno para ninguna de las partes involucradas. Muy por el contrario, precisamente porque se respetan los derechos de los otros es que se renuncia al ejercicio de una parte de los propios. Es el principio de todo contrato oneroso conmutativo, el sacrificio que una de las partes hace se mira como equivalente al que esta otra parte hace en su favor; pero si no hay equivalencia, no hay respeto por el derecho del otro.

Por el contrario, si no existiere un conflicto de intereses, el controlador podría ejercer sus derechos de modo de que, incluso, se perjudiquen los de la sociedad o el de los minoritarios, pues en cualquier caso se perjudicarían también los suyos; y si permitiese esto último, sería porque, de alguna forma, pretendería evitar un mal mayor o lo haría para obtener una retribución que satisfaría los intereses de la sociedad y los suyos propios que, en tal caso, se identificarían con los de los minoritarios. Este criterio quedaría desde luego expuesto a análisis judicial, pero en tal caso lo que se discutiría en sede judicial, no sería otra cosa que si para llegar a ese criterio el controlador obró con culpa o dolo y nada más. Si se comprueba que no obró con culpa o dolo, y que no existió de por medio un conflicto de intereses en la decisión del controlador, no habría ningún tipo de responsabilidad, porque sólo se habría aplicado el contrato social que obliga a respetar en materia de criterio, la voluntad de la mayoría de los miembros de una corporación que tengan voto deliberativo.

58. LOS CONVENIOS DE VOTO Y LOS PACTOS DE SINDICACIÓN

Los pactos de sindicación son acuerdos entre los miembros de una persona jurídica en virtud de los cuales las partes se obligan recíprocamente a que ciertas decisiones relativas al gobierno de la entidad sean resueltas previamente entre los miembros del sindicato, los que se obligan a votar todos en un mismo sentido; o bien se comprometen a no desprenderse de sus acciones o a cederlas en todo caso en favor de otro de los sindicados durante el período de vigencia del contrato.

De la definición precedente se desprende que son fundamentalmente dos los convenios de voto o pactos de sindicación. El denominado sindicato de voto o mando y el sindicato de bloqueo. El primero necesita del segundo para obtener la finalidad del compromiso de voto en que se apoya, porque si los accionistas pudieran desprenderse de sus participaciones o derechos resultarían ilusorios en muchos casos los compromisos contraídos y el mando social perdería la estabilidad buscada.

El sindicato de mando tiene por objeto principal asegurar el control de la entidad. El sindicato de bloqueo tiene por objeto restringir convencionalmente la transmisibilidad de las participaciones o derechos sociales que se poseen y también de los que puedan adquirirse en el futuro.

Estos acuerdos son contratos, porque todos los que lo ejecutan o celebran se obligan a dar, hacer o no hacer alguna cosa. Son bilaterales, porque las partes contratantes se obligan recíprocamente. Son onerosos porque tienen por objeto la utilidad de todas las partes, gravándose cada una en beneficio de la otra; y son conmutativos, porque lo que cada parte se obliga a dar, hacer o no hacer se mira como equivalente a lo que los otros deben dar o hacer a su vez.

Resulta interesante destacar, entonces, que la naturaleza jurídica del contrato que da origen a las personas jurídicas es diversa a los convenios de voto o pactos de sindicación, pues el primero, si bien es un contrato, no es bilateral u oneroso conmutativo en los términos del Código Civil, en circunstancias que los segundos sí lo son.

59. CARÁCTER ACCESORIO DE LOS PACTOS DE SINDICACIÓN

Desde luego, los convenios de voto son pactos accesorios al acto jurídico que da origen a la persona moral y dependen funcionalmente de él. De esta circunstancia, la doctrina ha extraído las siguientes circunstancias:

a) La nulidad o la resolución del contrato social, provoca la nulidad o la resolución del contrato de sindicación. Esto resulta evidente si se considera que la causa del pacto de sindicación se encuentra precisamente en la existencia de las relaciones jurídicas a que da lugar el acto corporativo. Si dichas relaciones dejan de existir, pasan a quedar desprovistos de causa los contratos accesorios que han nacido para reglamentar precisamente dichas relaciones.

b) El contrato de sindicación no puede entrar en vigor mientras no haya empezado la vigencia del contrato de sociedad.

c) Si el contrato de sindicación no tiene plazo fijado se le aplicará el del contrato principal de sociedad. En efecto, si no se ha estipulado expresamente el plazo de duración del sindicato, se debe suponer, salvo que aparezca voluntad en contrario, que la intención de las partes ha sido que este tenga igual duración que el del contrato al cual accede.

d) En virtud del pacto de sindicación no se puede alterar la estructura fundamental del contrato de sociedad ni vulnerar las normas imperativas y prohibitivas con las que la legislación vigente regula dicho contrato, todo ello según se verá en el párrafo relativo a la validez de los pactos de sindicación.[162]

60. INFLUENCIAS DEL PACTO DE SINDICACIÓN EN EL CONTRATO SOCIAL

No es extraño a la teoría del derecho que los contratos accesorios puedan afectar en cierta medida al contrato principal. Así ocurre en los contratos de hipoteca, prenda y fianza, en donde el valor y la efectividad de estas garantías determinan la caducidad de los plazos establecidos en el contrato principal (art. 1496 N° 2 del Código Civil).

(162) PEDROL, op. cit., pág. 24.

Sin embargo, en materia de pactos de sindicación nos encontramos frente a una disyuntiva más drástica y que consiste en determinar si la nulidad o resolución de aquellos pueden producir la nulidad o la resolución del contrato principal que dio origen a la persona moral.

La cuestión debatida no puede plantearse a la luz de la clasificación de los contratos en principales y accesorios. Lo que realmente debe preguntarse el intérprete es hasta qué punto el vicio de nulidad que afecta al pacto de sindicación o su resolución resulta relevante para determinar si los que otorgaron el contrato principal no lo habrían hecho de no existir el accesorio. En otras palabras, la existencia del pacto de sindicación pasa a actuar como cualquier otra circunstancia que haya tenido influencia decisiva en el proceso de formación de la voluntad del contrato que dio origen a la persona jurídica.

En otros términos, la existencia del pacto de sindicación forma parte de una calidad accidental del objeto sobre el cual versó el contrato de sociedad, pero, no obstante su carácter accidental, fue el principal motivo que tuvieron las partes para contratar, siendo ese motivo conocido de todas ellas. Por esta circunstancia, recibe plena aplicación el artículo 1554 inciso 2 del Código Civil y procede declarar la nulidad relativa del pacto social. Si por el contrario, el motivo que movió a las partes a contratar, a saber, la existencia del pacto de sindicación, no era conocido de todos los socios, vuelve a recibir plena aplicación la disposición citada, no procediendo en tal evento declarar la nulidad del contrato. Esto ocurre, entre otras causas, cuando el pacto de sindicación no agrupa a todos los socios o miembros de la persona jurídica.

61. LAS FORMAS INDIRECTAS DE SINDICACIÓN

Un resultado se puede obtener mediante la utilización de diversas formas jurídicas y la sindicación no es una excepción. El mismo objeto del sindicato de mando y de bloqueo se puede obtener recurriendo a las distintas formas del contrato de sociedad, entrelazando sociedades de responsabilidad limitada con comandita por acciones y asegurando de este modo el control de un número indeterminado de personas jurídicas e impidiendo, por otra parte, que los socios que conforman el grupo de sociedades enajenen sus participaciones en él.

Este tipo de negocios jurídicos indirectos han sido desde siempre tolerados por el derecho porque constituyen, como hemos visto, la utilización de las formas jurídicas si bien para fines no previstos por el legislador, no necesariamente contrarios al ordenamiento jurídico. Se presentan normalmente en países donde no se ha legislado claramente sobre los pactos de sindicación.

Nuestro derecho reconoce la existencia de estos negocios indirectos y, en cierta medida, los reglamenta. Así vemos, por ejemplo, que el artículo 96 de la Ley de Valores define los grupos económicos como «el conjunto de entidades que presentan vínculos de tal naturaleza en su propiedad, administración o responsabilidad crediticia, que hacen presumir que la actuación económica y financiera de sus integrantes está guiada por los intereses comunes del grupo o subordinada a estos...».

Lo importante es tener clara conciencia de las normas jurídicas que debemos aplicar a dichos negocios indirectos. Pedrol, haciendo un resumen de la jurisprudencia del Tribunal

Supremo español, ha señalado que los principios que se aplican en la especie son los que se señalan a continuación, todos los cuales concuerdan con aquellos que la doctrina ha establecido para tales efectos:

1. El negocio indirecto se caracteriza por la utilización de una vía oblicua o combinación de formas jurídicas entrelazadas que permite la obtención de un resultado no previsto en los cuadros de la ley. Se trata de un negocio que se concluye utilizando las partes un tipo de contrato regulado por el ordenamiento positivo que busca un fin distinto al expresado y, por ello, con la consiguiente discrepancia entre lo pactado y la intención práctica perseguida.

2. El negocio indirecto se distingue de la simulación absoluta porque mientras ésta corresponde a un negocio no querido, el negocio indirecto ha sido real y auténticamente deseado por las partes, con causa verdadera, como única vía para obtener el fin que se han propuesto. Se distingue de la simulación relativa, pues ésta sólo reconoce validez al contrato querido por las partes, en tanto el negocio indirecto es una convención completa integrada por dos o más contratos independientes o yuxtapuestos, con unidad intencional que inspira a la consecución de un fin.

3. La interpretación del negocio indirecto ha de hacerse con abstracción de la estructura formal utilizada como simple medio vehicular, toda vez que para llegar a una acertada calificación es necesario tomar en consideración la finalidad realmente perseguida por las partes.

4. Finalmente, los negocios indirectos son válidos siempre que no envuelvan fraude a la ley y no les es aplicable ni la nulidad radical de la simulación absoluta ni la nulidad parcial que amenaza a la simulación relativa.

62. VALIDEZ DE LOS PACTOS DE SINDICACIÓN

La validez de los pactos de sindicación ha sido un tema controvertido en la doctrina fundamentalmente porque toda la teoría sobre los convenios de voto nació para solucionar problemas relacionados con las Juntas de Acreedores y en un período en que no estaba bien definida la frontera entre la cesión del voto y el vínculo sobre su ejercicio.

Los argumentos y contraargumentos sobre la validez de los pactos de sindicación son en lo básico los siguientes:

1. La determinación de la voluntad de una persona jurídica se basa en el principio de la mayoría, lo que significa que la voluntad mayoritaria de los miembros de una entidad predomina sobre la voluntad de los disidentes y ausentes. Sin embargo –se dice– esta concepción reposa sobre el supuesto de que la voluntad mayoritaria se ha expresado después de una libre exposición de los argumentos de todos los miembros asistentes. De esta suerte, si la resolución respecto de un determinado asunto ha sido previamente adoptada, la Junta o Asamblea queda desprovista de contenido práctico, desnaturalizándose con ello el funcionamiento del órgano social en la forma prevista por la ley y en base a la cual se aceptó el imperio del principio mayoritario.

A este argumento se responde que no es efectivo que el principio mayoritario descanse sobre la idea de que los miembros deben llegar a la asamblea desprovistos de un criterio formado. El principio mayoritario reposa, para algunos en que los accionistas emitan su voto respetando la zona de intereses comunes y sin perseguir intereses antisociales,y, para otros, en el contrato social, esto es, en el acto jurídico que da origen a la persona moral.

2. En segundo lugar, se argumenta que, en la mayoría de los casos, un pacto social tendiente a abolir la asamblea de socios o la Junta de Accionistas en las personas jurídicas que la tienen instituida por ley, sería nulo como contrario al orden público. Por igual razón –se dice– debe considerarse nulo un pacto que pretenda obtener igual fin por la vía de desnaturalizar la constitución y funcionamiento de los mencionados órganos sociales.

A ello se contesta que el pacto de sindicación es «res inter alios acta» para la persona jurídica y, por ende, la infracción del pacto y de las obligaciones que de él emanan (en orden a votar en tal o cual sentido), no puede producir la nulidad de dichos votos, porque respecto de la persona jurídica no puede oponerse el pacto de sindicación. El fundamento de la asamblea queda incólume supuesto que se haya permitido la presencia de los miembros de la entidad y la libre exposición de sus opiniones. Por otra parte, la licitud o ilicitud de los motivos que indujeron al socio o accionista a votar en tal o cual forma no puede quedar determinada por el hecho de si resulta lícito o ilícito el pacto de sindicación sino por los motivos que tuvo el sindicato para ordenar votar en un determinado sentido. Considerada así la cuestión debatida, el pacto de sindicación resulta irrelevante, pues lo que será verdaderamente objeto de estudio son los motivos de la decisión que el sindicato adoptó, quedando enteramente a un lado la cuestión de su licitud.

3. Finalmente, se argumenta que «el voto es un derecho y un deber colectivo que solo puede emitirse al servicio del puro interés social. No hay cabida para los intereses extrasociales que la sindicación representa, y atenta contra el orden público un convenio por el cual el socio sindicado pone su voto al servicio de estos últimos. El sindicato pretende ventajas especiales en perjuicio de los socios no sindicados».[163]

Respecto de esta objeción, hemos visto que la concepción del voto concebido como una potestad en interés ajeno ha sido olvidada por la doctrina moderna. La teoría actual considera al voto como un derecho. Es más, la doctrina dominante considera en cierta medida que son lícitos los intereses extracorporativos en cuanto no se opongan al interés social.

Nosotros creemos que los pactos de sindicación no son ilícitos, puesto que no existe norma jurídica alguna que los prohíba (objeto); y no son intrínsecamente contrarios a la ley, a las buenas costumbres o al orden público (causa). Creemos que cualquier discusión sobre validez debe centrarse en el voto mismo concebido como expresión de voluntad, aplicándose a este respecto, todas las normas jurídicas existentes sobre la materia. La licitud o ilicitud del voto debe analizarse en base a lo que es como expresión de voluntad y no en cuanto al origen de la misma, pues ello nos hace caer en el análisis de problemas formales cuya consideración no se justifica ni por lo grande ni por lo útil de su objeto. En este sentido, carece absolutamente de importancia práctica para el equilibrio de las relaciones jurídicas si una determinada expresión de voluntad encuentra su origen en una orden emitida por un sindicato o no, siempre que, en definitiva, se le haya garantizado la libertad al socio y resulte lícito el contenido de la declaración de voluntad expresada en el voto.

(163) PEDROL, op. cit., pág. 227.

63. LOS DERECHOS PATRIMONIALES

Los derechos patrimoniales son fundamentalmente los siguientes: a) los relativos al uso de los bienes sociales o corporativos; b) el derecho a percibir las utilidades o ganancias de la persona jurídica; y c) el derecho a percibir la parte correspondiente del patrimonio social o corporativo cuando la entidad se disuelva.

Estos derechos son créditos que se tienen en contra de la persona jurídica, incluso aquel que consiste en usar los bienes sociales. Como tales se encuentran sometidos a la misma normativa de los derechos personales, pero respecto a su transmisibilidad, embargabilidad y cesibilidad es menester formular algunas distinciones. En efecto, en las personas jurídicas sin fines de lucro, estos derechos de miembro son personalísimos puesto que han sido establecidos para ser recibidos por los socios o miembros y no para terceros, aun cuando estos los hayan adquirido de parte del titular. En cambio, en las personas jurídicas con fines de lucro, tales derechos son, a nuestro juicio, transferibles, transmisibles y embargables, con la sola excepción del derecho a usar de los bienes sociales.

En todo caso, se debe advertir que todos los derechos patrimoniales son esencialmente revocables, esto es, pueden ser abolidos por la mayoría exigida por los estatutos para ello. De esta suerte, estos créditos, mientras no se encuentren percibidos, se encuentran expuestos a extinguirse aun en contra de la voluntad de su titular, por lo que deben considerarse desde el punto de vista jurídico y contable como derechos expuestos a condición resolutoria. Pero esta condición se debe entender fallida cuando los derechos patrimoniales se han percibido por la persona de sus titulares. «De ahí que cuando se haya resuelto efectuar un pago a los miembros, se lo puede suspender mediante una nueva deliberación sólo mientras no haya sido ejecutado, ya que por deliberación de la asamblea no puede crearse una obligación de devolución de sumas pagadas». En otras palabras, el acuerdo o deliberación no puede tener efecto retroactivo.[164]

64. LOS DERECHOS INDIVIDUALES

Frente a los derechos generales que tienen los miembros de una persona jurídica, se puede observar una categoría especial de derechos con que están dotados ciertos miembros y de los cuales carecen otros. Sin embargo, el establecimiento de estos derechos especiales normalmente va aparejado a la privación de un derecho general de miembro. Por ello, no es posible analizar la institución de los derechos individuales sin dar una visión completa de la relación jurídica que se produce como consecuencia de lo anterior.

Ferrara,[165] sostiene que estos derechos especiales «son posiciones singulares, excepcionales que corresponden a ciertos miembros o clases de miembros, fuera de la ordenación común»; y es cierto, pero como el establecimiento de un derecho individual va unido a la privación de un derecho general de miembro, (el derecho a voto, por ejemplo), sucede que los que carecen de estos derechos especiales también tienen una posición singular, pues han adquirido un derecho adicional producto de la privación que se hizo. En el caso

(164) VON THUR, op. cit., pág. 227 cita 59.
(165) FERRARA, *Teoría de las Personas Jurídicas*, págs. 772 y 773.

del ejemplo, han adquirido mayores derechos políticos de los que le debería haber correspondido.

En el fondo, de lo que estamos hablando es de una convención celebrada entre los distintos miembros de una persona jurídica por la cual unos renuncian a un derecho general en beneficio de otros miembros y estos, a su vez, renuncian a otro derecho general en beneficio de aquellos. Así, por ejemplo, ciertos accionistas de una sociedad anónima renuncian a su derecho a voto a cambio de que se les reconozca un derecho preferente a percibir un mínimo de utilidades que se estipula. Si se analiza la otra cara de esta relación jurídica, se observa que existen ciertos accionistas que han renunciado a su derecho a percibir con igual preferencia las utilidades de la compañía, a cambio de gozar de una mayor injerencia en la administración de la sociedad.

Esta conversión entre los distintos miembros de la persona jurídica es un contrato por cuanto crea derechos y obligaciones. Es plurilateral por cuanto si bien da lugar al establecimiento de derechos y obligaciones, no tiene por único objeto la creación de relaciones creditorias como los contratos bilaterales sino fundamentalmente la configuración de relaciones de participación de los distintos miembros. Normalmente es un contrato oneroso por cuanto tiene por objeto la utilidad de todas las partes contratantes –principalmente cuando se renuncia a un derecho de miembro a condición de gozar de una preferencia de que no gozan otros–, pero puede ser gratuito cuando no se exige ninguna preferencia a cambio de la renuncia que se hace.

65. EL ACTO JURÍDICO QUE DA ORIGEN A LAS PERSONAS MORALES CON BASE FUNDACIONAL

Las personas jurídicas con base fundacional o institucional son aquellas que tienen como sustrato una obra que se debe realizar por medio de una organización de hombres y bienes. El sustrato es creado por aquel que instituye o funda el servicio o la obra e indica y suministra los medios para su consecución.

El sustrato de este tipo de personas jurídicas como decíamos recién es creado por la voluntad de una o varias personas mediante el acto jurídico unilateral de fundación o acto fundacional. Este contiene una declaración de voluntad en orden a crear una institución, debiendo precisarse su objeto, la forma de administración, su nombre y el patrimonio de que dispondrá para la consecución de su fin.

De acuerdo con lo dispuesto por el artículo 31 del Reglamento de Concesión de Personalidad Jurídica, el acto fundacional o, lo que para el caso en comentario es lo mismo, el estatuto de la fundación, debe contener: a) El nombre, domicilio y duración de la entidad; b) La indicación de los fines a que está destinada; c) Los bienes que forman su patrimonio; d) Las disposiciones que establezcan quiénes forman y cómo serán integrados sus órganos de administración; e) Las atribuciones que correspondan a los mismos; f) Las disposiciones relativas a su reforma y extinción, indicándose la institución a la cual pasarán sus bienes en este último evento.

Cuando se hiciere necesario completar los estatutos de la fundación, sus administradores deben presentar al Presidente de la República un proyecto en el que se contenga las modificaciones o nuevos preceptos que sean necesarios introducir (art. 32 del Reglamento). En otras palabras, es el Presidente de la República quien completa los estatutos de las fundaciones.

Respecto de las fundaciones, no se establecen expresamente en el Reglamento las exigencias formales del acto fundacional, esto es, si puede otorgarse por escritura privada o debe otorgarse necesariamente por escritura pública. Sin embargo, del contexto del Reglamento mencionado se desprende que debe hacerse por escritura pública o, a lo menos, por escritura privada protocolizada (art. 37 letra c). Asimismo, si por medio del acto que crea la fundación se la dota de bienes raíces, dicho acto deberá reducirse a escritura pública, pues de lo contrario, no habría forma de inscribir los inmuebles a nombre de la fundación.

66. NATURALEZA JURÍDICA DEL ACTO FUNDACIONAL

El acto por el cual se crea una fundación es un acto jurídico unilateral al cual va unido (aunque con naturaleza propia) un acto de dotación por el cual el fundador asigna un patrimonio al ente que se erige.

El acto de dotación es, también, un acto jurídico unilateral que tiene por fin la disposición gratuita de ciertos bienes, por lo cual exige capacidad del disponente para efectuar liberalidades.

El acto fundacional puede ser entre vivos o testamentarios (art. 963 del Código Civil).

Cuando la fundación se ha creado por acto entre vivos, no es posible sostener, en sentido técnico, que revista los caracteres de un contrato de donación, por lo que no se rige por sus normas.

Sin perjuicio de lo anterior, por constituir la dotación una enajenación puede ser impugnada por los acreedores cuando exista fraude pauliano y perjuicio de sus intereses. En efecto, de acuerdo con lo que prescribe el artículo 2468 del Código Civil, los acreedores del fundador podrán solicitar que se declare nulo el acto jurídico que la dota de bienes, siempre que ellos prueben el fraude pauliano del deudor y el perjuicio a los acreedores.

67. DERECHO DE REVOCACIÓN DEL FUNDADOR

El acto jurídico unilateral que crea la fundación es revocable. Cuando la fundación se realiza por disposición testamentaria, la revocación está ya en germen dentro de la naturaleza del acto testamentario y tendrá lugar revocado que sea el testamento.

Si por el contrario, la fundación se crea por acto entre vivos, la revocación podrá hacerse a través de una declaración en tal sentido.

Sin embargo, en este último caso, es menester que la fundación no haya sido todavía aprobada por el Presidente de la República, esto es, que no se le haya concedido personalidad jurídica. Si, por el contrario, se le hubiere concedido personalidad jurídica, ya no queda en manos del fundador decidir sobre su existencia o disolución, pues la persona jurídica ha nacido separada de la personalidad del fundador y sus bienes pertenecen ya al fin para cuya consecución se destinan.

68. CONCESIÓN DE PERSONALIDAD JURÍDICA A LAS FUNDACIONES

De acuerdo con lo dispuesto por el artículo 30 del Reglamento, la obtención de personalidad jurídica por parte de las fundaciones se rige por iguales normas que las señaladas precedentemente para el caso de las corporaciones, esto es, la solicitud respectiva se debe dirigir al Presidente de la República por medio del Ministerio de Justicia.

69. MODIFICACIÓN DE LAS FUNDACIONES

Se debe hacer presente que las fundaciones no pueden ser modificadas, pues, de esta manera, se podría fácilmente vulnerar la voluntad del fundador, salvo que éste, en los estatutos hubiere previsto la modificación en un determinado sentido.

En virtud de lo dispuesto por el artículo 32 del Reglamento «cuando se hiciere necesario completar los estatutos de la fundación, sus administradores presentarán al Presidente de la República un proyecto en que se contengan las modificaciones o nuevos preceptos que sean necesarios introducir». Asimismo, el Presidente de la República puede pedir la complementación de los estatutos de las fundaciones creadas por acto testamentario, para asegurar la continuidad de la administración y la efectiva separación de patrimonio con la sucesión respectiva (art. 32 del Reglamento).

SECCIÓN SEGUNDA

PARTE ESPECIAL

I. Sociedades anónimas

70. LOS DERECHOS POLÍTICOS EN LAS SOCIEDADES ANÓNIMAS

El derecho a participar en las juntas de accionistas de las sociedades anónimas y de votar se encuentra abundantemente reglamentado en la Ley 18.046. El artículo 62 del citado cuerpo legal establece que «solamente podrán participar en las juntas y ejercer sus derechos de voz y voto, los titulares de acciones inscritas en el Registro de Accionistas con cinco días de anticipación a aquel en que haya de celebrarse las respectiva junta. Los titulares de acciones sin derecho a voto, así como los directores y gerentes que no sean accionistas, podrán participar en las juntas generales con derecho a voz». Este mismo concepto se encuentra repetido en el artículo 104 del Reglamento que dice: «Cada vez que sea necesario precisar en general a qué accionistas corresponde un determinado derecho social, se considerarán aquellos que se encuentren inscritos en el Registro de Accionistas con cinco días hábiles de anticipación a aquel desde el cual pueda ejercerse el derecho.»

Respecto a la posibilidad de ejercer los derechos políticos por la vía de la representación, el artículo 64 del citado cuerpo legal establece que «los accionistas pueden hacerse representar en las juntas por medio de otra persona, aunque ésta no sea accionista. La representación deberá conferirse por escrito, por el total de las acciones de las cuales el mandante sea titular a la fecha señalada en el artículo 62.» Esto significa que no se pueden dividir las acciones en distintas fracciones y otorgar respecto de cada una de las fracciones resultantes poder a distintas personas.

De acuerdo a lo dispuesto en el artículo 21 de la Ley 18.046, cada accionista dispone de un voto por cada acción que posea o represente. Esto significa que el derecho a voto se ejerce respecto de cada acción que no esté privada de tal beneficio, pero resulta evidente que un mismo accionista no puede dividir sus acciones para votar por dos o más alternativas distintas, pues todas ellas representan la expresión de un solo interés. Ese es el principio que se encuentra detrás de la norma instituida en la última parte del artículo 64 comentado en el párrafo precedente. No obstante, en el caso de las elecciones que se efectúen en las juntas, el artículo 66 del citado cuerpo legal autoriza a los accionistas para acumular sus votos en favor de una sola persona, o distribuirlos en la forma que estimen conveniente.

En el caso de acciones prendadas y gravadas con usufructo, el artículo 65 establece que el derecho a voto corresponderá en el primer caso al deudor prendario y en el segundo al usufructuario y al nudo propietario conjuntamente, salvo estipulación en contrario.

Respecto a la forma como se ejerce el derecho a voto el artículo 30 de la Ley 18.046 establece que «los accionistas deben ejercer sus derechos sociales respetando los de la sociedad y los de los demás accionistas. Sin embargo, no establece sanción alguna para la contravención de este artículo, salvo aquellas que pueda imponer la Superintendencia de Valores y Seguros en el caso de las sociedades sujeta a su fiscalización. Esto hace que la cuestión del ejercicio del derecho a voto deba resolverse a la luz de los principios generales expuestos en el párrafo precedente.

71. LA RENUNCIA DEL DERECHO A VOTO, LOS CONVENIOS DE VOTO Y LOS PACTOS DE SINDICACIÓN EN LAS SOCIEDADES ANÓNIMAS

En cuanto a la posibilidad de renunciar al derecho a voto en las sociedades anónimas, hemos visto que el artículo 21 de la Ley 18.046 expresamente lo permite al disponer que «los estatutos podrán contemplar series de acciones preferentes sin derecho a voto...» Sin embargo, quizás convenga decir que la ley de sociedades anónimas no contempla la posibilidad que la renuncia en comentario se haga pura y simplemente, sino que la considera y acepta en la medida que por dicha renuncia se estipulen o establezcan ciertos derechos especiales en favor de aquellos titulares de acciones sin derecho a voto. Incluso más, el inciso cuarto de la norma mencionada señala expresamente que tales acciones adquirirán pleno derecho a voto cuando la sociedad no haya cumplido con las preferencias en favor de estas. En otras palabras, la ley solo autoriza a privar del derecho a voto a las acciones que gocen de alguna preferencia y en la medida que estas preferencias se cumplan. No dándose estos supuestos, se vuelve a la regla general de que cada accionista dispone de un voto por cada acción que posea o represente.

Es importante destacar que la ley prohíbe la existencia de acciones con voto múltiple. Entendemos que se trata de acciones que disponen de más de un voto por cada una de ellas, por ejemplo, series de acciones que disponen de 4 votos por cada una de ellas. Respecto al particular, creemos que la ley ha impuesto esta prohibición mas que por razones de fondo –que no existen desde el momento que permite la existencia de acciones sin derecho a voto– por razones prácticas, esto es, con el objeto de impedir que por esta vía se vulnere la regla general de que cada accionista dispone de un voto por acción que posea o represente,.

En cuanto a los convenios de voto o pactos de sindicación de acciones, el artículo 14 de la Ley sobre Sociedades Anónimas establece que «los estatutos de las sociedades anónimas abiertas no podrán estipular disposiciones que limiten la libre cesión de acciones. Los pactos particulares entre accionistas relativos a cesión de acciones, deberán ser depositados en la compañía a disposición de los demás accionistas y terceros interesados, y se hará referencia a ellos en el Registro de Accionistas. Si así no se hiciere, tales pactos se tendrán por no escritos»

La disposición transcrita merece varios comentarios:

En primer lugar, la prohibición de que los estatutos contemplen limitaciones a la libre cesión de las acciones sólo alcanza a las sociedades anónimas abiertas. Las cerradas, por el contrario, pueden contener en sus estatutos tales limitaciones.

En segundo lugar, la disposición transcrita no solo no impide sino que permite expresamente a los accionistas que, en virtud de pactos particulares celebrados entre ellos, se estipulen limitaciones a la libre cesión de sus acciones. Sin embargo, la misma disposición establece que si tales pactos no se depositan en el Registro de Accionistas, se tienen por no escritos. Esto no significa que si no se cumple con esta formalidad tales pactos serían nulos, puesto que la ley no señala un plazo perentorio dentro del cual deba cumplirse la formalidad. Significa que solo pueden hacerse exigibles respecto de las partes en la medida que se encuentren depositados en el Registro.

En todo lo demás nos remitimos a lo dicho en la parte general respecto a este tema.

72. LOS DERECHOS PATRIMONIALES EN LAS SOCIEDADES ANÓNIMAS

En el caso de las sociedades anónimas es menester tratar dos tipos de derechos patrimoniales: a) El reparto de dividendos; b) La opción de suscripción preferente de acciones.

a) El reparto de dividendos

La ley establece que, salvo acuerdo diferente adoptado en la junta respectiva, por la unanimidad de las acciones emitidas, las sociedades anónimas abiertas deben repartir anualmente como dividendo a sus accionistas, a prorrata de sus acciones o en la proporción que establezcan los estatutos si hubiere acciones preferidas, a lo menos el 30% de las utilidades líquidas de cada ejercicio (art. 79 Ley 18.046).

En el caso de sociedades anónimas cerradas, la ley establece que se estará a lo que dispongan sus estatutos y si éstos nada dijeren, se les aplicará la norma expresada en el párrafo precedente (art. 79 Ley 18.046).

Respecto a la forma como deben pagarse los dividendos, la regla general es que, salvo acuerdo diferente adoptado en la junta respectiva por la unanimidad de las acciones emitidas, los dividendos deben pagarse en dinero, sea que se trate de sociedades anónimas abiertas o cerradas (art. 82 Ley 18.046). Sin embargo, el mismo artículo autoriza a las sociedades anónimas abiertas para que, en lo que exceda a los mínimos obligatorios, por un acuerdo adoptado en la junta por simple mayoría, se otorgue una opción a los accionistas para recibir dividendos en dinero, en acciones liberadas de la propia emisión o en acciones de sociedades anónimas abiertas de que la empresa sea titular. En caso que el accionista no se pronuncie, el inciso segundo de la disposición citada establece que se debe entender que éste opta por dinero. Este derecho de que gozan las sociedades anónimas abiertas no lo tienen las cerradas, pues la disposición sólo se refiere a las primeras (nota respecto a los requisitos de los dividendos opcionales)

Respecto a la época en que deben pagarse los dividendos, se debe distinguir entre los dividendos mínimos obligatorios, los dividendos adicionales, los provisorios y los eventuales. Los mínimos obligatorios, que son aquellos que ascienden al 30% de las utilidades del ejercicio o el porcentaje fijado como tal en los estatutos, siempre que fuere superior, son exigibles transcurridos 30 días contados desde la fecha de la junta que aprobó la distribución de utilidades del ejercicio. Respecto al pago de los dividendos adicionales, que son aquellos que exceden a los mínimos obligatorios, este debe hacerse dentro del ejercicio en que se adopte el acuerdo y en la fecha que esta determine o en la que fije el directorio, si la junta le hubiere facultado al efecto. El pago de los dividendos provisorios, que son aquellos que acuerda repartir el directorio con cargo a las utilidades del ejercicio en curso, debe efectuarse en la fecha que determine el directorio (art. 81 Ley 18.046).

Por último, para determinar qué accionistas tienen derecho al dividendo, el último inciso del art. 81 de la Ley 18.046 vuelve a repetir la regla general dada por el art. 104 del Reglamento en orden a que los dividendos deben ser pagados a los accionistas inscritos en el registro respectivo el quinto día hábil anterior a las fecha establecidas para su solución.

b) La opción de suscripción preferente de acciones o debentures convertibles en acciones

El artículo 25 de la Ley sobre Sociedades Anónimas establece que «las opciones para suscribir acciones de aumento de capital de la sociedad o debentures convertibles en acciones de la sociedad emisora, o de cualquiera otros valores que confieran derechos futuros sobre acciones, deberán ser ofrecidas, a lo menos por una vez, preferentemente a los accionistas a prorrata de las acciones que posean». La misma disposición agrega que en igual proporción serán distribuidas las acciones liberadas de pago.

Este derecho de opción preferente es esencialmente renunciable según lo dispone el inciso segundo de la referida norma, renuncia que importa en el fondo una pérdida de participación en el patrimonio social. También señala la disposición en comentario que el derecho es transferible. En otras palabras, el derecho es objeto de actos jurídicos.

El plazo dentro del cual debe ejercerse el derecho es de 30 días contado desde que se publique la opción en la forma y condiciones señaladas en el reglamento (Arts. 25 inc. 2 Ley 18.046 y 29 del Reglamento).

73. LOS DERECHOS INDIVIDUALES EN LAS SOCIEDADES ANÓNIMAS

El artículo 20 de la Ley 18.046 establece expresamente la posibilidad de que ciertos accionistas gocen de facultades o privilegios especiales. Sin embargo, dispone que las preferencias deben constar en los estatutos y en los títulos de las acciones debe hacerse una referencia a ellas. Agrega la disposición que no puede estipularse preferencias sin precisar el plazo de vigencia y, finalmente, prohíbe aquellas que consistan en el otorgamiento de dividendos que no provengan de utilidades del ejercicio o de utilidades retenidas y de sus respectivas revalorizaciones.

La prohibición consagrada en la disposición mencionada es evidente, pues de lo contrario, significaría que se estaría repartiendo el capital social entre los accionistas antes de ponerse término a la sociedad y sin que haya precedido una reforma de estatutos.

II. Sociedades colectivas

74. LOS DERECHOS POLÍTICOS EN LAS SOCIEDADES COLECTIVAS CIVILES Y COMERCIALES

Sabemos que de acuerdo a lo que disponen los artículos 2081 del Código Civil y 386 y siguientes del Código de Comercio, si el contrato social no designa la persona del administrador, se entiende que los socios se han conferido recíprocamente la facultad de administrar la sociedad, pudiendo cualquiera de ellos oponerse a los actos administrativos del otro, mientras esté pendiente su ejecución o no hayan producido efectos legales.

Pues bien, en el caso de las sociedades civiles, si uno de los socios se opone a los actos administrativos del o de alguno de los otros, la cuestión, como es obvio, debe resolverse en base al principio mayoritario. Para estos efectos, el artículo 2054 del Código Civil señala que «en las deliberaciones de los socios que tengan derecho a votar, decidirá la mayoría de votos, computada según el contrato, y si en este nada se hubiere estatuido sobre ello, decidirá la mayoría numérica de los socios».

En idéntico caso, si se tratare de una colectiva comercial, el artículo 389 del Código de Comercio establece: «La oposición suspende provisoriamente la ejecución del acto o contrato proyectado hasta que la mayoría numérica de los socios califique su conveniencia o inconveniencia».

Las disposiciones son levemente diferentes, pero como la norma del Código Civil se aplica a las sociedades mercantiles en todo aquello que no sea contrario a lo dispuesto en el Código de Comercio, podemos afirmar que para ambos tipos sociales rige lo siguiente:

1. Bajo los supuestos ya mencionados, el derecho a voto de los socios de las colectivas civiles y comerciales se encuentra claramente instituido. Dicho derecho a voto se concede a cada socio en la forma establecida en los estatutos. Esto significa que la ley faculta a los socios para estipular diversas categorías de voto, o votos múltiples y en caso que nada se disponga al respecto la norma señala que decide la mayoría numérica de los socios;

2. Asimismo, la norma contempla la posibilidad de que algunos socios hayan renunciado a su derecho a voto. Esta renuncia no se encuentra condicionada –como en el caso de las sociedades anónimas– a que se obtenga por ellas un beneficio estatutario.

75. LOS DERECHOS PATRIMONIALES EN LAS SOCIEDADES COLECTIVAS CIVILES Y COMERCIALES

Es obvio que el principal derecho patrimonial de miembro consiste en el derecho a percibir las ganancias obtenidas por la sociedad. Sin embargo, es importante destacar que en este tipo de sociedades, los socios tienen derecho a servirse para su uso personal de las cosas pertenecientes al haber de la sociedad, con tal que se emplee según su destino ordinario, y sin perjuicio de la sociedad y del justo uso de los otros. (artículo 2081 N° 2 del Código Civil).

III. Las corporaciones

76. CONSTITUCIÓN DE LAS CORPORACIONES, CONCESIÓN DE PERSONALIDAD JURÍDICA

De acuerdo con lo dispuesto por el artículo 2° del Reglamento sobre Concesión de Personalidad Jurídica, las corporaciones pueden constituirse por instrumento privado reducido a escritura pública. Dicho instrumento privado debe ser firmado por todos los contribuyentes, individualizados con su rol único nacional o tributario. Debe contener, además, el acta de constitución de la corporación y los estatutos por los cuales ha de regirse.

Finalmente, se debe otorgar poder a una persona para que reduzca a escritura pública dicha acta y, también, para que efectúe la tramitación de la solicitud de aprobación de los estatutos y la aceptación de las modificaciones que el Presidente de la República proponga introducir a dicha corporación.

De acuerdo con lo establecido en el artículo 4° del Reglamento sobre concesión de personalidad jurídica a corporaciones y fundaciones, publicado en el Diario Oficial de fecha 20 de marzo de 1979, el acto constitutivo, o lo que es igual, los estatutos de la corporación, deben contener las siguientes menciones: la indicación precisa del nombre y domicilio de la entidad; los fines que se propone y los medios económicos de que dispondrá para su realización; las categorías de socios, sus derechos y obligaciones, las condiciones de incorporación y la forma y motivos de exclusión, y los órganos de administración, ejecución y control, sus atribuciones y el número de miembros que los componen.

Ahora bien, de acuerdo con lo dispuesto por el artículo 546 del Código Civil, «No son personas jurídicas las corporaciones y fundaciones que no se hayan establecido en virtud de una ley, o que no hayan sido aprobadas por el Presidente de la República».

La concesión de personalidad jurídica a las corporaciones se efectúa de dos maneras distintas: por ley o por decreto del Presidente de la República. Un ejemplo de persona jurídica que ha obtenido su personalidad por ley es el caso de la Cruz Roja. Sin embargo, lo más corriente es que las corporaciones obtengan su personalidad jurídica por medio de decreto expedido por el Presidente de la República; estando, por lo demás, dicha manera de concesión de la personalidad jurídica expresamente tratada en el reglamento según se verá a continuación.

En efecto, de acuerdo con lo dispuesto por el artículo 548 del Código Civil «Las ordenanzas o estatutos de las corporaciones, que fueren formados por ellas mismas, serán sometidos a la aprobación del Presidente de la República, que se la concederá si no tuvieren nada contrario al orden público, a las leyes o a las buenas costumbres».

En la práctica, la solicitud en que se pide la concesión de personalidad jurídica se dirige al Presidente de la República por intermedio del Ministerio de Justicia o del Secretario Regional Ministerial de Justicia respectivo, a excepción del que tenga su asiento en la Región Metropolitana (artículo 3° del Reglamento).

La referida solicitud debe ser patrocinada por un abogado legalmente habilitado para el ejercicio de la profesión (artículo 3° inciso 2° del Reglamento).

Para estos efectos, el Ministerio de Justicia ha elaborado un estatuto tipo que puede ser adoptado por las corporaciones que deseen obtener personalidad jurídica.

Recibida la solicitud por parte del Ministerio de Justicia, éste debe solicitar a las autoridades y organismos competentes los informes que legalmente deba requerir o estime necesarios para resolver sobre el beneficio impetrado. En todo caso, debe recabar el informe el Consejo de Defensa del Estado, a menos de que se trate de entidades que se acojan al estatuto tipo elaborado por el Ministerio de Justicia (art. 21 del Reglamento).

El Presidente de la República concede o deniega la aprobación solicitada, según el mérito que arrojen los antecedentes respectivos.

En todo caso, puede exigir las modificaciones que estime necesarias, las que deberán ser aceptadas y reducidas a escritura pública, sin lo cual no puede dictarse el decreto que concede la personalidad jurídica.

Suele resultar probable que la creación de corporaciones, o la aplicación de sus estatutos, vulnere en alguna manera los derechos de terceros. Para estos efectos, el artículo 548 inciso 2° del Código Civil establece que «Todos aquellos a quienes los estatutos de la corporación irrogaren perjuicio, pueden recurrir al Presidente [de la República] para que en lo que perjudicaren a terceros se corrijan, y aún después de aprobados les quedará expedito su recurso a la justicia contra toda lesión o perjuicio que de la aplicación de dichos estatutos les haya resultado o pueda resultarles».

77. EFECTOS DE LA DENEGACIÓN DE PERSONALIDAD JURÍDICA

Si el Presidente de la República deniega la concesión de personalidad jurídica que se le solicita para una corporación, ella se entiende que no ha existido jamás como persona jurídica.

Igual efecto se produce mientras no obtengan la aprobación de sus estatutos por parte del Presidente de la República.

El hecho de que no se conceda personalidad jurídica no significa que el acto constitutivo de la corporación sea nulo y, por consiguiente, que no obligue a los miembros o integrantes que concurrieron a su formación, a menos que sea declarado nulo por sentencia judicial. En consecuencia, la asociación misma subsistirá, pero no estará dotada de personalidad jurídica.

Los bienes que se hubieren aportado a la corporación seguirán perteneciendo a las personas que eran dueñas de ellos antes del acto constitutivo. Sin embargo, estarán afectos a una carga o destinación, consistente en el objeto para el cual fueron destinados en el acto constitutivo.

Finalmente, los actos y contratos que ejecute o celebre la asociación no reconocida, obligan a todos y a cada uno de los miembros solidariamente, siempre que ellos sean actos colectivos. Así lo dispone expresamente el inciso final del artículo 549 del Código Civil.

78. MODIFICACIÓN DE LAS CORPORACIONES

Al igual que para su nacimiento, la modificación de los estatutos de la corporación requiere de la autorización del Presidente de la República. A este respecto, el artículo 24 del Reglamento establece: «a la solicitud en que se pida la aprobación de las reformas de los estatutos de una corporación deberá acompañarse, reducida a escritura pública, el acta de la Asamblea General en que se acordó la modificación[...] La Asamblea deberá celebrarse con asistencia de un notario u otro ministro de fe legalmente facultado, que certificará el hecho de haberse cumplido con todas las formalidades que establecen los estatutos para su reforma».

La aprobación de las modificaciones tiene la misma tramitación que la aprobación de los estatutos. Sin embargo, el Presidente de la República se encuentra facultado para prescindir de los informes que estime innecesarios (art. 24 inciso 2° del Reglamento).

Ahora bien, se debe establecer que no obstante las facultades de los miembros de la corporación para modificar sus estatutos, éstos no se encuentran autorizados para alterar sustancialmente los fines estatutarios. En este sentido el inciso 4° del artículo 24 del Reglamento establece expresamente que «Las corporaciones no podrán alterar sustancialmente sus fines estatutarios y corresponderá al Presidente de la República calificar si concurre o no dicha circunstancia».

79. LOS DERECHOS POLÍTICOS EN LAS CORPORACIONES

El artículo 550 del Código Civil establece que la mayoría de los miembros de una corporación, que tengan según sus estatutos voto deliberativo, será considerada como una sala o reunión legal de la corporación entera. Agrega la disposición que la voluntad de la mayoría de la sala es la voluntad de la corporación. Finalmente, establece que lo dicho se entiende sin perjuicio de las modificaciones que los estatutos de la corporación dispongan a este respecto.

Por su parte, el artículo 18 del Reglamento de Concesión de Personalidad Jurídica establece que los acuerdos se adoptarán por la mayoría absoluta de los asistentes a una asamblea.

El artículo 550 citado consagra expresamente la posibilidad de que ciertos miembros de la corporación carezcan del derecho a voto o se encuentre restringido al establecer el concepto de que solo aquellos que gocen de este derecho pueden constituirse en una sala o reunión legal de la corporación entera. La norma no establece –como ocurre en el caso de las sociedades anónimas– que la privación del derecho o voto o la constitución de restricciones al mismo deba ser compensada mediante el establecimiento de beneficios estatutarios especiales. En todo caso, el último inciso del artículo 550 les reconoce a los particulares el derecho a establecer el régimen que sobre el particular estimen más conveniente.

IV. Las sociedades cooperativas

80. LOS DERECHOS POLÍTICOS EN LAS COOPERATIVAS

El artículo 41 de la Ley de Cooperativas establece el principio general de que cada socio tendrá derecho a un voto tanto en lo que se refiere a la elección de personas cuanto en lo relativo a las proposiciones que se formulen.

En consecuencia, esta normativa no contempla la posibilidad de renuncia al derecho a voto, así como tampoco la existencia de personas con derecho a voto múltiple, pues este régimen constituye en el fondo una forma indirecta de privación o restricción del derecho a voto. Tampoco acepta esta legislación un régimen de votación establecido en base al monto de los aportes que cada cual haya efectuado a la persona jurídica. En un orden similar de cosas, el artículo 29 establece que no pueden existir acciones privilegiadas.

Sin embargo, la ley acepta que para cierto tipo de cooperativas las Juntas Generales se constituyan por medio de delegados designados en la Junta Ordinaria, no pudiendo permanecer en sus cargos por más de un año desde la fecha de su elección, pudiendo ser reelegidos.

Respecto al ejercicio del derecho a voto por representación, el inciso 4 del artículo 41 de la ley del ramo establece que ningún socio podrá representar a más de un 10% de los socios presentes o representados en una asamblea general. Agrega la disposición que los estatutos de una cooperativa pueden disponer que la asistencia a Junta sea personal y que no se acepte, en ningún caso, mandato para asistir a ellas.

81. LOS PACTOS DE SINDICACIÓN EN LAS COOPERATIVAS

La ley no contempla la posibilidad de celebrar este tipo de convenciones, lo que no significa necesariamente que ellas se encuentren prohibidas o vayan en contra de su espíritu. El asunto deberá resolverse a la luz de los principios analizados en la parte general de este capítulo. Es necesario advertir, además, que el inciso tercero del artículo 42 de la ley del ramo establece que las cooperativas pueden contemplar en sus estatutos cláusulas que confieran a las personas jurídicas de derecho público que participen en ellas el derecho a designar un determinado número de miembros en el Consejo de Administración, limitándose este privilegio a una minoría de los mismos. Si la propia ley consagra la posibilidad de establecer estatutariamente privilegios especiales en favor de entidades del Estado, no vemos por qué puede resultar ilícito que se celebren entre los socios pactos no estatutarios con el objeto de asegurar el control de la sociedad. Sin embargo, es dudoso que se pueda estipular no estatutariamente la permanencia en la cooperativa de uno o más socios, pues el artículo 24 de la ley del ramo garantiza a todo socio la facultad de retirarse de la cooperativa cuando lo estime conveniente, agregando que cualquier estipulación en contrario es nula.

82. LOS DERECHOS PATRIMONIALES EN LAS COOPERATIVAS

El inciso cuarto del artículo 1° de la Ley de Cooperativas establece la regla general de que éstas deben distribuir sus excedentes en proporción al esfuerzo social. El último inciso del artículo 48 de la Ley de Cooperativas precisa más este concepto señalando que los excedentes, en la parte que corresponda a operaciones realizadas por la cooperativa con los socios, se repartirán entre estos socios en la misma proporción que represente los beneficios que cada operación hubiere producido en el total de ellos.

Asimismo, se debe establecer que la ley faculta para establecer escalas de aportes mínimos para determinar el volumen de operaciones que pueden efectuar los socios. (art. 22 Ley de Cooperativas)

V. Comunidades y asociaciones de canalistas

83. LOS DERECHOS POLÍTICOS EN LAS COMUNIDADES Y ASOCIACIONES

El artículo 222 del Código de Aguas establece: «Cada comunero tendrá derecho a un voto por cada acción que posea. Las fracciones de voto se sumarán hasta formar votos enteros, despreciándose las que no alcanzaren a completarlos, salvo el caso de empate, en que se computarán para decidirlo. Si no hubiere fracciones, el empate lo dirimirá el presidente». Cabe hacer presente para la debida interpretación de este artículo que cada acción representa una parte alícuota del caudal de un canal de regadío por lo que es perfectamente posible que existan fracciones de acción.

De acuerdo con el artículo 223, tienen derecho a voto los comuneros cuyos derechos de aguas estén inscritos en el Registro de la Comunidad y estén al día en el pago de las cuotas.

El ejercicio del derecho a voto por medio de la representación se encuentra permitido y reglamentado en el artículo 223 del Código del ramo. El mandato –dice el artículo– deberá constar en instrumento otorgado ante Notario Público, pero si se otorga a otro comunero, bastará una carta poder simple. Las comunidades y sucesiones comparecerán por medio de un solo representante.

84. LOS DERECHOS PATRIMONIALES EN LAS COMUNIDADES Y ASOCIACIONES

El objetivo de estas organizaciones de usuarios está definido en el artículo 186 del Código de Aguas y consiste en tomar las aguas del canal matriz, repartirlas entre los titulares de derechos, construir, explotar, conservar y mejorar las obras de captación, acueductos y otras que sean necesarias para su aprovechamiento. De esta forma, los derechos patrimoniales de los socios consisten precisamente en esos objetivos de forma que nos parece que su análisis se extingue con su enumeración.

CAPÍTULO QUINTO

VOLUNTAD Y ADMINISTRACIÓN DE LAS PERSONAS JURÍDICAS

INTRODUCCIÓN

85. CONCEPTOS GENERALES

Las personas morales deben tener la posibilidad de actuar en el mundo de los negocios y en la vida jurídica, celebrando actos y contratos, adquiriendo y enajenando bienes, pagando sus obligaciones y expresando su voluntad, pues representan un centro de intereses unitario no sólo desde el punto de vista del derecho sino, también, desde la perspectiva de la comunidad social. Pero la manera como deben actuar es lo que se encuentra en discusión, pues técnicamente se presentan dos alternativas a elegir, siendo distintos los efectos prácticos que ambas conllevan, según se verá.

En efecto, la posibilidad de actuar por sí mismo en la vida jurídica es lo que se denomina capacidad de obrar o capacidad de ejercicio. Hasta el momento, no ha sido discutido por la doctrina el hecho de que se debe dotar a las personas jurídicas de capacidad de goce.(166) Sin embargo, no ha ocurrido lo mismo con la capacidad de obrar, pues, para algunos,(167)

(166) Se debe advertir que para todos aquellos autores partidarios de la teoría de la especialidad, la capacidad de goce de las personas morales se encuentra limitada por el objeto o fin de la entidad.

(167) BARASSI, Ludovico, *Instituciones de Derecho Civil*, (Editorial Bosch, Barcelona, 1955, Vol. I), pág. 89, sostiene que la persona jurídica no tiene capacidad de obrar, por cuanto es una identidad ideológica carente de cuerpo físico y, por lo tanto, de voluntad; SAVIGNY, Federico, *Sistema de Derecho Romano Actual*, (Madrid, 1879, tomo II), págs. 88 y 89, pero advierte el autor que al dar como fundamento necesario de la representación artificial la incapacidad de obrar, natural a las personas jurídicas, no debe entenderse literalmente, porque algunos autores piensan que un acto emanado de los miembros de una corporación, es el acto de la corporación misma, y que la representación no ha sido introducida sino a causa de la dificultad que ofreciera traer a todos los miembros de esta corporación a una unidad de acción y de voluntad. Sin embargo, el mismo Savigny agrega que no obstante lo dicho, el total de los miembros que componen la entidad, difieren esencialmente de la corporación misma; y cuando aquellos, sin exceptuar ninguno, se reunieran para obrar, éste no sería un acto del ser ideal a quienes llamamos persona jurídica; FERRARA, Francisco, *Teoria de la Persona Juridica*, obra citada, pág. 763 y siguientes, rechaza la teoría orgánica por las razones que se verán más adelante.

la persona jurídica es considerada únicamente como sujeto de derecho y no como sujeto de voluntad, en circunstancia que, para otros[168] la entidad moral es concebida esencialmente como sujeto de derecho y de voluntad.

En la primera concepción, la persona jurídica es un ente incapaz de obrar que, al igual que los dementes, los impúberes y los demás incapaces, ha de tener un representante que supla su falta de voluntad. De esta manera, los efectos de los actos del representante, supuesto que sean ejecutados en nombre de la persona jurídica y dentro del poder de representación, se radican en la persona jurídica, pero no se consideran como emanados de la persona misma sino que, por el contrario, como actos ejecutados o celebrados por su representante, pero no por el sujeto en cuyo patrimonio se radican los efectos del acto jurídico.

En la segunda concepción, la persona jurídica aparece como un ente plenamente capaz de ejercicio, que obra a través de sus **órganos.** De esta forma, los actos emanados de estos órganos se consideran actos de la persona jurídica misma, no existiendo entre órgano y persona moral ninguna relación jurídica como ocurre con la representación, sino una situación jurídica por la cual una persona obra inmediata y directamente por medio de alguna de sus partes.

La primera concepción se denomina teoría de la representación; la segunda, teoría del órgano. Ambas serán tratadas por separado y con mayor detención a continuación.

86. LA TEORÍA DE LA REPRESENTACIÓN

Esta concepción viene del derecho romano. Las personas jurídicas son asimiladas a los enajenados y a los impúberes: como estos, aquellas tienen la capacidad de goce sin la capacidad natural de obrar. Tanto unos como las otras unen, a la capacidad absoluta de goce la incapacidad absoluta de obrar. «Esta contradicción trae consigo un remedio artificial, la representación; la cual se encuentra para la persona natural en la tutela y para la persona jurídica en su constitución».[169]

No obstante lo anterior, los autores partidarios de esta teoría consienten en dar a la representación de las personas jurídicas algunas características especiales. En efecto, para

---

(168) ENNECCERUS, Ludwig, *Tratado de Derecho Civil, Parte General*, Publicaciones Jurídicas Bosch, Buenos Aires, 1948) tomo I, págs. 438 y 439, dice: Los actos que los órganos estatutarios (no los representantes corrientes, de los cuales se distinguen con especial claridad) ejecutan en el desempeño de las funciones que les competen, se consideran como actos de la propia persona jurídica. Su voluntad vale como voluntad de la persona jurídica y, por ende, ésta responde exactamente como la persona natural de su propia voluntad. Las personas jurídicas del derecho civil son, pues, organizaciones (esto es uniones e instituciones para determinados fines) reconocidas como sujetos de derecho y de voluntad. Rechaza, finalmente, este autor, la teoría de la representación, pues no se ajusta a la esencia de las cosas, cuando concluye las personas jurídicas son irresponsables por los actos ilícitos de sus representantes; PASARELLI, Santoro, *Doctrinas Generales de Derecho Civil*, (Editorial Revista de Derecho Privado, Madrid, 1964), pág. 30, señala que la persona jurídica es, por definición, capaz de obrar, ya que la personalidad se le ha concedido precisamente para desarrollar la actividad jurídica necesaria para la realización de su fin; JOSSERAND Louis, *Derecho Civil*, (Ediciones Jurídicas Europa-América, Buenos Aires, 1952) tomo I, vol. I, pág. 466, señala que la capacidad de ejercicio no puede ponerse seriamente en duda, por lo menos en lo que concierne a las agrupaciones pertenecientes al derecho privado. Participan de esta posición Endemann, Zitelmann, Gierke, Planiol, Ripert, todos citados por Enneccerus. En nuestro país, ALESSANDRI, Arturo, «De la Responsabilidad Extracontractual en el Derecho Civil Chileno», (Ed. Universitaria), N° 103 y siguientes.

(169) SAVIGNY, Federico, obra citada, pág. 88.

Ferrara[170], la posición constitucional de los representantes de las personas jurídicas no es la de los mandatarios especiales: su actuación ha de encuadrarse dentro de presupuestos generales formulados para el desempeño de un círculo de funciones; los representantes son formadores de la voluntad corporativa o institucional, por lo cual su posición se aproxima a la de los representantes legales.

Tiene de particular, también, esta representación, la circunstancia de que el representado no es un particular, sino una pluralidad compuesta por una unidad jurídica; pluralidad a la que el representante pertenece eventualmente, de modo que, obrando en interés de todos, obra también en interés de sí mismo.

Se critica esta posición porque la o las personas que, como órganos, obran por la entidad moral, tienen una personalidad que se identifica con la entidad misma, principalmente porque forman parte de la estructura interna de la persona jurídica. Por este motivo –se dice– falta, entonces, la persona del representante.

87. LA TEORÍA DEL ÓRGANO

«La teoría del órgano debe dividirse en dos fases históricamente sucesivas: la primera en que originalmente se lanza el concepto, que entiende por órgano al individuo o conjunto de individuos que obran actuando la vida de la corporación; y la segunda, mas reciente, en que se distingue entre órgano y personas portadoras de la calidad de órgano, entendiéndose por el primero el oficio o la función a que son llamadas las personas físicas».[171]

La primera posición está representada principalmente por Gierke, quien considera que la persona jurídica es capaz de querer y de obrar, siendo por esa precisa circunstancia que el derecho le atribuye personalidad a los entes colectivos, porque los considera como portadores de voluntad. La persona colectiva –según Gierke– quiere y obra por medio de sus órganos, estando dichos órganos destinados al cumplimiento de las diversas funciones de la colectividad. Entre órganos y persona jurídica no existe una relación de representación sino de voluntad y acción del órgano. Es la propia persona la que quiere por su órgano. En la representación, el apoderado o representante obra por un tercero; el órgano obra como parte de un gran todo.[172]

Parte de la doctrina ha criticado esta posición, porque el hecho de pensar que los actos de los órganos son o deben considerarse como propios del ente colectivo, es una ficción. En efecto, si no lo fuera, si en realidad el órgano fuera una parte indivisible de la persona jurídica, se debería establecer la imposibilidad de relaciones entre ambos estamentos, en circunstancias que el derecho positivo nos muestra una serie de relaciones jurídicas entre órgano y ente colectivo.

Con motivo de esta crítica surgió la segunda posición representada principalmente por Jellineck. Este autor distingue entre «órgano» y «portador de órgano». Por órganos se entien-

(170) FERRARA, Francisco, *Teoria de la Persona Jurídica*, obra citada, pág. 823.
(171) FERRARA, Francisco, *Teoría de la Persona Jurídica*, obra citada, pág. 578.
(172) BRUNETTI, *Tratado del Derecho de Sociedades*, (Unión Tipográfica, Editorial Hispano Americana, Buenos Aires, 1960, tomo II), pág. 335 dice:" Los órganos son aquellas personas o aquellos grupos de personas físicas que por disposición de la ley, están autorizados a manifestar la voluntad del ente y a desarrollar la actividad necesaria para la consecución de sus fines".

den las funciones, los oficios, las esferas abstractas de poderes y facultades en que se distribuyen idealmente las actividades de una persona jurídica. Pero como tales, se confunden con el ente colectivo y carecen absolutamente de toda personalidad. El portador de la calidad de órgano es aquella persona que ejerce el cargo, o sea, la función; pero que no puede ser de modo alguno identificado o confundido con el órgano mismo.

Advierte Ferrara[173] que de esta última posición se pueden sacar dos conclusiones: La primera es que la palabra «órgano» no pasa a tener más que un valor convencional, nominal o ficticio. No puede tener valor práctico para el derecho porque las relaciones entre persona jurídica y órgano, entendido de esta forma, son «insignificantes». La verdadera relación se establece entonces entre persona jurídica y la persona portadora de la calidad de órgano; la segunda es que la relación que existe entre la persona que porta la calidad de órgano y la persona jurídica, no constituye algo contrapuesto a la representación, esto es, no puede ésta quedar excluida, ya que no se puede decir que el portador de la calidad de órgano tiene una personalidad que se identifica con la de la persona jurídica misma.

88. DIFERENTES CONCLUSIONES PRÁCTICAS DE AMBAS DOCTRINAS

Las doctrinas reseñadas no tendrían sentido alguno si no fuera porque las conclusiones prácticas a que llegan una y otra son diferentes:

a) En primer término, para la teoría de la representación, la relación que existe entre la persona jurídica y sus administradores es un poder de representación, y de esta específica relación jurídica han de determinarse las normas legales que regulan los deberes, atribuciones y responsabilidades de representados y representantes entre sí y respecto de terceros.

En cambio, para la teoría del órgano, la relación que existe entre persona jurídica y sus órganos, «es un concepto estrictamente jurídico; no indica ninguna relación entre sujetos. Cuando se dice que entre dos o mas sujetos existe una relación orgánica se indica una 'sustancia', no una relación; órgano es la forma relativa de la relación jurídica. Su noción es, por consiguiente, objetiva y formal».[174] Consecuencia de esto y de la absoluta identidad entre persona jurídica y órgano es que no se concibe ninguna acción de responsabilidad contra los administradores por los actos que entran en el ámbito de su función. La responsable será siempre la persona jurídica.

b) En segundo término, entre relación orgánica y relación de representación, existe una diferencia esencial: la persona portadora de la calidad de órgano no es exponente de un derecho ajeno, sino de un derecho que le pertenece en razón del cargo. Por este motivo, en teoría, el órgano debería estar autorizado para impugnar los acuerdos de las asambleas de socios o accionistas que infrinjan la ley o los estatutos.[175]

(173) FERRARA, Francisco, *Teoría de la Persona Jurídica*, obra citada, págs. 585 y siguientes.
(174) BRUNETTI, obra citada, tomo III, pág. 357.
(175) El artículo 2377 del Código Civil italiano consagra expresamente esta posibilidad. En efecto, el inciso segundo de la disposición citada dice: «Las deliberaciones que no se tomen de conformidad con la ley o el acto constitutivo pueden ser impugnadas por los administradores, por los síndicos y por los socios ausentes o disidentes, y las de la asamblea ordinaria también por los socios con derecho a voto limitado, dentro de los tres meses a contar de la fecha de la deliberación, o bien, si ésta está sujeta a inscripción en el registro de empresas, dentro de los tres meses desde la inscripción».

89. NUESTRA POSICIÓN Y CONCLUSIÓN

En nuestra opinión, la relación que existe entre aquellos que obran por la persona jurídica y ésta misma, no puede ser confundida con la representación, fundamentalmente por los siguientes motivos:

a) Porque órgano es un concepto jurídico que en la práctica resulta más amplio que la representación. Lo demuestra el hecho de que, por una parte, no todo representante es órgano y, por otra parte, no siempre una relación orgánica implica una relación de representación. Por ejemplo, hay órganos de una persona jurídica, como la asamblea de socios o accionistas, que tienen funciones deliberativas, quizás también directivas, pero carecen absolutamente del poder de representación. La Junta de Accionistas de una sociedad anónima o la Asamblea de Socios de una Corporación o Sociedad Cooperativa, no pueden representar a la persona jurídica en un contrato de compraventa. Otro tanto ocurre con la Comisión Revisora de Cuentas. De esta forma, si el órgano equivaliese a representante, no se explicaría cómo pueden existir órganos destituidos de representación.

b) Porque, por lo mismo, el concepto de órgano resulta absolutamente insustituible si se quiere explicar la naturaleza jurídica de la Asamblea de Socios o la Junta de Accionistas, dado que ésta no es representante de la entidad. De esta forma, si se acepta que la asamblea es un órgano de la persona jurídica –como forzosamente debe hacerse– cabe concluir que los administradores, que tanto como la asamblea resultan indispensables para que la persona jurídica pueda participar en la vida del derecho, también tienen la calidad de órgano de la misma.

c) Porque el representante expresa su propia voluntad, lo que permite suponer una voluntad distinta, separada o contraria a la del representado. En cambio, el órgano es siempre el depositario y el portador de una voluntad única, que no es otra ni puede ser diferente, separada o contraria a la de la persona jurídica. Esta es la única explicación satisfactoria al hecho de que la persona jurídica responda penalmente por la actividad ilícita de sus órganos cuando, por ejemplo, ella se ve expuesta a sufrir sanciones pecuniarias por las conductas contrarias a la ley antimonopolios en que incurra la administración.

En nuestra opinión, de los fundamentos anteriores se concluye que la relación existente entre la persona jurídica y sus órganos es una relación sui géneris denominada orgánica, queriendo significar con ello que hay en cierto modo compenetración entre éstos y aquella y no una separación tajante como la que existe entre representante y representado. Sin perjuicio de lo anterior, es posible que existan órganos dotados de la facultad de representación, como ocurre, por ejemplo, con el directorio de las sociedades anónimas o los socios encargados de la administración de la colectiva mercantil o los gestores de las comanditas; pero, en tales casos, la figura del órgano absorbe a la del representante. Esto significa que el órgano dotado de esta facultad manifiesta, supuesto que obre dentro de su competencia, la voluntad de la persona jurídica.

90. ÓRGANOS DE LA PERSONA JURÍDICA

En toda persona jurídica concurren fundamentalmente tres poderes, correspondientes al poder deliberativo, al poder administrativo y de representación y al poder de control.

Eventualmente puede surgir un cuarto poder que es el denominado «de policía». A estos tres poderes fundamentales corresponden respectivamente tres órganos de las personas jurídicas que son el órgano deliberante, el órgano administrativo y el órgano de control.

De esta manera, podríamos definir el concepto de órgano como aquellos cargos u oficios que, por disposición de la ley o los estatutos, se encuentran autorizados para ejercer los poderes que concurren en las personas jurídicas, a saber, el deliberativo, el administrativo, el de control y, eventualmente, el poder de policía correccional.

Toda persona jurídica actúa y vive por sus órganos. En muchos casos, los órganos de las personas jurídicas son embrionarios, como ocurre, por ejemplo, en las sociedades de personas, pero casi siempre se puede reconocer en ellas un poder deliberante, un poder separado de representación y administración en sentido estricto, a través de los cuales se expresa la voluntad social, y un poder de control de la gestión social. En otros casos, por ejemplo en las sociedades anónimas, en las corporaciones y en las sociedades cooperativas, los órganos se encuentran extraordinariamente desarrollados.

El poder deliberante está conformado siempre por la voluntad de los socios reunidos, los cuales pasan a constituir un órgano de la persona jurídica dotado del poder de deliberación. El poder de representación y administración está entregado a los «administradores» de la persona jurídica en virtud de los estatutos, siendo los encargados de llevar a cabo los acuerdos del poder deliberante y actuar por la sociedad frente a terceros. El poder de control está entregado a un órgano de la persona jurídica a quien se le confía la inspección y vigilancia de la gestión social y que se denomina Comisión Revisora de Cuentas o Junta de Vigilancia, según los varios casos. Finalmente, el poder de policía correccional es el derecho de toda persona jurídica a sancionar a sus miembros que infrinjan las normas o estatutos por las que dicha entidad se rige y corresponde al órgano que los estatutos designen. Este derecho se encuentra reconocido por el artículo 554 del Código Civil, que expresa: «Toda corporación tiene sobre sus miembros el derecho de policía correccional que sus estatutos le confieran, y ejercerán este derecho en conformidad a ellos».(176)

Por otra parte, los órganos de las personas jurídicas suelen clasificarse en unipersonales y pluripersonales, queriendo significar con ello el hecho de que, a veces, el órgano está integrado por una persona o por un grupo de personas. Los órganos pluripersonales plantean problemas adicionales para el derecho que es necesario resolver. Estos dicen relación con la forma de integrar, de producir la voluntad del órgano; la naturaleza jurídica de los acuerdos adoptados en el seno del órgano; el régimen de quórum y mayorías; la invalidez de dichos acuerdos y sus efectos, etc. Estos problemas serán analizado en los párrafos siguientes.

(176) Puede consultarse la obra de PÁEZ, Juan L., titulada *Tratado Teórico y Práctico de las Asociaciones*, Ediar, Buenos Aires, 1964) la que en su capítulo séptimo contiene un interesante estudio sobre el derecho disciplinario corporativo.

SECCIÓN PRIMERA
LA ASAMBLEA DE SOCIOS O JUNTA DE ACCIONISTAS

PARTE GENERAL

91. LA ASAMBLEA COMO ÓRGANO DE LA PERSONA JURÍDICA

La asamblea de miembros o junta de accionistas, en su caso, es el instrumento primario de formación de la voluntad de las personas jurídicas, al mismo tiempo que se identifica con la entidad moral misma. Se suele decir que la asamblea se encuentra en situación de supremacía y es el órgano soberano de la sociedad, «no en el sentido de que su actividad no esté sujeta a limitaciones, que las tiene múltiples, sino en cuanto que sus componentes no son designados por nadie, pues lo son en virtud de su calidad de socios, y a la vez porque no deben rendir cuentas de su actividad a nadie».[177] [178]

Sin embargo, como se ha insinuado, cabe tener presente que la asamblea no reúne la totalidad del poder de la entidad. En realidad, se trata de un órgano que obra sólo con efectos en lo interno, en el sentido que la voluntad de la entidad sólo se proyecta y se exterioriza por medio de los administradores, los cuales ostentan, además, la representación de la persona jurídica y la calidad de ejecutores de los acuerdos de la asamblea.

---

(177) FERRARA, Francisco, *Sociedades y Empresarios*, (Editorial Revista de Derecho Privado, Madrid), pág. 160.

(178) FERRARA Francisco, *Teoria de las Personas Juridicas*», obra citada, págs. 763 y siguientes, estima que la asamblea no es un órgano de la sociedad sino una forma de presentación de la colectividad. Fundamenta la conclusión en virtud de los motivos que se exponen a continuación: 1°. De la historia. Recuérdense los casos en que en la antigüedad el pueblo ejercía en los comicios directamente su señoría, haciendo leyes, declarando la guerra, tratando la paz, deliberando sobre los asuntos de la comunidad, juzgando, castigando, y las formas aún vivas de comunidades agrarias, que obran sólo colectivamente en la forma de Asamblea, sin ulteriores órganos de ninguna clase (las universitates inordinatae) de los antiguos. 2°. De la potestad jurídica que corresponde a la Asamblea. Los escritores, en efecto, confiesan que la Asamblea es el órgano supremo central, señorial, en la que se concentra toda la vida de la corporación, que tiene en sí todos los poderes en cuanto no hayan sido asignados a otros por los estatutos. La Asamblea nombra a los representantes y los depone, traza a grandes líneas la tendencia e impulso de la vida corporativa, vigila y fiscaliza la acción, recibe cuentas de la gestión, puede alterar los estatutos, incluso acordar la disolución de la asociación... Ahora bien: ¿Cómo podría un órgano tener tales facultades y llegar a la anulación o disolución del organismo de que forma parte? La plenitud de la potestad corporativa es índice que aquí encontramos enfrente del dominus, a la corporación; no es un órgano subordinado a ésta. 3°. Añádase que la Asamblea de los miembros que nos parece dominando la vida corporativa es en su origen aquella misma, y jurídicamente la continuadora de la Asamblea constituyente que fundó la asociación. Ahora bien, si en principio no puede dudarse de que la totalidad de los miembros que forman la asociación forma su sustrato, al cual se conecta la personalidad, no se entiende cómo después ésta se transforma en órgano. Ciertamente, la totalidad regula por el estatuto la forma de desenvolvimiento de la propia actividad; pero esta regulación por autolimitación y sujeción no puede hacer perder a la Asamblea la cualidad de señora, encarnación viva del ente colectivo. 4°. Una última prueba se saca del parangón entre la Asamblea y la posición jurídica de los demás órganos o representantes. Estos están investidos del cargo en virtud de un acto de nombramiento, pueden ser depuestos; entre ellos y la asociación interviene una relación productiva de derechos y obligaciones; el órgano está obligado a tener diligencia, es responsable por sus actos ante la corporación, etcétera. Pero pruébese un momento a aplicar estos principios a la Asamblea: la Asamblea no es nombrada por otros, ni puede ser depuesta o durar sólo por un cierto tiempo; entre Asamblea y corporación no hay relación alguna de alteridad; si la Asamblea obra mal, no es responsable ante el ente; no es concebible una acción de reembolso de la corporación contra la Asamblea como lo es, en cambio, hacia el director o los administradores o síndicos. ¿Por qué? La razón es obvia, no se puede ser responsable para consigo mismo: la totalidad de los miembros reunidos en Asamblea es la asociación.

Pero, aún en lo interno, la asamblea no es titular de un poder omnímodo, en el sentido que sea ella la única indicada para decidir la marcha de la persona jurídica. Eventualmente los administradores podrían oponerse a la realización de actos o hechos contrarios a la ley o los estatutos. En este sentido, conviene tener presente la opinión de Brunetti(179), según la cual «la asamblea de los miembros de la entidad es un pequeño parlamento investido de poderes vastísimos, pero que, por su estructura, no puede dirigir ni controlar la marcha de los negocios sociales. El gobierno de la sociedad está en manos de los administradores, órgano de gestión y, al propio tiempo, de manifestación externa de su voluntad». Es cierto, sin embargo, que la asamblea tiene el poder de nombrar y, eventualmente, revocar el nombramiento de los administradores. Pero, en realidad, los «dueños» de la entidad (sobre todo en las sociedades de capital) son los administradores. En la marcha de los negocios sociales, la asamblea suele ejercer un control a posteriori.

Se debe hacer presente, finalmente, que la Junta,»aunque formada por los socios, no se confunde con ellos: todos los accionistas reunidos casualmente no forman la Junta, porque es presupuesto de ésta que la reunión se produzca con ciertas formalidades especiales de convocatoria, mediante la cuales se llama expresa y adecuadamente a los socios para que manifiesten su voluntad social. Por otra parte, no debe confundirse la voluntad de la Junta con la voluntad de los socios que tienen la mayoría del capital, pues de no ser así bastaría con citar a éstos y dejarles la decisión, cuando por el contrario es preciso convocar a todos».(180)

92. LA RESPONSABILIDAD DE LA ASAMBLEA

Por identificarse, en cierto modo, la asamblea de socios con la persona jurídica misma, no es concebible la relación jurídica entre la asamblea como tal y la entidad. Esto significa que la asamblea no da órdenes a la persona jurídica, sino a sus administradores. Por este motivo, a nuestro juicio, no se podrían derivar para los miembros de la asamblea responsabilidades civiles por los actos de la persona jurídica, a menos que se descarte la estructura formal de la persona moral, en virtud de las causales ya vistas.

En este sentido, el directorio o los administradores de la persona jurídica o responden personalmente frente al perjudicado o responde la persona jurídica misma, pues no pueden excusarse invocando las deliberaciones de la asamblea; esas deliberaciones o instrucciones son nulas como todo mandato para ejecutar actos ilícitos. Como dice *Von Thur*,(181) (182), «las deliberaciones de la asamblea no pueden considerarse de por sí actos ilícitos, porque tienen efectos externos sólo en cuanto el Directorio u otro órgano ejecutivo los ejecute, y sobre todo porque la culpa puede existir sólo respecto a individuos; la culpa sólo podría imputarse a los individuos que votaron la deliberación perjudicial para un tercero».

(179) BRUNETTI, (*Tratado del Derecho de Sociedades*, Unión Tipográfica, Editorial Hispano Americana, Buenos Aires, 1960), tomo II, pág. 360.

(180) FERRARA, Francisco, *Empresarios y Sociedades*, op. cit., pág. 262, N°180.

(181) VON THUR (*Derecho Civil*, tomo II, Vol. 1) op. cit., pág. 210.

(182) La afirmación de Von Thur en orden a que las deliberaciones o acuerdos de la asamblea no son de por sí actos ilícitos, ha sido contradicha por la propia doctrina alemana, entre otros por Oertmann, citado por el mismo autor. En realidad, en nuestra opinión, no son actos ilícitos imputables a la persona jurídica, pero sí lo son en cuanto pueden ser imputados a los individuos que lo adoptaron, en la medida que se descarte la forma de la persona jurídica.

No obstante, si se descarta la forma de la persona jurídica, suponiendo que ello se hace en virtud de los principios ya vistos, puede perseguirse la responsabilidad civil -solidaria a nuestro juicio- de los miembros de la asamblea que votaron favorablemente el acuerdo, en cuanto ellos han sido coautores de un delito o cuasidelito civil y, por ende, les resulta enteramente aplicable lo dispuesto en el artículo 2317 del Código Civil, que expresa: «Si un delito o cuasidelito ha sido cometido por dos o más personas, cada una de ellas será solidariamente responsable de todo perjuicio procedente del mismo delito o cuasidelito[...]».

93. CONVOCATORIA Y SU PUBLICACIÓN. DERECHO A EXIGIR SE CONVOQUE A JUNTA. INDEMNIZACIÓN DE LOS PERJUICIOS CAUSADOS POR LA INFRACCIÓN DE ESTE DERECHO

Las Juntas o Asambleas son órganos de las personas jurídicas que no se encuentran permanentemente constituidos sino que, por el contrario, es menester proceder a su constitución válida cada vez que se necesite que hagan uso de las facultades que los estatutos de la entidad le asignen. Para ello, es necesario que se reúnan como «órgano» de la persona jurídica y no a cualquier otro título. Los miembros o integrantes de la persona jurídica se reúnen en los casos que exige la ley, los estatutos o ellos mismos, para analizar las materias de su competencia y previo cumplimiento de las formalidades respectivas, las que consisten principalmente en la «convocatoria».

La convocatoria es un acto complejo por el cual el órgano o personas facultadas para ello citan a reunión o asamblea de socios, esto es, llaman a constituirse al órgano deliberativo de la persona jurídica a fin de que trate las materias que sean de su competencia y efectúan las publicaciones de rigor. Salvo disposición expresa en contrario, la convocatoria no puede faltar de manera alguna, aun cuando se reúnan todos los miembros de la persona jurídica. La publicación es el acto por el cual se da a conocer a los miembros y a terceros del hecho de que se ha citado a Junta de Socios y las materias que serán tratadas en ella, a fin de que los primeros puedan concurrir a la misma y los segundos puedan conocer la marcha de la persona jurídica. Se debe advertir que las normas de publicidad, a menos que exista disposición expresa en contrario, no pueden ser renunciadas por los socios o accionistas de la persona jurídica, «pues ellas han sido dictadas no ya en el solo interés de los socios, sino en interés de terceros, los cuales deben ser puestos en situación de seguir la marcha de la sociedad, cuyo capital constituye su garantía».(183) Empero, esta opinión no es compartida por toda la doctrina. Von Thur,(184) por ejemplo, estima que «las deliberaciones de la asamblea son inválidas si la convocatoria no se efectuó en debida forma; por ejemplo, sin la comunicación personal a cada miembro establecida por los estatutos, a menos que éstos establezcan otra consecuencia o que habiéndose presentado todos los miembros ninguno objetara la convocatoria, ya que entonces, a pesar del vicio formal, se logró el propósito, esto es, la posibilidad para cada miembro de participar en la reunión.

(183) ASCARELLI, Tulio, *Sociedades y Asociaciones Comerciales*, Ediar S.A. Buenos Aires, 1947), pág. 318.
(184) VON THUR, Andreas, *Derecho Civil, Personas*, op. cit., pág. 173. En igual sentido se manifiesta ENNECCERUS, Ludwig, obra citada (Derecho Civil, Parte General), tomo I, pág. 490. La postura, sin embargo, no es compartida unánimemente por la doctrina alemana.

Si las formalidades de publicidad han sido establecidas por la ley, la opinión de Von Thur no puede ser aceptada en nuestro ordenamiento jurídico, dado que recibiría plena aplicación el artículo 11 del Código Civil, que expresa: «Cuando la ley declara nulo algún acto, con el fin expreso o tácito de precaver un fraude, o de proveer a algún objeto de conveniencia pública o privada, no se dejará de aplicar la ley, aunque se pruebe que el acto que ella anula no ha sido fraudulento o contrario al fin de la ley». Todo lo cual se entiende sin perjuicio de lo que digan las leyes especiales sobre este determinado particular, v. gr., el artículo 60 de la ley de sociedades anónimas, según se verá.

El órgano de la entidad encargado de citar o convocar a Junta o Asamblea es su directorio. No obstante, normalmente las leyes conceden a los socios o accionistas que representen una determinada parte del capital con derecho a voto o del total de los miembros, el derecho a exigir al Directorio que convoque a junta o asamblea de socios o accionistas. En tal evento, el directorio está obligado a respetar esa voluntad sin examinar su conveniencia o importancia. La mayoría de la doctrina(185) estima que «no se puede confiar al directorio la apreciación de las causas por las cuales la minoría quiere la convocación de la asamblea, desde el momento que entre ambos existe una diferencia de opiniones. Por otra parte, el hecho de tratar un asunto en la asamblea, no es de por sí perjudicial para la asociación; en casos urgentes el directorio pude obrar a su riesgo si se trata de una materia de su competencia y si está convencido de que la asamblea aprobará su decisión».

No obstante, se debe advertir que los socios o accionistas no disponen de una pretensión ejecutiva para realizar o llevar a efecto el derecho en referencia; pero, de ser necesario, pueden recurrir a la Justicia o a la autoridad administrativa para que haga cumplir la decisión y para que se indemnicen los daños y perjuicios que el incumplimiento de esta obligación por parte del directorio, le ha producido a la persona jurídica.(186) Se debe advertir que, en opinión de algunos autores,(187)tal incumplimiento no da derecho a los socios o accionistas para demandar la indemnización de los perjuicios que se le pudieren haber causado a ellos mismos, pero nuestro ordenamiento jurídico no establece ninguna limitación al respecto, por lo que no puede negarse el derecho a exigir la indemnización de los perjuicios personales. Cabe advertir, sin embargo, que –como diremos más adelante– el daño personal que resulta indemnizable no es el mismo que sufre la persona jurídica, no pudiéndose asimilar al perjuicio personal aquel indirecto que se sufre por ser socio de la persona jurídica.

---

(185) PLANK, OERTMANN, VON THUR, (*Derecho Civil, Personas*, obra citada) pág. 174 y nota 10.

(186) El artículo 37 inciso 2° del Código Civil alemán dice: " Si la petición no es atendida, el juzgado en cuyo distrito tiene su sede la asociación, puede autorizar a los miembros que han hecho la petición a la convocatoria de la junta y adoptar determinación sobre la constitución de la presidencia de la misma. En la convocatoria debe hacerse referencia a la autorización». Por su parte, el inciso segundo del artículo 2367 del Código Civil italiano establece lo siguiente en relación a las sociedades anónimas: "Si los administradores, o en su lugar, los síndicos no proveen, la convocatoria de la asamblea se ordena por decreto del presidente del tribunal, el cual designa la persona que debe presidirla".

(187) VON THUR, Andreas, (*Derecho Civil, Personas,* obra citada) pág. 174, señala que el artículo 36 del Código Civil alemán no atribuye una pretensión individual del miembro contra el directorio, pues el directorio tiene obligaciones frente a la asociación, pero no frente a los miembros. El artículo 36 citado dice: "La Junta de miembros ha de convocarse en los casos determinados por los estatutos, así como cuando el interés de la asociación lo requiera". La opinión de Van Thur no es seguida por toda la doctrina alemana. ASCARELLI, Tulio, (*Sociedades y Asociaciones Comerciales,* obra citada) pág. 284 señala que los administradores que no se ajusten a las normas acerca de la convocatoria responden por la vía civil FRENTE A LA SOCIEDAD, de lo que puede concluirse que su opinión es que no responden frente a los accionistas.

94. LA CONVOCATORIA EN SEGUNDA CITACIÓN

La convocatoria a junta en segunda citación se produce cuando no se reúnen los quórum de asistencia suficientes para constituir la asamblea en primera citación. Constituye, en el fondo, una reiteración del primer llamado, y se usa para liberar de la exigencia de reunir quórum especiales para constituir o declarar instalada la asamblea.

La cuestión que resulta discutible es la oportunidad en que se debe llevar a efecto la asamblea convocada en segunda citación, esto es, si puede realizarse inmediatamente después de la convocada en primera, sin necesidad de efectuar nuevas publicaciones o, por el contrario, es necesario repetirlas con la advertencia de que constituye el segundo llamado y que la junta se realizará con sólo los que asistan. La mayoría de las veces –como veremos– los distintos cuerpos legales contienen normas expresas referentes a este asunto, pero si nada se dice, es inconcuso que las publicaciones deben volver a repetirse y, por ende, las junta no puede llevarse a efecto inmediatamente después de aquella que estaba prevista en primera citación, pues el fin de este segundo llamado es que los miembros de la persona jurídica sepan que la junta se realizará a todo evento, con sólo los socios o accionistas que asistan.

95. EFECTOS DE LA FALTA DE CONVOCATORIA Y/O DE PUBLICACIÓN

Si falta la convocatoria, no hay junta o asamblea sino una simple reunión informal de socios que no puede atribuirse los poderes, atribuciones y facultades con que está dotada la Asamblea. Ferrara[188] sostiene que la asamblea sólo obra en forma legal cuando ha sido convocada en reunión reglamentaria y deliberando en los modos y formas sancionados por el estatuto. Precisamente la observancia de estas solemnidades –dice– es lo que le imprime carácter oficial a la voluntad expresada por la Corporación.

La convocatoria se hace por la autoridad que, de acuerdo con los estatutos o la ley, es la encargada de hacerlo como un derecho y una obligación. De esto se sigue que si el que convoca no es la autoridad facultada para hacerlo, la Junta que se constituya en virtud de ella adolece de un vicio formal. A este respecto, si la autoridad social encargada de efectuar la convocatoria ha sido designada por la ley, la Junta adolecería de nulidad absoluta por faltar un requisito establecido en consideración a la naturaleza del acto. Si han sido los estatutos, la Junta constituida en conformidad a la convocatoria viciada no podría atribuirse las facultades y atribuciones que le confiere los estatutos y, por ende, podría ser desconocida por los otros órganos de la persona jurídica y por los socios o accionistas de la misma.

Las formalidades de publicidad pueden haber sido establecidas por la ley o por los estatutos. Si se infringieren aquellas establecidas en la ley, los acuerdos y deliberaciones que se hubieren producido en la asamblea, serían nulos absolutamente, por haberse omitido ciertas formalidades establecidas en consideración a la naturaleza del acto y no a la

(188) FERRARA, Francisco, obra citada (*Personas Jurídicas*) pág. 765. El artículo 32 del Código Civil alemán establece: " Los asuntos de la asociación son ordenados por acuerdo tomado en una Junta de sus miembros, en tanto no corren a cargo de la directiva o de otro órgano de la asociación. Para la validez del acuerdo es necesario que el objeto sea designado en la convocatoria. Aun sin junta de los miembros es válido el acuerdo, si todos los miembros manifiestan por escrito su conformidad".

calidad o estado de las personas que lo ejecutan o celebran (artículo 1682 del Código Civil). Si se hubieren infringido las formalidades establecidas por el estatutos, los acuerdos no serían nulos, pero no serían considerados como emanados de un órgano de la persona jurídica, pues solo tendría la calidad de tal aquel reunido en conformidad al estatuto, lo que transformaría a dichos acuerdos en actos inoponibles a la persona jurídica y a los otros órganos de la misma.

96. COMPETENCIA DE LA ASAMBLEA. JUNTAS ORDINARIAS Y EXTRAORDINARIAS

Las juntas de socios o accionistas pueden ser ordinarias o extraordinarias. Son ordinarias aquellas juntas que se celebran una vez al año, en la época fijada por los estatutos o por la ley, para decidir respecto de materias propias de su conocimiento, sin que sea necesario señalarlas en la respectiva citación. Son extraordinarias aquellas juntas que pueden celebrarse en cualquier tiempo, cuando así lo requieran las necesidades sociales, para decidir respecto de cualquier materia que la ley o los estatutos entreguen al conocimiento de las juntas o asambleas de socios o accionistas y siempre que tales materias se señalen en la citación correspondiente.

De estas definiciones resulta que las juntas ordinarias lo son no tanto por los asuntos que deben ser tratados en ellas, sino principalmente porque se celebran en forma ordinaria en la fecha fijada por los estatutos o por la ley, y porque se sabe de antemano las materias que serán tratadas en dicha asamblea, no necesitándose, por consiguiente, que ellas sean objeto de una especial citación o anuncio. En cambio, las juntas extraordinarias lo son principalmente porque pueden celebrarse en cualquier tiempo sin que se sepa de antemano ni la fecha de su realización ni las materias que serán vistas en ella, por lo que los asuntos a tratar deben ser anunciados previamente.

Resulta, también, de las definiciones sobredichas, que aquello que constituye el genero es la asamblea extraordinaria por cuanto ahí pueden ser tratados todos los asuntos que hayan sido previamente anunciados; en cambio, aquello que constituye la especie es la junta ordinaria dado que sólo pueden ser tratadas en ella las materias que la ley o los estatutos señalen como de su competencia. Esto significa que todas las materias pueden ser objeto de junta extraordinaria, incluyendo aquellas propias de la ordinaria, pero, a la inversa, no todos los asuntos pueden ser tratados en este último tipo de asambleas.

En realidad, las juntas no son ni ordinarias ni extraordinarias, sino que, simplemente, son generales. La Junta de Accionistas es sustancialmente única. Sería preferible decir que la junta general de una sociedad delibera y decide en sesión ordinaria y en sesión extraordinaria, de la misma forma como no hay un directorio ordinario y otro extraordinario sino uno solo que se reúne en sesión ordinaria o extraordinaria, según sea el caso.(189)

Todo lo anterior dice estrecha relación con la competencia de la junta. Entendemos por tal aquella por la que se habilita a la Junta para deliberar y adoptar acuerdos y decisiones sobre un asunto concreto relativo a la vida de la sociedad con el poder que le otorga su calidad de órgano, esto es, con el efecto de que sus decisiones sean consideradas por

(189) FERRARA, Francisco, obra citada (*Sociedades y Empresarios*), pág. 268.

terceros y por los otros órganos de la entidad, como propios de la voluntad de la persona jurídica.

La junta de accionistas es el órgano preeminente de la persona jurídica y, en tal carácter, le corresponde tratar cualquier asunto que se relacione con los intereses sociales, a no ser que, en virtud de los estatutos o de la ley, se le haya atribuido especialmente a otro órgano la decisión sobre una materia determinada relativa a la vida de la entidad o se haya limitado su competencia por alguna razón de bien público o en protección de los intereses de las minorías.

La asamblea puede administrar según su voluntad los negocios sociales y lograr que el directorio realice en nombre de la asociación los actos jurídicos que ella desee, recurriendo, en última instancia, a la destitución del directorio. Pero la representación siempre corresponde al directorio. La asamblea, de acuerdo a su estructura, no se presta para actuar frente a terceros. «Si la asamblea decide sobre un negocio jurídico a concluirse con un tercero, su actuación implica una orden al directorio que puede ser revocada por otra deliberación; mientras el directorio no haya manifestado la voluntad de la asociación, el tercero no adquiere derecho alguno».(190)

La junta debe respetar, no obstante, como se ha dicho, los derechos inderogables de los socios. «Lo mismo que en el Estado, rige en la asociación el principio de la igualdad jurídica, siempre que los estatutos originarios no lo hayan derogado y los constituyentes y los miembros que entraron más tarde hayan aceptado esa derogación. Esta igualdad de derechos no puede abolirse mediante modificación de los estatutos sin la aprobación de los perjudicados, es decir, por lo general, sin una decisión unánime. Por mayoría de votos no pueden ser pospuestos ciertos miembros o toda una categoría de ellos, y tampoco aventajados, ya que toda ventaja para uno implica un perjuicio para otro. Mediante modificación de los estatutos deliberada por mayoría de votos, puede crearse una clase privilegiada únicamente cuando a cada miembro se ofrezca la posibilidad de integrarla».(191)

Pero así como los estatutos o la ley pueden restringir el poder de las asambleas, así también los estatutos y la ley pueden ampliar la competencia de la junta, restringiendo, por ejemplo, el poder de representación del directorio, especialmente en el sentido de someter a la aprobación de la asamblea ciertos actos jurídicos so pena de invalidez. Un caso concreto se presenta en el Nº 5 del artículo 57 de la Ley sobre Sociedades Anónimas. Esta disposición prescribe que debe resolverse en junta extraordinaria el otorgamiento de garantías reales o personales para caucionar obligaciones para con terceros. En este como en otros casos de similar naturaleza, debe resolverse la cuestión de si ello implica un poder de representación de la asamblea(192) La opinión mayoritaria, estima que, en estos casos, el poder de representación del directorio queda condicionado a una resolución de la asamblea, pero se niega a aceptar que la asamblea pueda disponer de alguna manera de poder de representación.

---

(190) VON THUR, Andreas, obra citada (*Derecho Civil, Personas*), pág. 179. Sin embargo, es interesante consignar la posición de Oertmann, colocada a pie de página por el mismo Von Thur, quien considera como oferta la deliberación de la asamblea sobre la venta de una cosa, de manera que el comprador, de estar presente, podría aceptarla sin más.

(191) VON THUR, Andreas, obra citada, (*Derecho Civil, Personas*), págs. 180 y 181.

(192) OERTMANN estima que en tal caso ello implica que la Junta posee el poder de representación. De ello disiente VON THUR, obra citada, (*Derecho Civil, Personas*), pág. 179.

La competencia de la asamblea puede mirarse desde dos puntos de vista. Uno, que sería más bien general o amplio, que es la competencia que según los estatutos y la ley se le asigna a la asamblea para resolver asuntos relativos a la persona jurídica; y otro, que sería más bien restringido, que es la competencia que cada junta tiene para resolver ciertos asuntos en sesión ordinaria o extraordinaria. En este último caso, la junta tiene competencia para resolver sobre un determinado asunto, pero, no obstante, carece de ella para resolverlo en sesión ordinaria sino sólo en sesión extraordinaria y, además, la tiene, en la medida que la materia de que se trate haya sido objeto de especial citación.

También la competencia de la asamblea se obtiene por el debido cumplimiento de las formalidades propias de su constitución y funcionamiento, de suerte que sin ellas, la asamblea no actúa como tal sino como una simple reunión informal de socios que carece de los atributos que los estatutos y la ley le conceden a este órgano de la persona jurídica.

Otro aspecto importante que se debe considerar es que las juntas o asambleas carecen de la competencia suficiente para adoptar acuerdos o decisiones que excedan los límites de la ley o de los estatutos. En el caso de estos últimos, «ni aún la mayoría, cuya decisión es suficiente para su modificación, puede violarlos; en caso de que la asamblea quiera tomar una deliberación que no esté de acuerdo con los estatutos, debe, ante todo, decidir la modificación de los mismos, procurando la inscripción correspondiente; solo después podrá tomar la deliberación en referencia»[(193)] En caso de que el acuerdo transgreda una ley, la voluntad así adoptada por la persona jurídica adolecería de objeto ilícito, siempre que dicho acuerdo sea considerado propiamente como un acto jurídico, pues, como veremos más adelante, no todos los acuerdos lo constituyen.

97. EFECTOS DE LA FALTA DE COMPETENCIA DE LA ASAMBLEA

En términos puramente teóricos, la falta de competencia de la asamblea hace que los acuerdos y decisiones adoptados en ella no sean considerados como atribuibles a la voluntad de la persona jurídica, ya sea por terceros ya sea por los otros órganos de la entidad. Esto significa, en términos jurídicos, que dichos acuerdos o decisiones son inoponibles a la persona jurídica como tal, puesto que han sido adoptados por un órgano que, por carecer de competencia, esto es, por obrar fuera de la esfera de sus atribuciones o sin cumplir con las normas previstas por los estatutos o por la ley para su debida constitución o funcionamiento, no es hábil para obrar como tal.

98. EL PRESIDENTE Y SECRETARIO DE LAS JUNTAS O ASAMBLEAS

La junta es presidida por la persona señalada por la ley o los estatutos, o, a falta de designación, por la persona que elijan los asistentes. El Presidente de la junta regula las discusiones, la forma de votar y toda la actividad de la junta en general. Normalmente está asistido por un Secretario, designado del mismo modo, que redacta las actas.

(193) VON THUR, Andreas, obra citada (*Derecho Civil, Personas*), pág. 180.

PARTE ESPECIAL

99. LA CONVOCATORIA Y SU PUBLICACIÓN EN LAS SOCIEDADES ANÓNIMAS

El artículo 58 de la Ley 18.046 dispone: «Las juntas serán convocadas por el directorio de la sociedad. El directorio deberá convocar: 1) A junta ordinaria, a efectuarse dentro del primer cuatrimestre siguiente a la fecha del balance, con el fin de conocer de todos los asuntos de su competencia; 2) A junta extraordinaria siempre que, a su juicio, los intereses de la sociedad lo justifiquen; 3) A junta ordinaria o extraordinaria, según sea el caso, cuando así lo soliciten accionistas que representen, a lo menos, el 10% de las acciones emitidas con derecho a voto, expresando en la solicitud los asuntos a tratar en la junta; 4) A junta ordinaria o extraordinaria, según sea el caso, cuando así lo requiera la Superintendencia, con respecto a las sociedades sometidas a su control, sin perjuicio de su facultad para convocarlas directamente. Las juntas convocadas en virtud de la solicitud de accionistas o de la Superintendencia, deberán celebrarse dentro del plazo de 30 días a contar de la fecha de la respectiva solicitud».

Por su parte, el artículo 59 de la citada ley dice: «La citación a la junta de accionistas se efectuará por medio de un aviso destacado que se publicará, a lo menos, por tres veces en días distintos en el periódico del domicilio social que haya determinado la junta de accionistas o, a falta de acuerdo o en caso de suspensión o desaparición de la circulación del periódico designado, en el Diario Oficial, en el tiempo, forma y condiciones que señale el Reglamento. En las sociedades anónimas abiertas, además, deberá enviarse una citación por correo a cada accionista con una anticipación mínima de 15 días a la fecha de la celebración de la junta, la que deberá contener una referencia a las materias a ser tratadas en ella. La omisión de la obligación a que se refiere el inciso anterior no afectará la validez de la citación, pero los directores, liquidadores y gerente de la sociedad infractora responderán de los perjuicios que causaren a los accionistas, no obstante las sanciones administrativas que la Superintendencia pueda aplicarles».

Por otra parte, el artículo 62 del Reglamento de Sociedades Anónimas establece: «Los avisos de citación a juntas de accionistas deberán publicarse dentro de los 20 días anteriores a la fecha de su celebración. El primer aviso no podrá publicarse con menos de 15 días de anticipación a la junta. El aviso deberá señalar la naturaleza de la junta y el lugar, fecha y hora de su celebración y en caso de junta extraordinaria, las materias a ser tratadas en ella. Los avisos de la segunda citación a junta deberán cumplir con todos los requisitos señalados en los artículos anteriores».

De acuerdo a lo dispuesto en el artículo 58 de la Ley 18.046, las Juntas de Accionistas son convocadas por el Directorio de la sociedad. Sin embargo, el artículo 60 de la citada ley establece expresamente que «podrán celebrarse válidamente aquellas juntas a las que concurran la totalidad de las acciones emitidas con derecho a voto, aun cuando no hubieren cumplido las formalidades requeridas para su citación». Surge, entonces, la principal cuestión discutible de esta serie de disposiciones legales: ¿Se puede celebrar una Junta de Accionistas omitiéndose el trámite de su convocatoria, cuando han concurrido a ella la totalidad de los accionistas de la sociedad?

Una doctrina sostiene que la norma contenida en el artículo 58 significa que ningún otro órgano de la sociedad anónima puede convocar a junta de accionistas, incluyéndose en la afirmación a los accionistas, pues éstos, para convocar a junta, deben hacerlo a través del Directorio, según se desprende claramente de lo dispuesto en el propio artículo 58 N° 3, que dice: «El Directorio deberá convocar:[...] Nº 3) A junta ordinaria o extraordinaria de accionistas, según sea el caso, cuando así lo soliciten accionistas que representen, a lo menos, el 10% de las acciones emitidas con derecho a voto, expresando en la solicitud los asuntos a tratar en la Junta». Es efectivo –agregan– que el artículo 60 de la misma ley dispone que «Podrán celebrarse válidamente aquellas juntas a las que concurran la totalidad de las acciones emitidas con derecho a voto, aun cuando no hubieren cumplido las formalidades requeridas para su citación». Sin embargo, dicha norma jurídica alude solamente a «las formalidades requeridas para su citación», y no a la convocatoria. Además –argumentan– se debe tener presente que las normas de citación se refieren a la publicación de la convocatoria y se encuentran contenidas en el artículo 59 de la citada ley, en circunstancias que las normas para la convocatoria se especifican en el artículo 58 del citado cuerpo legal. Le parece, entonces, a esta posición, de una claridad meridiana, que el artículo 60 de la ley sólo libera de la obligación de efectuar las publicaciones de la convocatoria cuando se reúnen los presupuestos de la norma, pero no de la obligación de convocar a la junta en la forma prevista por el artículo 58 antes mencionado.

La doctrina opuesta señala que, bajo el supuesto del artículo 60, se pueden celebrar válidamente las juntas de accionistas aún omitiéndose el trámite de convocatoria. Se basan fundamentalmente en que la ley y el reglamento de sociedades anónimas usan indistintamente los términos citar y convocar como sinónimos, según se concluye claramente después de leer los artículos 63, 74, 75, 95, 101 y 119 de la ley de sociedades anónimas y 65 y 102 del reglamento. Por otra parte, para el Diccionario de la Real Academia de la Lengua citar y convocar son expresiones sinónimas. En efecto, convocar es citar, llamar a varias personas para que concurran a un lugar o acto determinado. Convocar es un anuncio o escrito con que se convoca. Citar es avisar a uno señalándose día, hora y lugar para tratar algún negocio; y finalmente, citación es acción y efecto de citar. Respecto del tenor del artículo 58 N° 3 en cuanto establece expresamente que para que los accionistas puedan llamar a junta deben hacerlo a través del directorio, sostiene esta doctrina que ello sólo se aplica cuando dichos accionistas no reúnen la totalidad de las acciones con derecho a voto.

El lector podrá extraer por sí solo las conclusiones que estime más ajustadas a derecho.

El plazo para efectuar las publicaciones se encuentra establecido en la ley, por lo que resultan enteramente aplicables los artículos 48 y 50 del Código Civil que disponen que en ellos se comprenden aun los feriados y corren hasta la medianoche del último día del plazo.

Respecto a la segunda citación, el inciso segundo del artículo 61 de la ley del ramo establece que «los avisos de la segunda citación sólo podrán publicarse una vez que hubiere fracasado la junta a efectuarse en primera citación y en todo caso, la nueva junta deberá ser citada para celebrarse dentro de los 45 días siguientes a la fecha fijada para la junta no efectuada».

100. JUNTAS ORDINARIAS Y EXTRAORDINARIAS EN LAS SOCIEDADES ANÓNIMAS

El artículo 55 de la Ley sobre Sociedades Anónimas establece que «los accionistas se reunirán en juntas ordinarias y extraordinarias. Las primeras se celebrarán una vez al año, en la época fija que determinen los estatutos, para decidir respecto de las materias propias de su conocimiento sin que sea necesario señalarlas en la respectiva citación. Las segundas podrán celebrarse en cualquier tiempo, cuando así lo exijan las necesidades sociales, para decidir respecto de cualquier materia que la ley o los estatutos entreguen al conocimiento de las juntas de accionistas y siempre que tales materias se señalen en la citación correspondiente. Cuando una junta extraordinaria deba pronunciarse sobre materias propias de una junta ordinaria, su funcionamiento y acuerdo se sujetarán, en lo pertinente, a los quórum aplicables a esta última clase de juntas».

El artículo 56 señala que son materias de junta ordinaria las siguientes: 1) El examen de la situación de la sociedad y de los informes de los inspectores de cuentas y auditores externos y la aprobación o rechazo de la memoria, del balance, de los estados y demostraciones financieras presentadas por los administradores o liquidadores de la sociedad; 2) La distribución de las utilidades de cada ejercicio y, en especial, el reparto de dividendos; 3) La elección o revocación de los miembros titulares y suplentes del directorio, de los liquidadores y de los fiscalizadores de la administración, y 4) En general, cualquiera materia de interés social que no sea propia de una junta extraordinaria.

Las materias reseñadas precedentemente pueden estudiarse y analizarse en una junta ordinaria, pero nada impide que se vean en una extraordinaria, pues el último inciso del artículo 55 antes trascrito expresamente lo autoriza, exigiendo que su funcionamiento y acuerdo se sometan, en lo pertinente, a los quórum de las juntas ordinarias.

Finalmente, el artículo 57 de la citada ley, establece que «son materias de junta extraordinaria: 1) La disolución de la sociedad; 2) La transformación, fusión o división de la sociedad y la reforma de sus estatutos; 3) La emisión de bonos o debentures convertibles en acciones; 4) La enajenación del activo fijo y pasivo de la sociedad o del total de su activo; 5) El otorgamiento de garantías reales o personales para caucionar obligaciones de terceros, excepto si éstos fueren sociedades filiales, en cuyo caso la aprobación del directorio será suficiente, y 6) Las demás materias que por ley o por los estatutos, correspondan a su conocimiento o a la competencia de las juntas de accionistas. Las materias referidas en los números 1), 2), 3) y 4) sólo podrán acordarse en junta celebrada ante notario, quien deberá certificar que el acta es expresión fiel de lo ocurrido y acordado en la reunión».

Al final, el último inciso del artículo 61 de la ley señala que las juntas serán presididas por el presidente del directorio o por el que haga sus veces y actuará como secretario el titular de este cargo, cuando lo hubiere, o el gerente en su defecto.

101. LA CONVOCATORIA Y SU PUBLICACIÓN EN LA ASAMBLEA DE SOCIOS DE LAS CORPORACIONES

El artículo 17 del Reglamento sobre Concesión de Personalidad Jurídica establece: «Las citaciones a las Asambleas Generales se harán por medio de un aviso publicado por dos veces en un diario de la provincia en que se encuentre ubicado su domicilio o de la capital de la Región, si en aquélla no lo hubiere, dentro de los diez días que precedan al fijado para la reunión. No podrá citarse en el mismo aviso para una segunda reunión cuando por falta de quórum no se lleve a efecto la primera».

Por su parte, el artículo 14 N° 2 del reglamento establece que le corresponde al directorio de la Corporación citar a Asamblea General ordinaria, y a las extraordinarias cuando sean necesarias y lo soliciten por escrito la tercera parte de los miembros de la corporación, indicándose el objeto.

De esta forma, el órgano encargado de efectuar la convocatoria o citación es el directorio de las corporaciones. El directorio debe y está facultado para citar a asamblea en los siguientes casos: a) A asamblea ordinaria en las ocasiones y con la frecuencia establecida en los estatutos; b) A asamblea extraordinaria cuando sea necesario citarlas y así lo soliciten por escrito la tercera parte de los miembros de la corporación, o, en general, cuando lo exijan las necesidades de la entidad (artículos 14 N° 2 y 16 del Reglamento).

Como no existe –ni en la ley ni en el reglamento– disposición alguna que permita celebrar asambleas omitiéndose los tramites para su convocatoria o citación cuando se reúnen todos los socios de la corporación, se debe concluir que este tipo de juntas adolecen de nulidad absoluta por haberse omitido un trámite establecido por la ley en consideración a la naturaleza del acto.

Finalmente, los plazos establecidos para publicar los avisos comprenden los feriados y corren hasta la medianoche del último día del plazo.

Respecto a la segunda citación, el inciso segundo del artículo 17 del reglamento señala expresamente «No podrá citarse en el mismo aviso para una segunda reunión cuando por falta de quórum no se lleve a efecto la primera». De ello se concluye claramente que es necesario volver a reiterar el llamado correspondiente mediante la inserción de nuevas publicaciones conforme a las exigencias de la ley.

102. JUNTAS ORDINARIAS Y EXTRAORDINARIAS EN LAS CORPORACIONES

El artículo 16 del Reglamento para la Concesión de Personalidad Jurídica establece que «las Asambleas Generales serán ordinarias y extraordinarias; las primeras se celebrarán en las ocasiones y con la frecuencia establecidas en los estatutos, en tanto que las segundas tendrán lugar cada vez que lo exijan las necesidades de la corporación, y en ellas sólo podrán tomarse acuerdos relacionados con los negocios indicados en los avisos de citación. La rendición de cuentas del Directorio y la elección de nuevo Directorio deberán realizarse en la Asamblea General Ordinaria que al efecto destinen los estatutos. Sólo en Asamblea General Extraordinaria podrá tratarse de la modificación de los estatutos y de la disolución de la corporación».

Lo novedoso de esta disposición es que establece que dos materias, a saber, la rendición de cuentas y la elección de nuevo directorio, deben necesariamente tratarse en junta ordinaria. De esta suerte, se hace una excepción a la regla general de que la competencia de las juntas extraordinarias es amplísima con tal que las materias que en ella se traten sean objeto de citación especial. No obstante, estimamos que la revocación del directorio puede hacerse en junta extraordinaria, dado que las causas que la podrían provocar son necesariamente accidentales e imprevistas, y la remoción de sus miembros urgente. De esta suerte, se podría, a nuestro juicio, elegir en junta extraordinaria un directorio provisorio, que duraría hasta la próxima junta ordinaria de socios, oportunidad en que correspondería elegir uno permanente en conformidad a los estatutos y al reglamento.

Finalmente, el artículo 19 del Reglamento, establece que las asambleas generales serán presididas por el Presidente de la corporación y actuará como Secretario el que lo sea del Directorio, o las personas que hagan sus veces.

103. LA CONVOCATORIA Y SU PUBLICACIÓN EN LAS JUNTAS DE LAS COMUNIDADES Y ASOCIACIONES DE CANALISTAS

El artículo 220 del Código de Aguas expresa: «las convocatorias a juntas se harán saber a los comuneros por medio de un aviso que se publicará en un diario o periódico de la capital de la provincia en que tenga domicilio la comunidad. A falta de ellos, la convocatoria se realizará por medio de un aviso publicado en un diario o periódico de la ciudad capital de la región correspondiente. Además, se dirigirá carta certificada al domicilio que el comunero haya registrado en la secretaría de la comunidad, en caso de citación a junta extraordinaria».

Por su parte, el artículo 221 del mismo Código agrega: «Las convocatorias a juntas se harán con diez días de anticipación, a lo menos, indicándose el lugar, día, hora y objeto de la junta.»

El órgano encargado de citar a junta ordinaria y extraordinaria de comuneros es el directorio de la comunidad o asociación, según lo establecen los números 15 y 16 del artículo 241 del Código de Aguas. Dice esta disposición que «El directorio tendrá los siguientes deberes y atribuciones:[...] N°15. Citar a la junta general ordinaria en la fecha que fija la ley o los estatutos; N° 16. Citar a la junta general extraordinaria cuando sea necesario o lo solicite, por lo menos la cuarta parte de los comuneros con derecho a voto, con indicación del objeto;»

Es importante hacer presente que la ley sólo otorga el derecho para exigir que se cite a junta de accionistas a los comuneros que representen la cuarta parte de los mismos y no así la cuarta parte de las acciones con derecho a voto. Lo importante en este caso es que cada comunero representa una unidad, cualquiera sea el número de acciones que posea. No vemos la razón por la cual la ley lo ha dispuesto de esta forma, pero, por una parte es el mismo criterio que sigue para fijar los quórum de asistencia a las juntas y, por otra parte, el tenor de la ley es claro, de manera que es irrelevante consultar su espíritu.

Por no existir norma alguna que lo autorice, aun cuando se reúna la totalidad de los comuneros con derecho a voto, no pueden omitirse las formalidades mencionadas en los párrafos anteriores, de suerte que las juntas que se celebren con infracción a lo dicho precedentemente adolecen de nulidad absoluta por haberse omitido un requisito y formalidad establecido en consideración a la naturaleza del acto y no a la calidad o estado de las personas que lo ejecutan o celebran.

Respecto a la segunda citación, los incisos segundo, tercero y cuarto del artículo 219 del Código de Aguas señalan lo siguiente: «Si en la primera reunión no hubiere sala, regirá la citación para el día siguiente hábil a la misma hora y en el mismo lugar y en este caso la habrá con los que asistan. Con todo, podrá citarse para un mismo día en primera y segunda citación, siempre que entre una y otra haya a lo menos 30 minutos de diferencia, caso en el cual regirá la norma sobre sala contenida en el inciso anterior. Para que opere lo dispuesto en los dos incisos precedentes, deberá dejarse expresa constancia, en la convocatoria, del día y hora para el cual se cita a una nueva reunión».

Finalmente, es preciso reiterar que los plazos mencionados precedentemente comprenden los feriados y corren hasta la medianoche del último día del plazo, por no existir norma alguna en el Código de Aguas que contradiga lo dispuesto en los artículos 49 y 50 del Código Civil.

104. JUNTAS ORDINARIAS Y EXTRAORDINARIAS EN LAS COMUNIDADES Y ASOCIACIONES DE CANALISTAS

El artículo 218 del Código de Aguas dice: «Los negocios que interesen o afecten a la comunidad se resolverán en juntas generales las que serán ordinarias o extraordinarias. A falta de disposición especial en los estatutos, las juntas generales ordinarias se celebrarán el primer sábado hábil del mes de abril de cada año, a las catorce horas, en el lugar que determine el directorio o administradores según el caso. Las juntas generales extraordinarias tendrán lugar en cualquier tiempo».

La disposición transcrita merece dos comentarios. En primer lugar, el hecho de que se diga que los negocios que interesan o afecten a la comunidad se resolverán en juntas generales, no excluye de manera alguna la competencia y atribuciones del directorio para resolver, por sí solo, las tareas que la ley o los estatutos le asignan a dicho órgano administrativo. Es más, dichas funciones se encuentran expresa y profusamente enumeradas en el artículo 241 del Código, de forma que no puede interpretarse de otra manera la norma en comentario. Esto no quiere decir que si la asamblea desea que una materia específica que interesa a la persona jurídica, se resuelva de una manera diferente a como lo desea el directorio, pueda ordenarle a éste que siga sus instrucciones; pero esto más bien lo puede hacer porque la asamblea es el órgano máximo de la entidad y no porque se deba interpretar en tal sentido la disposición transcrita. En segundo lugar, esta disposición consagra, a falta de disposición estatutaria u orden administrativa, una fecha fija en la que deben realizarse las juntas ordinarias, que es el primer sábado hábil del mes de abril, a las catorce horas. Esto no libera al órgano administrador, esto es, el directorio, de la obligación de efectuar la convocatoria y citación correspondiente, tanto más cuanto se debe señalar el lugar donde dicha junta se verificará.

Por su parte, el artículo 226 del Código de Aguas dice: «Corresponde a las juntas generales ordinarias: 1. Elegir al directorio o administradores; 2. Acordar el presupuesto de gastos ordinarios o extraordinarios para el período de un año, y las cuotas de una y otra naturaleza que deben erogar los comuneros para cubrir esos gastos. Mientras no se apruebe el presupuesto, regirá el del año anterior, reajustado según la variación que haya experimentado el índice de precios al consumidor; 3. Pronunciarse sobre la memoria y la cuenta de inversión que debe presentar el directorio; 4. Nombrar inspectores para el examen de las cuentas y facultarlos para seleccionar los auditores externos de contabilidad y procedimientos, si fuere menester; 5. Fijar las sanciones que se aplicarán a los deudores morosos, y 6. Tratar cualquier materia que se proponga en ellas, salvo las que requieren citación especial».

El artículo 227 del Código del ramo expresa:» Las juntas generales extraordinarias sólo podrán ocuparse de los asuntos para los cuales han sido convocadas»; lo que constituye la regla general respecto de este tipo de juntas y que confirma aún mas la conclusión anterior, pues no limita el conocimiento y la competencia de dicha junta para conocer de cualquier asunto relativo a la vida de la sociedad, con tal de que dicho asunto haya figurado en la convocatoria.

Finalmente, el artículo 225 establece: Las sesiones de junta serán presididas por el presidente del directorio; en su defecto, por su subrogante, y a falta de éste, por el comunero presente que posea más acciones».

105. LA CONVOCATORIA Y SU CITACIÓN EN LAS SOCIEDADES COOPERATIVAS

El artículo 40 de la Ley General de Cooperativas establece que la constitución y atribuciones de las juntas generales se regirán por las disposiciones del estatuto, de manera que queda entregada a la voluntad de los socios la determinación de las formalidades de publicación de la convocatoria a estas juntas. A falta de norma expresa regirán las normas generales sobre el particular, las que sólo exigen que se comunique en la forma adecuada para que todos los socios tengan oportunidad de concurrir y ejercer sus derechos.

106. LAS JUNTAS ORDINARIAS Y EXTRAORDINARIAS EN LAS SOCIEDADES COOPERATIVAS

El artículo 39 de la ley del ramo establece que la Junta General de Socios es la autoridad suprema de la cooperativa. Estará constituida por la reunión de los socios que figuren debidamente inscritos en el registro social y los acuerdos que adopte, con sujeción a las disposiciones legales, reglamentarias y estatutarias, serán obligatorios para todos los miembros de la cooperativa.

La norma transcrita contiene una disposición interesante. En efecto, prescribe que los acuerdos de la junta sólo obligan en la medida que se adopten con sujeción a las normas establecidas. Esto confirma nuestra postura en orden a que los acuerdos de la asamblea contrarios a los estatutos, a las leyes o adoptados con infracción a las normas de convocatoria son inoponibles a los socios y a los demás órganos de la entidad y no son propiamente nulos.

SECCIÓN SEGUNDA
EL ÓRGANO ADMINISTRADOR O DE GOBIERNO DE LAS PERSONAS JURÍDICAS

PARTE GENERAL

107. EL GOBIERNO DE LA PERSONA JURÍDICA

Al órgano de gobierno de la persona jurídica le corresponde primordialmente dos funciones básicas: la administración y la representación. Ante todo, constituyen el órgano ejecutivo de las decisiones de la junta, la cual, como hemos visto, solo tiene facultades deliberativas.

Puede estar compuesto de uno o de varios miembros dependiendo de la naturaleza jurídica de la persona colectiva de que se trate. En las sociedades civiles y comerciales, con exclusión de las sociedades anónimas, las funciones de administración y representación están entregadas a una o más personas que ejercen como tales, esto es, como administradores y representantes de la persona jurídica. En cambio, en las sociedades anónimas, en las corporaciones, en las sociedades cooperativas y en otras personas jurídicas especiales, dichas funciones son ejercidas por un directorio formado por un número invariable de miembros, el que no tiene normalmente un número máximo de directores fijado por la ley, aunque sí uno mínimo, y que actúa colectivamente en sala legalmente constituida.

El órgano de gobierno, sea que revista la forma de un directorio o la de un mero administrador o representante, no puede faltar en ninguna persona jurídica, y los estatutos de las mismas no podrían establecer lo contrario, porque se privaría a la persona jurídica de la posibilidad de actuar al exterior y los terceros no podrían celebrar negocios con ellos ni entablar juicios.

Cuando el gobierno de la persona jurídica es ejercido por simples administradores y representantes, es preciso distinguir si estos fueron designados como tales en el acto constitutivo o en una modificación posterior o, por el contrario, la designación de ellos no forma parte del mismo. Si ocurre esto último, no estamos en presencia de un órgano de la entidad propiamente tal sino más bien de un contrato de mandato entre estas personas naturales o jurídicas que administran y la entidad moral como contraparte. En tal evento, el órgano de la entidad estará compuesto por las personas que, en representación de la entidad, designaron a sus administradores. Si la designación forma parte del pacto social, dichos administradores constituyen verdaderamente un órgano de la entidad, y la desaparición de los mismos hace que la compañía se disuelva, a menos que los estatutos o los socios dispongan otra cosa.

La existencia de un directorio encargado de la administración de la sociedad no es privativo de las personas jurídicas que, por disposición legal, deban contar con uno para tales fines sino, por el contrario, es perfectamente posible que una sociedad o compañía sea administrada por un directorio aunque en virtud de la ley no exista disposición legal que las obligue.

Sin embargo, si se opta por la forma de un directorio, se debe aceptar que este actúa como órgano de la sociedad en la medida que lo haga en su conjunto y dentro de los márgenes de la función que según los estatutos o la ley se le hayan asignado. Esto significa que cada uno de los directores de la entidad individualmente considerados no constituyen un órgano de la sociedad, circunstancia ésta que se debe confrontar con aquella en que se encuentran los simples administradores o representantes de las personas jurídicas que, cuando su designación forma parte del acto constitutivo, constituyen de por sí un órgano de la entidad. En el caso de que exista directorio, sus miembros sólo actúan como órgano en la medida que lo hagan colegiadamente, tomando las decisiones tras la deliberación y el voto de sus componentes, salvo cuando ejercen el poder de representación, según se verá.

La importancia de distinguir entre sí los administradores o representantes actúan como órgano de la entidad o simplemente lo hacen como meros mandatarios de la misma es que, en el primer caso, no corresponde invocar una subordinación entre los directores o representantes y la sociedad por ellos administrada.(194) En tal evento, los administradores de la persona jurídica si bien la representan no son mandatarios ni de ella misma ni de sus socios. Pese a que su cargo deriva de la asamblea o de los socios, es necesario destacar que ellos alcanzan con la designación una autoridad propia por la cual pueden y deben resistir –escribe Vivante– los acuerdos de la asamblea que violan la ley o los estatutos y no pueden aprovecharse de la absolución obtenida de la asamblea, para eludir la responsabilidad civil o penal que sancionaría la ejecución de aquella actividad prohibida.(195)

108. EL PODER DE ADMINISTRACIÓN

Lo que nos proponemos averiguar en este párrafo consiste en qué es lo que puede hacer el órgano administrador de una persona jurídica en relación con esta misma. Esto quiere decir que debemos precisar en forma clara qué es lo que se comprende dentro de este concepto que denominamos «administrar».

Lo primero que se debe efectuar al respecto es separar –desde un punto de vista abstracto se entiende– todo lo que sea administrar de representar. La facultad de representación, que mencionaremos en el párrafo siguiente, es un instrumento que se le entrega al órgano administrador de las personas jurídicas para poderlas obligar frente a terceros. Se puede decir que, en algunos aspectos, la representación corresponde a la culminación del proceso de administración, pero por razones de método es preciso separar ambos conceptos de manera que ninguno pueda influir en el otro.

De acuerdo con el diccionario de la Real Academia de la Lengua, el concepto de administración corresponde al concepto de gobierno, dirección. Significa ordenar, disponer u organizar la hacienda o los bienes. Importa graduar o dosificar el uso de alguna cosa para obtener un mayor rendimiento de ella o para que produzca un mejor efecto. Sin embargo, desde un punto de vista estrictamente jurídico, las definiciones precedentes son ambiguas, porque bajo estos respectos, así como se podría decir que el directorio administra una persona jurídica, bajo los mismos respectos se podría afirmar que igual cosa hace la junta de accionistas o de socios de una compañía.

La verdad es que el concepto de administración significa, desde un punto de vista jurídico, realizar todos los actos necesarios o conducentes, directa o indirectamente, a la consecución de los fines de la persona jurídica. Desarrollar, llevar a cabo, poner en práctica y realizar el negocio que es objeto de la sociedad o dar cumplimiento a los fines de la entidad.(196)

(194) Ello engendra importantes consecuencias jurídicas en el plano de la responsabilidad y de la forma como puede ejercerse la función.

(195) El artículo 2377 inciso 2 del Código Civil italiano dice: «Las deliberaciones que no se toman de conformidad con la ley o el acto constitutivo pueden ser impugnadas por los administradores, por los síndicos y por los socios ausentes o disidentes....» Vivante, citado por Brunetti, obra citada, tomo III, pág. 451.

(196) FERRARA, Francisco, obra citada (*Empresarios y Sociedades*), pág. 282 señala que el directorio tiene a su cargo la gestión de la actividad social, y puede, por tanto, realizar todas las operaciones que entren en el objeto de la sociedad. Bajo este respecto –agrega– tienen poderes amplísimos, salvo las limitaciones que se les impusieron por el acto de constitución social.

Es esto precisamente lo que separa tajantemente las funciones de la asamblea de socios o accionistas de una persona jurídica de la de su directorio u órgano administrador. La primera, podrá, en ocasiones, contar con algunas facultades administrativas; pero el órgano encargado de desarrollar el objeto de la entidad es el directorio de la misma y no la asamblea de socios. Esta última podrá, eventualmente, ordenar al directorio que adopte una serie de medidas en relación con un negocio concreto de la compañía, pero no le compete la administración de todos los negocios de la sociedad. Tal atribución y tal responsabilidad corresponde al órgano administrador de la compañía, no a la asamblea.

Por su naturaleza, entonces, la esfera de atribuciones y la competencia del órgano administrador está limitada, evidentemente, por el objeto de la compañía, esto es, por el fin de la entidad. El órgano administrador no tiene facultades para realizar actos de administración que escapen al objeto social. Tales actos, si los realizare, son inoponibles a los socios o accionistas y pueden ser desconocidos por los otros órganos de la sociedad.

El concepto de administración que hemos desarrollado se encuentra, a nuestro juicio, conforme con las normas legales existentes en nuestro ordenamiento jurídico. Así, el artículo 387 del Código de Comercio señala que en virtud del mandato legal que los socios recíprocamente se otorgan para administrar la compañía, cada uno de ellos puede «hacer válidamente todos los actos y contratos comprendidos en el giro ordinario de la sociedad o que sean necesarios o conducentes a la consecución de los fines que ésta se hubiera propuesto». Asimismo, el artículo 2077 del Código Civil anota que «el socio administrador debe ceñirse a los términos de su mandato, y en lo que éste callare, se entenderá que no le es permitido contraer a nombre de la sociedad otras obligaciones, ni hacer otras adquisiciones o enajenaciones, que las comprendidas en el giro ordinario de ellas». Finalmente, el artículo 40 de la Ley sobre Sociedades Anónimas establece, a su vez, que «el directorio de una sociedad anónima la representa judicial y extrajudicialmente y para el cumplimiento del objeto social, lo que no será necesario acreditar a terceros, está investido de todas las facultades de administración y disposición que la ley o el estatuto no establezca como privativas de la junta general de accionistas, sin que sea necesario otorgarle poder especial alguno, inclusive para aquellos actos o contratos respecto de los cuales las leyes exijan esta circunstancia». Más adelante, precisaremos los conceptos anteriores, que sólo se han vertido para apoyar nuestro concepto de administración.

Finalmente, se debe advertir que el órgano administrador lo es de la persona jurídica y no de los asociados. Por consiguiente, debe tutelar los intereses de la persona jurídica y sólo es responsable frente a la misma. De ello se sigue que frente al interés de los miembros de la persona jurídica, de sus socios o accionistas debe primar el interés de la persona jurídica cuando exista conflicto entre ellos. De ello también se sigue que es responsable sólo frente a la persona jurídica y no frente a sus miembros o socios por errores en su administración. El perjuicio que derivaría de ello no lo sufren los socios independientemente sino como miembros de la entidad. Luego, la indemnización del daño sólo se puede obtener a través de la persona jurídica y no en forma independiente de ella. Tampoco responde frente a los acreedores de la persona jurídica o de la asociación. De la misma manera, por iguales motivos, las acciones que competan al directorio o cada uno de los directores para hacer valer un derecho de ellos frente a la sociedad, solamente puede ejercerse contra la persona jurídica y no contra los miembros de la misma, socios o accionistas.(197)

109. EL PODER DE REPRESENTACIÓN

El poder de representación se define como «la utilización que tiene una persona para concertar negocios por cuenta de otra, obligando exclusiva y directamente al representado».(198)

El órgano administrador cuenta con este poder o facultad. Tiene la autorización para obligar a la persona jurídica frente a terceros. La representación es un elemento esencial de la administración. Sin ésta, el órgano administrador no podría llevarla a efecto, porque la consecución del objeto de la compañía supone necesariamente la realización de negocios y, con ello, la celebración de actos jurídicos, de manera que una administración desprovista de la representación importa privar al órgano administrador de uno de los más importantes medios o instrumentos para llevarla a cabo.

Luego, el administrador ostenta la representación judicial y extrajudicial de la persona jurídica; y su posición, al decir de la mayoría de la doctrina(199) corresponde en realidad a la de los representantes legales, esto es, a la de los tutores o curadores. Es por ello que la ley no define normalmente la amplitud del poder de representación del órgano administrador. En ese sentido, la representación se diferencia de la administración en orden a que no está limitada por el objeto de la sociedad.(200) Esto significa que el órgano administrador obliga a la persona jurídica aun cuando ejecute o celebre un acto o contrato que bajo ciertos respectos se puede entender ajeno al fin de la institución. Se debe concluir de esta manera por cuanto, como hemos visto precedentemente, nuestro ordenamiento jurídico no reconoce la teoría del «ultra vires» o de la especialidad del objeto en lo que se refiere a las relaciones de la persona jurídica con terceros. Por ello, si reconociéramos que el poder de representación del órgano administrador se encuentra limitado por el objeto de la asociación, indirectamente estaríamos aceptando, en la práctica, la aplicación de la doctri-

---

(197) Esta conclusión no puede parecer extraña. Importa aplicar lisa y llanamente el principio de la radical separación entre entidad y miembros. Los accionistas individualmente considerados no son nada respecto del órgano administrador así como tampoco este último lo es respecto de los accionistas. Los unos y los otros se encuentran jurídicamente relacionados en tanto cuanto ostenten la calidad de portadores de la calidad de órgano de la persona jurídica. En igual sentido se pronuncia VON THUR, op. cit., pág. 194, ASCARELLI, op. cit., pág. 355.

(198) Vease el párrafo 208 de este volumen.

(199) FERRARA, Francisco, obra citada, (*Empresarios y Sociedades*), pág. 282 sostiene que «la figura de los administradores se concibe más bien como una especie de funcionarios privados, que desempeñan un cargo, cuyos derechos y obligaciones están dispuestos por ley y por el acto de constitución, y que sólo dentro de estrechos límites pueden ser regulados por la junta». VON THUR, Andreas, obra citada, (*Derecho Civil, Personas*) pág. 196 sostiene, también, que la posición jurídica de los administradores es la de un representante legal. En igual sentido se manifiesta ENNECCERUS, Ludwig, obra citada, (*Derecho Civil, Parte General*), tomo I, pág. 478.

(200) ENNECCERUS, Ludwig, obra citada (*Derecho Civil, Parte General*), pág. 479 nota 7ª. discrepa de la opinión señalada. Sostiene que la dirección no puede obligar a la asociación mediante negocios que notoriamente se hallen fuera del radio de los fines de la asociación. En igual sentido se pronuncia VON THUR, obra citada, (*Derecho Civil, Personas*), pág. 197. Pero la doctrina no es uniforme. Así, según Enneccerus, Plank sostiene que los poderes de administración del directorio no están limitados por el objeto de la entidad. En todo caso, se reconoce que esto pasa por determinar previamente la postura que se debe adoptar en relación con la teoría del «ultra vires».

na en referencia, pues limitaríamos la capacidad jurídica de la entidad por la vía de limitar el poder de representación del directorio, único órgano de la misma capaz de hacerla adquirir bienes y contraer obligaciones civiles. Esto significa que, en su relación con terceros, el poder de representación del órgano administrador no tiene límites derivados del objeto de la compañía. Más adelante, veremos que esta postura se acomoda a las normas dadas por el ordenamiento positivo chileno para cada tipo de persona jurídica.

Sin embargo, lo dicho no significa de manera alguna que los estatutos de la entidad no puedan limitar (con efecto frente a terceros) el poder de representación del órgano administrador(201) por ejemplo, estableciendo requisitos mínimos para la celebración de ciertos actos jurídicos, expresando que quedan excluidos del todo la celebración de otros actos o, incluso, que para la celebración de ciertos contratos se requiera la aprobación de la asamblea. Pero, una cosa es que los estatutos limiten el poder de representación del directorio y otra cosa muy distinta es que la asamblea pueda hacerlo por medio de un acuerdo adoptado en una sesión de la misma. Tales acuerdos solamente valen como instrucciones referentes a una determinada forma concreta de como quiere que se realice un negocio determinado, pero ellas son claramente inoponibles al tercero que contrata con la compañía, de suerte que la persona jurídica no podría eximirse del cumplimiento de las obligaciones generadas por el acto alegando que se ha dado incumplimiento de dichas instrucciones. Es por lo demás lo que claramente prescribe el artículo 327 del Código de Comercio, que establece: «La violación de las instrucciones, la aprobación del resultado de una negociación, o el abuso de confianza por parte de los factores o dependientes, no exoneran a sus comitentes de la obligación de llevar a efecto los contratos que aquellos hagan a nombre de éstos».

110. LA REPRESENTACIÓN EJERCIDA POR UN ÓRGANO ADMINISTRADOR COLEGIADO O DIRECTORIO

Cuando el órgano administrador reviste la naturaleza de un directorio, se ha dicho que éste debe actuar en sala legalmente constituida y después de haber adoptado su decisión tras la deliberación y el voto de sus integrantes, conforme a las reglas y pormenores que se mencionan en la sección tercera de este capítulo.

Para constituir legalmente una sesión de directorio, es menester cumplir con las normas sobre quórum, convocatoria y citación que nuestro ordenamiento jurídico establece para cada uno de los tipos de personas jurídicas.

Pero el requisito de que el directorio sólo puede actuar en sala legalmente constituida sólo puede aplicarse y se refiere al concepto de administración de la persona jurídica, pues la representación no se verifica mediante resoluciones del directorio sino por declaraciones de voluntad frente a terceros. En este sentido, e independientemente a lo que la legislación positiva consagra para cada tipo de sociedad, la doctrina se encuentra dividida

(201) No obstante, la limitación sólo puede provenir de los estatutos. Las juntas de accionistas o socios carecen del poder de limitar las facultades del directorio. En igual sentido se manifiestan ENNECCERUS, Ludwig, obra citada, pág. 470 y VON THUR, Andreas, obra citada, pág. 179. Hay que considerar que el artículo 26 inciso 2 del Código Civil alemán sólo le otorga a los estatutos la facultad de limitar los poderes del directorio.

en torno a si para ejercer la representación de la entidad rige también el principio mayoritario o, por el contrario, es menester que concurran todos los directores de la entidad. Para los que sostienen la primera postura surge una segunda divergencia, pues se debe resolver si el principio mayoritario, esto es, el quórum, se aplica a los que asistieron a la reunión o a los que integran el órgano colegiado.

La doctrina dominante[(202)] en materia de representación activa está compuesta por aquellos que consideran que el principio mayoritario se aplica. Esto significa que para ejecutar o celebrar un acto o contrato que ha sido previamente acordado en sesión de directorio legalmente constituida, basta que lo hagan la mayoría de los directores. Ahora bien, si esa mayoría se computa en relación con los que asistieron a la sesión que acordó la celebración del acto jurídico o, por el contrario, se refiere al número total de los directores de la entidad, es un tema que no puede resolverse dando una respuesta categórica. En nuestra opinión, parece lógico concluir –por un principio de economía– que se debe exigir el menor número de requisitos para que la entidad pueda celebrar el acto o contrato, pues éste no puede dilatarse dado de que ya ha sido objeto de un acuerdo en tal sentido. Exigir entonces una mayoría superior de directores a la que se necesitó para adoptar el acuerdo de que se trata constituye, en el fondo, establecer un requisito adicional que no se justifica ni por lo grande ni por lo útil de su objeto.

En lo tocante a la representación pasiva, la doctrina alemana, determinada por lo dispuesto en el artículo 28 del Código Civil, señala que si ha de emitirse una declaración de voluntad frente a la asociación, basta la emisión frente a un miembro de la directiva. Enneccerus concluye de ello que «tiene que admitirse que allí donde el conocimiento de la dirección, su mala fe, el dolo o violación de la buena fe, tengan una consecuencia jurídica, basta con el conocimiento, mala fe, etc., de un miembro de la dirección».

En nuestra legislación, en materia de representación activa y para cierto tipo de personas jurídicas, el problema del ejercicio de la representación ha sido resuelto otorgándole al presidente del directorio la representación de la compañía frente a terceros (Corporaciones); pero, para otro tipo de personas jurídicas (sociedades anónimas), el problema no ha sido solucionado expresamente por el legislador y debe resolverse a la luz de los antecedentes antes expuestos.

En materia de representación pasiva, nuestra legislación contiene la regla del artículo 8 del Código de Procedimiento Civil que establece que el gerente o administrador de sociedades civiles o comerciales, o el presidente de las corporaciones o fundaciones con personalidad jurídica, se entenderán autorizados para litigar a nombre de ellas con las facultades que expresa el inciso 1 del artículo 7, no obstante cualquiera limitación establecida en los estatutos o actos constitutivos de la sociedad o corporación. Como se desprende de su sola lectura, la norma transcrita no tiene las características amplias de su similar alemana y sólo se refiere a la representación en juicio. De esta suerte, no se puede extraer de esta norma la misma conclusión que extrae Enneccerus de la norma alemana. Pero ello no significa que podamos arribar a la misma conclusión por otra vía, según veremos al tratar la responsabilidad de la persona jurídica por los actos de su órgano administrador.

(202) Véanse todos aquellos citados por VON THUR, op. cit., Vol. II, pág. 201.

111. NOMBRAMIENTO DEL ÓRGANO ADMINISTRADOR

El órgano administrador de una persona jurídica es nombrado por los socios o accionistas de la misma en el pacto social, por acto posterior o en junta o asamblea de socios o accionistas, según fuere la estructura y naturaleza del órgano administrador respectivo.

Si la persona jurídica de que se trata no requiere obligatoriamente contar con un directorio, el órgano administrador puede ser instituido en el pacto social o por acto posterior. Si es instituido en el acto constitutivo de la sociedad, la persona del administrador no puede renunciar a su cargo, sino por causa prevista en el acto constitutivo, o aceptada por los socios por unanimidad. Ni puede ser removido de su cargo sino en los casos previstos o por causa grave, teniéndose por tal la que le haga indigno de confianza o incapaz de administrar útilmente. Faltando alguna de las causas mencionadas, la renuncia o remoción del administrador pone fin a la sociedad (artículo 2072 del Código Civil).

Si la persona del administrador ha sido instituida por acto posterior al contrato de sociedad, aquel puede renunciar en cualquier tiempo y no por ello se extingue la compañía.

Si el órgano administrador reviste la estructura de un directorio y la compañía requiere por ley contar con un órgano de esta naturaleza, el nombramiento de los directores está a cargo de la asamblea o junta de socios o accionistas, cargo que se desempeña durante un período limitado de tiempo, siendo esencialmente revocable.

La designación de órgano administrador ya sea bajo la forma del nombramiento de un órgano unipersonal, ya sea bajo la forma del nombramiento o elección de un directorio por la asamblea, es un acto jurídico interno con el cual la asociación crea para sí un órgano. Tanto la designación como la elección de los administradores o directores no constituye un negocio o acto jurídico entre la asociación y quien va a ser elegido o designado, así como tampoco se requiere ni la aceptación ni la comunicación del elegido. De la misma forma, no es necesario –para fundamentar el poder de representación del directorio– demostrar que se ha obrado con el consentimiento de los directores o administradores. Sin embargo, el consentimiento de estos últimos es necesario para que nazcan las obligaciones correspondientes a la función que desempeñarán, salvo, obviamente, que los propios estatutos de la entidad establezcan que cualquiera de los miembros pueda ser obligado, en el caso de elección, a desempeñar el cargo de administrador o miembro del directorio de la entidad. La aceptación del elegido o designado puede producirse ya sea en la asamblea que lo nombra o en acto posterior e, incluso, puede manifestarse tácitamente por la asunción de las funciones que se le han ofrecido.

Lo que debe tenerse siempre en consideración es que la elección o la designación de administradores o directores no constituye un solo acto jurídico, fundamentalmente porque la designación o elección es, como se ha dicho, un acto jurídico interno de la asociación, el que para su validez no requiere de ninguna declaración dirigida a quien se eligió. Es más, es muy probable que la persona jurídica como tal celebre un contrato (un acto jurídico completamente diferente) con la persona del administrador o con los directores que conforman el órgano administrativo. Este contrato, igual que todos los demás que celebre la persona jurídica, debe ser otorgado por un representante de la misma que obre en virtud de su competencia o de una decisión especial de la asamblea.(203)

(203) VON THUR, Andreas, obra citada, (*Derecho Civil, Personas*), pág. 190.

112. REVOCACIÓN DEL ÓRGANO ADMINISTRADOR

Para el debido tratamiento del tema, es necesario hacer una distinción. En efecto, debemos considerar en forma separada a los administradores designados por aquellas personas jurídicas que no requieren de la existencia de un órgano administrador que revista las características de un directorio. Para estas personas jurídicas (sociedades civiles y comerciales de personas), el nombramiento de administrador puede ser revocable o irrevocable. El nombramiento es irrevocable cuando este se hace en virtud del acto constitutivo de la sociedad, pues, en tal evento, la persona del administrador es uno de los elementos esenciales del contrato, de suerte que no puede renunciar ni ser removido de su cargo sino en los casos previstos en los propios estatutos o por causa grave, entendiéndose por tal la que lo hace indigno de confianza o incapaz de administrar útilmente. En caso contrario, la renuncia o la remoción pone fin a la sociedad, según lo dispone el artículo 2072 del Código Civil.

En caso que el nombramiento del administrador no forme parte del acto constitutivo estamos en presencia de un mandato, el que, por su naturaleza, es esencialmente revocable según consta del numerando 3 del artículo 2163 del Código Civil.

En el evento que el órgano administrador revista las características de un directorio y se trate de personas jurídicas que deben contar con un órgano de esta naturaleza, necesariamente el cargo de director es esencialmente revocable. Los estatutos no puede excluir del todo la revocabilidad porque, de lo contrario, la asociación quedaría al arbitrio del directorio.(204) En términos generales, los estatutos podrían limitar la revocabilidad al caso de que exista un motivo grave, entendiendo por tal aquel en virtud del cual el director se haga indigno de confianza o incapaz de administrar útilmente (artículo 2072 del Código Civil). Sin embargo, esa limitación a la revocabilidad conlleva numerosos inconvenientes prácticos, dado que la existencia del motivo grave debe acreditarse previamente en juicio contradictorio.

La revocación compete al órgano que hizo el nombramiento, esto es, normalmente, a los socios o accionistas; y adquiere eficacia en el momento mismo de la deliberación o acuerdo y no sólo cuando se le comunique al interesado.(205) Con la revocación terminan los deberes del director y los derechos que derivan de su posición, particularmente en lo que se refiere a administrar y representar la persona jurídica. Pero no puede decirse lo mismo

(204) El artículo 27 del Código Civil alemán señala: «El nombramiento es en todo momento revocable, sin perjuicio de la pretensión –para reclamar– la remuneración contractual convenida. La revocabilidad puede ser limitada por los estatutos al caso de que haya motivo importante para la revocación; tal motivo es especialmente un grave abandono de los deberes o una incapacidad para la ordenada gestión de negocios".

(205) VON THUR, Andreas, obra citada (*Derecho Civil, Personas*), pág. 204 nota 62. Es importante detenerse a considerar esta opinión, pues constituye un camino diverso al seguido por nuestro Código Civil a propósito del mandato (artículo 2173). según la disposición aludida, «todas las veces que el mandato expira por una causa ignorada del mandatario, lo que este haya hecho en ejecución del mandato será válido y dará derecho a terceros de buena fé contra el mandante.». Pero, en nuestra opinión, el nombramiento de directores no es un mandato. Y por ser este un nombramiento que nace de las deliberaciones de los socios o de la junta de accionistas, esto es, de un acto jurídico interno de la asociación, es lógico exigir al tercero que se relaciona con dicha persona jurídica, un grado mayor de conocimiento y responsabilidad respecto a los actos internos de ésta que aquel que la ley le exige al tercero que se relaciona con un mandatario de una persona natural cualquiera.

de su remuneración, por cuanto el derecho a la misma no nace del nombramiento sino del contrato que éste haya celebrado con la persona jurídica. En tal evento, el derecho a la remuneración o su extinción dependerá de lo que se resuelva a la luz de las reglas dadas para el contrato de prestación de servicios.

113. LAS OBLIGACIONES DEL ÓRGANO ADMINISTRADOR

En términos generales, al órgano de gobierno de las personas jurídicas le corresponden dos funciones básicas: la de administrar la persona jurídica y la de representarla frente a terceros; pero como constituye además el órgano ejecutivo de las decisiones de la junta, le corresponde también la obligación de cumplir con los acuerdos y órdenes de la asamblea. Digamos, entonces, que las obligaciones del órgano administrador de las personas jurídicas, son tres: administrar, representar y cumplir los acuerdos de la junta. En ocasiones, es difícil separar estas tres obligaciones, pues normalmente van todas ellas juntas. Sin embargo, es conveniente separarlas desde un punto de vista teórico, a fin de estudiar la naturaleza de cada una de ellas.

Respecto a las obligaciones derivadas concepto de administración, significa realizar todos los actos necesarios o conducentes, directa o indirectamente, a la consecución de los fines de la persona jurídica, pero en lo que se refiere a sus aspectos administrativos internos, todo ello en cumplimiento de los estatutos sociales. Corresponden en realidad al lado pasivo de las facultades que ostenta en lo interno, pues a cada facultad le corresponde un deber, o más bien, cada deber va seguido por una facultad, de manera que los deberes del órgano administrador se pueden conocer o se derivan de sus facultades. En este sentido, debe hacer todo lo que no le corresponde expresamente a la junta o asamblea de socios o accionistas. Luego debe organizar la estructura de personal de la sociedad, la estructura de control, representada fundamentalmente por la comisión revisora de cuentas, el sistema de contabilidad, el sistema de registro de socios o accionistas, debe proponer el monto de las utilidades a repartir o repartir las utilidades con cargo a las definitivas que se obtengan, debe informar a los accionistas o socios de la marcha de los negocios sociales y guardar reserva de la misma cuando sea necesario. Se trata principalmente de obligaciones de hacer, aunque en algunos casos, de no hacer, como sucede cuando propone una distribución de las utilidades sociales de un modo que resulten insatisfechos los intereses de la sociedad o de los socios o accionistas.

En lo relativo a las obligaciones derivadas del concepto de representación, digamos que significa concertar con terceros los negocios objeto del giro de la sociedad. En este sentido, el órgano administrador de las personas jurídicas debe hacer todo lo necesario para llevar a cabo el giro de los negocios de la compañía y, por su naturaleza, no cabe una individualización de las mismas, pues comprende todo lo necesario, excluyéndose solo aquello que sea contrario al acto constitutivo y que está representado principalmente por el objeto social.

Los fines de la persona jurídica están señalados fundamentalmente en el objeto de la misma, pero también en la naturaleza de la persona jurídica de que se trate. Así, una corporación debe cumplir su objeto, entregando la ayuda a los miembros que se describe en el objeto de la misma, pero, como se trata de una persona jurídica sin fines de lucro, no tiene por fin la distribución entre sus socios de las ganancias que haya obtenido en su gestión. Así también, una sociedad debe dar cumplimiento al objeto de la misma, esto es, a la realización del negocio que corresponde, en virtud de los estatutos, a la explotación social, pero, como se trata de una persona jurídica con fines de lucro, debe también repartir las utilidades que de dichos negocios provengan. De manera entonces que, dependiendo de la naturaleza de la persona jurídica, el órgano administrador puede tener obligaciones de hacer o de no hacer.

Finalmente, el órgano administrador de las personas jurídicas debe cumplir y hacer cumplir los acuerdos de la asamblea. Esta última, como se ha dicho, no es un órgano ejecutivo. Mal podría ella misma cumplir sus acuerdos. Estos acuerdos deben ser cumplidos por el órgano ejecutivo de la sociedad, a saber, el directorio. Sin embargo, el directorio puede y debe oponerse a los acuerdos de la asamblea contrarios a la ley y al contrato social. En este sentido, es cierto que la asamblea es, jerárquicamente hablando, el órgano superior de la sociedad, desde el momento que representa a los socios o accionistas de la misma. Sin embargo, por sobre la asamblea y los socios se encuentran la ley y el contrato social. El órgano ejecutivo incurriría en responsabilidad si cumple un acuerdo que los infringe.

114. FUENTE DE LAS OBLIGACIONES DEL ÓRGANO ADMINISTRADOR

Habría que distinguir por una parte entre las corporaciones, fundaciones y la sociedad anónima y, por otra parte, las demás sociedades. En lo que se refiere a estas últimas, nos parece inconcuso que la fuente de las obligaciones del órgano de gobierno de estas personas jurídicas es el contrato dado que la relación que existe entre las personas portadoras de la calidad de órgano de gobierno y la sociedad o los demás socios, es contractual, ya sea un contrato de prestación de servicios, ya sea el mismo contrato de sociedad. Será de prestación de servicios en la medida que el administrador no sea socio. Será de sociedad, si el administrador es socio.

Sin embargo, para determinar la fuente de las obligaciones del órgano de gobierno de las corporaciones, fundaciones y de los miembros individuales que lo conforman, si fuere pluripersonal, la respuesta no es clara, pues las circunstancias que hacen que en las primeras exista una relación contractual, no se presentan en el caso de esta última o, si lo hacen, concurren de diferente manera. Lo más conveniente es obrar por descarte. Así, si ninguna fuente de las obligaciones resulta la apropiada, será entonces la ley.

Si la fuente de las obligaciones fuere el contrato, debería existir un acuerdo de voluntades entre la sociedad y los directores o entre la junta y los directores. Pero si, en principio, se requiere la voluntad de ambos, porque la junta o los socios lo deben nombrar y el director debe aceptar, eso no significa necesariamente que esas voluntades se encuentran en términos de formar un acuerdo de voluntades. Es cierto que la junta expresa su voluntad y que el director acepta un cargo cuyo marco de actuación se encuentra en parte importante descrito en el contrato de sociedad; pero, para que exista un contrato, la voluntad de la junta debe ir dirigida al director elegido como un ofrecimiento esto es, como una oferta de contrato y la aceptación del cargo por parte del director debe estar concebida en términos de aceptar esa oferta. Pero ocurre que ni la voluntad de la junta fue la de hacer un ofrecimiento ni la voluntad del director fue la de aceptar la celebración de un contrato. La voluntad de la junta fue la de elegir un miembro del directorio de la sociedad y la voluntad del director fue la de aceptar ser director de la misma. Por otra parte, si fuera un contrato el que se celebró, debería tener por lo menos una causa y un objeto y la voluntad debe haber recaído sobre el contenido de ambas. En este orden de ideas, podría sostenerse que la causa de la voluntad de la junta fue la de contar con los servicios del director y la de este fue el precio de esos servicios. Pero en la que toca a la causa del contrato para este último, el precio de los servicios no habría estado determinado al momento de la aceptación, por lo que la oferta no habría sido completa y, por ende, la aceptación no habría formado consentimiento alguno. Es más, el precio de los servicios del director no lo determina la junta sino el propio directorio. Claro, la junta puede revocar el nombramiento por no estar conforme con los honorarios del directorio, pero la sociedad tendría que pagar los servicios prestados según el monto fijado por el propio directorio, lo que excluye que, por lo menos, frente a este pago, haya habido acuerdo de voluntades, pues simplemente no lo hubo y, no obstante, existió la obligación.

La teoría según la cual habría un contrato de prestación de servicios entre el director y la sociedad o la junta o la asamblea es, por consiguiente, equivocada. No se dan los presupuestos de un contrato. Tampoco se dan los presupuestos de un contrato en la relación jurídica que existe entre el guardador y su pupilo, o entre el Presidente de la República y el estado, o entre uno de sus senadores y diputados y el estado de Chile. No existe una relación contractual, pero existe una relación jurídica.

Tampoco es válido sostener que existe una relación contractual entre los directores o «el directorio» y la sociedad, pues no puede haber relación contractual entre una parte de la entidad jurídica y la entidad jurídica propiamente tal[(206)]. Lo que sí existe es una relación «orgánica». Es obvio, entonces, que dichas obligaciones no provienen del contrato de sociedad, así como de ningún otro contrato. Sostener que existe una relación contractual entre la sociedad y los directores trae aparejada consecuencias que no pueden ser aceptadas ni desde un punto de vista teórico ni desde un punto de vista práctico. Si hay, como se sostiene, un contrato de prestación de servicios, el prestador debe cumplir las instrucciones del que los encarga, que en este caso sería la sociedad. Si en esta materia, la voluntad de la sociedad está representada por la junta de accionistas, ésta podría darle órdenes al directorio, quien las debería cumplir en virtud del contrato respectivo, lo que es falso, porque un órgano de la sociedad no puede darle órdenes al otro. Por otra parte, como la voluntad de la junta funciona conforme al principio mayoritario, los verdaderos mandantes o principales de los directores no serían otros que los controladores, todo lo cual se opone al principio de que la sociedad es administrada por un directorio.

Conforme a lo dispuesto en el artículo 2284 del Código Civil, «Las obligaciones que se contraen sin convención, nacen o de la ley, o del hecho voluntario de una de las partes.

(206) CONCHA GUTIÉRREZ, Carlos, *Responsabilidad Civil de los Directores de Sociedades Anónimas*, página 49, sostiene que "entre los autores contemporáneos existe prácticamente unanimidad en el sentido de que, a pesar de la derogación de la regla que establecía que entre directores y sociedad había un mandato, se sigue pensando que entre ambos existe un contrato de prestación de servicios, en el que si bien la designación del prestador de servicios –el director– es efectuada por la junta de accionistas, en definitiva cuando este acepta, se configura un vínculo jurídico entre la sociedad y el director, similar al del mandato, cuya infracción produce responsabilidad contractual".

Las que nacen de la ley se expresan en ella. Si el hecho de que nacen es lícito, constituye un cuasicontrato». De esto se sigue que las obligaciones del directorio nacen de un cuasicontrato o de la ley. Se descarta de antemano el delito y el cuasidelito, porque ambos nacen de un hecho ilícito, de suerte que no es el caso.

Podría sostenerse válidamente la existencia de un cuasicontrato, porque las obligaciones de los directores no nacen de una convención, pero nacen de un hecho que, en cualquier caso, es lícito. Se reúnen, por consiguiente, todos los requisitos de los cuasicontratos, incluso, más de alguna similitud podríamos encontrar con la agencia oficiosa. Sin embargo, forzoso es reconocer que esta categoría jurídica no existe(207) y que la verdadera causa de las obligaciones es la propia ley.

115. SUJETO PASIVO DE LAS OBLIGACIONES DEL ÓRGANO ADMINISTRADOR: EL ÓRGANO O LAS PERSONAS QUE LO INTEGRAN

Desde luego, las obligaciones que recaen sobre el órgano administrador recaen, en verdad sobre sus miembros. Cualquier órgano de la sociedad que no se encuentre integrado por personas es, de por sí, un concepto vacío.

Cabe advertir que el cumplimiento de los deberes impuestos a los administradores por las normas específicas que regulan a un determinado tipo de personas jurídicas, recaen necesariamente sobre todos los administradores individualmente considerados, de suerte que ninguno de ellos puede intentar impugnar la acción de responsabilidad aduciendo que ella le correspondía a otro administrador o director, salvo que los estatutos o la ley hayan entregado a alguno de éstos el cumplimiento del determinado deber infringido. Es por ello que el penúltimo inciso del artículo 48 de la Ley de Sociedades Anónimas establece que el director que quiera salvar su responsabilidad por algún acto o acuerdo del directorio, deberá hacer constar en el acta su oposición, debiendo darse cuenta de ello en la próxima junta ordinaria de accionistas por el que la presida. Una disposición parecida contempla el último inciso del artículo 2392 del Código Civil Italiano que establece: «La responsabilidad por los actos o las omisiones de los administradores no se extiende a aquel de ellos que, estando inmune de culpa, haya hecho notar sin retardo su disentimiento en el libro de sesiones y de deliberaciones del consejo, dando inmediata noticia de ello por escrito al presidente del Colegio de Síndicos».

Es por ello que, cuando se trate de un órgano administrador pluripersonal o de un directorio, es preciso resolver la cuestión de si la responsabilidad de los administradores es simplemente conjunta, solidaria o indivisible.

La obligación de administrar con el grado de diligencia o cuidado adecuado es, desde luego, una obligación de hacer. En este sentido, la obligación es indivisible. Sin embargo, de acuerdo con lo dispuesto en el artículo 1533 del Código Civil, «es divisible la acción de perjuicios que resulta de no haberse cumplido o de haberse retardado la obligación indivisible: ninguno de los acreedores puede intentarla y ninguno de los deudores está sujeto a ella, sino en la parte que le quepa. Si por el hecho o culpa de uno de los deudores de la

(207) MAZEAUD, Henri, Leon y Jean, *Lecciones de Derecho Civil*, Ediciones Jurídicas Europa-América, Buenos Aires, 1960, página 455, número 649.

obligación indivisible se ha hecho imposible el cumplimiento de ella, ese sólo será responsable de todos los perjuicios». Asimismo, el artículo 1534 establece «si de dos codeudores de un hecho que deba efectuarse en común, el uno está pronto a cumplirlo, y el otro lo rehúsa o retarda, este sólo será responsable de los perjuicios que de la inejecución o retardo del hecho resultaren al acreedor».

De esta suerte, queda claro, entonces, que la obligación de reparar los perjuicios producidos por la administración errónea y culpable es divisible dentro de los distintos administradores, quedando sólo por resolver si ésta es simplemente conjunta o solidaria. En este sentido, si no hubiere disposición legal o contractual, la responsabilidad de los administradores o directores será simplemente conjunta, puesto que la fuente de la solidaridad es la ley, el testamento o el contrato.

116. GRADO DE DILIGENCIA QUE DEBE EMPLEAR EL ÓRGANO ADMINISTRADOR Y EL RIESGO QUE DEBE ASUMIR

«Los administradores son responsables de la exacta observancia de las normas legislativas y estatutarias fijadas en materia de administración, así como de la ejecución de los acuerdos de la asamblea»;(208) y, en ausencia de norma expresa, deben emplear, en el desempeño de su labor, el grado de diligencia y cuidado que los hombres emplean ordinariamente en sus negocios propios, esto es, responden hasta de culpa leve, salvo que, siendo permitido por la ley, los estatutos dispongan otra cosa. Se llega a esta conclusión, pues parece correcto aplicar por analogía las normas del mandato.

El órgano administrador no puede negarse a desarrollar el objeto de la sociedad o un negocio en particular bajo el pretexto de que se corre un riesgo para los negocios de la sociedad, pues el riesgo es un elemento esencial de todos los negocios y no puede limitar la actividad de la compañía. Un grado de riesgo alto no se opone de por sí a la diligencia mediana así como, tampoco, un grado de riesgo bajo asegura que se haya actuado como un buen padre de familia. Se puede ser un mal administrador tanto porque se ha tomado poco riesgo como porque se ha tomado mucho. El grado de riesgo aceptable es una variable que resulta de la interacción entre las perdidas proyectadas de un negocio, las ganancias esperadas del mismo, el patrimonio de la sociedad y el objeto de la misma. El grado de riesgo aceptable para que se encuentre dentro de la ley del contrato, es uno cuya pérdida no comprometa completamente la continuación del giro de los negocios sociales y cuyas ganancias sean inversamente proporcionales a la posibilidad de obtenerlas. Y aun así, puede que ello no sea efectivo, pues si el objeto de la sociedad consiste en la realización de negocios de por sí riesgosos, se le puede exigir al órgano administrador que incurra en riesgos aun mayores a los mencionados.

El grado de riesgo es una de las tantas variables que debe tomar en cuenta un buen padre de familia. Por eso la ley no ha dictado pautas generales cuando ha pretendido definir la culpa.

---

(208) ASCARELLI, Tulio, obra citada (*Sociedades y Asociaciones Comerciales*), obra citada, pág. 354.

117. LA RESPONSABILIDAD DEL ÓRGANO ADMINISTRADOR FRENTE AL DAÑO SOCIAL CAUSADO POR ÉSTE; LOS SUJETOS ACTIVOS DE LAS OBLIGACIONES DEL MISMO Y LA LLAMADA ACCIÓN SOCIAL

Los sujetos activos de las obligaciones de las personas portadores de la calidad de órgano son la propia persona jurídica y los socios o accionistas de la misma. Por su parte, el perjuicio causado a consecuencia de la infracción a estas obligaciones puede ser social, esto es, el perjuicio que experimenta el patrimonio social; e individual, esto es, el perjuicio que experimenta el patrimonio de los miembros o socios de la persona jurídica.

Entre daño social y daño individual existe una diferencia sustancial, pues no se trata de un mismo daño sino de dos daños diferentes causados a la vez por una misma culpa. El ejemplo dado por Mazeaud-Tunc es didáctico: «los administradores de una sociedad anónima proceden a una distribución de dividendos ficticios y a un aumento de capital. La sociedad cuyo activo se encuentra disminuido irregularmente por culpa de sus mandatarios, tiene contra ellos una acción social (contractual para algunos) para reparación del perjuicio social experimentado. Los suscriptores que, engañados por la distribución de los dividendos, han creído suscribir las acciones de una sociedad próspera, disponen contra los administradores de una acción individual (delictual para algunos) para reparación del perjuicio personal que les haya causado la suscripción. Pero en el caso concreto expuesto, no es un mismo perjuicio el que origina a la vez la acción social y la acción individual. El perjuicio social no permite sino el ejercicio de una acción social; y no a la par, el de una acción social y el de una acción individual».[209] Es por ello precisamente que el Código Civil italiano establece que la acción de responsabilidad contra los administradores se promueve en virtud de deliberación de la asamblea, aún cuando la sociedad esté en liquidación; pero advierte que la disposición anterior no perjudica el derecho al resarcimiento del daño correspondiente al socio singular o al tercero que ha sido directamente perjudicado por actos culposos o dolosos de los administradores (arts. 2395 y 2393 del Código Civil italiano).

Existe a este respecto una postura mayoritariamente aceptada, según la cual las personas portadoras de la calidad de órgano son solamente responsables ante la persona jurídica y no ante sus socios o accionistas. Es la persona jurídica –se dice- la que precisamente juzga la responsabilidad de los administradores por medio de la asamblea, y es, por tanto, la mayoría de ésta la que determinará el ejercicio de la acción de responsabilidad confiando después su ejercicio a quien crea más oportuno. Queda así excluido categóricamente –se concluye– que la acción de responsabilidad contra los administradores pueda ser hecha valer por el socio singular o por una minoría de ellos. Conviene tener presente la opinión de Henri y Leon Mazeaud y André Tunc en orden a que «ese daño que sufren los socios es el mismo daño sufrido por la agrupación. No alcanza al socio sino como parte de la agrupación y en proporción a su parte. El socio no padece como individuo, sino como fracción del grupo. El perjuicio social no afecta, pues, individualmente a los socios; no alcanza sino a través de la agrupación, como miembros de esa colectividad. Teóricamente,

(209) Ibíd.

no cabe ya darles una acción [...] La persona moral se interpone entre los socios y el autor de la culpa; aquella constituye un obstáculo infranqueable para las acciones individuales de los socios».(210)

Los argumentos dados por Henri, Leon y Jean Mazeaud resultan, a nuestro juicio, equivocados en su última parte. Esto de que la persona moral se interponga entre los socios y el autor de la culpa; y que aquella constituya un obstáculo infranqueable para las acciones individuales de los socios, no nos parece un argumento en contra de la posibilidad de permitirles a los socios o accionistas que demanden a los administradores sino, por el contrario uno a favor: precisamente porque se interpone la forma de la persona jurídica de una manera que impide a los socios o miembros de esa persona jurídica ejercer los derechos que el orden jurídico les franquea, es que hay suficiente argumento para desplazar la forma de la persona jurídica, según hemos visto en capítulos anteriores.

Nosotros pensamos que no es la forma de la persona jurídica la que se interpone en contra de la posibilidad de que los accionistas o socios de una persona jurídica puedan interponer acciones en contra de las personas portadoras de la calidad de órgano de gobierno de la misma o administradores sino que es simplemente el principio mayoritario, en otras palabras, el contrato social. El principio mayoritario consiste en que la voluntad de la persona jurídica es la voluntad de la mayoría de los miembros de la asamblea con derecho a voto. Los socios o accionistas de la misma se obligaron a respetarlo, esto es, a respetar que la voluntad de la persona jurídica sea la voluntad de la mayoría.

Por esto los socios o accionistas de la persona jurídica no pueden demandar por sí mismos a la administración, puesto que la que determina si proceden o no las acciones en contra de ellos es la propia persona que ha sufrido el daño y no aquellos que lo han sufrido a consecuencia de que sufrió el daño la persona jurídica. En esto, concordamos con las palabras de Henri, Leon y Jean Mazeaud en orden a que «ciertamente, los socios sufren necesariamente un daño por el hecho de que la agrupación soporte un perjuicio. Es evidente que se trata de un perjuicio material causado a una sociedad; cada socio ve que con ello disminuye su derecho en el patrimonio social. También es verdad si se trata de un perjuicio moral causado a una persona moral cualquiera; el socio es afectado siempre, tanto moral como materialmente, en proporción a su participación en el grupo. Pero ese daño que sufren los socios es el mismo daño sufrido por la agrupación. No alcanza al socio sino como parte de la agrupación y en proporción a su parte. El socio no padece como individuo, sino como fracción del grupo. El perjuicio social no afecta, pues, individualmente a los socios; no los alcanza sino a través de la agrupación como miembro de esa colectividad.(211) Y, por ende, es la colectividad la que decide conforme a las estipulaciones que se han dado los socios en los estatutos, es decir, sobre la base del principio mayoritario.

Sin embargo, el socio o accionista controlador no puede ejercer el principio mayoritario habiendo conflicto entre sus intereses y los de los accionistas minoritarios o los de la sociedad, de modo que se perjudique el derecho de aquellos o de esta. El artículo 30 de la Ley 18.046, dice expresamente que «los accionistas deben ejercer sus derechos sociales

(210) MAZEAUD, Henri, Leon y Jean y TUNC, Andre, op. cit., pág. 470.
(211) MAZEAUD, HenrI, Leon y Jean y TUNC, André, op. cit., pág. 474.

respetando los de la sociedad y los de los demás accionistas». Este principio, recogido especialmente en la ley de sociedades anónimas, no es más que la aplicación práctica de aquel contenido en el artículo 1546 del Código Civil, que obliga a cumplir los contratos de buena fe, de forma que no solo obligan a lo que en ellos se expresa sino a todas las cosas que emanan de la naturaleza de la obligación. Esto significa que, habiendo conflicto de intereses, el accionista controlador no puede ejercer el principio mayoritario de modo de que se perjudique el derecho de los demás accionistas y el de la sociedad, porque, al hacerlo, infringe el contrato de sociedad, fundamentalmente porque no actúa de buena fe si privilegia sus intereses a los de los accionistas minoritarios o los de la sociedad.

Si no existiere ese conflicto, el controlador podría ejercer sus derechos de modo que, incluso, se perjudiquen los de la sociedad o el de los minoritarios, pues en cualquier caso, se perjudicarían también los suyos; y si permitiese esto último, sería porque, de alguna forma, pretendería obtener una retribución para los derechos de la sociedad y también para los propios que, en tal caso, se identificarían con los de los minoritarios, o, por último, dicho perjuicio debería tener alguna causa que lo justificara. El conflicto de intereses es, por consiguiente esencial para inhibir la libertad del controlador en el ejercicio del principio mayoritario, pues nadie en su sano juicio ejercería el derecho a voto de modo de perjudicar sus propios derechos, a menos que pretendiere obtener una ventaja para sí. Y si la obtuviere al margen de la sociedad y de los minoritarios, habría un conflicto de intereses, pero si la obtuviese a través de los de la sociedad o de los derechos de los accionistas, no habría perjuicio para ninguno de ellos.

Así, por regla general, los miembros de una persona jurídica no tienen acción en contra de los portadores de la calidad de órgano de gobierno de la persona jurídica, a menos que se haya decidido por la asamblea de miembros no ejercer las acciones en contra de la administración, en virtud de una votación, esto es, ejerciéndose el principio mayoritario, y los que hayan votado por no ejercer las acciones lo hayan hecho existiendo un conflicto entre sus derechos y los de la sociedad y el de los demás accionistas y de dicha decisión se haya causado un perjuicio a los intereses de estos o de aquella, pues, en tal caso, se estaría cumpliendo de mala fe el contrato de sociedad, en cuyo caso existiría un incumplimiento de las obligaciones de dicho contrato, por parte de los socios mayoritarios, que, por lo mismo, estarían usando sus disposiciones y concretamente el principio mayoritario con el objeto de dejar en la impunidad la conducta indebida de los administradores de la sociedad satisfaciendo sus propios intereses en perjuicio de los de aquellos.

118. LA RESPONSABILIDAD DEL ÓRGANO ADMINISTRADOR FRENTE AL DAÑO INDIVIDUAL CAUSADO A LOS MIEMBROS O SOCIOS DE LA PERSONA JURÍDICA. LA LLAMADA ACCIÓN INDIVIDUAL

El daño individual que sufren los miembros de una persona jurídica es aquel perjuicio que es diferente al que experimentan producto del daño a la sociedad. Es cierto que este perjuicio también lo soporta el socio o accionista de la persona jurídica: pero como se ha dicho en el párrafo precedente, este daño es el mismo que sufre la sociedad. Ciertamente los socios sufren necesariamente un daño por el hecho de que la agrupación soporte un perjuicio. Es evidente que se trata de un perjuicio material causado a una sociedad; cada socio ve que con ello disminuye su derecho en el patrimonio social. También es verdad si se trata de un perjuicio moral causado a una persona moral cualquiera; el socio es afectado siempre, tanto moral como materialmente, en proporción a su participación en el grupo. Pero ese daño que sufren los socios es el mismo daño sufrido por la agrupación. No alcanza al socio sino como parte de la agrupación y en proporción a su parte. El socio no padece como individuo, sino como fracción del grupo. El perjuicio social no afecta, pues, individualmente a los socios; no los alcanza sino a través de la agrupación como miembro de esa colectividad.(212)

De esta forma, los miembros de la persona jurídica gozan de una acción para perseguir la responsabilidad de los administradores por los daños que éstos les hayan causado individualmente por su administración dolosa o culposa.

119. LA RESPONSABILIDAD DEL ÓRGANO ADMINISTRADOR FRENTE A LOS TERCEROS Y LAS OBLIGACIONES DEL ÓRGANO ADMINISTRADOR PARA CON ÉSTOS

La verdad es que las obligaciones del órgano administrador para con terceros surgen de la aplicación de las normas generales contenidas en el derecho común y aquellas especiales que prevengan las leyes que rijan a una determinada especie de persona jurídica. Fuera de dichas normas, los administradores no tienen más obligaciones con terceros que las que tiene cualquier persona.

Digamos en general que los daños causados a terceros por la persona jurídica pueden ser precontractuales, contractuales o extracontractuales. De todos estos daños responde la persona jurídica, pero también responden los administradores si han intervenido en el hecho ilícito como autores, cómplices o encubridores.

Si los administradores cometen un delito o cuasidelito civil, en el desempeño de sus funciones, que cause daño a un tercero, responde la persona jurídica, pero responden también los administradores como autores, cómplices o encubridores de un hecho ilícito.

Si el ilícito estuviere constituido por el incumplimiento de las obligaciones derivadas de un contrato, responderá la persona jurídica, pero responderán también los administradores como autores, cómplices o encubridores de un hecho ilícito constituido por incumplir las obligaciones derivadas del contrato celebrado por la sociedad.

En ambos casos, la responsabilidad de los administradores será extracontractual, porque entre los administradores y los terceros que sufrieron el daño no existe relación contractual alguna.

Pero, por lo mismo que se responde conforme a las reglas de la responsabilidad extracontractual, a los administradores se les deberá probar que obraron con culpa o dolo y que existe relación de causalidad entre el daño y dicha conducta dolosa o culposa.

El dolo o la culpa de los administradores podrá aparecer ya del cumplimiento de sus obligaciones legales en el desempeño de sus funciones, como por ejemplo, cuando proporcionan informaciones falsas relativas a los negocios de la sociedad o ocultan información respecto a ella; ya de su participación en calidad de representante de la persona

(212) MAZEAUD, Henri, Leon y Jean y TUNC, André, obra citada, pág. 474.

jurídica misma, por ejemplo, cuando cometen fuerza o dolo en la celebración del contrato o en su cumplimiento o cuando ordenan la destrucción de bienes ajenos o establecen una política negligente respecto al manejo de los desechos industriales.

En tales circunstancias los administradores responderán de los daños causados a los terceros, sin perjuicio de la responsabilidad penal que les corresponda.

Pensar que los administradores deben tener una responsabilidad adicional a la expresada constituye una equivocación, pues no existen razones para establecerla. Podrán configurarse presunciones de responsabilidad, podrá establecerse solidaridad entre ellos, lo que se ha hecho en la ley de sociedades anónimas, pero extender su responsabilidad pareciera un desacierto.

120. RESPONSABILIDAD DE LA PERSONA JURÍDICA POR LOS ACTOS DE SU ÓRGANO ADMINISTRADOR

Von Thur fundamenta la responsabilidad de la persona jurídica por los actos de sus órganos basado en el hecho de que el órgano social «entra en relaciones con terceros en virtud de su calidad y puede perjudicarlos por medio de los recursos sociales que tiene a su disposición. Corresponde al concepto actual de la equidad que responda un patrimonio cada vez que en su administración se ocasionaren daños a terceros. Así como el individuo soporta las consecuencias de sus actos, la asociación debe soportar la de sus órganos, aun cuando cometan actos ilícitos en perjuicio de terceros, ya que por medio de éstos realiza su objeto». Es más, este autor señala que «la responsabilidad de la asociación es absoluta por cuanto «no puede eliminarse probando la «diligentia in eligendo». Esta responsabilidad no es igual a la del individuo que se sirve de un empleado y que se funda en una presunción de culpa; considera que no puede hablarse de culpa en una persona jurídica; no es la asociación misma quien nombra los directores y los demás representantes, sino el órgano a quien corresponde esta función (en particular, la asamblea). Si resulta elegida una persona que no tiene los requisitos oportunos, culpables pueden ser sólo los asociados que votaron por ella. Igualmente, no puede la asociación tener culpa «in custodiando», cuando también la vigilancia no le compete a ella misma sino al órgano determinado. Por lo tanto, y con razón, si se quisiera hacer que la asociación responda por los delitos de sus órganos, no se podría fundamentar tal responsabilidad en su culpa y, en consecuencia, tampoco excusarla a falta de la misma.[213]

Ferrara fundamenta la responsabilidad en la persona jurídica por los actos de sus órganos administrativos de la siguiente manera. Dice: «Si la ley atribuye a entes ideales la posibilidad de querer y de obrar por medio de personas físicas, considerando como propia voluntad del ente la voluntad de estos últimos, debe esta atribución de efecto ser reconocida no solo en el campo de lo lícito, sino de lo ilícito, y por esto del mismo modo y en el mismo sentido en que las personas jurídicas tienen capacidad de querer, tienen también capacidad de delinquir. Puede surgir una responsabilidad exclusiva e inmediata de la persona jurídica, sin que más allá o fuera de ella surja otra obligación de resarcimiento en diversa persona. Y además, puede concurrir una doble responsabilidad del ente para con

(213) VON THUR, Andreas, obra citada, (*Derecho Civil, Personas*), págs. 210 y 211.

los terceros, y del representante para con la persona jurídica. La persona jurídica se sirve, para realizar su vida, de representantes y agentes; los unos obran en nombre de la persona jurídica, desarrollan su voluntad al servicio de un fin preordenado por el ente, desempeñan un cargo; los otros son instrumentos materiales de ejecución destinados a realizar la voluntad de aquellos. Sólo un prejuicio ha podido hacer creer que los actos ilícitos de los representantes no sean imputables al representado, porque contienen siempre una trasgresión de poder en cuanto la persona jurídica no ha dado un mandato para delinquir. Ciertamente, la persona jurídica no ha dado este mandato, pero ha llamado a ciertas personas a obrar en nombre suyo, ha constituido para estas una esfera general de poder en un campo de relaciones dentro del cual puede moverse para realizar el fin. Pero el cumplimiento de tal fin lleva consigo la posibilidad de una aberración en los medios para conseguirlo, una desviación de poderes, porque es indudable que el que obra puede errar y servirse de medios ilícitos, que quien tiene en sus manos el poder puede abusar de éste. Todo lo que se hace en la esfera del cargo entra en la vida del ente y recae sobre el ente. Cierto que la realización de actos ilícitos no corresponderá al fin y a las previsiones de la persona jurídica, pero no se podrá llamar extraño o exorbitante a su actividad.»(214)

En todo caso, cualesquiera que sean los mayores o menores fundamentos de la posición precedente, el hecho es que hoy día, la gran mayoría de la doctrina piensa de la manera descrita. La persona jurídica responde definitivamente por los perjuicios causados por su órgano administrador y no cabe, a estas alturas, intentar cambiar el criterio elegido.

Hay que agregar a lo anterior que la asociación responde no sólo por los daños causados por el directorio como órgano colegiado sino también por algún miembro del mismo; y ello aun cuando los estatutos o la ley dispongan expresamente que el directorio actúa en sala legalmente constituida, es decir, colegiadamente. La disposición legal o estatutaria referida únicamente tiene por objeto limitar la validez de la actividad negocial y no la posibilidad de que se realicen delitos.(215) Lo mismo debe decirse de la mala fe, el dolo o cualquier violación del principio de la buena fe en materia contractual. Basta con que a lo menos uno de los miembros del directorio haya actuado con mala fe o dolo o no haya cumplido debidamente el principio de la buena fe en materia contractual, para que se entienda que la persona jurídica cometió tal infracción. El principio mayoritario solo tiene por objeto limitar la validez de la actividad negocial y no la posibilidad de que se ejecuten actos contrarios a derecho.

Sin embargo, es opinión de la doctrina y de la legislación comparada que la responsabilidad de la persona jurídica se refiere a los actos de los órganos de la persona jurídica y no así de la de sus mandatarios o apoderados cuyo nombramiento se basa en actos del propio órgano administrativo o de la asamblea. Los actos ilícitos cometidos por aquellos no pueden comprometer la responsabilidad de la persona jurídica sino de la misma manera como un mandatario puede comprometer la de su mandante.(216)

(214) FERRARA , Francisco, obra citada (*Personas Jurídicas*), pág. 823. ASCARELLI, Tulio, obra citada, (*Sociedades y Asociaciones Comerciales*), pág. 328.

(215) VON THUR, Andreas, obra citada, (*Derecho Civil, Personas*), pág. 211.

(216) ENNECCERUS, Ludwig, obra citada, (*Derecho Civil, Parte General*), págs. 283 y 284.

121. LOS ADMINISTRADORES RESPONDEN CONFORME AL RÉGIMEN DE RESPONSABILIDAD EXTRACONTRACTUAL TANTO FRENTE A LA PERSONA JURÍDICA COMO FRENTE A SUS MIEMBROS Y TERCEROS

Como hemos dicho precedentemente, las obligaciones que surgen para el órgano administrador de una persona jurídica tienen su fuente en la ley y solo por una equivocada interpretación puede pensarse que ellas puedan ser calificadas de «contractuales».

Con respecto a la responsabilidad que tiene el órgano administrador frente a terceros, es obvio que ella es de carácter extracontractual, pues entre dichos terceros y los administradores no existe relación contractual alguna.

En lo relativo a la responsabilidad frente a la sociedad y a los accionistas, algunos han sostenido que ella es contractual, pues existiría una suerte de contrato de prestación de servicios entre la sociedad o la asamblea de accionistas y los administradores. Nosotros consideramos que no existe ninguna relación contractual entre ellos y que la fuente de las obligaciones de los administradores debe encontrarse en la ley.

Tratándose de obligaciones legales, el régimen jurídico al que debe someterse su infracción y la obligación de reparar los perjuicios que de ella se deriven, debe quedar sometido a las normas contenidas en el Título XXXV del Libro IV del Código Civil. Ello es así, por los siguientes motivos:

a) Porque no es racional aplicar las reglas establecidas para regular obligaciones que se contraen voluntariamente, a las obligaciones que se contraen contra la voluntad o en ausencia de voluntad, esto es, por la ley;

b) porque tampoco es racional y prudente dar a las obligaciones legales, a disposiciones que, como en el presente caso, tienen el carácter de normas de «orden público» y que no pueden renunciarse, el mismo valor que aquellas obligaciones que nacen de la voluntad, que son plenamente renunciables y que no miran el interés general de la sociedad, y

c) porque nuestro Código Civil tuvo su inspiración en el Código Civil francés y, para la doctrina francesa, constituye un hecho indiscutido que las obligaciones legales se someten al régimen de la responsabilidad extracontractual.(217)

PARTE ESPECIAL

I. Sociedades anónimas

122. EL GOBIERNO DE LA SOCIEDAD ANÓNIMA

De acuerdo con lo dispuesto en los artículos 31 y 40 de la Ley 18.046 la administración de la sociedad anónima la ejerce un directorio elegido por la junta de accionistas a quien le corresponde, también, la representación judicial y extrajudicial de la compañía.

---

(217) En el mismo sentido RODRÍGUEZ GREZ, Pablo, *Responsabilidad Extracontractual*, Editorial Jurídica de Chile, 1999, páginas 51 a 60.

En las sociedades anónimas cerradas, el número mínimo de directores es de tres; en las abiertas es de cinco. Los directores son elegidos por un período máximo de tres años y pueden ser reelegidos indefinidamente.

De acuerdo con lo dispuesto en el artículo 37 de la citada ley, la calidad de director se adquiere por aceptación expresa o tácita del cargo y en conformidad con el artículo 38, el directorio sólo puede ser revocado en su totalidad no procediendo en consecuencia su revocación individual, con lo cual se confirma su carácter de órgano.

La administración de la compañía, mirada como un concepto separado del de representación, es ejercida por el directorio «en sala legalmente constituida», según lo dispone el artículo 39 de la Ley 18.046. Es cierto que esta norma no distingue entre administración y representación y se refiere solamente a que las funciones de los directores se ejercen de esa forma. Sin embargo, como hemos dicho, la representación no se verifica mediante resoluciones o acuerdos sino por medio de declaraciones de voluntad, por lo que la norma en comentario resulta enteramente inaplicable al caso de la representación.

Según lo dispone el artículo 20 de la Ley 18.046, el directorio de una sociedad anónima está investido de todas las facultades de administración y representación que la ley o el estatuto no establezca como privativas de la junta general de accionistas. Sus facultades son, por ende, amplísimas.

123. EJERCICIO DEL CARGO DE DIRECTOR

El artículo 41 de la Ley 18.046 dispone que los directores deben emplear en el ejercicio de sus funciones el cuidado y diligencia que los hombres emplean ordinariamente en sus propios negocios.

Sin embargo, la Ley sobre Sociedades Anónimas no se limita a sentar un principio general sino que también formula una enumeración de cosas que no pueden hacer los directores. Al respecto, el artículo 42 señala: «Los directores no podrán: 1) Proponer modificaciones de estatutos y acordar emisiones de valores mobiliarios o adoptar políticas o decisiones que no tengan por fin el interés social, sino sus propios intereses o los de terceros relacionados; 2) Impedir u obstaculizar las investigaciones destinadas a establecer su propia responsabilidad o la de los ejecutivos en la gestión de la empresa; 3) Inducir a los gerentes, ejecutivos y dependientes o a los inspectores de cuentas o auditores, a rendir cuentas irregulares, presentar informaciones falsas y ocultar información; 4) Presentar a los accionistas cuentas irregulares, informaciones falsas y ocultarles informaciones esenciales; 5) Tomar en préstamo dinero o bienes de la sociedad o usar en provecho propio, de sus parientes, representados o sociedades a que se refiere el inciso segundo del artículo 44, los bienes, servicios o créditos de la sociedad, sin previa autorización del directorio otorgada en conformidad a la ley; 6) Usar en beneficio propio o de terceros relacionados, con perjuicio para la sociedad, las oportunidades comerciales de que tuvieren conocimiento en razón de su cargo, y 7) En general, practicar actos ilegales o contrarios a los estatutos o al interés social o usar de su cargo para obtener ventajas indebidas para sí o para terceros relacionados en perjuicio del interés social. Los beneficios percibidos por los infractores a lo dispuesto en los tres últimos números de este artículo pertenecerán a la sociedad, la que además deberá ser indemnizada por cualquier otro perjuicio.

Nos interesa destacar que la ley en reiteradas ocasiones vuelve a insistir en la idea de que el cargo de director lo es de la sociedad y no de los accionistas que lo nominaron. Así lo dice expresamente el artículo 39 de la ley del ramo al establecer en su inciso 3º que «los directores elegidos por un grupo o clase de accionistas tienen los mismos deberes para con la sociedad y los demás accionistas que los directores restantes, no pudiendo faltar a éstos y a aquélla con el pretexto de defender los intereses de quienes los eligieron. Este principio se encuentra repetido en el número 1) del artículo 41 y constituye una clara diferencia entre la actitud o comportamiento que pueden tener los accionistas y aquel que se exige a los directores. En efecto, veremos más adelante que los accionistas deben ejercer sus derechos sociales respetando los de la sociedad y los de los otros accionistas, pero no están impedidos –como lo están los directores– de proponer modificaciones de estatutos y acordar emisiones de valores mobiliarios o adoptar políticas o decisiones que no tengan por fin el interés social, sino sus propios intereses o los de terceros relacionados.

Finalmente, se debe advertir que los directores de sociedades anónimas están obligados a guardar reserva respecto de los negocios de la sociedad y de la información social a que tengan acceso en razón de su cargo y que no haya sido divulgada oficialmente por la compañía. La norma agrega que no regirá esta obligación cuando la reserva lesione el interés social o se refiera a hechos u omisiones constituidas de infracción de los estatutos sociales, de la legislación aplicable a las sociedades anónimas, o de sus normas complementarias (art. 43 Ley 18.046). De igual manera, el directorio debe proporcionar a los accionistas y al público, las informaciones suficientes, fidedignas y oportunas que la ley y, en su caso, la Superintendencia determinen respecto de la situación legal, económica y financiera de la sociedad (art. 46 Ley 18.046).

124. DELEGACIÓN DE LAS FACULTADES DEL DIRECTORIO

El artículo 39 de la Ley sobre Sociedades Anónimas establece que las funciones de director no son delegables, pero el inciso segundo del artículo 40 autoriza al directorio como entidad a delegar parte de sus facultades en los gerentes, subgerentes o abogados de la sociedad, en un director o en una comisión de directores y, para objetos especialmente determinados, en otra persona.

En realidad, lo que esta norma impide es la delegación del cargo de director o que el Directorio como órgano de la sociedad que es, delegue en otra persona o entidad su calidad de tal. No obsta a lo anterior, y por ende no constituye una infracción a esta disposición, un poder general y amplio otorgado a los directores y gerentes para realizar todos los actos jurídicos que se encuentren dentro del objeto de la sociedad, pues debe tenerse en consideración que el directorio no solo cuenta con facultades de representación sino también de administración, lo que supone la realización de actos o hechos que no tienen la calidad de actos jurídicos.

125. RESPONSABILIDAD DEL DIRECTORIO DE LAS SOCIEDADES ANÓNIMAS

El artículo 41 ya citado de la Ley sobre Sociedades Anónimas dispone que los directores deben emplear el cuidado ordinario en la administración de la sociedad y responden solidariamente de los perjuicios causados a la sociedad y a los accionistas por sus actuaciones dolosas o culpables. Agrega esta disposición que es nula toda estipulación del estatuto social y todo acuerdo de la junta de accionistas que tienda a liberar o limitar la responsabilidad de los directores.

Desde luego, se debe advertir que la responsabilidad del directorio no es colectiva sino individual. La ley dice que los directores responden solidariamente por «sus» actuaciones dolosas o culpables, y no por aquellas en que hayan incurrido otros directores. Eso no significa que los deberes de los directores no recaigan sobre todos ellos y que se pueda impugnar una acción de responsabilidad por parte de uno de ellos aduciendo que no concurrió con su voto favorable al acuerdo que causó el perjuicio. Para salvar su responsabilidad es menester que haga constar su oposición al acuerdo en el acta, debiendo darse cuenta de ello en la próxima Junta Ordinaria de Accionistas (art. 48 Ley 18.046).

En todo lo demás, nos remitimos íntegramente a lo dicho en la parte general cuando tratamos el tema de la responsabilidad del directorio.

126. PRESUNCIONES DE RESPONSABILIDAD

El artículo 45 de la Ley sobre Sociedades Anónimas establece una serie de presunciones de responsabilidad, esto es, invierte el peso de la prueba de forma que aquel que alega haber sufrido un perjuicio digno de indemnización no debe probar que el o los directores obraron con dolo o culpa sino que éstos deben demostrar que no lo hicieron. El citado artículo dispone: Se presume la culpabilidad de los directores respondiendo, en consecuencia, solidariamente de los perjuicios causados a la sociedad, accionistas o terceros, en los siguientes casos: 1) Si la sociedad no llevare sus libros o registros; 2) Si se repartieren dividendos provisorios habiendo pérdidas acumuladas, respecto de los directores que concurrieron al acuerdo respectivo; 3) Si la sociedad ocultare sus bienes, reconociere deudas supuestas o simulare enajenaciones. Se presume igualmente la culpabilidad del o de los directores que se beneficien en forma indebida, directamente o a través de otra persona natural o jurídica de un negocio social que, a su vez, irrogue perjuicio a la sociedad.

II. Sociedades colectivas

127. EL ÓRGANO DE GOBIERNO EN LAS COLECTIVAS

El órgano de gobierno de las sociedades colectivas civiles y comerciales, y de las sociedades de responsabilidad limitada depende en realidad del sistema que se haya elegido por los socios. De acuerdo a la ley, la administración de la compañía puede corresponder a una persona designada en el estatuto o a todos los socios, en cuyo caso se entiende que cada uno de ellos ha recibido de los otros el poder de administrar (arts. 2071 y siguientes del Código Civil y 384 y siguientes del Código de Comercio).

El órgano de gobierno de las colectivas está formado por personas individuales y no por una entidad colectiva que actúa por medio de acuerdos o deliberaciones y en sala legalmente constituida. Sin embargo, esto no significa que la teoría del órgano les sea inaplicable. Muy por el contrario, se les aplica con mayor rigor por cuanto, al tratarse de órganos unipersonales, existe la tentación de aplicar normas del mandato que por su naturaleza no han sido pensadas para la administración de las personas jurídicas.

Es más, hemos visto que incluso es posible observar en las colectivas una suerte de asamblea de socios cuando existen divergencias entre los socios en orden a si la persona jurídica debe celebrar o no un acto jurídico determinado. En tales casos, tanto el Código Civil como el de Comercio establecen que resuelve la mayoría de votos computada según el contrato, y en su defecto, la mayoría numérica de los socios.

128. LA FACULTAD DE ADMINISTRACIÓN Y REPRESENTACIÓN EN LAS COLECTIVAS CIVILES

La facultad de administración y representación en las colectivas civiles no es tan amplia como en las sociedades anónimas, puesto que el principio es que los socios, tengan o no la administración, siempre conservan el poder de dirigir en último término a la compañía.

En efecto, en el caso de las sociedades civiles, el artículo 2077 establece que el socio administrador debe ceñirse a los términos de su mandato, y en lo que este callare, se entenderá que no le es permitido contraer a nombre de la sociedad otras obligaciones ni otras adquisiciones o enajenaciones que las comprendidas en el giro ordinario de la sociedad. Además, el artículo 2978 agrega que a este socio le corresponde cuidar de la conservación, reparación y mejora de los bienes de la sociedad, pero no puede empeñarlos, ni hipotecarlos, ni alterar su forma, aunque las alteraciones le parezcan convenientes. Finalmente, el artículo 2079 del Código Civil establece: «En todo lo que obre dentro de los límites legales o con poder especial de sus consocios, obligará a la sociedad; obrando de otra manera, el solo será responsable».

Se debe advertir que el socio administrador puede ejecutar los actos administrativos comprendidos dentro de su gestión aun contra el parecer de otros socios, pero la mayoría de estos puede oponerse a todo acto que no haya producido sus efectos legales (art. 2075 Código Civil).

Iguales reglas se aplican en el caso que la administración la ejerzan todos los socios según lo dispone el inciso primero del artículo 2081.

129. LA ADMINISTRACIÓN Y LA REPRESENTACIÓN EN LAS COLECTIVAS COMERCIALES

En el caso que la administración le corresponda a todos los socios, se entiende que cada uno de ellos puede hacer válidamente todos los actos y contratos comprendidos en el giro ordinario de la sociedad o que sean necesarios o conducentes a la consecución que este se hubiere propuesto (art 387 Código de Comercio).

Sin embargo, delegada la facultad de administrar en uno o más de los socios, estos pierden toda injerencia en la administración de la sociedad. Así lo dispone el artículo 392 del Código de Comercio. Las facultades del delegado no son sino aquellas que se especificaren en su nombramiento (art. 394), y si nada se dijere sobre la extensión de sus poderes, el delegado no tendrá más facultades de las que gozan los socios cuando no se hubiere designado administrador, esto es, puede celebrar válidamente todos los actos o contratos comprendidos en el giro ordinario de la sociedad (art. 402), con las limitaciones de los artículos 395 y 397 del Código de Comercio.

III. Sociedades cooperativas

130. EL ÓRGANO DE GOBIERNO EN LAS COOPERATIVAS

La administración de las sociedades cooperativas se encuentra a cargo de un consejo de administración elegido por la Junta General de Socios. De acuerdo con lo dispuesto en el artículo 42 de la Ley de Cooperativas, al Consejo le corresponde «la administración superior de los negocios sociales y la ejecución de los planes acordados por aquella (Junta de Socios), ajustándose a las normas que haya fijado».

La misma norma agrega que a dicho consejo le corresponde la representación judicial y extrajudicial de la cooperativa, que puede delegar en parte para fines determinados.

131. RESPONSABILIDAD DEL CONSEJO DE ADMINISTRACIÓN

Respecto del tema en análisis es necesario efectuar una distinción entre la responsabilidad del consejo frente a los socios de la cooperativa y la responsabilidad frente a terceros.

En cuanto a la primera, el artículo 44 de la Ley de Cooperativas señala que los consejeros responden de los actos que ejecuten en el desempeño de sus cargos y de los perjuicios que ocasionen por negligencia grave en el cumplimiento de sus deberes. Esto significa que el grado de diligencia que deben emplear en el ejercicio de sus cargos es el mínimo y no el mediano, lo que nos parece un despropósito. No obstante, está en la ley.

Respecto de terceros, pensamos que esta norma es inaplicable pues ella se refiere al cumplimiento de los deberes del consejero, los que solo pueden ser conocidos por la Junta de Socios de la Cooperativa. Por ello, en cada caso regirán los principios generales de la legislación y, por ende, normalmente, responderá hasta de la culpa leve.

IV. Las comunidades y asociaciones de canalistas

132. EL ÓRGANO DE GOBIERNO DE LAS ASOCIACIONES Y COMUNIDADES

El gobierno de las Asociaciones o Comunidades de Canalistas se encuentra a cargo de un directorio o administradores nombrados por la junta de comuneros y que ejercen sus funciones por un año (art. 228 Código de Aguas). Se elige un Directorio cuando el número de comuneros es superior a cinco. En caso contrario, se designan uno o más administradores con las mismas facultades que el directorio. Éste se compone por no menos de tres miembros y no más de once y debe celebrar sesiones por lo menos una vez cada semestre (art. 235 Código de Aguas).

133. LA FACULTAD DE ADMINISTRACIÓN Y REPRESENTACIÓN EN LAS ASOCIACIONES Y COMUNIDADES

La facultad de administrar a estas personas jurídicas la tiene evidentemente el directorio con todas y cada una de las facultades mencionadas en el artículo 241 del Código de Aguas. Este, como todo órgano pluripersonal, debe actuar en sala legalmente constituida según los quórum señalados en el artículo 238 del Código del ramo.

Sin embargo, la facultad de representación no la tiene el Directorio sino el Presidente de este órgano según lo indica el artículo 240 del mismo, con lo cual se soluciona el problema de si esta facultad debe ejercerse por unanimidad o por el contrario rigen las mismas mayorías exigidas por la ley para adoptar acuerdos.

Tanto para administrar como para representar, el órgano mencionado no tiene limitaciones salvo las que emanan de las facultades de la Junta y de las normas generales del derecho.

V. Las corporaciones

134. EL ÓRGANO DE GOBIERNO DE LAS CORPORACIONES

Las corporaciones son dirigidas por un directorio elegido anualmente por la Asamblea General Ordinaria (art. 10 del Reglamento). Ni la ley ni el reglamento establecen un número mínimo ni máximo de integrantes por lo que queda a la prudencia de los estatutos señalarlo. Los directores duran un año en sus funciones desde el momento que el art. 10 antes citado dispone que estos se elijan anualmente.

Dentro del directorio este está obligado a designar, por lo menos, presidente, secretario y tesorero (art. 11 del Reglamento).

135. LA FACULTAD DE ADMINISTRACIÓN Y REPRESENTACIÓN EN LAS CORPORACIONES

Desde luego, el directorio administra y dirige la corporación. Así lo dice el artículo 14 del Reglamento. En el ejercicio de esta facultad, el directorio actúa en sala legalmente constituida y no tiene otras limitaciones que aquellas que le señale el estatuto.

Sin embargo, al igual que en las asociaciones de canalistas antes analizadas, la facultad de representar no la tiene el directorio sino el presidente del mismo. Así lo dice el inciso segundo del artículo 11 que dispone: «El presidente del directorio lo será también de la

Corporación, la representará judicial y extrajudicialmente y tendrá las demás atribuciones que los estatutos señalen».

La extensión de la facultad representación debe ser determinada a nuestro juicio por los estatutos de la corporación, pues el artículo 552 establece que los actos del representante de la corporación, en cuanto no excedan los límites del ministerio que se le ha confiado, son actos de la corporación; en cuanto excedan de estos límites, solo obligan personalmente al representante.

SECCIÓN TERCERA
FORMACIÓN DE LA VOLUNTAD COLECTIVA

136. EL ACUERDO COMO BASE PARA FORMAR LA VOLUNTAD DEL ÓRGANO COLEGIADO

Todo órgano colegiado, llámese junta, directorio o comisión revisora de cuentas, necesita disponer de un sistema que le permita procurarse una sola voluntad que represente o determine la voluntad del órgano y, por ende, de la persona jurídica. Esto se realiza a través de la declaración de voluntad de las personas físicas que portan la calidad de órgano y, en consecuencia, que disponen del poder de concurrir a formar la voluntad de la entidad. Este poder se manifiesta y se exterioriza a través del *voto*. El voto es un acto jurídico unilateral por el cual se ejerce el derecho de contribuir a formar la voluntad del ente colectivo, optándose por una determinada preferencia en torno a cuál debe ser la voluntad de la persona jurídica.

Del voto emitido por cada uno de los miembros que portan la calidad de órgano surge el *acuerdo o deliberación*, que está constituido, en el fondo, por la voluntad de la mayoría, pero que –al decir de Ascarelli–[218] se descompone en una serie de declaraciones psicológicas distintas y que presentan, cada una, también, la propia individualidad. Es importante detenerse a considerar esta última afirmación. Significa que, desde el punto de vista jurídico, el voto que contribuyó a formar el acuerdo es distinto al acuerdo mismo; y lo es, en efecto, porque en último término el acuerdo es un acto que por ser una suma de voluntades individuales, carece por lo mismo de voluntad propia. El acuerdo podrá ser la voluntad de la persona jurídica, pero, en el fondo, no constituye más que un escrutinio. La voluntad de actuar de la manera acordada existe, a lo sumo, solamente, en los que contribuyeron con su voto a formar el acuerdo, pero, la mayoría de las veces, la causa de la preferencia expresada en el voto varía de sufragante en sufragante.

Sin embargo, como quiera que se conciba a la voluntad de la mayoría y al resultado de ese escrutinio que llamamos acuerdo, el hecho es que la ley y los estatutos le atribuyen un efecto singular: el de constituir, para todos los efectos jurídicos, la voluntad de la persona

(218) ASCARELLI,Tulio, obra citada *(Sociedades y Asociaciones Comerciales)*, pág. 160.

moral. Este es un hecho que los distintos votantes no pudieron menos que representarse al momento de ejercer o no su derecho a voto. Esto hace que el acuerdo sea, además de un simple escrutinio, una suma de voluntades individuales tendientes a producir un efecto jurídico determinado, cual es el de formar la voluntad de la persona moral. Siendo así, el acto que resulta de dichas declaraciones de voluntad, a saber, el acuerdo o deliberación, no puede ser sino, necesariamente, un acto o negocio jurídico, pues se reúnen al efecto todos los requisitos del mismo. Es efectivo que a la formación de dicho acto jurídico, en ciertos casos, concurrió la voluntad disconforme de algunos socios, accionistas o directores que ejercieron su derecho a voto optando por una preferencia distinta a la representada por el acuerdo y, en otros casos, no concurrió la voluntad de los socios o directores inasistentes. Pero el sostener que no hubo acuerdo de voluntades entre estos últimos y los primeros choca con un obstáculo que echa por tierra cualquier conclusión en tal sentido, porque el objetivo de las distintas declaraciones unilaterales de voluntad que denominamos sufragios, no fue otro que el de contribuir a formar la voluntad del ente, y en eso sí que hubo y hay acuerdo de voluntades expreso que nace y permanece en el acto constitutivo de la persona moral. Se trata de un acto jurídico celebrado por todos los miembros o integrantes del órgano de la persona jurídica para dotar de voluntad a la entidad moral.

Esta suerte de dualidad que se presenta entre los distintos actos jurídicos representados por los sufragios y el resultado del escrutinio que denominamos acuerdo, es lo que hace surgir lo que en doctrina se denomina como «acto colectivo» y que intenta explicar la naturaleza jurídica de la deliberación o acuerdo. Este –se dice– «no es un contrato ya que en principio decide la mayoría, mientras la noción de contrato exige el consentimiento de los que participan en él; falta además el cambio de declaraciones, puesto que las de los votantes se dirigen juntas y en forma paralela a directorio; no es necesario que el voto de un miembro llegue a conocimiento de los demás (votación secreta); el resultado de la votación, por lo general, se publica, pero no se requiere para su validez que los miembros lleguen a conocerlo; pueden ignorarlo, por ejemplo, aquellos que se alejaron de la asamblea antes de que esta terminara.

Que no haya acuerdo de voluntades es algo en que nosotros discrepamos, pues ese acuerdo existe en cuanto se pretende, por todos los socios, incluso por los inasistentes o abstenidos, dotar de voluntad a la entidad moral. En eso consiste el acuerdo. Que haya diferencias en cuanto al contenido del acuerdo es irrelevante desde el punto de vista jurídico, pues los socios se comprometieron a respetar como propio de la persona jurídica cualquier acuerdo que estuviera apoyado por la voluntad de la mayoría de los socios. Que las declaraciones de voluntad no sean recíprocas sino paralelas no es cierto, porque la totalidad de los socios se obligaron *recíprocamente* a respetar la voluntad de la mayoría, pero aunque ello fuere cierto, al menos en nuestro derecho positivo, no obsta a la existencia de un contrato, porque la reciprocidad en el contenido de las obligaciones es un requisito de los contratos bilaterales y no de los contratos en general. Que el contenido o preferencia concreta de un socio, accionista o director sea desconocido por los otros, es una circunstancia que resulta irrelevante dado que ese contenido también lo es para los fines del acto de que se trata, pues aquellos se comprometieron a respetar la voluntad de la mayoría cualquiera que fuere ese contenido, a menos que éste excediere los límites fijados por la ley o los estatutos, en cuyo caso la voluntad de la mayoría no es la voluntad de la persona jurídica.

En fin, creemos que la deliberación o acuerdo es uno de los efectos jurídicos del cumplimiento del contrato que dio origen a la persona moral. Que ese efecto jurídico sea otro acto jurídico, como podría ser un contrato, no es la primera vez que ocurre. La necesidad de efectuar la tradición, por ejemplo –que como es sabido constituye una convención–, es el efecto jurídico de cualquier título traslaticio de dominio. En este sentido se debe reiterar que el acuerdo de voluntades consiste en respetar la voluntad de la mayoría y no corresponde buscar el acuerdo en el tipo de preferencia que se expresó en el voto, pues dicha preferencia es irrelevante para determinar la naturaleza del acto, pues los miembros de la entidad se comprometieron a respetar la voluntad de la mayoría cualquiera que fuere su contenido. Por ende, cualquier contenido formaba parte del acuerdo: la diferencia desaparece cuando se conoce la voluntad de la mayoría. Esto puede traducirse de la siguiente manera: Es irrelevante para determinar la naturaleza contractual de la deliberación todo aquello que no constituya, en el fondo, un desacuerdo entre las partes. El desacuerdo en cuanto al contenido de la deliberación no es propiamente tal, pues la minoría se comprometió a respetar la voluntad de la mayoría. Luego, no habiendo en el fondo desacuerdo, la diversidad de preferencias expresada por los sufragantes es irrelevante para determinar la naturaleza de la deliberación.

De todo lo anterior se sigue que si el resultado de ese escrutinio que denominamos acuerdo o deliberación crea derechos subjetivos será un contrato, y si no lo hace, será una convención. Pero no es necesario recurrir a la doctrina del acto colectivo para explicar la naturaleza jurídica de la deliberación.(219) Se debe advertir en todo caso, y volveremos sobre este particular, que la naturaleza del acuerdo nunca será la misma que la del acto que se pretende que realice la persona jurídica. En efecto, si se acuerda que la sociedad compre un inmueble, el acuerdo importa una orden al directorio para que lo haga. A lo sumo, el acuerdo constituirá un mandato, que no es lo mismo que el contrato de compraventa encargado.

Finalmente, cabe advertir –como lo hace Ascarelli–(220) que el acuerdo del órgano (Asamblea o Directorio) puede abarcar no sólo una declaración de voluntad, como tiene lugar en las hipótesis más frecuentes, sino, también, una declaración de contenido diverso como lo es una declaración de conocimiento que no implica un pronunciamiento en favor o en contra.

136. EL ACUERDO MIRADO COMO VOLUNTAD DE LA PERSONA JURÍDICA

De lo expuesto en el párrafo precedente, se deduce que el acuerdo o deliberación es el resultado o el efecto de un acto jurídico. Ese resultado es lo que vale como voluntad de la entidad moral. Y la voluntad no tiene un contenido específico así como tampoco una

(219) En igual sentido se manifiestan VON THUR, obra citada (*Derecho Civil, Personas*), pág. 182 y ASCARELLI, obra citada, (*Sociedades y Asociaciones Comerciales*), pág. 160.

(220) ASCARELLI,Tulio, obra citada, (*Sociedades y Asociaciones Comerciales*), pág. 160

naturaleza jurídica determinada. Puede ser un acto jurídico como puede que no lo sea, como cuando se acuerda felicitar al directorio o al gerente por su gestión durante el ejercicio pasado. Si se trata de una elección de directorio, se crea el órgano ejecutivo de la entidad; si se toma la decisión de adquirir un inmueble, representa una orden al directorio o a los representantes para que lo ejecuten o celebren; lo mismo si se trata de un reparto de dividendos.

Pero es importante tener presente que el acto en virtud del cual se pone en práctica la voluntad de la persona jurídica es sustancialmente diferente al acuerdo mirado también como acto jurídico. Entre ambas cosas existe la misma relación que hay entre la decisión de hacer alguna cosa y llevar a cabo la acción de que se trata, la misma relación que hay entre entendimiento y voluntad. Por ello es que se trata de dos actos jurídicos que tienen objeto y causa propia. El objeto del acuerdo es que la persona jurídica realice una conducta positiva o negativa determinada, por ejemplo, que venda un inmueble. El objeto del contrato de compraventa en virtud del cual se da cumplimiento al acuerdo no es obviamente el mismo que el acuerdo, pues este era, en el ejemplo dado, la ejecución de un hecho consistente en vender un inmueble, en circunstancias que el contrato de compraventa de ese inmueble tiene por objeto una obligación de dar y no de hacer. Lo mismo se puede decir de la causa. La causa del acuerdo, en el ejemplo dado, es que la persona jurídica haga efectivo –supongamos– una utilidad determinada, en circunstancia que en el contrato de compraventa, la causa de la obligación de la entidad de transferir el dominio del inmueble será el precio que recibirá de su contraparte. Sin embargo, la causa mirada como motivo, esto es, la causa final, es idéntica en ambos casos.

Es por eso mismo que puede darse el caso de un acuerdo que tenga un objeto y una causa lícita y de un acto jurídico celebrado en virtud de dicho acuerdo, que adolezca de alguno de estos vicios.

137. REQUISITOS DE FONDO Y FORMA DEL ACUERDO COMO ACTO JURÍDICO

Como todo acto jurídico, la deliberación o el acuerdo tiene requisitos de forma los cuales están representados fundamentalmente por (a) la competencia de la junta o directorio, y (b) por los quórum de asistencia y los necesarios para adoptar acuerdos.

La competencia de la junta o del directorio, en su caso, es aquella que lo habilita para deliberar y adoptar acuerdos y decisiones sobre un asunto concreto relativo a la vida de la sociedad con el poder que le otorga su calidad de órgano, esto es, con el efecto de que sus decisiones sean consideradas por terceros y por los otros órganos de la entidad, como propios de la voluntad de la persona jurídica.

Esta competencia está determinada, a su vez, por un elemento de forma y otro de fondo. El primero está compuesto por el cumplimiento de las formalidades de convocatoria y citación, incluyendo a la naturaleza de la junta en orden a si es ordinaria y extraordinaria. El segundo, que es más bien amplio o de fondo, es que la junta o directorio debe tener efectivamente facultades para resolver la cuestión de que se trata, en virtud de los estatutos o de la ley.

El segundo requisito de forma es el cumplimiento de los quórum de asistencia y los necesarios para adoptar acuerdos, que serán analizados con mayor detención en la sección cuarta de este capítulo. Puede que a este respecto exista alguna duda en considerar a los quórum como simples formalidades de los acuerdos, pues ellos tienden a identificarse con la voluntad, pero es necesario tener presente que en el primer caso, esto es, en el de los quórum de asistencia, se trata de un requisito para constituir la junta que tomará el acuerdo, de suerte que es lógico considerarlo como tal, tanto más cuanto, en segunda citación, no se exige quórum de asistencia alguno, lo que induce a pensar que se trata de una mera forma y no de un aspecto de fondo del acto de que se trata. En el segundo caso, esto es, en el de los quórum para adoptar acuerdos, puede que resulte más discutible, pero al tratarse de un requisito que varía en su cuantía para cada caso, creemos que también procede tratarlo en este punto. En todo caso, ello es irrelevante, pues lo que importa son los efectos y en ambos casos, dichos efectos son los propios de la nulidad absoluta según se ha visto y se verá.

Los requisitos de fondo del acuerdo o deliberación son el objeto y la causa lícitas.

El objeto del acuerdo está representado por los derechos y obligaciones que de él emanan y estos son básicamente la obligación de los disidentes de respetar la voluntad de la mayoría y el derecho de la mayoría de hacer cumplir el resultado de la votación. El objeto es ilícito cuando la voluntad de la mayoría que se pretende imponer representa la realización de un hecho, acto o contrato prohibido por las leyes, por ejemplo, cuando el directorio de una sociedad anónima acuerda repartir dividendos provisorios habiendo pérdidas acumuladas (artículo 79 de la Ley 18.046); o cuando la junta de accionistas acuerda liberar o limitar la responsabilidad del directorio establecida por la ley (artículo 41 de la Ley 18.046); o cuando la misma junta acuerda diferir su pronunciamiento respecto de la memoria, balance general y estados de ganancias y pérdidas que hayan sido presentados por el directorio (artículo 77 de la Ley 18.046), etc.

La causa del acuerdo está representada por los motivos de conveniencia social que inducen a adoptar la decisión de que se trata. La causa es ilícita cuando se encuentra prohibida por la ley, o es contraria a las buenas costumbres o al orden público, por ejemplo, cuando el directorio o la junta de accionistas de una sociedad anónima acuerdan ejecutar o celebrar cualquier acto o contrato con el objeto de estabilizar, fijar o hacer variar artificialmente los precios de los valores de oferta pública (artículo 52 de la Ley 18.045).

Si se omitieren algunos de los requisitos de forma del acuerdo, las decisiones contenidas en él no resultarían atribuibles a la voluntad de la persona jurídica. Esto significa, en términos jurídicos, que dichos acuerdos son inoponibles a los miembros de la entidad, a los otros órganos de la misma y a terceros, puesto que han sido adoptados por un órgano que no es hábil para manifestar la voluntad de la persona jurídica ya por carecer de competencia (esto es, por obrar fuera de la esfera de sus atribuciones o sin cumplir con las normas previstas por los estatutos o por la ley para su debida constitución y funcionamiento) ya por no haberse reunido los quórum mínimos exigidos por la ley o los estatutos para constituir la asamblea o directorio o adoptar el acuerdo de que se trata.

Sin embargo, si dichas formalidades han sido establecidas por la ley ya sea porque fue ella quien fijó la esfera de atribuciones del órgano de que se trata o las formalidades de convocatoria y citación o, finalmente, los quórum de que hemos hablado, el acuerdo es, además de inoponible, nulo absolutamente por haberse omitido ciertas formalidades establecidas por la ley en atención a la naturaleza del acto y no al estado o calidad de las personas que lo ejecutan o celebran (artículo 1682 del Código Civil).

Las formalidades de convocatoria y citación no son renunciables por los socios, accionistas o directores, salvo un solo caso que es el contemplado en el artículo 60 de la ley de sociedades anónimas.

Si faltan los requisitos de fondo, esto es, el objeto y la causa del acuerdo o, no faltando, éstos son ilícitos, el acuerdo es nulo absolutamente ya sea por falta de causa u objeto o por objeto y causa ilícita (artículo 1682 del Código Civil).

138. LA NULIDAD DEL ACUERDO. CAUSALES Y EFECTOS

Los acuerdos adoptados por los órganos colegiados o pluripersonales de las personas jurídicas pueden ser declarados nulos por los siguientes motivos:

a. Porque el acuerdo fue adoptado en una reunión o asamblea no convocada o no constituida válidamente, siempre que las formalidades omitidas hayan sido puestas por la ley; y también cuando no se hayan reunido los quórum mínimos exigidos por la ley para adoptar un acuerdo determinado;

b. Porque el acuerdo adolece de objeto o causa ilícitas, y

c. Porque el acuerdo resulta de votos provenientes de voluntades viciadas por error, fuerza o dolo; o porque han sido emitidos por una persona incapaz.

La primera causa de nulidad del acuerdo se produce cuando ha sido adoptado en una reunión o asamblea no convocada o no constituida válidamente; o cuando no se han reunido los quórum mínimos exigidos para adoptar un determinado acuerdo; pero ello siempre que las solemnidades o los quórum, en su caso, hayan sido puestos por la ley, porque sólo así puede recibir aplicación el artículo 1682 del Código Civil que dice: «La nulidad producida por un objeto o causa ilícita, y la nulidad producida por la omisión de un requisito o formalidad que las leyes prescriben para el valor de ciertos actos o contratos en consideración a la naturaleza de ellos, y no a la calidad o estado de las personas que los ejecutan o acuerdan, son nulidades absolutas».

La segunda causa de nulidad del acuerdo ocurre cuando este adolece de objeto o causa ilícita, caso en el cual recibe plena aplicación lo dispuesto en el artículo 1682 del Código Civil, ya trascrito.

En ambos casos la nulidad es absoluta y, por ende, puede y debe ser declarada por el juez, aun sin petición de parte, cuando aparece de manifiesto en el acto o contrato. Ello ocurrirá toda vez que no exista constancia suficiente en el acta de la reunión de que se ha cumplido con dichas solemnidades o requisitos y que no pueda demostrarse por otra vía lo contrario. Asimismo, puede alegarse por todo el que tenga interés en ello (socios o extraños), excepto por aquellos socios, accionistas o directores que adoptaron el acuerdo sabiendo o debiendo saber el vicio que lo invalidaba. Puede, evidentemente, pedirse la declaración de nulidad absoluta por el ministerio público en el sólo interés de la moral o de la ley; y, finalmente, dicho acuerdo nulo absolutamente no puede sanearse por la ratificación de las partes, ni por un lapso de tiempo que no pase de diez años (artículo 1683 del Código Civil).

La tercera causa de nulidad o ineficacia del acuerdo es cuando este se produce con el concurso de votos o declaraciones de voluntad viciadas por error, fuerza o dolo. En tales eventos es necesario impugnar de nulidad el o los votos viciados. La ineficacia del acuerdo solo surge en la medida de que, con la declaración de nulidad, se haga desaparecer la mayoría que le dio origen.

La nulidad del o los votos viciados es relativa en virtud de lo dispuesto en el último inciso del artículo 1682 del Código Civil, por lo no puede ser declarada por el juez sino a petición de parte; ni puede pedirse su declaración por el ministerio público en el solo interés de la ley; ni puede alegarse sino por aquellos en cuyo beneficio la han establecido las leyes o por sus herederos o cesionarios; y puede sanearse por el lapso de tiempo o por la ratificación de las partes.

Pero la nulidad del acuerdo no es relativa sino absoluta. La nulidad de éste no se produce directamente por la declaración de nulidad de los votos viciados sino como consecuencia de que se hacen desaparecer los quórum mínimos exigidos por la ley para adoptar el acuerdo de que se trata. Esto significa que, declarada la nulidad de los votos que sirven para generar la mayoría exigida por la ley, cualquiera que tenga interés puede pedir la nulidad del acuerdo, pero no podrá declararse de oficio por el juez, pues no aparecerá de manifiesto en el acto o contrato. Estimamos que el plazo de diez años en que se sanea la nulidad absoluta se empieza a contar desde la fecha del acuerdo y no desde que se notificó a las partes la sentencia que declaró la nulidad relativa de los votos respectivos, pues la declaración de nulidad de estos opera con efecto retroactivo.

Si el o los votos fueron emitidos por un incapaz, la nulidad del voto será absoluta o relativa según sea la naturaleza de la incapacidad que hubiere afectado al votante, pero la nulidad del acuerdo será siempre absoluta, por las razones antes expuestas.

139. LA INEXISTENCIA DEL ACUERDO. CAUSALES Y EFECTOS

Para los partidarios de la teoría de la inexistencia jurídica, los acuerdos adoptados por los órganos colegiados de las personas jurídicas serían inexistentes en los siguientes casos:

1. Porque han sido adoptados sin los quórum mínimos exigidos por la ley para adoptar el acuerdo específico de que se trata;
2. Porque se han omitido las formalidades mínimas exigidas por la ley para la constitución válida de la junta, y
3. Porque el acuerdo carece de objeto o causa;

En el primer caso, el acuerdo sería inexistente porque pareciera que no existe voluntad. Solo hay una apariencia formal de acuerdo, pero en realidad, no existe.

En el segundo caso, han faltado ciertas formalidades que se requieren para expresar la voluntad, de suerte que aquella que figura no es tal, pues no se ha usado el medio exigido por la ley, como cuando ella exige que un determinado acto se ejecute o celebre por escritura pública.

En el tercer caso, tampoco hay voluntad, pues ella debe recaer necesariamente sobre el objeto y la causa; y si esta o aquel no existen, no pudo haber nacido voluntad alguna.

Los efectos de la inexistencia son obvios y han sido tratados en el primer volumen de este trabajo.

140. CASOS DE INOPONIBILIDAD DEL ACUERDO

La inoponibilidad del acuerdo de un órgano de la persona jurídica frente a otros órganos de la misma y, también, frente a los socios o accionistas de la entidad, se produce cuando dicho acuerdo ha sido adoptado con infracción a las normas previstas en los estatutos de la compañía. El fundamento de esta inoponibilidad es que los socios y las personas portadoras de la calidad de órgano se obligaron a respetar y hacer cumplir los acuerdos de otros órganos de la entidad, en la medida de que estos se adoptaran cumpliendo las normas estatutarias que todos se dieron en el acto constitutivo. Si se adoptan con infracción a dichas normas, es preciso concluir que ellos no los obliga ni les empece, de suerte que pueden desconocerlos en cuanto a que el contenido de los mismos no es atribuible a la voluntad de la entidad.

Sin embargo, los acuerdos de los órganos de la persona jurídica no sólo producen efectos internos sino también externos, esto es, se pueden ver afectados intereses de terceros.

Si se trata de acuerdos que sólo están destinados a producir efectos en lo interno y representan un incumplimiento de forma o de fondo a los estatutos, ellos son inoponibles a la persona de los socios y a los otros órganos de la entidad, pero no son nulos, pues las causales de nulidad son de derecho estricto y no existe en nuestra legislación ninguna sanción de esta naturaleza para los casos en comentario. Si no obstante la oposición de una parte de los socios, estos actos se llevan a la práctica por carecer la oposición de la mayoría necesaria para controlar la persona jurídica, podrán los disidentes, en nuestra opinión, solicitar el cumplimiento forzado de los estatutos, esto es, solicitar se suspenda el cumplimiento de los acuerdos contrarios a los estatutos o ajenos al fin de la entidad y, en caso de no ser ello posible o no interesarles su resultados, podrán los disidentes pedir la resolución del vínculo jurídico que los liga como socio de la sociedad o como miembro de la persona jurídica, más la correspondiente indemnización de perjuicios.

Es necesario tener presente que lo expuesto precedentemente se aplica a todo acto emanado de un órgano de la sociedad, sea este unipersonal o pluripersonal, incluyéndose a las sociedades colectivas civiles y comerciales.

141. IMPROCEDENCIA DE LA INOPONIBILIDAD

Si se trata de acuerdos o actos que producen efectos en las relaciones externas de la persona jurídica, y tales acuerdos se llevan a la práctica mediante la celebración de los correspondientes actos o contratos, sea que ellos representen una infracción de forma o de fondo a los estatutos, no puede concluirse, bajo respecto alguno, que ellos resultan inoponibles a la persona de los socios o de otros órganos de la entidad. Esos actos obligan a la persona jurídica, con las excepciones que se verán en el párrafo siguiente, pues los terceros no tienen por qué conocer los estatutos de la entidad con la que contratan, así como tampoco les empecen o vinculan. De esta suerte, si obligan a la persona jurídica, mal podrían resultar inoponibles a la persona de sus socios o integrantes así como a los otros órganos de la entidad.

Pero tal conclusión tiene excepciones, según se desprende de lo dicho en el párrafo siguiente.

142. EFECTOS DE LOS ACUERDOS EMANADOS DE ÓRGANOS NO FACULTADOS PARA ADOPTARLOS

En principio, los acuerdos, actos o contratos emanados de órganos no facultados según los estatutos para adoptarlos, ejecutarlos o celebrarlos, no adolecen de ningún vicio de nulidad, pues las nulidades son de derecho estricto y sucede que no existen disposiciones en nuestro ordenamiento jurídico que impongan este tipo de sanciones a los actos o acuerdos emanados de órganos incompetentes.

Para determinar cuáles son los efectos de estos actos, creemos que es necesario seguir los siguientes criterios:

A. En lo que respecta a las sociedades civiles, para determinar los efectos que producen los actos de sus órganos incompetentes o los de sus representantes o mandatarios que hayan excedido los límites de sus facultades, creemos oportuno aplicar las disposiciones contenidas en el contrato de mandato. En este sentido, el principio general que deriva del artículo 2160 del Código Civil es que la persona jurídica resulta obligada por los actos de sus órganos competentes o los que a su nombre han celebrado sus representantes o mandatarios dentro de los límites del mandato. En consecuencia, sólo las obligaciones que emanan de los actos celebrados en dichas condiciones les son oponibles.

En consecuencia, las obligaciones contraídas por órganos incompetentes o por representantes o mandatarios que han excedido la esfera de sus atribuciones, no empecen o afectan a la sociedad. En tal evento, el órgano incompetente (digamos las personas que portan la calidad de órgano) o el respectivo mandatario o representante serán directamente responsables frente a terceros en los casos previstos en el artículo 2154 del Código Civil, esto es, cuando no le han dado al tercero con quien hubieren contratado suficiente conocimiento de sus poderes o facultades o cuando se han obligado personalmente. En los demás casos ni estos ni la persona jurídica resultará obligada.

B. En lo relativo a las sociedades comerciales, estimamos que debe aplicarse un principio similar: sólo quedan obligadas frente a terceros por los actos celebrados por sus órganos competentes o por sus representantes o mandatarios que actúen dentro de la órbita de sus atribuciones. No obstante, debe hacerse presente que el incumplimiento por parte del representante de las instrucciones que se le hubieren dado para el cumplimiento de un encargo comprendido dentro de la esfera de sus atribuciones, no implica de manera alguna que la sociedad pueda desconocer lo obrado por dicho mandatario. El artículo 327 del Código de Comercio dice: «La violación de las instrucciones, la apropiación del resultado de una negociación, o el abuso de confianza por parte de los factores o dependientes, no exoneran a sus comitentes de la obligación de llevar a efecto los contratos que aquellos hagan a nombre de éstos».

Conviene recordar –para determinar la esfera de atribuciones de los mandatarios de las sociedades mercantiles– que el artículo 340 del Código de Comercio establece: «Los factores se entienden autorizados para todos los actos que abrace la administración del establecimiento que se les confiare, y podrán usar de todas las facultades necesarias al buen desempeño de su encargo, a menos que el comitente se las restrinja expresamente en el poder que les diere».

SECCIÓN CUARTA
RÉGIMEN DE QUORUM Y MAYORÍAS EN LOS ÓRGANOS COLEGIADOS DE LAS PERSONAS JURIDICAS(221)

143. EL PRINCIPIO DE LA MAYORÍA Y SUS DIFERENTES TIPOS

Hemos dicho precedentemente que el principio de la mayoría consiste básicamente en sostener que la voluntad de la persona jurídica es la voluntad de la mayoría de los miembros o personas naturales o jurídicas que porten la calidad de órgano, calculada en la forma establecida por los estatutos o la ley. No se trata, en consecuencia, de un principio absoluto que contenga una sola fórmula. Admite, por el contrario, varias alternativas que resultan de la combinación de dos factores: por una parte, del tipo de mayoría exigida, y por otra, el universo que se utilice para determinar esa mayoría.

Las mayorías pueden ser de tres tipos, a saber, simple o relativa, absoluta y especial. La mayoría simple es aquella que no exige una determinada proporción del universo utilizado sino que sólo representa la mayor parte del mismo, cualquiera sea ésta. La mayoría absoluta es aquella que exige que la proporción que representa del universo sea por lo menos más de la mitad del mismo. Finalmente, las mayorías especiales son aquellas que exigen una proporción cualquiera del universo superior al representado por la absoluta.

El universo sobre el cual debe calcularse la mayoría puede referirse a los miembros de la persona jurídica que tengan voto deliberativo, a su capital pagado o a una mezcla de ambos. En cualquiera de estos casos, el universo puede estar representado por la totalidad del mismo o solamente por aquel que se encuentra presente o representado en la reunión.

Finalmente, el número de socios que debe intervenir para que los órganos colegiados de la persona jurídica queden constituidos regularmente se llama quórum. Se debe advertir que, en nuestra opinión, no es preciso que los miembros del órgano colegiado, llámese junta o directorio, permanezcan durante toda la sesión. Su presencia e intervención se constata en el momento de la apertura de la sesión, y la mayoría se calcula con referencia a los presentes en dicho momento, y no según los votantes.(222)

144. EL RÉGIMEN DE QUÓRUM Y MAYORÍAS EN LAS JUNTAS DE ACCIONISTAS DE LAS SOCIEDADES ANÓNIMAS

Según lo dispuesto en el artículo 61 de la Ley 18.046 las juntas de accionistas se constituyen en primera citación, salvo que la ley o los estatutos establezcan mayorías superiores, con la mayoría absoluta de las acciones emitidas con derecho a voto y, en segunda citación, con las que se encuentren presentes o representadas, cualquiera que sea su número.

La misma disposición añade que los acuerdos se adoptarán por la mayoría absoluta de las acciones presentes o representadas con derecho a voto.

---

(221) Para la elaboración de esta sección nos hemos basado en el interesante artículo de Eduardo Polo publicado en la Revista de Derecho Mercantil, año 1973, números 128 y 129, titulado «Reflexiones sobre el Régimen de quórum y Mayorías en los Órganos Colegiados de las Sociedades Anónimas».

(222) FERRARA, Francisco, obra citada (*Sociedades y Empresarios*), pág. 362.

De esta forma, en primera citación, el quórum para juntas de accionistas corresponde al de la mayoría absoluta de las acciones emitidas con derecho a voto. El universo está compuesto, entonces, por la totalidad de las acciones emitidas con derecho a voto, incluyendo las acciones suscritas y no pagadas, pues el inciso tercero del artículo 16 de la Ley 18.046 dispone que las acciones cuyo valor no se encuentre totalmente pagado gozarán de iguales derechos que las íntegramente pagadas, salvo en lo relativo a la participación que les corresponda en los beneficios sociales y en las devoluciones de capital, casos en los que concurrirán en proporción a la parte pagada. Se faculta, sin embargo, para que se estipule una norma diferente. Por último, el inciso 3 del artículo 21 de la ley dispone que las acciones sin derecho a voto o las con derecho a voto limitado, en aquellas materias que carezcan igualmente de derecho a voto, no se computarán para el cálculo de los quórum de sesión en las juntas de accionistas.

Por otra parte, la mayoría exigida por la ley para adoptar acuerdos corresponde a la mayoría absoluta de las acciones presentes o representadas con derecho a voto. Se aplica, de esta forma, una norma similar a la descrita para los efectos de los quórum. El universo está compuesto por la totalidad de las acciones emitidas con derecho a voto, incluyéndose las acciones suscritas y no pagadas, todo ello en virtud de los mismos preceptos sobredichos.

Sin embargo, cuando los acuerdos de la Junta Extraordinaria impliquen una reforma de estatutos, según lo dispuesto por el artículo 67 de la Ley 18.046, éstos deben ser adoptados por la mayoría absoluta de las acciones emitidas con derecho a voto, con lo que se aumenta el universo sobre el que debe calcularse esta mayoría, pues no queda solamente reducido a las acciones «presentes» con derecho a voto sino que, también, a las ausentes. A ese mismo universo queda circunscrita la mayoría especial exigida para adoptar los acuerdos referentes a las materias enumeradas en la expresada disposición.

145. EL RÉGIMEN DE QUÓRUM Y MAYORÍAS EN EL DIRECTORIO DE LAS SOCIEDADES ANÓNIMAS

El artículo 47 de la Ley 18.046 establece que las reuniones del directorio se constituirán con la mayoría absoluta del número de directores titulares establecidos en los estatutos y los acuerdos se adoptarán por la mayoría absoluta de los directores asistentes con derecho a voto. En caso de empate, y salvo que los estatutos dispongan otra cosa, decide el voto del que presida la reunión. Se faculta para establecer quórum superiores a los señalados.

De esta manera, el universo sobre el cual se determina el quórum de asistencia corresponde a la totalidad de los directores titulares establecidos en los estatutos. Y el universo sobre el cual se calcula la mayoría exigida para adoptar acuerdos corresponde a la totalidad de los directores asistentes con derecho a voto.

Sin embargo, se debe advertir que no queda claro qué es lo que ocurre cuando el número de directores es impar, problema que se describirá y se intentará resolver más adelante.

146. RÉGIMEN DE MAYORÍAS EN LA SOCIEDAD COLECTIVA CIVIL Y MERCANTIL

Si no se ha designado en el contrato social la persona del administrador, la administración de la sociedad colectiva mercantil corresponde de derecho a todos y a cada uno de los socios, pudiendo éstos desempeñarla por sí mismos o por sus delegados, sean socios o extraños, entendiéndose por ley que los socios se han conferido recíprocamente la facultad de administrar y obligar a la sociedad y de obligarse solidariamente (artículos 385 y 386 del Código de Comercio).

No obstante, en virtud de lo dispuesto en el artículo 388 del Código de Comercio, cada uno de los socios tiene derecho de oponerse a la consumación de los actos o contratos proyectados por otro, a no ser que se refieran a la mera conservación de las cosas comunes.

La oposición, según el artículo 389, suspende provisoriamente la ejecución del acto o contrato proyectado, hasta que la mayoría numérica de los socios califique su conveniencia o inconveniencia.

La mayoría numérica de los socios. Esa es la norma para las sociedades mercantiles. Supone, en consecuencia, un universo representado por todos los socios, sin importar el porcentaje de participación social de los mismos en la sociedad, pues la norma se refiere a la mayoría «numérica» de ellos y no a la mayoría de los derechos o del capital social. Supone, asimismo, que esa mayoría corresponde a la «absoluta», pues la mayoría numérica está constituida, por lo menos, por más de la mitad de los socios dado que la norma del artículo 389 discurre sobre la base de una votación entre dos alternativas, a saber, la conveniencia o inconveniencia de un negocio, acto o contrato.

Por otra parte, si la administración estuviere delegada por los socios a tres o mas administradores, según lo dispuesto en el inciso 2 del artículo 399 del Código de Comercio, éstos deberán obrar de acuerdo con el voto de la mayoría. En tal evento, el universo esta representado por la totalidad de los administradores; y como la norma no establece una mayoría específica ni supone necesariamente –como lo hace el artículo 389– una votación entre dos alternativas, debemos concluir que solo exige mayoría simple o relativa.

Iguales principios se aplican para el caso de la sociedad colectiva civil según lo disponen los artículos 2054 y 2081 del Código Civil.

147. RÉGIMEN DE MAYORÍAS EN LAS COMANDITAS

Si son dos o más los gestores de una sociedad en comandita simple o por acciones, estos actúan y deciden según lo dicho para las sociedades colectivas, pues el artículo 474 del Código de Comercio hace aplicable a las sociedades en comanditas simples y el artículo 491 a las en comanditas por acciones, lo dispuesto por el referido cuerpo legal respecto a la administración de las sociedades colectivas. Esto significa que cada uno de los gestores puede representar a la sociedad en comandita, entendiéndose que han recibido de los otros la facultad de administrar y obligar a la sociedad y de comprometer la responsabilidad solidaria de todos; pero habiendo oposición de uno de los gestores a un acto o contrato proyectado por otro, decide la mayoría numérica de los socios gestores, aplicándose lo dicho precedentemente para las sociedades colectivas mercantiles, con la sola advertencia que el universo que sirve de base para el cálculo de la mayoría está conformado sólo por los socios gestores y no así por los comanditarios, pues estos no pueden administrar la sociedad y, por ende, carecen del derecho de voto.

La asamblea de comanditarios en las comanditas por acciones se rige por un principio diferente. En efecto, el inciso 2º del artículo 496 del Código de Comercio señala que «las deliberaciones de la asamblea serán adoptadas a mayoría de sufragios de los accionistas presentes y representados; y esta mayoría será compuesta de la cuarta parte de los accionistas, que represente la cuarta parte del capital social». Significa esto, en nuestra opinión, que las decisiones se adoptan por la mayoría de los accionistas presentes, siempre que ella represente, a lo menos, por un lado, la cuarta parte de los accionistas y, por otra, la cuarta parte del capital social. El universo sobre el cual se calcula la mayoría está representado por la totalidad de los accionistas o socios comanditarios presentes o representados con derecho a voto. Decimos esto porque el último inciso del artículo en comentario priva de voto deliberativo a ciertos accionistas que se encuentran en la situación prevista en la norma. Creemos, por último, que la mayoría exigida solamente es simple o relativa, pues la norma no exige expresamente la mayoría absoluta y no supone, como lo hacen otras normas, que se trata de una elección entre sólo dos alternativas.

148. RÉGIMEN DE QUÓRUM Y MAYORÍAS EN LAS ASAMBLEAS DE SOCIOS DE LAS CORPORACIONES

El artículo 550 del Código Civil prescribe «La mayoría de los miembros de una corporación, que tengan según sus estatutos voto deliberativo, será considerada como una sala o reunión legal de la corporación entera. La voluntad de la mayoría de la sala es la voluntad de la corporación. Todo lo cual se entiende sin perjuicio de las modificaciones que los estatutos de la corporación prescribieren a este respecto».

Sin embargo, esta norma ha sido complementada por el artículo 18 del Reglamento sobre Concesión de Personalidad Jurídica que dice: «Las Asambleas Generales se constituirán, en primera convocatoria, con la mayoría absoluta de los socios de la corporación, y en segunda con los que asistan, adoptándose sus acuerdos con la mayoría absoluta de los que asistan. Solo por los dos tercios de los asistentes podrá acordarse la disolución de la corporación o la modificación de sus estatutos.»

El universo sobre el cual se calcula el quórum de asistencia está constituido por la totalidad de los socios de la corporación que tengan voto deliberativo, conclusión a la que se llega relacionando las dos disposiciones. El universo sobre el cual se calculan las mayorías para adoptar acuerdos está constituido por la totalidad de los socios presentes o representados en la asamblea, que tengan voto deliberativo.

149. RÉGIMEN DE QUÓRUM Y MAYORÍAS EN EL DIRECTORIO DE LAS CORPORACIONES

El artículo 17 del Reglamento dispone que el Directorio sesionará con la mayoría absoluta de sus miembros y sus acuerdos se adoptarán por la mayoría absoluta de los asistentes, decidiendo en caso de empate el voto del que presida la reunión.

Queda de esta forma claramente determinado el universo sobre el cual se calcula el quórum y la mayoría para adoptar acuerdos y el tipo de mayoría exigida por el reglamento.

Lo que no se encuentra claro es qué ocurre cuando el número de directores es impar, problema que se describirá y se intentará resolver más adelante.

150. RÉGIMEN DE QUÓRUM Y MAYORÍAS EN LAS JUNTAS DE LAS COMUNIDADES Y ASOCIACIONES DE CANALISTAS

De acuerdo a lo establecido en el artículo 219 del Código de Aguas, «en las juntas generales habrá sala con la mayoría absoluta de los comuneros con derecho a voto. Si en la primera reunión no hubiere sala, regirá la citación para el día siguiente hábil a la misma hora y en el mismo lugar y en este caso la habrá con los que asistan. Con todo, podrá citarse para un mismo día en primera y segunda citación, siempre que entre una y otra haya lo menos 30 minutos de diferencia, caso en el cual regirá la norma sobre sala contenida en el inciso anterior. Para que opere lo dispuesto en los dos incisos precedentes, deberá dejarse expresa constancia, en la convocatoria, del día y hora para la cual se cita a una nueva reunión».

En primera citación, el quórum de asistencia se alcanza con la mayoría absoluta de los comuneros con derecho a voto. Se debe advertir que el universo esta constituido, en este caso, por «los comuneros» y no así por las «acciones con derecho a voto». La diferencia entre ambas alternativas es evidente. Los comuneros pueden ser 10 personas y las acciones con derecho a voto pueden ser 10.000; uno poseer 9.991 y el resto 9 acciones. Es efectivo que cada comunero, de acuerdo al artículo 222 del Código de Aguas, tiene derecho a un voto por cada acción del canal que posea, pero si la ley hubiere querido que el universo estuviere formado por las acciones con derecho a voto lo habría dicho expresamente y, por cierto, no habría utilizado la expresión «comuneros», que utiliza textualmente cuando define el universo sobre el cual se calcula el quórum de asistencia.

Asimismo, los acuerdos se adoptan por la mayoría absoluta de los votos emitidos en la Junta, salvo que el Código de Aguas o los Estatutos establezcan otra mayoría (art. 224 Código de Aguas). A este respecto, es necesario hacer dos consideraciones. La primera, es que el universo está formado por todos los votos, incluyéndose las fracciones de voto, pues el artículo 222 del Código de Aguas establece que las fracciones de voto se sumarán hasta formar votos enteros, despreciándose las que no alcanzaren a completarlos, salvo en caso de empate, en que se computarán para decidirlo. Por lo tanto, si las fracciones de voto no siempre son despreciadas, es obvio que, por lo menos para conformar el universo, deben incluirse. La segunda, es que el universo sobre el cual debe calcularse la mayoría está constituido, en este caso especial, por «todos los votos o fracciones de voto emitidos en la junta, con lo que se excluyen las abstenciones para computar la mayoría absoluta exigida por la ley, precisamente por no tratarse de votos emitidos. Es este uno de los únicos casos en que la ley resuelve expresamente la cuestión de la abstención, excluyéndolas del universo utilizado para computar la mayoría exigida por ella y, por ende, no otorgándole ningún significado y efecto a la misma.

151. RÉGIMEN DE QUÓRUM Y MAYORÍAS EN LOS DIRECTORIOS DE LAS COMUNIDADES Y ASOCIACIONES DE CANALISTAS

De acuerdo a lo establecido en el inciso 2 del artículo 235 del Código de Aguas, el Directorio se compondrá por no menos de tres miembros, ni más de once y celebrará sesión con un quórum que represente la mayoría absoluta de éstos. De esta forma, el quórum de asistencia se determina sobre la base de un universo representado por la totalidad de los directores de la Comunidad o Asociación. Si el número de directores fuere impar, se plantea el problema que se describe en el número subsiguiente, debiendo resolverse la cuestión de acuerdo a los criterios que en él se indican.

Asimismo, de acuerdo a lo establecido en el artículo 238 del Código de Aguas, «Las resoluciones del directorio se tomarán por la mayoría absoluta de directores asistentes, salvo que la ley o los estatutos dispongan otra mayoría para determinadas materias. Si se produjere empate, prevalecerá la opinión del que preside. En caso de dispersión de votos, la votación deberá limitarse en definitiva a las opiniones que cuenten con las dos más altas mayorías y si, como consecuencia de ello, se produjere empate, resolverá la persona que presida». Existen dos aspectos que se deben considerar. El primero, es que el Código exige siempre la mayoría absoluta de los asistentes para la adopción de acuerdos, planteándose de nuevo el problema cuando el número de los asistentes sea impar. El segundo, es que el Código exige siempre que los acuerdos se adopten por mayoría absoluta de sufragios, resolviendo expresamente la situación que se presenta cuando se deben votar más de dos alternativas.

152. RÉGIMEN DE QUÓRUM Y MAYORÍAS EN LAS SOCIEDADES COOPERATIVAS

La Ley General de Cooperativas, cuyo texto refundido, coordinado y sistematizado fue fijado por Decreto Supremo Nº 502 del Ministerio de Economía, Fomento y Reconstrucción, no establece expresamente el régimen de quórum y mayorías a que se deben someter la Junta General de Socios, el Consejo de Administración y la Junta de Vigilancia. De esta suerte, queda entregada al estatuto la tarea de fijar dicho régimen, y si en él nada se dice, quedará absolutamente abierto el sistema, resolviéndose las cuestiones sobre la base de simple mayoría, calculada sobre la base de un universo formado por todos los socios de la entidad, en el caso de las Juntas de Socios, dado que el artículo 41 de la citada ley establece que cada socio tendrá derecho a un voto, tanto en lo que se refiere a la elección de personas, cuanto en lo relativo a las proposiciones que se formulen; y sobre la base de un universo formado por todos los miembros del Consejo en el caso del Consejo de Administración.

153. EL PROBLEMA DE LOS QUÓRUM Y MAYORÍAS EN LOS DIRECTORIOS DE NÚMERO IMPAR

Como se apuntaba, normalmente la ley exige para las sesiones de Directorio de las personas jurídicas un quórum de asistencia no inferior a la mayoría absoluta de los directores y, para adoptar acuerdos, a la mayoría absoluta de los asistentes a la reunión. Así ocurre en las sociedades anónimas, en las corporaciones, en las asociaciones de canalistas, en las cooperativas, etc.

Cuando, por ejemplo, el Directorio de que se trate esté compuesto de 10 personas, el quórum de constitución será la mayoría absoluta de los mismos, esto es, la mitad más uno, a saber, 6 personas. De la misma manera, si asisten a la sesión los 10 directores, la mayoría absoluta para adoptar acuerdos será igualmente de 6 personas, que es el número inmediatamente superior a la mitad. Si, en cambio, el Directorio está compuesto por un número impar de miembros (por ejemplo, 9), cosa que resulta frecuente, para evitar, en la medida de lo posible, que se produzca un empate en las votaciones, el quórum de constitución será la mayoría absoluta de los directores, a saber, la mitad (4 1/2) más uno, esto es, 5 1/2, situación que resulta imposible, pues la persona no puede dividirse. Igual cosa ocurre para los efectos de determinar la mayoría para adoptar acuerdos.

Planteada así la cuestión, el problema consiste en determinar si el quórum de constitución y la mayoría para adoptar acuerdos exigidos por la ley es, en el ejemplo dado, de 5 o de 6. De 5 porque es la cifra inmediatamente superior a la mitad que es 4 1/2. De 6 porque no correspondiendo el número de 5 a la mitad más uno de los miembros del Directorio de la entidad, procede aproximar la cifra al número inmediatamente superior.

La duda surge porque no se encuentra definido claramente por la ley que es lo que debe entenderse por «mayoría absoluta». Si por este ultimo concepto entendemos, como lo hacemos nosotros, «cualquier cifra superior a la mitad», la cuestión quedaría resuelta de plano, pues el número de 5 es superior a 4 1/2 que es la mitad del número de directores. Pero si se entiende por mayoría absoluta lo que en el lenguaje corriente se entiende por ella, esto es, «la mitad más uno», caemos necesariamente en la discusión del párrafo precedente, pues la exigencia de la ley redundaría en una cifra decimal inaplicable a las personas físicas y que debería ser redondeada, bien por defecto (5), bien por exceso (6).

En el evento que se opte por esta última interpretación del concepto de mayoría absoluta, parece interesante recordar aquí que la jurisprudencia unánime del Tribunal Supremo español sobre el particular(223) posición que ha sido no obstante discutida por una parte de la doctrina(224) ha sido la de redondear por defecto la cifra mínima exigida por la ley tanto porque la intención del legislador es exigir solamente que el número de directores presentes sea superior al de ausentes, cuanto porque, de lo contrario, una minoría negligente o maliciosa podría impedir la válida constitución del directorio.

En nuestro país subsiste con plena vigencia la ley de 6 de julio de 1878,(225) la que en su artículo 1º establece: «Siempre que según lo dispuesto por la Constitución o en las leyes, se necesitare el tercio o los dos tercios, la cuarta o las tres cuartas partes del número de miembros de una corporación para funcionar, o resolver, y el número de personas de que conste o que en casos determinados la compongan, no admitiere división exacta por tres o por cuatro respectivamente, se observará la siguiente regla: la fracción que resulte, después de practicada la correspondiente operación aritmética para tomar el tercio o los dos tercios, la cuarta o las tres cuartas partes, se considerará como un entero y se apreciará como uno en el cómputo, si fuere superior a un medio, y si fuere igual o inferior, se despreciará» [...]

El artículo 2 de la citada ley agrega que la misma regla se aplicará cuando las leyes exijan cualquier otra parte proporcional de los miembros o de los votos de una corporación para que pueda funcionar o celebrar acuerdos, y el número de miembros no admitiere división exacta por la cifra que sirve de base a esa proporción.

---

(223) Véase el artículo de Eduardo Polo antes citado, pág. 265.

(224) Ibíd.

(225) Se encuentra en el apéndice de la edición oficial de la Constitución Política del Estado, editada por la Editorial Jurídica de Chile.

154. EL CÓMPUTO DE LAS ABSTENCIONES. UNA VOTACIÓN SUPONE, POR LO MENOS, TRES ALTERNATIVAS A ELEGIR

Nosotros consideramos que el significado jurídico de la abstención no puede equipararse ni a la ausencia ni a la disidencia, sino que constituye una categoría especial dentro de esta última, pues aquel que se abstiene disiente manifestando su concreta oposición no sólo respecto de una propuesta sino, también, de la contraria, con lo cual disiente, en realidad, de la propuesta misma.

El significado práctico de lo anterior se reduce a considerar que su postura no puede sumarse ni a los votos negativos ni a los votos a favor del acuerdo, con lo que se plantea de lleno un problema relacionado con el cómputo de las abstenciones. En efecto, si ésta supone una disidencia respecto de todos los demás votantes, su cómputo conjunto con el resto de los votos disidentes llevaría en la práctica a que su posición adquiera el mismo significado que éstos. Como ello no puede ocurrir sin que se cambie sustancialmente la significación jurídica de la abstención, resulta evidente que el cómputo de las abstenciones no puede hacerse sumándolas a ninguna de los demás posibles sentidos en que se hayan manifestado los votos, esto es, ni a la propuesta que resulte ganadora ni a la propuesta que resulte perdedora, así como tampoco resulta admisible no sumar las abstenciones a ninguno de los grupos de votantes, pues con ello se equipararía la disidencia a la ausencia, lo que no resulta correcto.

Lo dicho precedentemente en palabras parece mucho más claro si se expresa en números. Supongamos una votación del siguiente tenor: 40% a favor, 30% en contra, 30% de abstenciones. Ganaría obviamente el grupo que juntó el 40%, a pesar de lo cual, no podría adoptarse el acuerdo, pues este se produce, por regla general, cuando se obtiene la mayoría absoluta de los miembros con voto deliberativo o de las acciones con derecho a voto, según sea el caso. No obstante, si sumáramos al 30% que votó en contra el 30% de abstenidos, resultaría ganadora la postura que se expresó negativamente, pero en contra de la cual también se expresaron los abstenidos, lo que resultaría meridianamente absurdo. Igual cosa sucedería si sumáramos los abstenidos a la postura que resultó ganadora. Finalmente, resultaría peor que consideremos a los abstenidos como ausentes, pues aparecería como ganadora, con una mayoría muy superior a la absoluta, una postura que, en el fondo, es minoritaria dentro de la asamblea.

Por todas las razones anteriores, parece obvio concluir que el cómputo de la abstención debe realizarse necesariamente en forma separada e independiente, como una tercera postura. En el ejemplo dado, no podría adoptarse acuerdo alguno, pues ninguna postura habría alcanzado la mayoría requerida por la ley.

Esto significa que una votación entre dos alternativas antagónicas incluye siempre una tercera posibilidad representada por la de abstenerse de adoptar acuerdo alguno, esto es, la de no hacer nada. El hecho que este resultado tenga las mismas consecuencias prácticas que el acuerdo en virtud del cual se rechaza una determinada propuesta no puede hacer cambiar de manera alguna la conclusión a que se ha llegado mas arriba. La abstención representa en el fondo un rechazo a la forma como ha sido planteada la elección y este derecho debe siempre respetarse.

155. CÓMPUTO DE LOS VOTOS NULOS

Consideramos que los votos nulos importan la expresión de un contenido de voluntad desconocido por haber sido expresado en forma defectuosa. Lo que ocurre con el voto nulo es que no se puede determinar correctamente cuál fue la decisión contenida en él. Y por esto cabe no considerarlo, esto es, privarlo de sus efectos. Se diferencia del abstenido en que éste expresa su voluntad de no votar. En cambio, el voto nulo manifiesta claramente su voluntad de hacerlo, aunque posteriormente se anule su declaración.

De ello se sigue que, llegado el momento del recuento, los votos nulos e inválidos no deben ser considerados para ningún efecto, aunque el que emitió el voto haya contribuido a la formación del quórum de asistencia, de manera que deben ser sacados del universo sobre el cual debe calcularse la mayoría exigida por la ley. En eso precisamente consisten los efectos jurídicos de la nulidad. Si por el contrario, se optare por la alternativa de considerarlos para los efectos de conformar ese universo, estaríamos otorgándole efecto a un acto nulo, lo que contradice precisamente el concepto mismo de nulidad.

156. CÓMPUTO DE LOS VOTOS EN BLANCO

El voto en blanco está constituido por una declaración de voluntad que carece de contenido concreto, esto es, que ha sido emitida a conciencia en blanco, para (o exponiéndose a) que sea completada posteriormente. Se diferencia claramente de la abstención en que el voto en blanco significa a todas luces una simple adhesión, en circunstancias que, como se ha dicho, la obtención supone necesariamente una oposición.

Es por ello que el voto en blanco debe sumarse siempre a la mayoría, pues importa una clara intención de contribuir a la formación de la voluntad del ente. Si por el contrario no lo consideráramos para ningún efecto, así como propugnamos que se haga con los nulos, estaríamos con ello dificultando la adopción de una determinada postura, pues impediríamos que se obtuviera la mayoría necesaria para adoptar acuerdos, dado que nuestro orden jurídico ha optado, por regla general, por establecer un universo –para los efectos del cómputo de la mayoría– formado por la totalidad de los miembros con voto deliberativo o de las acciones con derecho a voto, según sea el caso.

CAPÍTULO SEXTO

PATRIMONIO DE LAS PERSONAS JURÍDICAS

SECCIÓN PRIMERA
CONCEPTOS GENERALES

157. PATRIMONIOS CON CAPITAL FIJO Y PATRIMONIOS SIN CAPITAL

Desde el punto de vista jurídico, el patrimonio es un concepto por el cual un conjunto de bienes presentes y futuros se encuentra adscrito al pago de un conjunto de obligaciones presentes y futuras, por lo que, en ciertos casos, es considerado por el orden legal como una universalidad jurídica, esto es, como una cosa que posee una existencia individual, distinta a la de los elementos que la conforman. El concepto de patrimonio nace producto del derecho de prenda general de los acreedores establecido en el artículo 2314 del Código Civil. Nace desde el momento en que el orden jurídico le reconoce a todo acreedor el derecho a perseguir el pago de las deudas en todos los bienes presentes y futuros del deudor exceptuando solamente los no embargables.

Entendido así, el patrimonio de las personas jurídicas debería operar de la misma manera como lo hace el de las personas naturales, vale decir, sobre la base de bienes que ingresan al patrimonio y otros que salen, pasando los primeros a subrogar a los segundos en aquella función de servir de garantía para el pago de las obligaciones, y sin que existan limitaciones para la enajenación de bienes, salvo las establecidas por la buena fe y las impuestas por la propia persona.

Sin embargo, existe cierto tipo de personas jurídicas que por definición no buscan el enriquecimiento de su patrimonio sino únicamente el de sus socios. Estas son las personas jurídicas con fines de lucro, las sociedades industriales y comerciales, que son precisamente creadas por sus socios para repartirse las utilidades que la sociedad produzca. Esto se obtiene a través de lo que se denomina «reparto de utilidades», que significa que todos los ingresos obtenidos por la sociedad se distribuyen entre los socios con la periodicidad que ellos mismos establezcan o acuerden.

Por este motivo, la ley ha debido exigir para cada tipo de persona jurídica con fines de lucro que establezca en el estatuto una cantidad que no puede ser objeto de reparto entre los socios. Esto no quiere decir que se garantice que necesariamente dicha cantidad vaya a existir en el patrimonio social, sino que dicha cantidad no va a salir del patrimonio social producto de un retiro por parte de los socios. Ella puede salir del patrimonio de la persona jurídica producto, por ejemplo, de un mal negocio, en cuyo caso se dice que la compañía sufrió una «pérdida», que en el fondo constituye una disminución de patrimonio y eventualmente de capital social. Esto hace que el patrimonio de las personas jurídicas con fines de lucro se estructure sobre la base de tres conceptos denominados respectivamente *capital, utilidades y pérdidas*, que no son otra cosa que cifras numéricas representativas de una cantidad determinada de dinero y que se diferencian entre sí porque cumplen diferentes funciones dentro de la estructura patrimonial de la sociedad. El primero, esto es, el capital, no puede ser repartido entre los socios sino una vez disuelta la sociedad o disminuido por reforma de estatutos. El segundo, esto es, las utilidades, están necesariamente destinadas a ser repartidas entre los socios, a menos que se acuerde lo contrario por reforma de estatutos destinada a aumentar el capital social de la entidad. El tercero, esto es, las pérdidas, reducen el patrimonio de la sociedad haciendo que desaparezca temporalmente el respaldo en dinero o en bienes de las cuentas de utilidades y, eventualmente, de capital.

Estos conceptos se transforman así en los elementos que estructuran el patrimonio de las personas jurídicas. Todo lo que se puede considerar como capital se encuentra en el patrimonio de manera permanente; en cambio, todo lo que no es capital se encuentra en poder de la sociedad de manera transitoria, pues está destinado a ser distribuido. El concepto de pérdidas determina lo que eventualmente constituye utilidad.

El capital social está destinado estatutariamente por los socios a la consecución del giro social y todo lo que no sea capital esta destinado estatutariamente por los socios a ser distribuido. Este es el principio básico que se debe considerar para entender el funcionamiento de un patrimonio con sistema de capital fijo. Hay en él dos opciones: capitalizar o repartir. Esta disyuntiva corresponde a la simple realidad de que en las personas jurídicas con fines de lucro hay únicamente capital y utilidades. Desde luego, la práctica ha hecho más flexible esta disyuntiva, mediante la creación del concepto de *reservas*, vale decir, una cierta cantidad de dinero que no se reparte ni se capitaliza y que queda empozada en el patrimonio para algún fin determinado. No obstante, el establecimiento de fondos de reservas no hace otra cosa que suspender formalmente la capitalización o el reparto de utilidades, según sea el caso.

Cuando la persona jurídica no persigue fines de lucro, esto es, no reparte las utilidades entre sus socios o integrantes, la existencia de un capital fijo no se justifica como no lo hace tampoco en el caso de las personas naturales, pues, al igual como ocurre en el caso de estas últimas, no existe nada que se deba proteger, porque sus miembros no tienen derecho a retirar las ganancias de la entidad sino, solamente, tienen derecho a exigir los servicios que, según los estatutos, la Corporación está obligada a prestar a sus socios o integrantes.

De esta manera, no existiendo reparto de ganancias, el patrimonio no se estructura jurídicamente sobre la base de los conceptos descritos, a pesar de que pueden ser usados por toda persona natural o jurídica. Es por ello que, cuando se crea una Corporación, fundación, Asociación de Canalistas etc. normalmente no es necesario establecer el capital de la entidad sino, solamente, dotarla de los bienes necesarios para el cumplimiento de su fin estatutario. Estas personas jurídicas no tienen capital, así como tampoco lo tienen las personas naturales. No lo necesitan, pues el concepto de capital nació precisamente con motivo de que en las personas con fines de lucro hay reparto de utilidades. En el caso de las personas naturales o de las jurídicas sin fines de lucro, el reparto no existe.

158. LA ORGANIZACIÓN JURÍDICA DEL PATRIMONIO DE LAS PERSONAS JURÍDICAS CON FINES DE LUCRO. CAPITAL, UTILIDADES Y PÉRDIDAS

De lo dicho anteriormente se desprende que el patrimonio de las personas jurídicas tiene una organización administrativa basada en los conceptos de capital, utilidades y pérdidas, a los que se ha unido por la práctica y en algunos casos por la ley el concepto de reserva. Todos ellos, sin embargo, como se ha dicho, constituyen cifras numéricas representativas de una cantidad determinada de dinero y que se diferencian entre sí porque cumplen diversas funciones dentro de la estructura del patrimonio, estando por este mismo motivo sometidas a distinto estatuto jurídico.

A estos cuatro conceptos es necesario agregar el de otras «cuentas» que pueden ser representativas de capital, de utilidades o de pérdidas y que son objeto de una denominación independiente precisamente por representar cantidades de dinero, esto es, cifras numéricas, sometidas a un estatuto jurídico o tratamiento legal especial como es el caso, por ejemplo, de ciertas utilidades retenidas que ya han tributado en comparación a otras utilidades también retenidas, pero que no han tributado; o de pérdidas que no lo son desde el punto de vista real, pero que sí lo son para fines estrictamente tributarios, esto es, que se consideran pérdidas para los fines de limitar la utilidad tributaria de una determinada sociedad.

159. FORMA COMO OPERA LA ESTRUCTURA PATRIMONIAL BASADA EN ESTOS CONCEPTOS

Lo primero que hay que tener presente es que el valor o la cantidad de dinero que representa cada concepto o cuenta no dice relación directa con ningún bien específico de la sociedad, ya sea dinero, títulos de crédito o bienes raíces o muebles.(226) Esto quiere decir que no existen cuentas que estén integradas por bienes sino bienes que en todo y en parte respaldan todas y cada una de las sobredichas cuentas del patrimonio de las personas jurídicas. Cualquiera de los bienes de esas personas puede destinarse a respaldar el valor de una determinada cuenta.

Ahora bien, las cuentas del patrimonio de las personas jurídicas no se ven afectadas directamente por la pérdida o disminución de valor experimentada por un determinado bien social sino indirectamente a través del concepto de «pérdidas», que también son cifras numéricas, pero que representan la disminución de valor experimentada por el activo del patrimonio de que se trate en razón de la pérdida o disminución de valor sufrida por los bienes y derechos de la persona jurídica o los malos negocios realizados.

---

(226) Como dice Messineo, op. cit., tomo V, pág. 417, «El capital social es una expresión de valor monetario, a la que no corresponde necesariamente bienes reales; en cambio, de bienes reales (y también de créditos) se compone siempre el patrimonio. El capital social es una especie de símbolo.

Es necesario tener presente a este respecto que también puede suceder que producto de un mal ejercicio, esto es, con motivo de las pérdidas sufridas por la sociedad, no existan en el patrimonio de la entidad bienes suficientes que respalden de hecho la cantidad de dinero representada por las cifras numéricas de las distintas cuentas sociales, lo que eventualmente puede hacer desaparecer el contenido real de la cuenta de que se trate, subsistiendo, sin embargo, la obligación de reconstituirla durante toda la vida societaria en la medida que los socios consientan en mantenerla. Esto sirve para entender el sentido y el funcionamiento de esta forma de organización patrimonial. En el futuro, cuando la sociedad mejore el estado de sus negocios mediante la percepción de nuevos ingresos, irá paulatinamente reconstituyendo con ellos el respaldo de las sobredichas cuentas y paralelamente irán desapareciendo, esto es, absorbiéndose las pérdidas del ejercicio o de ejercicios anteriores, y sólo cuando estas se encuentren respaldadas por dinero o bienes y hayan desaparecido consiguientemente las pérdidas sociales, los nuevos ingresos que reciba podrán ser repartidos en todo o en parte a título de distribución de utilidades.

De esta forma, en términos generales se puede decir que salvo el caso de que existan utilidades del ejercicio, en cuyo caso son consumidas por las pérdidas producidas, una pérdida que no ha podido ser cubierta con utilidades del ejercicio, tiende a permanecer como concepto en el patrimonio de la entidad, en el fondo con el propósito de dejar constancia de una disminución del contenido real de las otras cuentas representativas de dinero o bienes, verbigracia, capital, utilidades de ejercicios anteriores, reservas. Evidentemente, los socios de una persona jurídica pueden absorber una determinada pérdida social, haciendo desaparecer o disminuyendo el valor de una determinada cuenta de la sociedad, con lo cual se toma directa o indirectamente un acuerdo destinado a producir tal efecto. Si eventualmente no existieren otras cuentas de reservas sino solo quedare la cuenta de capital, los socios también pueden hacer desaparecer la pérdida disminuyendo el capital mediante una reforma de estatutos.

160. NATURALEZA JURÍDICA DEL CONCEPTO DE CUENTA. LA CUENTA COMO OBJETO DE ACTOS JURÍDICOS

Es importante precisar la naturaleza jurídica del concepto de «cuenta» con relación a los bienes y derechos del patrimonio al que pertenece. Entre otras cosas, una cuenta constituye la expresión de un valor monetario que pretende o busca certificar la existencia en el patrimonio social de bienes y derechos por igual monto. Como ninguno de los bienes y derechos de la persona jurídica respalda específicamente una cuenta determinada de su patrimonio sino que en general lo hacen todos ellos, quien resulte titular de una cuenta específica pasa a ser titular, esto es, comunero, hasta por el monto de esa cuenta, de todos los bienes sociales. Entendido de esta forma, el concepto de cuenta se transforma en la expresión de derechos sobre los bienes de la sociedad. Las dos afirmaciones anteriores pueden parecer extrañas si se piensa que el titular de las distintas cuentas del patrimonio es precisamente el único titular del patrimonio de que se trata. Pero tales afirmaciones solo pueden causar extrañeza a aquellos que no han considerado que las cuentas de un patrimonio puedan ser objeto de actos jurídicos. Y de hecho son objeto del acto jurídico denominado «división de sociedades», según se verá más adelante. Desde este punto de vista, una cuenta constituye la expresión de derechos de dominio sobre los bienes de la persona jurídica. Y la división y posterior asignación de dicha cuenta a una persona jurídica distinta, constituye una transferencia de derechos de dominio sobre los bienes de la sociedad.

Normalmente la comunidad se expresa entre nosotros aludiendo a un porcentaje de derechos (82%, por ejemplo), o una fracción (1/3); pero eso no significa que el grado de participación en la comunidad no se pueda expresar de otra forma, ni tampoco que la forma o procedimiento que se haya utilizado no pueda traducirse a las otras. Coloquemos un ejemplo para explicar mejor lo que pretendemos decir. Imaginemos que se divide una persona jurídica cuyas cuentas patrimoniales son las siguientes: Cuenta de Capital 80; Cuenta de Reserva para futuros aumentos de capital 20; Utilidades Retenidas, 20; Pérdidas del Ejercicio, 40. Si se le asigna a la persona jurídica que surge de la división la mitad de la cuenta de capital y la totalidad de las cuentas de reservas y utilidades retenidas y no se le asigna parte alguna de las pérdidas, querría decir, que la nueva sociedad pasaría a ser dueña de todos los bienes de la sociedad. En efecto, a la nueva sociedad le correspondería un haber de 40 por concepto de capital y 20 por cada cuenta de reserva y utilidades. O sea, un haber de 80, lo que corresponde exactamente a la suma total de los bienes de la sociedad, que es 120 menos la pérdida de 40. Como esa cantidad resulta idéntica a la suma total de los bienes de la sociedad, significa que la antigua sociedad debe transferir todos sus bienes a la nueva para dar respaldo a las cuentas del patrimonio de esta última.

El concepto de «cuenta» es siempre representativo de bienes y derechos y nunca de obligaciones. El concepto de cuenta se ha establecido por la ley y por los socios para dotar a los bienes de la sociedad de una determinada organización en orden a si se reparten o no se reparten entre los socios y si se quedan en la sociedad para qué fines y con qué propósitos lo hacen. Ese es el objetivo de la estructura patrimonial basada en el concepto de cuentas. Las obligaciones sociales no necesitan de una estructura semejante, pues las mismas cuestiones que se presentan con ocasión de los bienes sociales no lo hacen en relación con las obligaciones. Estas simplemente hay que pagarlas o extinguirlas por algún otro medio y no son objeto de reparto alguno.

Ahora bien, mirado desde el punto de vista societario y no desde el prisma de la relación que existe entre cuenta y los bienes que su valor representa, las distintas cuentas del patrimonio de las personas jurídicas significan también la forma como los socios o la ley quisieron que se estructure el patrimonio de una entidad a una fecha determinada y si dichas cuentas han perdido su respaldo efectivo en bienes y derechos, expresan la voluntad de los socios o de la ley en orden a perseverar en dicha estructura cuando la sociedad vuelva a adquirir bienes y derechos suficientes para respaldar el valor expresado por cada cuenta.

161. RAZONES DEL ESTABLECIMIENTO DE ESTOS CONCEPTOS

Se debe advertir que todos estos conceptos o cuentas patrimoniales se han creado o se pueden llegar a establecer no por imperativo de normas contables sino por razones jurídicas. Todo lo que hemos dicho no tiene nada que ver con contabilidad. Lo que se ha descrito es el sistema *jurídico* con el que funciona el patrimonio de las personas jurídicas y no un sistema de contabilidad. Se establecen los conceptos de capital, utilidades y pérdidas con el objeto de dar cumplimiento al contrato mismo de sociedad, a los acuerdos de los socios o a disposiciones legales y no cumplen o pretenden cumplir funciones propiamente contables, aunque la contabilidad los recoja para el cumplimiento de sus fines propios.

Las razones jurídicas que dan lugar al establecimiento de estas cuentas pueden ser muy variadas. Ya hemos visto las que determinan que se creen las cuentas de capital, utilidades, reservas y pérdidas. Hemos también dado un ejemplo de una cuenta de utilidades retenidas y otra de pérdidas creada por razones tributarias. Pero las mencionadas no son las únicas. Cada vez que surja una norma contractual, legal o administrativa que someta una determinada parte del patrimonio social a un estatuto particular, se creará inmediatamente una partida dentro del patrimonio de la entidad que precisamente dará cuenta de la especial condición jurídica de ella.

En esto consiste la organización jurídico-administrativa del patrimonio de las personas jurídicas con fines de lucro. No se debe caer en el error de considerar esta organización como algo no sustancial al patrimonio sino, muy por el contrario, esencial al mismo. Así es el patrimonio de las personas jurídicas. Tiene bienes, derechos, obligaciones y, muy especialmente, una determinada organización administrativa de la cual se desprenden importantes efectos jurídicos.

Entre otros fines, la estructura jurídico-administrativa del patrimonio de las personas jurídicas permite y da sentido práctico a ciertos actos jurídicos como los de división y fusión de sociedades.

162. FUNCION QUE DESEMPEÑA EL CAPITAL SOCIAL

El capital fijo de la compañía cumple diversas funciones, todas las cuales serán analizadas a continuación:

1. En primer término, representa la cantidad que los socios se han obligado a mantener en la sociedad. No representa la cantidad que la sociedad necesita para desarrollar su giro sino, solamente, aquella que los socios no pueden retirar de la sociedad.

2. En segundo término, el capital fijo funciona también como un reductor de las utilidades y, por ende, de su reparto, si la compañía hubiere experimentado pérdidas en ejercicios anteriores. Si así hubiere sucedido, significaría que se redujo el capital social en el mismo monto representativo de las pérdidas; incluso se podría haber reducido de tal manera que pasare a constituir una cifra negativa. Pues bien, las utilidades de ejercicios posteriores no son en tal evento utilidades, pues deben ir a cubrir las pérdidas de ejercicios anteriores.

3. Por ser, como se ha dicho, el capital social el elemento estructurador de todo el patrimonio social y, por ende de la sociedad, en las personas jurídicas con fines de lucro, la proporción en que dicho capital ha sido aportado por cada uno de los socios determina, a su vez, el monto de los derechos de cada cual en el haber social y el peso de cada uno de ellos en la adopción de las resoluciones sociales. Este hecho constituye una función extremadamente relevante del capital social, pues los derechos de la sociedad están re-

presentados por una parte alícuota del mismo. En este sentido, se puede decir que el capital representa a la sociedad.

4. En muchos textos aparece que una de las funciones del capital es la de servir de garantía de los acreedores. Esta afirmación es incompleta. En efecto, no ha sido nunca la función del capital social la de servir de garantía de los acreedores, pues este representa solo una cifra numérica y de ninguna manera la garantía de que existe en el patrimonio social una cantidad correlativa de bienes. Será garantía en la medida que la cantidad de dinero exista efectivamente en el patrimonio de la entidad, pero en tal caso sirve como tal no por ser «capital social» sino por ser patrimonio. Ya se ha dicho con anterioridad que el capital fijo solo garantiza que la cantidad de dinero que representa no será repartida como dividendo; pero puede salir del patrimonio social a cualquier otro título.

También se dice que el capital social fija el límite de la responsabilidad patrimonial de la sociedad y de los socios. Esta afirmación es inductiva a error, pues el capital fijará el límite de la responsabilidad en la medida que corresponda exactamente al patrimonio social, cosa que normalmente no ocurre. En realidad, lo correcto es decir que la sociedad responde con todo su patrimonio y que, salvo el caso de las sociedades colectivas o en comanditas, no se puede perseguir a los socios para el cumplimiento de obligaciones sociales, aun cuando el capital social sea superior al patrimonio efectivo de la entidad.

163. AUMENTO DEL CAPITAL SOCIAL

El aumento del capital de una persona jurídica, esto es, el aumento de la cifra o cantidad que los socios o integrantes se obligan a no retirar de la entidad, se puede verificar ya sea por la vía de nuevos aportes ya por la vía de la capitalización de utilidades, de reservas o de créditos que tengan los socios contra la sociedad. En todos estos casos, la naturaleza del acto jurídico que se ejecuta o celebra es distinta, aunque se obtenga mediante dichas alternativas el mismo fin.[227]

1. Aumento por la vía de nuevos aportes

El aumento del capital por la vía de nuevos aportes es un acto jurídico plurilateral por el cual los socios de una persona jurídica incrementan su capital social obligándose a darle, esto es, a transferirle el dominio de una cosa o a constituir en su favor un usufructo sobre ella. Lo característico de esta forma de aumento de capital es que resulta esencial el nacimiento de una obligación de dar, la que llega a constituirse en el objeto del acto jurídico que se ejecuta o celebra, quedando su causa constituida por el hecho de que cada uno de los socios aportantes pasa a adquirir una parte del haber de la compañía que resulta proporcional a lo que representa su aporte.

El acto jurídico no es gratuito porque tiene por objeto la utilidad de todas las partes. Pero siendo evidentemente oneroso en el fondo, no lo es estrictamente en los términos de la

(227) Se debe advertir que es un principio de la legislación italiana en materia de sociedades anónimas (art. 2438 Código Civil), principio que se ha extendido a otro tipo de sociedades (ASCARELLI, op. cit., pág. 187), que no se pueden emitir nuevas acciones mientras no se encuentren suscritas y pagadas todas las acciones de la sociedad.

ley, porque si bien tiene por objeto la utilidad de todos los contratantes, cada uno de ellos no se grava en beneficio del otro sino en beneficio de un tercero que es lo que caracteriza a un contrato plurilateral. Puede ser considerado conmutativo, porque el monto de los derechos sociales que un socio adquiere con motivo de su aporte, es equivalente o proporcional al monto que los otros socios adquieren en relación con su aporte. Pero ello puede resultar solo teórico si se ha pactado entre los socios una forma de distribución de utilidades no proporcionada a los aportes sino basado en otros criterios distintos, pacto que la ley autoriza. El artículo 2066 del Código Civil establece que los socios pueden fijar las reglas que tuvieren por convenientes para la división de las ganancias. Lo mismo ocurre en la Ley sobre Sociedades Anónimas, al establecer como lícito el establecimiento de acciones preferentes.

Algunos autores[(228)] consideran que en la suscripción de acciones o el aumento de capital por la vía de nuevos aportes, se concluye un contrato no entre el suscriptor y la sociedad sino entre el suscriptor y los otros socios. Nosotros estamos de acuerdo con este pensamiento, porque, en el fondo, todo aumento de capital constituye una reforma al contrato social, y ésta se conviene y se acuerda entre todos los socios y nada tiene que ver al respecto la sociedad misma, aunque a la postre resulte acreedora, porque si tiene esa calidad, es porque esa es la vía que todos los socios han convenido para que se pague la obligación de aporte.

El aumento del capital social por la vía de nuevos aportes puede verificarse, a su vez, por la vía de aportes en dinero o en bienes y, en ambos casos, el pago de dichos aportes puede efectuarse al contado o a plazo.

Si el aumento del capital se hace por la vía de aportes de bienes o servicios, resulta esencial la tasación de los mismos, pues, de lo contrario, no se podría determinar el monto de los derechos que el respectivo socio adquiere en el haber de la sociedad, siendo precisamente estos derechos los que constituyen la causa del acto que se ejecuta o celebra.

2. Características de los aportes prometidos y no pagados y aportes a plazo

Si el aporte no se paga al contado sino que solamente se promete o se fija un plazo para enterarlo, surge la necesidad de desentrañar las características jurídicas y la naturaleza de este bien que forma parte del activo de la persona jurídica.

Desde luego, se trata de un crédito que la sociedad tiene contra sus socios o accionistas, esto es, de un derecho personal. Como tal, pasa a formar parte del patrimonio de la sociedad y, por ende, del derecho de prenda general de los acreedores de la misma. Sin embargo, tiene ciertas características o particularidades que es necesario considerar.

En primer lugar, no es renunciable, esto es, no se puede condonar por parte de la sociedad, pues si así fuere, se produciría por vía indirecta una disminución de capital social que, de acuerdo con la ley, solo puede efectuarse por medio de una reforma de estatutos. Si se procediere a reformar los estatutos, disminuyendo el capital social, la condonación sería válida. Por el contrario, si de hecho se condonara, por parte de los administradores de

(228) Ascarelli, op. cit., pág. 298.

la persona jurídica, éste acto sería inoponible a la sociedad, por haber excedido aquellos sus atribuciones, pues por mucho que tuvieren facultades para remitir deudas, estas facultades tienen un límite impuestos por sus estatutos, y si estos no han sido modificados por los socios o accionistas, es porque no han querido condonar el crédito.

En segundo lugar, es prescriptible porque aún ocurriendo tal evento, no se produce una disminución del capital social sino solamente la pérdida de un bien social, esto es, una pérdida del ejercicio, que será necesario cubrir con utilidades del mismo o de ejercicios posteriores. Puede parecer dudosa esta conclusión, si se considera que el no ejercicio de las acciones durante todo el plazo de prescripción extintiva, supone el evento informal de una condonación y, por ende, podría concluirse lo mismo que se concluyó para ésta, que es necesario proceder a una disminución de capital social para que proceda. Sin embargo, lo que hace diferente a la prescripción, es que supone la inactividad de la sociedad, en circunstancias que la condonación supone un acto positivo de la misma. Si el crédito deja de existir para la sociedad producto de la aplicación de las normas generales del derecho, lo único antijurídico que podría existir sería en el fondo la culpa o dolo de los administradores en el ejercicio del cargo, lo que trae aparejada su responsabilidad personal por un monto exacto al crédito que dejaron extinguir, mas los perjuicios causados a la sociedad por tal conducta dolosa o culposa, lo que hace que el patrimonio de la sociedad no disminuya por haberse reemplazado el activo constituido por el crédito extinguido por la acción contra dichos administradores.

3. *Responsabilidad ante los acreedores de la sociedad por los aportes prometidos*

Se debe hacer presente que, si se tratare de una sociedad de responsabilidad limitada, los aportes prometidos pero no pagados o enterados por los socios permiten a los acreedores de la sociedad perseguir el patrimonio del socio hasta por el valor del aporte, pues, conforme a lo dispuesto en el artículo 2º de la Ley 3.918, sobre sociedades de responsabilidad limitada, y a lo que los socios deben comprometerse en la escritura social, estos responden hasta el monto de sus respectivos aportes. Si dichos socios no han pagado sus aportes, son responsables ante los acreedores por el pago de las deudas sociales, hasta el valor de dichos aportes, pues dado que no los han efectuado, la excepción de limitación de la responsabilidad individual que les asiste, solo se puede oponer a los acreedores en la medida que estos intenten cobrar sumas que exceden dicho monto y solo respecto de lo que excede. En materia de sociedades anónimas, se produce algo similar, pues, conforme a lo dispuesto en el artículo 1º de la Ley 18.046, los accionistas son responsables de las deudas sociales sólo por sus respectivos aportes. En este sentido, los acreedores ni siquiera deberían intentar una acción subrogatoria, que por lo demás no existe en el derecho chileno, sino que deberían fundar su acción en la propia escritura social y en la referida ley.

Ascarelli ha escrito en este sentido que «el fundamento dogmático de la acción directa de los terceros acreedores contra los socios por su aportación en sociedad residiría en la ley y más exactamente en un principio general en materia de sociedades comerciales. Esto es –dice– la observancia de las normas dictadas por la ley y por el estatuto en materia de sociedades sobre la integridad del capital social no viene establecida solamente en interés de la sociedad y de los socios, sino más bien en interés de los terceros y, por tanto, puede ser hecha valer directamente por todos los terceros que tengan interés».(229)

Para nosotros, existe también un fundamento adicional. Los aportes prometidos en cualquier clase de sociedades constituye un activo de las mismas y, por ende, forman parte del derecho de prenda general de los acreedores. Estos pueden embargar el crédito, y adjudicárselo o pagarse con el precio de su realización. Es cierto que, en estos casos, no exigirían directamente el pago de la deuda a los socios o accionistas, pero reconozcamos que, en el fondo, más allá de la omnipotencia formal del derecho, el resultado práctico que se obtiene es el mismo.

4. Aumento por la vía de capitalización de utilidades

Es un acto jurídico plurilateral por el cual los socios o accionistas de una persona jurídica incrementan su capital social haciendo que cierta cantidad de dinero que tienen derecho a retirar de la sociedad, se mantenga de manera permanente en el haber de la compañía a título de capital social. Esto significa que una cuenta patrimonial que por disposición de los estatutos, de la ley o de ambos estaba sometida a un régimen jurídico determinado pasa a quedar reglamentada, por voluntad de los socios, por otra normativa jurídica.

Lo característico de esta forma de aumento de capital es que existe una renuncia de los socios a un derecho para exigir el cumplimiento de una determinada obligación de dar, cual es el pago por parte de la compañía de una cantidad de dinero a título de distribución de utilidades. En esto radica el objeto del acto jurídico comentado, quedando su causa constituida por el hecho de que cada uno de los socios renunciantes pasa a adquirir una parte del haber de la compañía que resulta proporcional a lo que representa su renuncia. Desde luego, si todos los socios capitalizaran utilidades en igual proporción a los derechos que poseen en el haber social sólo conservarían su participación social no adquiriendo al efecto porcentaje adicional alguno en el haber de la compañía. Pero si un socio no efectuara esta renuncia retiraría de la sociedad una determinada cantidad de dinero, pero perdería un porcentaje de participación en el haber de la sociedad en relación con los otros socios que hubieren efectuado la renuncia, los que verían incrementada su participación social en un monto que en total correspondería al porcentaje de participación social que perdió el socio que no efectuó la renuncia. Este porcentaje que conserva o que gana el socio que efectúa la renuncia constituye el beneficio que le reporta el acto, constituyendo, por ende, su causa. Dicho en otras palabras, el objeto del acto jurídico denominado «capitalización de utilidades» consiste en la renuncia que un socio hace del derecho a retirar una suma de dinero a título de distribución de utilidades y su causa está determinada ya por conservar ya por aumentar su porcentaje de participación social.(230)

(229) ASCARELLI, Tulio, obra citada, página 83.

(230) Es interesante la opinión de Ascarelli pues contribuye a completar la cuestión. Señala que en los casos de aumento por capitalización de utilidades o reservas, no pueden concurrir a él sino necesariamente sólo los socios, y estos, a su vez –agrega– concurren al aumento todos necesariamente. ASCARELLI, Tulio, *Sociedades y Asociaciones Comerciales*, op. cit., pág. 185.

5. Aumento por la vía de capitalización de créditos

Es un acto jurídico por el cual uno o más socios que son acreedores de la sociedad, aumentan su capital social mediante el aporte en dominio que le hacen de uno o más créditos de que son titulares contra ella.

Lo que ocurre en el interior del patrimonio de la sociedad no debe inducir a engaño sobre cual es la verdadera naturaleza del acto analizado. Es indudable que se trata de un aporte en dominio puro y simple y no como se le denomina erróneamente «capitalización de créditos». Patrimonialmente hablando, la sociedad extinguió un pasivo por confusión, pero eso no le quita ni le pone absolutamente nada al hecho de que adquirió un bien consistente en un derecho personal o de crédito por un valor determinado. Igual situación se produciría si, por ejemplo, el aporte se hubiere pagado en dinero y la sociedad hubiere utilizado dicho dinero para extinguir cualquiera otra deuda suya que hubiere contraído para con terceros.

Hay algunos que interpretan que en este caso se ha producido una compensación entre el crédito que los socios tenían contra la sociedad y la deuda que adquirieron para con ella en virtud del acuerdo de aumento. Sin embargo, no creemos que sea ésta la forma adecuada de interpretar lo que ha ocurrido, pues, en realidad, los socios no se comprometieron a enterar una determinada cantidad de dinero a la sociedad, caso en el cual existiría una verdadera compensación. También se podría interpretar que la voluntad de los socios ha sido condonar o remitir a la sociedad una deuda, pero eso no es verdaderamente lo que ha ocurrido, pues el crédito se considera como tal precisamente para determinar sus respectivos derechos en el haber social. La voluntad de los socios ha sido transformar en capital una suma de dinero que tenían derecho a exigir que se les pagara por parte de la sociedad. Lo que realmente explica esta situación o relación jurídica es la existencia de un aporte.

De esta manera, se debe concluir que la verdadera naturaleza de esta operación o negocio jurídico es un aumento de capital por la vía de nuevos aportes, y nos remitimos a este respecto a lo dicho para este tipo de actos.

Un problema sustancialmente diferente es determinar si procede compensar con créditos que se tengan contra la sociedad la obligación de pagar la cantidad a que se obligaron para aumentar el capital social. Esta hipótesis no es igual a la anterior, pues no hubo un aumento por capitalización de créditos sino un aumento por la vía de aportes en dinero. Sobre la base de que se reúnan los requisitos generales para que proceda la compensación, no vemos inconveniente alguno para aceptar incluso la legal.[231]

6. Aumento por la vía de capitalización de reservas

Es un acto jurídico por el cual los socios de una persona jurídica hacen que la cifra numérica representativa de una cierta cantidad de dinero que se encontraba en el patrimonio social sometida a un objeto específico, deje de estar destinada al cumplimiento del mismo y pase a incrementar la cifra numérica constituida por el capital social.

El acto engendra y extingue obligaciones. Engendra para los socios o accionistas la obligación de no retirar de la sociedad la cantidad de dinero representada por la cifra

(231) Artículo 1656 del Código Civil.

numérica constitutiva del aumento de capital. Pero extingue aquella que tenían de destinar la cantidad de dinero o de bienes representada por la cifra numérica constitutiva de la reserva al cumplimiento del fin para el que se había establecido.

164. DISMINUCIÓN DEL CAPITAL SOCIAL

Es un acto jurídico por el cual los socios de una persona jurídica disminuyen la cifra numérica representativa de aquella determinada cantidad de dinero que se habían obligado a no retirar de la sociedad, reformando al efecto los estatutos de la entidad.

Debe hacerse presente que el acto no necesariamente debe importar un reparto de dinero o bienes para los socios o accionistas. Puede suceder incluso que la sociedad no tenga, al momento de la disminución, patrimonio alguno que repartir entre sus socios, pues ella se hace con el objeto de hacer desaparecer una pérdida o que la disminución resulte de la división de la entidad, de manera que debe quedar muy en claro que el retiro propiamente tal no es de la esencia del acto.(232)

Como podrá observarse, el acto en si mismo no es un contrato porque no engendra obligación alguna ni para los socios ni para la sociedad. Se trata de una convención porque está destinada a extinguir obligaciones: aquella que tenían los socios de no retirar de la sociedad el todo o parte de la cantidad de dinero representada por la cifra numérica primitivamente expresada como capital en los estatutos de la compañía.

165. EFECTOS DE LA DISMINUCIÓN FRENTE A TERCEROS

Hay que distinguir respecto de qué terceros se trata y si hubo o no retiro por parte de los socios. Si estamos en presencia de terceros que hubieren contratado con la sociedad antes de la disminución y alguno o todos los socios efectuaron retiros, el acto de retiro, esto es, la transferencia de bienes de la sociedad a sus respectivos patrimonios les resultará a los terceros inoponible, pudiendo perseguir éstos el pago de sus acreencias en los bienes que fueron objeto de la transferencia. Pero se debe hacer presente que el acto mismo de la disminución les es plenamente oponible.(233)

Si se trata de terceros que contrataron con la sociedad después de efectuada la disminución, tanto el acto de disminución como el posterior retiro que efectúen los socios les resultará oponible y, por ende, no podrán perseguir el pago de sus acreencias en los bienes que se le hubieren transferido a los socios.

---

(232) La doctrina señala que la reducción vía reembolsos se produce cuando la sociedad sufrió pérdidas y se hace o «se acude en este caso a la reducción para que sea posible una distribución de beneficios, que de otro modo, sería imposible durante varios años a causa de las pérdidas sufridas, por la necesidad de cubrirlas primero». FERRARA, *Empresarios y Sociedades*, op. cit., pág. 317.

(233) El inc. 2 del art. 2445 del Código Civil italiano señala o prescribe que la deliberación de una disminución de capital social puede llevarse a cabo «solamente después de los tres meses a contar de la fecha de la inscripción en el registro de empresas, siempre que dentro de este término, ningún acreedor social **anterior** a la inscripción haya hecho oposición. El Tribunal no obstante –agrega la disposición– puede disponer que, no obstante la oposición, la reducción tenga efecto, previa prestación por parte de la sociedad de una garantía idónea.

166. LA ADQUISICIÓN POR LA SOCIEDAD DE SUS PROPIOS DERECHOS O ACCIONES

La adquisición por la persona jurídica de sus propios derechos o acciones constituye, en el fondo, el pago anticipado del aporte al socio que le hubiere enajenado su participación, pero no constituye una disminución de su capital social, aunque sí de su patrimonio si no se alcanzan a vender dichos derechos o acciones antes de la disolución de la compañía.(234)

No hay disminución del capital social, pues como se ha dicho ya reiteradamente, éste sólo representa una cifra numérica que permanece invariable cualesquiera sean las vicisitudes por las que atraviese el patrimonio social.

Puede haber disminución de patrimonio en la medida que esos derechos permanezcan en el haber de la compañía una vez disuelta o liquidada, pues a esas alturas los derechos sociales sólo representan una parte alícuota de la propia compañía y no un bien en sí mismo, habiendo por otra parte egresado del patrimonio social una cierta cantidad para adquirirlos. El monto que representa esta suma constituye, en tal evento, la pérdida de patrimonio. Sin embargo, mientras la sociedad subsista, los derechos representan un bien transable en el mercado con un cierto valor que debe ser considerado en el activo de la sociedad.

A primera vista puede pensarse que la adquisición por una persona jurídica de sus propias acciones importa en el fondo una disminución del pasivo que esta tiene para con sus socios o accionistas, lo que obligaría necesariamente a aceptar que correlativamente debe existir una disminución de su capital social. Pero tal aserto es equivocado. No existe disminución de pasivo sino disminución de socios. El pasivo sigue siendo el mismo sólo que se reparte entre menos individuos.

Cosa distinta, sin embargo, es que una disminución de capital social pueda ser llevada a cabo mediante la adquisición de acciones o derechos de la propia sociedad. Pero, en tal caso, la disminución ya se ha producido por reforma de estatutos y solo se utiliza la fórmula analizada como una manera de efectuar el retiro.

El artículo 27 de la Ley 18.046 obliga a las sociedades anónimas que hayan adquirido acciones de su propia emisión a enajenarlas dentro del plazo máximo de un año contado desde la fecha de la adquisición, y si así no se hiciere, la misma disposición establece que el capital queda disminuido de pleno derecho. Mas, eso se produce por disposición de la ley y por el hecho de que la situación comentada puede prestarse para abusos de los accionistas mayoritarios, circunstancia que la legislación pretende impedir.

167. EL CONCEPTO DE UTILIDADES Y PÉRDIDAS

Según lo que se ha dicho más arriba, el capital social representa solo una cifra numérica y no despliega más que un control contable a fin de impedir que de alguna manera pueda

---

(234) RIPERT, op. cit., tomo II, pág. 545 señala que con motivo de la adquisición de los propios derechos y acciones «en realidad desaparece del organismo social un cierto número de accionistas y, por ende, el capital se encuentra reducido. Pero esta reducción es **oculta**, pues no la acusa el balance ni es objeto de publicidad alguna. Por otra parte –agrega– esta reducción **no es definitiva**, si se admite que la sociedad puede volver a poner en circulación los títulos que ha rescatado.

ser retirada por los accionistas la cantidad de dinero que dicha cifra representa. El concepto de utilidad no es otra cosa que enfocar este mismo problema desde el punto de vista contrario.(235)

Utilidad es la ganancia realizada y líquida correspondiente a un balance de ejercicio regularmente confeccionado. Esta es la definición más común de utilidad. Sin embargo, en rigor de verdad, solo se podría hablar en sentido estricto de utilidad de una sociedad al terminar la duración estatutaria de esta. No obstante, la práctica ha impuesto una suerte de división cronológica de la economía societaria en los denominados «ejercicios», que son los períodos, tradicionalmente anuales, al final de los cuales se produce un «cierre» de la operatoria comercial, se inventarían las existencias y se determina el rédito positivo o negativo del «ejercicio» a fin de repartir las ganancias o de contabilizar las pérdidas.

De esta suerte, el concepto de utilidades del ejercicio está intrínsecamente unido al de pérdidas del ejercicio, pues éstas últimas son en definitiva las que determinan la existencia y la cuantía de las primeras. En este sentido, es inconcebible la coexistencia de utilidades y pérdidas de un mismo ejercicio. Las segundas se le restarán a las primeras y el resultado de esa operación dará lugar a un solo concepto dentro del patrimonio de la entidad ya sea de utilidades del ejercicio, si el resultado de la operación arroja una cifra positiva, ya sea de pérdidas del ejercicio si el resultado arroja una cifra negativa. Asimismo, en principio, tampoco es aceptable la coexistencia de pérdidas de un ejercicio con utilidades de ejercicios anteriores, pues estas ultimas cubrirán a las primeras en términos tales de hacerlas desaparecer. Esto es lo que consagra expresamente –para el caso de las sociedades anónimas– el último inciso del artículo 78 de la Ley 18.046, que dice: «Si hubiere pérdidas en un ejercicio, éstas serán absorbidas con las utilidades retenidas, de haberlas».

168. COEXISTENCIA DE UTILIDADES Y PÉRDIDAS

Pero los principios expuestos en el párrafo precedente sólo pueden aceptarse de una manera general, pues el establecimiento de cuentas de utilidades, a veces, no sólo tiene por objeto indicar la existencia de cantidades de dinero destinadas a ser repartidas entre los socios o accionistas, sino el dar cuenta de una especial condición de las mismas o de las cantidades de dinero que representan. En estos casos, sostener su desaparición por el hecho de existir pérdidas en un ejercicio determinado, constituye por de pronto pasar por alto la norma legal, estatutaria o incluso el acuerdo de los socios que les dio origen.

En tales casos, lo que resulta congruente con el sistema general de funcionamiento del patrimonio es mantener las partidas o cuentas de utilidades retenidas, dejando conjuntamente constancia del aumento de las pérdidas sociales. En el futuro, con el advenimiento de nuevas utilidades, irán paulatinamente desapareciendo las pérdidas acumuladas en ejercicios anteriores y, con ello, reconstituyéndose el contenido real de las distintas cuentas de utilidades retenidas a fin de dar cumplimiento a la norma legal, estatutaria o convencional que les dio origen.

---

(235) Como ha dicho FERRARA, *Empresarios y Sociedades*, op. cit., pág. 151, «el capital social sirve principalmente para determinar si hay ganancias o pérdidas». La sociedad pierde –agrega– si el patrimonio neto resultante en un momento dado no alcanzase la cuantía del patrimonio primitivo, esto es, el capital social, y por el contrario, gana si lo sobrepasa.

Sostener la coexistencia de cuentas de utilidades retenidas o incluso de utilidades del mismo ejercicio con pérdidas, no significa en la práctica permitir el reparto de utilidades entre los socios habiendo perdidas no cubiertas. En efecto, la cuenta permanecerá formando parte de la estructura del patrimonio de la sociedad para el fin previsto por la norma que le dio origen. Si los socios o la ley cambiaren el fin para el cual se instituyó la cuenta, las utilidades que la forman pasarán directamente a cumplir el fin primario de toda utilidad que es hacer desaparecer las pérdidas de la sociedad. En este sentido, el interés de los terceros en orden a impedir que habiendo pérdidas sociales no cubiertas se repartan utilidades entre los socios, está plenamente protegido.

En el caso de las sociedades anónimas, donde hay norma expresa en orden a que las utilidades retenidas desaparecen por las pérdidas de ejercicios siguientes, todo lo dicho anteriormente carece de valor, pues el texto de la norma es claro y no admite ningún tipo de interpretación.

Ahora bien, si el establecimiento de una determinada cuenta de utilidades retenidas obedece sólo a una razón establecida por los socios, evidentemente quedará al arbitrio de ellos hacer desaparecer una determinada pérdida social recurriendo a dicha cuenta de utilidades, pero en tal evento, expresa o tácitamente, habrá precedido al hecho de la desaparición de la cuenta un acto jurídico de los socios de la entidad que contiene la voluntad de los mismos dirigida a producir ese efecto.

169. DERECHO DE LOS ACREEDORES SOCIALES A PERSEGUIR LAS UTILIDADES REPARTIDAS

Desde luego que las utilidades repartidas en ejercicios anteriores no dejan de serlo por las pérdidas que se sucedan en ejercicios posteriores. Esto hace que nadie puede exigir a los socios que reintegren a la sociedad las utilidades que de ella extrajeron con anterioridad. Esta conclusión si bien no está establecida en forma expresa en nuestra legislación para ningún tipo de sociedades, salvo las anónimas, rige o tiene aplicación atendido lo estipulado en el estatuto social, el que por lo general debe contener normas que determinan la existencia de ejercicios sociales, balance y distribución de utilidades. Estas normas pueden ser opuestas a los terceros que pretendan perseguir a los socios o accionistas por las deudas contraídas por la sociedad.

Sin embargo, como se ha dicho, todos los beneficios obtenidos en el ejercicio que se encontrare en curso van destinados a cubrir las pérdidas anteriores y, por ende, no adquieren la calidad de «utilidades» mientras no se encuentren aquellas totalmente cubiertas. De lo contrario, si dichas utilidades se pudieren repartir y los acreedores no tuvieren acción para pedir, en caso de insolvencia de la sociedad, la restitución al patrimonio social de las cantidades repartidas, se habría producido en el fondo un retiro anticipado por parte de los socios del capital social, con infracción de los estatutos sociales, los cuales pueden ser esgrimidos por los terceros afectados precisamente para proteger sus derechos.

En este sentido, el artículo 2070 del Código Civil establece: «La distribución de beneficios y pérdidas no se entenderá ni respecto de la gestión de cada socio, ni respecto de cada negocio en particular. Los negocios en que la sociedad sufre pérdida deberán compensarse con aquellos en que reporta beneficio, y las cuotas estipuladas recaerán sobre el resultado definitivo de las operaciones sociales. Sin embargo, los socios comanditarios o anónimos no son obligados a colacionar los dividendos que hayan recibido de buena fe».

Esta norma debe entenderse referida necesariamente a lo que ocurre con las utilidades y pérdidas de un mismo ejercicio y no al conjunto de las operaciones sociales durante todo el plazo de vigencia de la sociedad. Asimismo, el último inciso se refiere a los dividendos provisorios, esto es, a los que se reparten durante el ejercicio, sin esperar el resultado final del mismo.

No obstante, reconocemos que el tenor literal de la norma es amplio y que es posible sostener que salvo el caso de los socios comanditarios y anónimos, todos los demás se encuentran expuestos a tener que restituir a la sociedad las sumas que hubieren retirado a cuenta de utilidades, todo ello a fin de pagar deudas sociales.

Pero debe quedar en claro que esta postura importa desconocer la fuerza de los estatutos sociales respecto a sus normas sobre ejercicios, balance y distribución de utilidades, normas estas que fueron conocidas por los terceros que contrataron con la sociedad.

En todo caso, una interpretación como la descrita solo resultaría traumática para los socios de una sociedad de responsabilidad limitada, pues los simplemente colectivos son solidariamente responsables de las deudas sociales.

170. ABSORCIÓN DE PÉRDIDAS

La absorción de una determinada pérdida se hace mediante la eliminación del todo o parte de una cuenta de utilidades retenidas, de reservas o de capital.

Ya se ha dicho anteriormente que la absorción de pérdidas sociales se efectúa –para el caso de sociedades anónimas– por el solo ministerio de la ley, cuando existan utilidades del ejercicio o retenidas de ejercicios anteriores.

Pero cuando no se trate de sociedades anónimas, o incluso tratándose de ellas, no se esté en presencia de una cuenta de utilidades sino de reservas o de capital, la absorción de la pérdida no se produce por el solo ministerio de la ley y, por ende, la cuenta de que se trate subsistirá con la respectiva pérdida mientras no exista un acuerdo de los socios de la entidad en orden a absorber la pérdida con la eliminación de la cuenta de que se trate.

Si la cuenta de que se trata es la de capital, la pérdida se absorbe disminuyendo el capital social, lo que supone una reforma de estatutos de la entidad.[236]

(236) Los artículos 2446 y 2447 del Código Civil italiano dicen: «2446. Reducción del capital por pérdidas. Cuando resulta que el capital queda disminuido en más de un tercio a consecuencia de pérdidas, los administradores deben convocar sin tardanza a la asamblea para tomar las oportunas providencias. A la asamblea se le debe someter una relación sobre la situación patrimonial de la sociedad, con las observaciones del colegio de síndicos. La relación de los administradores con las observaciones del colegio de síndicos debe quedar depositada por copia en la sociedad durante los ocho días que preceden a la asamblea para que los socios puedan tomar vista de ella.

Si dentro del ejercicio siguiente la pérdida no resulta disminuida al menos en un tercio, la asamblea que aprueba el balance de tal ejercicio debe reducir el capital en proporción a las pérdidas comprobadas. En su defecto, los administradores y los síndicos deben pedir al tribunal que se disponga la reducción del capital en razón de las pérdidas resultantes del balance. El tribunal provee, oído el ministerio público, mediante decreto que debe ser inscrito en el registro de la empresa al cuidado de los administradores. Contra tal decreto se admite reclamación a la corte de apelaciones dentro de los treinta días a contar de la inscripción.»

«2447. Reducción del capital social por bajo del límite legal.- Si por la pérdida de más de un tercio del capital, éste se reduce por bajo del mínimo establecido por el art. 2327, los administradores deben convocar sin tardanza la asamblea para deliberar la reducción del capital y el simultáneo aumento del mismo a una cifra no inferior a dicho mínimo, o la transformación de la sociedad.»

SECCIÓN SEGUNDA
DIVISIÓN DE SOCIEDADES

171. CONCEPTO

En primer término, es necesario tener presente que lo que se denomina división de sociedades solo constituye una división de patrimonio. Ya hemos advertido que una sociedad o compañía es una persona jurídica y que éste concepto encierra bastante más que el de patrimonio. De manera que el nombre con que se conoce o denomina esta institución, en cierta medida, desborda el contenido mismo de lo que con ella se pretende designar.

Esto nos lleva a efectuar una primera consideración. Con motivo de la división de sociedades no se produce una división de la personalidad jurídica sino, solamente, una división de su patrimonio. La personalidad jurídica de la entidad que adquiere la parte del patrimonio que se divide surge precisamente del acto de división, siendo ésta circunstancia uno de los elementos del mismo.

De lo anterior se sigue una segunda consideración. Por ser el patrimonio uno de los elementos esenciales de la personalidad, tampoco hay propiamente una división de patrimonio, pues equivaldría obviamente a dividir la personalidad. Lo que existe en realidad es una división de la organización administrativa o si se quiere de la estructura jurídica del patrimonio de una persona jurídica y, obviamente, el posterior traspaso o transferencia de los bienes y o obligaciones que respalden en los hechos dicha organización o estructura administrativa y jurídica.

Hemos dicho precedentemente que el patrimonio de las personas jurídicas está organizado basándose en el concepto de cuentas y pérdidas, que son cifras numéricas representativas de una determinada cantidad de dinero o de bienes y que se encuentra sometida a un estatuto jurídico propio, distinto al de las demás cuentas. Hemos dicho también que las referidas cuentas junto a las pérdidas representan algo así como una parte alícuota de los bienes de la sociedad. Pues bien, la división del patrimonio de una persona jurídica supone la división de estas cuentas y, como es obvio, la posterior distribución de lo que resulte de la división entre la sociedad que permanece –si es que lo hace– y una o más personas jurídicas que necesariamente deben surgir de dicho acto.

De todo lo anterior extraemos, finalmente, una tercera consideración. Dado los objetivos y naturaleza del acto jurídico descrito en los párrafos precedentes, no se puede hablar propiamente de que se divide o puede dividir el pasivo de las personas jurídicas. Puede ocurrir –como de hecho ocurre– que producto de la división se genere una asunción de las deudas de la sociedad que se divide por una o más de las sociedades que surgen de la división. Pero, como quiera que esta adquisición de deudas se produzca, lo cierto es que no nace del acto de división mismo sino del posterior traspaso de dinero o bienes que respaldan las cuentas patrimoniales asignadas a la o las nuevas sociedades nacidas de la división.

Se desarrollará a continuación cada uno de los conceptos contenidos en los párrafos precedentes.

172. NO EXISTE UNA DIVISIÓN DE LA PERSONALIDAD JURÍDICA

La división de la personalidad jurídica de una entidad es inconcebible desde el punto de vista jurídico. Ya hemos advertido en capítulos anteriores que la personalidad jurídica está compuesta fundamentalmente por dos efectos o elementos: Primero, que ciertos hechos, actos, intereses, deberes y responsabilidades de un grupo de individuos son atribuidos a una persona distinta de ellos mismos, tanto individual como colectivamente hablando. Segundo, que la totalidad de las normas jurídicas se le deben aplicar a la persona jurídica por lo que constituye en sí misma, prescindiendo de las peculiaridades de los individuos que individual y colectivamente la componen. Esto puede parecer demasiado teórico para quien solo considere la personalidad en relación con un hecho o acto jurídico determinado y no la continuidad que tiene esa misma personalidad a través del tiempo. Pero sucede que las personas jurídicas tienen relaciones jurídicas que perduran en el tiempo y, lo que es más importante, los efectos de las normas jurídicas y contractuales suelen no ser instantáneos. Si se aceptara la división de la personalidad jurídica ¿A cuál de todas las sociedades resultantes de la división debería perseguir, por ejemplo, el que sufrió un daño derivado de un delito o cuasidelito imputable a la persona jurídica? ¿Podría ser a todas ellas? ¿En virtud de qué fundamento legal? Y el contratante perjudicado por el incumplimiento de las obligaciones de una persona jurídica antes de su división ¿A cuál de todas las sociedades resultantes de la misma debiera perseguir? ¿A la que continúa con el giro que dice relación con el contrato cuyas obligaciones se infringieron? ¿Por qué razón? No, la personalidad jurídica es indivisible porque las relaciones jurídicas requieren, más bien suponen como condición previa, la individualidad, la misma que dejaría de existir si se acepta la división de la personalidad jurídica.

Esto significa que los terceros no podrán jamás perseguir la responsabilidad contractual o extracontractual de las sociedades que surjan de la división por hechos, actos o contratos celebrados por la entidad de la cual surgieron antes de la misma división.

También significa que las sociedades que surgieron de una división jamás podrán atribuirse para sí beneficio alguno que provenga o tenga como causa un hecho anterior a la división, aún cuando este se relacione con su propio giro o con sus bienes y aún cuando la sociedad de la cual procede haya renunciado a continuar el giro de que se trata o le haya asignado al patrimonio de la nueva entidad el bien del cual procede la ganancia.

Y debe advertirse, finalmente, que lo dicho es a modo de ejemplo, pues es imposible imaginar todas las consecuencias que puede traer aparejado aceptar la división de la personalidad jurídica.

173. EN LA DIVISIÓN DE SOCIEDADES NO HAY DIVISIÓN DE PATRIMONIOS

Ya hemos dicho anteriormente que el concepto de patrimonio se confunde con la noción de capacidad, pues comprende no solo los derechos y obligaciones presentes sino también los futuros. Dividir el patrimonio es dividir la capacidad de la persona de su titular. Así ocurre en los casos en que la ley autoriza este tipo de divisiones. En el caso del peculio profesional o industrial del hijo de familia o del patrimonio reservado de la mujer casada, no todos los derechos y obligaciones futuras ingresan en tales casos a un único patrimonio sino a diferentes peculios según sea la causa de la adquisición. En los ejemplos propuestos, la mujer y el hijo de familia conservan dos o más patrimonios, cada uno con activos y pasivos con cierto grado de independencia entre sí.

Sin embargo, en la división de sociedades no se presenta ninguna de las características descritas. No se divide el patrimonio de una sociedad, aquel que se identifica con su capacidad. Se divide más bien su organización administrativa y jurídica. Hay una división de sus cuentas, pero no una división del patrimonio atributo de la personalidad de la entidad escindida. La capacidad de ésta última no se fracciona en compartimientos distintos como ocurre en los sobredichos casos de la mujer casada y del hijo de familia. La capacidad de la sociedad escindida no queda en absoluto limitada. Puede adquirir todo tipo de bienes, a cualquier título, por cualquier causa. Lo mismo ocurre en el caso de la o las sociedades escindentes. ¿Puede hablarse entonces de división de patrimonios?

Se podrá sostener que los ejemplos dados –el de la mujer casada y el del hijo de familia– se refieren a un tipo distinto de división patrimonial caracterizado porque las fracciones resultantes de la división continúan perteneciendo a una misma persona, en circunstancias que, en el caso de división de sociedades, las fracciones pasan a pertenecer a personas distintas. Pero, en realidad, la cuestión reside más bien en la capacidad de la persona cuyo patrimonio se dividió, pues si la capacidad no se fracciona no hay división de patrimonio. El patrimonio se identifica con la capacidad en términos tales de que sólo se puede hablar estrictamente de división en la medida de que exista un fraccionamiento de la capacidad. Y esto constituye una petición de principio que no se puede soslayar.

174. QUÉ ES LA DIVISIÓN DE SOCIEDADES

Hemos dicho al tratar de la organización jurídico-administrativa del patrimonio de las personas jurídicas, que ésta se encuentra basada en el concepto de «cuentas», esto es de cifras numéricas representativas de una determinada cantidad de dinero. Hemos dicho también que estas cuentas desempeñan una función interna de configuración del régimen jurídico al que se encuentran sometidos los respectivos bienes y derechos dentro del patrimonio de la sociedad, entre otras cosas en orden a si se reparten o no se reparten entre los socios y, si se quedan, a qué título lo hacen y con qué propósitos administrativos, laborales, provisionales, tributarios, en fin, legales.

Además hemos señalado que puede suceder que producto de sucesivas pérdidas sufridas por el patrimonio social, no existan en la sociedad bienes o derechos que respalden la cantidad de dinero representada por las cifras numéricas de las distintas cuentas sociales, lo que hace desaparecer el contenido de ellas, pero hemos advertido, también, que, cuando la sociedad mejore el estado de sus negocios con la percepción de nuevos ingresos, irá reconstituyendo con ellos el respaldo de las sobredichas cuentas mediante la disminución de las pérdidas acumuladas, a menos que los socios o la ley, según los varios casos, dispongan lo contrario.

Pues bien, la división de sociedades es una división de esta organización jurídico-administrativa basada en el sistema de cuentas descrito y, por ende, una división de todas o de al menos una de las cuentas que conforman su patrimonio. Las distintas cuentas y pérdidas del patrimonio de una persona jurídica se transforman, de esta manera, en el objeto del acto jurídico denominado «división de sociedades».

175. DEFINICIÓN, ELEMENTOS Y EFECTOS DE LA DIVISIÓN

De lo expuesto en el párrafo precedente, podríamos definir la división como un acto por el cual se escinden una o más cuentas del patrimonio de una persona jurídica, se distribuyen las cuentas resultantes de la misma entre ella y una o más sociedades que necesariamente deben surgir de dicho acto y se adjudican a estas últimas bienes y eventualmente obligaciones de la primera, como respaldo necesario de las cuentas asignadas, sin que se vea alterada en forma alguna ni la condición legal ni la función jurídico-administrativa que estas cuentas desempeñaban en el patrimonio de la sociedad escindida.

Lo característico, lo que constituye la esencia de este acto jurídico, es que la nueva sociedad que surge de la división sucede a la antigua, esto es, recibe de ella parte de la organización jurídico-administrativa de su patrimonio. Todo lo demás, vale decir, la transferencia de bienes, derechos y obligaciones se puede obtener por otro tipo de actos jurídicos. Pero esta forma de sucesión sólo se alcanza por medio de la división y por la fusión de sociedades, según veremos.

De esta suerte, los elementos del acto jurídico descrito son los siguientes: a) División y distribución de una o más cuentas patrimoniales y de pérdidas, si las hubiere; b) Nacimiento de una o más sociedades, y c) Adjudicación de bienes y asunción de obligaciones.

A. DIVISIÓN Y DISTRIBUCIÓN DE CUENTAS PATRIMONIALES

176. EXISTENCIA DE UN BALANCE PREVIO

La división de las cuentas del patrimonio de una persona jurídica exige la existencia de un balance a una determinada fecha, la que habrá de constituirse en la de la división. Esto es ineludible, pues no puede conocerse el estado de las distintas cuentas y de las pérdidas sociales sin la existencia del mismo. Y si no se conoce el estado de ellas, esto es, a cuánto ascienden, no se puede configurar la división. Constituiría en el fondo la celebración de un acto jurídico a ciegas, esto es, sin conocer el objeto sobre el cual recae. Cualquiera diferencia entre el contenido real y el estimado de la cuenta o de la pérdida haría incurrir a las partes que celebran el acto jurídico en error sustancial, porque la sustancia o calidad esencial de la cosa sobre la que recae el contrato es diversa de la que se cree (artículo 1454 del Código Civil). Por ejemplo, si en virtud del acto de división se asigna a la sociedad escindente $5.000.000 de la cuenta de reservas que se creía de $15.000.000, en circunstancias que sólo era de $14.000.000, será la sociedad escindida la que habría sufrido error sustancial, pues, producto de la división, habría conservado una cuenta de reserva por solo $9.000.000.- cuando creyó conservarla por $ 10.000.000.-

Tal es la importancia del balance. Determina el objeto del acto jurídico de división de sociedades que se ejecuta o celebra.

177. LA DIVISIÓN SIEMPRE SE HACE CON EFECTO RETROACTIVO

El patrimonio no es un concepto estático. Varía constantemente su monto, el valor de las distintas cuentas aumenta o disminuye, se perciben nuevas utilidades, se generan nuevas pérdidas, en fin, no es posible entenderlo de manera fija. Pues bien, es por ello precisamente que surge la necesidad de confeccionar un balance para efectuar una división. Pero el balance constituye una fotografía del patrimonio de una entidad tal como era a un instante determinado de su existencia, de suerte que al instante siguiente puede ser diferente.

La división de sociedades opera sobre la base del balance utilizado para la división que constituye en el fondo una fotografía del pasado. Es por ello que la división opera con un efecto retroactivo al día de su efectiva celebración. Opera a partir de la fecha en que se confeccionó el balance. Si se utiliza el balance confeccionado al 31 de diciembre del año pasado, una división hecha –por ejemplo– en mayo, operará con efecto retroactivo al 31 de diciembre, y las variaciones que haya experimentado la cuenta o la parte de la cuenta que se le hubiere asignado a la sociedad escindente entre aquella fecha y la de la división, habrá de ser considerada por ésta en el balance que tenga que practicar en el ejercicio siguiente. Esto significa que, para estos efectos, la sociedad escindente no nació en mayo como lo indica la fecha del acto de división sino el 31 de diciembre que es la fecha del balance en el ejemplo propuesto.

178. LA RETROACTIVIDAD ALCANZA A LA PERSONALIDAD

Es importante detenerse a considerar esto que se acaba de decir en el párrafo anterior, pues si la división opera con efecto retroactivo y la sociedad escindente debe considerar las variaciones experimentadas por la cuenta o la pérdida que le hubiere sido asignada durante un periodo anterior al de su existencia, quiere decir entonces que la personalidad jurídica de esta sociedad que surgió de la división, también lo hizo con efecto retroactivo. Esto quiere decir –entre otras cosas– que la sociedad pudo adquirir derechos y obligaciones a una fecha anterior a la de su nacimiento y aunque ello puede a primera vista resultar dudoso o incluso peligroso, no debe perturbar, pues el efecto retroactivo sólo podrá ser aceptado por el orden jurídico en la medida que con él no se vea perturbada otra norma del mismo orden o se vean afectado los intereses de terceros, incluyendo dentro de éstos al Estado por el cumplimiento de la leyes tributarias.

179. POR LO GENERAL ES ESENCIAL LA DIVISIÓN Y DISTRIBUCIÓN DE LA CUENTA DE CAPITAL

En la división de una persona jurídica con fines de lucro resulta esencial la escisión de su cuenta de capital social y la distribución de las partes resultantes entre la sociedad escindida y las escindentes. Si así no ocurriere, la sociedad que surja de la división carecería del mismo y si la sociedad escindida distribuye toda su cuenta de capital entre las escindentes se quedaría también sin capital social, siendo esta una exigencia de nuestra legislación para todo tipo de sociedades con excepción de las colectivas. Estas últimas no requieren contar con capital social porque siendo sus socios responsables del pago de las obligaciones de la sociedad, el reparto de utilidades no perjudica de manera alguna a los acreedores sociales que pueden perseguir el pago de sus acreencias en los bienes de los socios de la deudora. Por este motivo, si la sociedad que surge del acto de división es del tipo colectivo, no es esencial que se divida la cuenta de capital de la sociedad escindida, aunque se puede sostener que para el resto de las sociedades tal exigencia se impone por disposición indirecta de la ley.

Esta es la única cuenta del patrimonio de la sociedad escindida que debe necesariamente ser objeto de división y distribución. Las otras cuentas no necesariamente deben ser objeto de división, aunque pueden serlo a voluntad de los socios. Así, por ejemplo, puede que se decida no asignar a ninguna de las sociedades que surjan de la división la cuenta de reservas de la sociedad escindida. En tal caso, la o las sociedades escindentes nacerán solamente con capital social y carecerán de reservas y pasivos, lo que es perfectamente lícito.

180. LA DIVISIÓN DE SOCIEDADES CON PATRIMONIO NEGATIVO Y LA ASIGNACIÓN Y DISTRIBUCIÓN DE LAS PÉRDIDAS

El hecho de que sea esencial la división de la cuenta de capital de la sociedad escindida no significa de manera alguna que sea imposible la división de una sociedad con patrimonio negativo, esto es, que sea tal el monto de las pérdidas que hayan consumido íntegramente el capital social de la entidad.

Hemos dicho precedentemente que el capital despliega un control contable en términos de obligar los socios a mantener en la compañía una cantidad en bienes o dinero igual a la cifra numérica representativa del capital social de la entidad. Pero hemos advertido también que dichos bienes pueden salir de la sociedad a otro título distinto que el retiro de los socios, como podría ser el pago de una deuda.

Pues bien, el hecho de que se haya consumido el capital social no impide la división. Se dividirá igualmente la cuenta de capital de la sociedad escindida con patrimonio negativo, y se le asignarán bienes para cumplir con el requisito legal de la aportación, y se le asignarán pérdidas por un monto que no haga disminuir a cero o a una cantidad negativa la parte de la cuenta de capital asignada, todo ello para cumplir con el requisito legal de la aportación por parte de los socios.

Lo que está claro, sin embargo, es que si se asigna una cuenta de capital y una pérdida por igual monto, no se puede adjudicar bien alguno, pues la pérdida tiene por objeto determinar el contenido real de una cuenta del activo.

En el futuro, cuando la sociedad que surja de la división perciba nuevos ingresos irá –como se ha dicho– reconstituyendo paulatinamente el contenido real de su cuenta de capital mediante la disminución de sus pérdidas.

181. POR LO GENERAL ES ESENCIAL LA DISMINUCIÓN DE CAPITAL DE LA SOCIEDAD DIVIDIDA

Según lo consignado precedentemente en orden a que resulta esencial la división de la cuenta de capital de la sociedad escindida, se debe concluir forzosamente que también resulta esencial la disminución de capital social de la misma sociedad. La disminución se produce porque se divide la cuenta de capital y, por ende, la sociedad escindida queda con un capital inferior. Esto, con la salvedad, también formulada en el párrafo precedente, de las sociedades colectivas.

El artículo 95 de la Ley sobre Sociedades Anónimas hace fe de esta conclusión al consignar expresamente que en la junta general en que se acuerde la división debe aprobarse, entre otras materias, la disminución de su capital social.

B. NACIMIENTO DE UNA O MÁS SOCIEDADES

182. ESTATUTOS Y SOCIOS

El objetivo de toda división de sociedades es asignar una o más cuentas del patrimonio de una persona jurídica preexistente a una sociedad nueva que nace del acto de división. La creación de esta última se impone, entonces, por imperativo de su propia naturaleza.

Ahora bien, la creación de toda sociedad supone la determinación de sus estatutos. Estos últimos no tienen necesariamente que ser los mismos de la sociedad preexistente, como tampoco es esencial que la nueva entidad tenga el mismo tipo social que la antigua. Todo ello depende de la voluntad de las partes, esto es, de los socios o accionistas de la sociedad escindida. Así por lo demás lo confirma expresamente –para el caso de las sociedades anónimas– el N° 2 del artículo 95 de la Ley 18.046, que dice: «La división debe acordarse en junta general extraordinaria de accionistas en la que deberán aprobarse las siguientes materias: [...] 2) La aprobación de los estatutos de la o de las nuevas sociedades a constituirse, los que podrán ser diferentes a los de la sociedad que se divide [...]

No obstante, es necesario que los socios de la o las nuevas sociedades sean los mismos que tenía la antigua. Lo que se divide –como se ha dicho– es la organización jurídico-administrativa del patrimonio de una persona jurídica, mas no así el sustrato personal que la sostiene. Además, los únicos que tienen suficiente título para adquirir los derechos o acciones de la nueva sociedad no pueden ser sino, exclusivamente, los socios o accionistas de la sociedad dividida, pues sólo ellos tienen derecho a recibir no sólo las utilidades sino la cuota de liquidación de ésta. No se vislumbra entonces a qué título podrían perder o ceder a terceros este derecho. Antes de la división no estarían facultados para hacerlo sin perder su calidad de socios o accionistas, pues sólo en contadas ocasiones puede separarse de la condición de socio el derecho a percibir las utilidades o beneficios de la entidad. Después de la división, la nueva sociedad habría nacido ya con los mismos accionistas de la sociedad dividida y, en tales circunstancias, no se cedería el derecho a adquirir las acciones de la sociedad escindente sino las acciones mismas, aun cuando no estuvieren materialmente emitidos los títulos. Así se establece expresamente para las sociedades anónimas. El artículo 95 N° 2 de la Ley 18.046 prescribe que la aprobación de los estatutos de la nueva sociedad «incorpora de pleno derecho a todos los accionistas de la sociedad dividida en la o las nuevas sociedades que se formen».

El artículo 100 de la Ley 18.046 previene que ningún accionista, a menos que consienta en ello, podrá perder su calidad de tal con motivo de un canje de acciones, fusión, incorporación, transformación o división de una sociedad anónima. Pues bien, esta norma entendemos que se refiere a la calidad de accionistas de la sociedad escindida y no respecto a la o las escindentes, pues, de lo contrario, entraría en conflicto con el número 2 del artículo 95 de la ley citada.

183. LA NUEVA SOCIEDAD DEBE CUMPLIR CON LOS REQUISITOS Y FORMALIDADES DE SU RESPECTIVA FORMA SOCIETARIA

Aunque la afirmación que aparece en el título de este párrafo puede que parezca evidente, al momento de aplicar el principio de que las nuevas sociedades deben cumplir los requisitos y formalidades de sus respectivas formas societarias, surgen inconvenientes de forma y fondo.

De forma, porque no se sabe bien si los sobredichos requisitos y formalidades pueden cumplirse conjuntamente con aquellos que requiere el acto de modificación de la sociedad escindida o si, por el contrario, se debe obrar por separado, repitiendo si es necesario cada formalidad exigida por cada sociedad que nazca de la división, a saber, dos o más extractos, dos o más publicaciones, dos o más inscripciones.

En nuestra opinión, la ultima posición se impone por imperativo práctico, pues si así no se hiciera, querría decir que las sociedades que habrían surgido producto de la división no tendrían propiamente inscripción ni publicación social, encontrándose ellas formando parte de la modificación de una sociedad distinta, situación que estimamos contraria a derecho y peligrosa desde el punto de vista de los objetivos que el orden jurídico pretende asegurar con las mencionadas inscripciones y publicaciones.

No debe concluirse lo mismo respecto de si se requiere una o más escrituras publicas o privadas. El acto de división es uno solo, por lo que una sola debe ser la escritura que da cuenta de él o a través de la cual se haya expresado el consentimiento. El problema, sin embargo, suele complicarse por otra vía. En efecto, las formas societarias que exigen para su constitución de escritura publica, se encuentran con el inconveniente de que, si nacen de una división de una sociedad anónima, no podrán cumplir con tal exigencia, pues el acuerdo de división se adopta en Junta a la que sólo se reduce el acta que da cuenta de la sesión y no por escritura publica. Esto, en principio, podría soslayarse mediante la comparecencia –por lo demás obligatoria según lo dispone la Ley 18.046– de un notario público a la junta de accionistas que acuerde la división, de modo de hacer del acta que da cuenta de la sobredicha Junta una verdadera escritura pública.

Pero en relación con la división de sociedades anónimas han surgido también inconvenientes de fondo para poder llevar a la práctica el principio mencionado en cuanto a los requisitos del contrato a que da lugar la forma societaria de la compañía que surge de la división. En efecto, de acuerdo a lo señalado por la ley, la sociedad es un contrato que nace producto del acuerdo de voluntades de todas las partes que intervienen en su formación. Sin embargo, para adoptar un acuerdo de división de una sociedad anónima no es necesario contar con el consentimiento de todos los accionistas de la misma sino sólo del voto conforme de las dos terceras partes de las acciones emitidas con derecho a voto. De esta forma, puede suceder que la nueva sociedad no surja del consentimiento de todos los accionistas que concurren a su otorgamiento, lo que implica que a tal sociedad le faltó un requisito de la esencia de todo acto jurídico cual es el de la voluntad. Es por ello, quizás, que el artículo 94 de la Ley 18.046 no considera la posibilidad que las sociedades que resulten de una división no sean sociedades anónimas.

C. ADJUDICACIÓN DE BIENES Y ASUNCIÓN DE OBLIGACIONES

184. LA DIVISIÓN PUEDE CONSTITUIR UN TÍTULO TRASLATICIO DE DOMINIO. FORMACIÓN DE UNA COMUNIDAD DE BIENES

Hemos dicho anteriormente que todos y cada uno de los bienes y derechos de la entidad respaldan hasta por ese monto el valor de cada cuenta de la sociedad. Hemos dicho también que, mirado desde este punto de vista, una cuenta constituye la expresión de derechos sobre los bienes de la sociedad. De esto se sigue que quien resulte titular del todo o parte de una cuenta lo es también, hasta por el valor que representa la cuenta, de todos y cada uno de los bienes de la entidad y no lo es en parte alguna de sus obligaciones, pues una cuenta sólo es representativa de dinero o bienes y nunca de obligaciones.

Normalmente existe siempre un solo titular de las cuentas del patrimonio de una persona jurídica y éste es precisamente la propia persona de que se trata. Pero producto de una división de sociedades –y ésta, advertimos, es la única circunstancia en que puede presentarse el caso– puede suceder que una persona distinta al titular del patrimonio del cual forma parte la cuenta, puede resultar dueña del todo o parte de la misma.

Esto hace que la o las sociedades que surgieron de la división y a quienes se le asignaron la o las cuentas escindidas, sean dueñas, hasta por el monto que representa el valor de la cuenta asignada, de todos y cada uno de los bienes sociales, lo que convierte al acto de división en un título traslaticio de dominio. En otras palabras, ha surgido producto del acto de división una comunidad de bienes entre la sociedad escindida y la o las sociedades escindentes, comunidad que es necesario liquidar mediante la adjudicación de los distintos bienes de la compañía escindida. En estos casos, el haber de la sociedad escindente –como ocurre en toda partición de bienes– podrá ser enterado directamente por la sociedad escindida mediante el pago en dinero efectivo de una determinada cantidad de dinero. Si nada se dice respecto a la partición de la comunidad, nos parece inconcuso que ello importa dejarla indivisa.

Pero la división es título traslaticio de dominio solo cuando a la sociedad que surge de la división se le asigna una cuenta representativa de una determinada cantidad de dinero y no recibe o sucede a la sociedad escindida en parte alguna de sus pérdidas o sucediéndole, lo hace en una cantidad inferior al valor que representa la cuenta asignada. En tal caso, resulta una cifra positiva que es necesario respaldar con bienes o derechos, pues como se ha dicho, ello significa constituir a la sociedad escindente en comunera de los bienes sociales hasta por un monto en bienes y derechos igual al que representa el valor de la cuenta o, en su caso, el valor de la misma menos el monto de las pérdidas asignadas.

Si por el contrario, el valor de la pérdida asignada es superior al de la cuenta que recibe, es obvio que no procede que se le adjudique bien alguno, pues precisamente con la asignación de una pérdida mayor se está queriendo significar que no existe el contenido real de la cuenta asignada, todo ello con el inconveniente de que no se estaría cumpliendo con el requisito legal de la aportación por parte de los socios o accionistas.

Pero se debe advertir que la división constituye título traslaticio de dominio aun en el caso de que la sociedad escindente asuma una parte de las obligaciones de la sociedad escindida por un monto igual o incluso superior al valor de las cuentas asignadas. Hemos dicho anteriormente que la única forma de dar cuenta de la inexistencia del contenido real de una cuenta es mediante la creación de una pérdida. Si como sucede en este caso, se le asigna a la nueva sociedad una cuenta representativa de un valor determinado, sin la consiguiente asignación de pérdidas, debe ingresar a dicha nueva sociedad una cantidad equivalente de bienes al valor de la cuenta. El hecho de que también asuma obligaciones de la sociedad dividida significará a lo sumo que podrá utilizar los bienes recibidos en respaldo del valor de la cuenta asignada precisamente para pagar las obligaciones asumidas en virtud del acto de división.

185. HABIENDO SURGIDO UNA COMUNIDAD DE BIENES ES NECESARIO PROCEDER A SU DIVISIÓN. TASACIÓN DE BIENES

Habiendo surgido una comunidad de bienes entre la sociedad escindida y las escindentes es necesario proceder a su terminación por la división de los bienes que constituyen el haber común representado por los bienes y derechos de la sociedad.

El haber de cada comunero está representado por el valor de las cuentas que le hubieren sido asignadas en virtud del acto de división menos, eventualmente, el valor de las pérdidas que se conserven por la sociedad escindida o se reciban por la o las sociedades escindentes.

Para proceder a la adjudicación de los bienes objeto de la partición es necesario proceder previamente a su tasación, pero como el valor de las respectivas cuentas resulta de aquel que tenían en el balance que se utilizó para efectuar la división, se debe recurrir a los valores de tasación de bienes que figuraban en el mismo balance, pues de lo contrario, si se tasaren a un valor distinto, ya sea superior o inferior, dicha tasación debería redundar en una modificación de las cuentas del patrimonio dividido, aumentando las utilidades si se tasaren los bienes a un mayor valor o aumentando las pérdidas si lo hicieren a un menor valor. Eso significaría que debería entonces procederse a la modificación del balance, lo que cambiaría la base sobre la que se efectuó la división.

Los valores que figuran en el balance corresponden al valor libros de cada bien de la sociedad, por lo que, en conclusión, se debe sostener que para efectuar la adjudicación debe considerarse el valor con que figuraba cada bien en los libros de la sociedad.

186. LA SOCIEDAD ESCINDENTE PUEDE ASUMIR OBLIGACIONES DE LA ESCINDIDA. EFECTOS RESPECTO AL ACREEDOR

En virtud de la partición a que da lugar una división de sociedades, la o las sociedades escindentes pueden asumir obligaciones de la sociedad escindida mediante el expediente de adjudicarle bienes de mayor valor que el de las cuentas que se le hubieren asignado y obligaciones de la antigua sociedad hasta por un monto que, restado al de los bienes, arroje como resultado un valor igual al de la cuenta asignada.

Si el acreedor otorga su consentimiento para que la nueva sociedad sustituya a la antigua en el cumplimiento de la obligación, se produce una novación por cambio de deudor. Pero a falta de este consentimiento, la asunción de la obligación por parte de la sociedad escindente le resultará al acreedor enteramente inoponible, pudiendo perseguir al primitivo deudor por el pago de su acreencia o al nuevo deudor ya sea como su diputado para hacer el pago o como obligado solidario o subsidiario, según parezca deducirse del tenor o espíritu del acto (artículo 1635 del Código Civil).

Si con motivo de lo anterior, es la antigua sociedad la que efectúa el pago, surgirá un crédito en su favor contra la sociedad escindida para exigir el reembolso de lo pagado, todo ello en virtud del acto de división.

SECCIÓN TERCERA
FUSIÓN DE PERSONAS JURÍDICAS

187. CONCEPTO

La fusión consiste en la reunión de dos o más sociedades o personas jurídicas en una sola que las sucede en todos sus derechos y obligaciones, y a la cual se incorpora la totalidad del patrimonio y accionistas de los entes fusionados. Esta es más o menos la definición contenida en el artículo 99 de la Ley 18.046.

Sin embargo, dicha definición no da una verdadera noción del acto jurídico que se ejecuta o celebra. En realidad, la fusión consiste en la disolución anticipada y en el aporte del patrimonio de una o más personas jurídicas a otra ya existente o que se crea para tales efectos.[237] La fusión es, entonces, un acto jurídico, entre los distintos socios o accionistas de las sociedades intervinientes y, en el cual, los intereses contrapuestos están representados principalmente por la determinación del grado de participación social que a cada uno de ellos le corresponderá en la sociedad absorbente y el tipo de estatutos de ésta.

Como se desprende de lo expuesto, la fusión de sociedades es un acto jurídico que afecta a la personalidad de las sociedades que son objeto de ella, a la duración y al patrimonio de las mismas, a sus socios o accionistas y a terceros. En ese mismo orden serán tratados los temas mencionados.

(237) Ripert señala que la fusión lleva consigo la desaparición de la sociedad, por el aporte global de sus bienes a una nueva sociedad. Agrega más adelante, que la fusión se realiza mediante el aporte que hace la sociedad absorbida a la otra de todo su activo con cargo de pagar todo el pasivo. RIPERT, Georges, *Tratado Elemental de Derecho Comercial.* Tipográfica Editora Argentina, Buenos Aires, 1954, tomo II, págs. 548-549.

188. LA FUSIÓN EXTINGUE LA PERSONALIDAD JURÍDICA. CONSECUENCIAS

En primer término, es necesario señalar que la fusión es siempre causal de extinción de la personalidad jurídica; si bien no de todas por lo menos de una de las sociedades intervinientes. En efecto, de acuerdo a la clasificación contenida en el artículo 99 de la Ley sobre Sociedades Anónimas, hay dos tipos de fusión. Fusión por creación, que es aquella que se produce cuando el activo y pasivo de dos o más sociedades que se disuelven, se aporta a una nueva sociedad que se constituye; y fusión por incorporación, que es aquella que se produce cuando una o más sociedades que se disuelven son absorbidas por una sociedad ya existente, la que adquiere todos sus activos y pasivos.

Pues bien, en el caso de fusión por creación, se extingue la personalidad jurídica de todas las sociedades intervinientes, de forma que el patrimonio de todas ellas es adquirido por una nueva sociedad que nace producto de la fusión. En el caso de fusión por incorporación, se extingue la personalidad jurídica de la o las sociedades que son absorbidas en virtud de la fusión, subsistiendo la personalidad de la sociedad absorbente.

Si aceptamos que existe extinción de la personalidad jurídica de las sociedades intervinientes –lo que a la luz de nuestra legislación es un hecho indiscutible por existir texto expreso de ley– debemos concluir necesariamente que no existe fusión de personalidades,[(238)] lo que importa sostener que la sociedad que absorbe el patrimonio de las otras ya sea por creación o por incorporación no absorbe, sin embargo, su personalidad, pues esta queda extinguida por el solo acto de la fusión. Ya hemos advertido anteriormente que la personalidad es algo que excede con creces el concepto de patrimonio que no es más que uno de sus atributos. Si no absorbe su personalidad porque quedó extinguida, la absorbente no puede atribuirse para sí, así como tampoco pueden atribuirle a ella, ni los derechos ni las obligaciones patrimoniales o extrapatrimoniales que, de existir como personas, habrían nacido para las sociedades absorbidas después de la fusión. Respecto a los derechos y obligaciones extrapatrimoniales de las sociedades absorbidas, v. gr., una menor o mayor cotización para accidentes del trabajo, la sociedad absorbente no puede sucederles ni siquiera en aquellos que existían antes de la fusión, pues ellos se conceden o se imponen en consideración a la persona y no a su patrimonio.

189. NO HAY FUSIÓN EN LA REUNIÓN DE TODAS LAS PARTICIPACIONES SOCIALES EN UNA SOLA MANO

Contrariamente a lo que pudiera creerse, la reunión en una sola mano de todas las participaciones sociales no produce una fusión de sociedades sino, solamente, da lugar a la disolución de la sociedad de que se trate, pero no extingue su personalidad jurídica, la que continúa vigente para los efectos de su liquidación. Liquidada la compañía, esto es,

(238) RIPERT, no obstante, sostiene al parecer lo contrario. Dice al respecto: "La fusión tomada como una operación indivisible, no hace desaparecer las sociedades sino por absorción, se considera, pues, que la antigua sociedad sobrevive en la nueva.» Sin embargo, en honor a la verdad, el citado autor está tratando de proteger con dicho argumento a los accionistas minoritarios. Véase *Tratado Elemental de Derecho Comercial*, op. cit., pág. 549.

extinguidas sus obligaciones, los bienes que resten ingresan a formar parte del patrimonio de único titular de todas las participaciones de la sociedad disuelta, pero esos bienes no constituyen propiamente un patrimonio sino, simplemente, haberes que resultan del proceso de liquidación.(239)

Esto se comprueba con mayor certeza si se considera lo que es verdaderamente una fusión de sociedades. Es, como se ha dicho, un acto entre los distintos socios o accionistas de las sociedades que se fusionan. La compra de todas las participaciones sociales de una compañía supone una relación jurídica entre una persona que no necesariamente es socia o accionista de otra y los titulares de todas las participaciones sociales de una compañía que, precisamente a consecuencia de la venta de las mismas, se disuelve. La relación jurídica es completamente diversa. Es diferente el objeto, que en este caso son las acciones y en la fusión es el patrimonio que se aporta. Es diferente su causa, que en este caso es el precio que se recibe por las acciones y en la fusión es la participación que se adquirirá en la sociedad absorbente. Son diferentes las bases del negocio, son diversos sus efectos. No hay por consiguiente nada que tengan en común.

Debe hacerse presente que el inciso 3º del art. 110 de la Ley sobre Sociedades Anónimas, establece que si la sociedad se disuelve por reunirse las acciones en manos de una sola persona, no será necesaria la liquidación. Constituye lo anterior una clara excepción al principio que hemos enunciado.

190. EXISTE FUSIÓN DE PATRIMONIOS. CONSECUENCIAS

De lo expuesto precedentemente, se debe llegar a la conclusión de que, en virtud de la fusión de sociedades, se produce, entre otras cosas, una fusión de los distintos patrimonios de las sociedades intervinientes o, si se quiere, la sucesión por parte de la sociedad absorbente de las distintas universalidades jurídicas constituidas por los patrimonios de las absorbidas.(240) (241) (242)

Esto significa que la sociedad absorbente sucede a las antiguas, esto es, recibe de ellas la organización jurídico-administrativa de sus respectivos patrimonios, sin que se vea alterada ni la condición legal ni la función que cada una de las cuentas y pérdidas de los distintos patrimonios desempeñaban en ellos.

De esta forma, al producirse una fusión de patrimonios, es necesario analizar cuáles son los efectos y que tipo de alteraciones se producen en la estructura jurídico- administrativa

---

(239) La opinión es compartida por la doctrina. ASCARELLI, op. cit., pág. 200 y los demás citados por el mismo autor tales como FERRI y GRECO; MESSINEO, op. cit., pág. 563. Sólo Vivante al parecer se opone, según Ascarelli.

(240) Ferrara señala como una de las características principales de la fusión de sociedades el hecho de que «la sociedad incorporante o la resultante de la fusión adquiere el patrimonio de la sociedad incorporada, se produce una sucesión in universum ius, a título universal, de modo que todos los bienes, créditos y deudas de la sociedad que se extingue pasan a la sociedad a que se incorpora o a la creada por fusión.» FERRARA, Francisco, *Empresarios y Sociedades*, Editorial Revista de Derecho Privado, Madrid, págs. 381-382.

(241) Ascarelli habla también de una «verdadera sucesión entre vivos en una universalidad de derecho». ASCARELLI, Tulio. *Sociedades y Asociaciones Comerciales.* Ediar S.A. Editores, Buenos Aires, 1947, pág. 202.

(242) Es interesante anotar la opinión de Ripert en este sentido. Señala dos cosas: 1. Que el aporte que la sociedad absorbida hace de su activo es con cargo de pagar todo el pasivo; y 2. Que la transmisión del patrimonio global es posible porque desaparece el titular de este patrimonio. RIPERT, op. cit., pág. 549.

de los patrimonios fusionados, fundamentalmente en lo que respecta a cómo quedan o más bien cómo se acomodan en un solo patrimonio las distintas cuentas de capital, utilidades y reservas y las pérdidas de los patrimonios intervinientes.

191. COMPORTAMIENTO DE LAS CUENTAS DE CAPITAL DE LOS DISTINTOS PATRIMONIOS FUSIONADOS

Hemos dicho que el capital de una persona jurídica constituye una cifra numérica representativa de bienes y derechos que los socios se han obligado a no retirar de la sociedad. Hemos dicho también que la única manera de reducir esta cantidad es mediante una reforma de estatutos que sólo puede tener efectos para el futuro, vale decir, que resulta inoponible a los acreedores que hubieren contratado con la sociedad en una fecha anterior a la de la modificación. Pues bien, como por el hecho de la fusión de sociedades no se ha producido una disminución de capital en ninguna de las sociedades intervinientes a menos que se pacte, lo lógico es concluir que las distintas cuentas de capital de las sociedades absorbentes y absorbidas se suman, pues de lo contrario significaría sostener que, con motivo de la fusión, se ha producido una disminución indirecta de capital, lo que perjudicaría a los acreedores de todas las sociedades intervinientes, pues los socios o accionistas que resultaren después de la fusión tendrían derecho a retirar de la sociedad una cantidad que antes de la fusión no estaban facultados para recibir a tal título. Conservando las distintas cuentas de capital intactas, se conserva también intacta la garantía de que, al menos, no podrá ser repartido entre los socios una cantidad en bienes y derechos idéntica a la suma de los distintos capitales de las sociedades intervinientes. Si producto de la redacción de los nuevos estatutos de la sociedad absorbente, aparece un capital inferior a la suma de todos los capitales de las sociedades intervinientes, querrá decir que los socios disminuyeron el capital social, disminución que será inoponible a los acreedores de las distintas sociedades que lo eran por contratos anteriores a la fusión.[243]

Por otra parte, si dichas cuentas de capital no se sumaren, se alteraría la condición legal y la función jurídico-administrativa que ella desempeñaba en el patrimonio antes de la fusión, lo que importa negar uno de los efectos principales del acto de fusión, cual es la mantención de las cuentas y pérdidas de los patrimonios fusionados.

192. COMPORTAMIENTO DE LAS DEMÁS CUENTAS DE LOS PATRIMONIOS FUSIONADOS

En principio, se debe sostener que se conservan todas aquellas cuentas que cumplían en los respectivos patrimonios a los que pertenecían una determinada función jurídico- administrativa, sumándose las que cumplían idéntico papel.

(243) RIPERT, op. cit., pág. 548; ASCARELLI, op. cit., pág. 201 y MESSINEO, Francesco, *Derecho Civil y Comercial.* Ediciones Jurídicas Europa-América, Buenos Aires, tomo V, pág. 562, sostiene que se produce un aumento de capital, aunque se debe advertir que dichos autores no hablan propiamente de «cuentas de capital», sino que señalan que el aumento se produce con la aportación que las absorbidas hacen a la absorbente. No obstante Messineo en pág. 561 señala que la sociedad absorbente asume todas las obligaciones de las absorbidas, comprendiendo, dice, «el débito constituido por el capital», lo que supone claramente que comparte la afirmación que los capitales se suman.

Asimismo, se debe sostener que deben desaparecer todas aquellas cuentas formadas por mandato de la ley o de los socios atendido el tipo social o la naturaleza de los negocios de la o las sociedades absorbidas, siempre que la sociedad absorbente no tenga obligación de formarlas por mandato de la ley o de sus propios estatutos. Sin embargo, la desaparición de tales cuentas no puede producirse por el solo ministerio de la fusión sino, por el contrario, es menester que exista un acuerdo de los socios en tal sentido o del órgano de la persona jurídica absorbente que por estatutos o por la costumbre tenga facultad para hacerlo.

193. COMPORTAMIENTO DE LAS PÉRDIDAS

En cuanto a la coexistencia de utilidades y pérdidas en la sociedad absorbente con motivo de la fusión, debemos reiterar lo dicho cuando analizamos el caso a propósito del patrimonio de las personas jurídicas. Es inconcebible la coexistencia de utilidades y pérdidas del mismo ejercicio, pues las segundas se restan a las primeras y el resultado de esta operación dará lugar a un solo concepto dentro del patrimonio de la sociedad absorbente ya sea de utilidades del ejercicio si la cifra es positiva, ya sea de pérdidas del ejercicio si la cifra es negativa. Asimismo, en principio, no es aceptable la coexistencia de pérdidas con utilidades retenidas de ejercicios anteriores, debiendo estas ultimas cubrir a las primeras en términos de hacerlas desaparecer.

Pero lo expuesto debe entenderse sólo como principio general, pues el establecimiento de cuentas de utilidades en alguno de los patrimonios objeto de la fusión, a veces, no solo tiene por objeto indicar la existencia de cantidades de dinero destinadas a ser repartidas entre los socios o accionistas, sino el de dar cuenta de una especial condición de las mismas o de las cantidades de dinero que representan. En este caso, absorber las pérdidas con dichas utilidades constituye pasar por alto la norma legal, estatutaria o incluso el acuerdo de los socios que les dio origen.

En fin, nos remitimos en todo a lo sostenido en el párrafo titulado «Coexistencia de utilidades y pérdidas».

Sin embargo, debe advertirse que, en lo que respecta a pérdidas tributarias, el criterio del Servicio de Impuestos Internos es otro, pues considera que estas solo permanecen en la medida que subsista la persona jurídica en la que se generaron. En otras palabras, las pérdidas tributarias de las sociedades absorbidas desaparecen.

194. LA FUSIÓN COMO ACTO JURÍDICO. ELEMENTOS, CARACTERÍSTICAS

La fusión es en realidad un acto jurídico por el cual los socios o accionistas de todas las sociedades intervinientes aportan la totalidad del activo y pasivo de las respectivas sociedades a otra persona jurídica existente (fusión por incorporación) o a una nueva que se crea para tales efectos (fusión por creación). En el caso de la primera, los socios de la entidad que recibe la totalidad de los activos y pasivos de las demás, no aportan en realidad nada, pero es como si lo hicieran, dado que aceptan compartir lo suyo con los socios de las demás. La única diferencia es que facilitan la persona jurídica de que son dueños a fin de que se produzca al interior de su patrimonio la fusión que se proyecta.

Como todo acto jurídico, supone un acuerdo de voluntades entre las partes que lo ejecutan o celebran, acuerdo que debe recaer sobre un objeto determinado y en virtud de una causa precisa, aunque no sea necesario expresarla.

El objeto del acto jurídico es sin duda el aporte que los socios de las compañías intervinientes en la fusión hacen de la totalidad del activo y pasivo, esto es, del patrimonio de la entidad que les pertenece. Lo que debe darse o hacerse en virtud del acto de fusión es transferir el dominio de todos los bienes de la sociedad que se absorbe a la sociedad absorbente al mismo tiempo de que esta última también se hace cargo del pago de las obligaciones contraídas por las absorbidas. Es efectivo que los socios de la absorbente, si se trata de una fusión por incorporación, no efectúan aporte alguno, pero aceptan compartir los activos de su compañía con los socios de las otras. Se podrá decir que esto no se hace directamente sino a través de la compañía absorbente que poseen y administran, pero eso no puede hacer cambiar la verdadera naturaleza del objeto del contrato, que es lo que verdaderamente nos interesa precisar en este párrafo.

La causa de esto que hemos venido en llamar aporte o transferencia de bienes y transmisión de obligaciones no es otra que el grado de participación social que los distintos socios de las sociedades intervinientes adquirirán en la sociedad absorbente.

El acto no puede ser calificado como un contrato bilateral, porque si bien engendra obligaciones para todas las partes, estas no se gravan recíprocamente. Es un contrato plurilateral. No es gratuito, porque persigue la utilidad de todos los contratantes, pero siendo evidentemente oneroso no lo es en los términos de la ley, pues cada parte no se grava en beneficio de la otra. Puede ser considerado conmutativo porque el porcentaje o grado de participación social que alcanza un socio en la sociedad absorbente se mira como equivalente a lo que los otros socios alcanzan en la misma con sus respectivos aportes.

195. LA FUSIÓN COMO ACTO JURÍDICO. PROCEDIMIENTO

Se debe considerar en primer lugar que la fusión es un acto jurídico entre los socios o accionistas y no entre sociedades o personas jurídicas. Esto significa que es requisito previo que los socios o accionistas de las distintas sociedades involucradas acuerden por separado las condiciones en que se hará la fusión y los estatutos de la sociedad absorbente. Estos actos tienen el carácter de preparatorios al contrato definitivo de fusión, el cual, normalmente, se ejecuta o celebra por un mandatario o representante de cada uno de los socios o accionistas de las sociedades intervinientes, nombrado por ellos, y que en el fondo ejecuta o da cumplimiento al acto de fusión acordado.(244)

Entre las condiciones en que se hará la fusión se encuentran involucrados principalmente dos asuntos: La individualización de los patrimonios fusionados, que constituye el objeto del acto jurídico que se ejecuta o celebra y la determinación del porcentaje de participación social que le corresponderá a los socios en la sociedad absorbente, que constituye su causa.

Estas materias deben ser objeto del acuerdo de voluntades de los distintos socios o accionistas de las sociedades involucradas en la fusión. En las sociedades anónimas, donde no se requiere la unanimidad para acordar una fusión, surge la cuestión de determinar

(244) Messineo señala que «las deliberaciones separadas de fusión adoptadas por cada una de las sociedades constituyen actos preparatorios de la futura fusión. Para obtener ésta es necesario un autónomo acto ulterior. MESSINEO, op. cit., pág. 562.

como puede atribuírseles una voluntad favorable a todos aquellos accionistas que votaron en contra de la fusión. Creemos que la respuesta se encuentra en la propia ley de sociedades anónimas, pues la fusión concede a los accionistas disidentes el derecho a retirarse de la sociedad. Si no ejercen este derecho es porque consienten en la fusión.

1. Estatutos de la sociedad absorbente

Resulta obvio que los distintos socios o accionistas de las entidades objeto de la fusión deben aprobar los estatutos de la sociedad en la que definitivamente quedarán como socios. Así se prescribe expresamente para las sociedades anónimas en el último inciso del artículo 99 de la Ley 18.046, que establece que los estatutos de la sociedad creada o de la absorbente deben ser aprobados en junta general.

No hay limitaciones en cuanto al contenido de los mismos ni a la naturaleza de la sociedad absorbente. Se pueden entonces fusionar personas jurídicas de distinto tipo social, pero los efectos que esa modificación vaya a producir respecto de terceros queda supeditada a la voluntad de estos, pues no podrían resultar perjudicados con motivo de un acto que, en esta materia, les resulta inoponible.[(245)]

2. Individualización de los patrimonios fusionados

Esta operación comprende la determinación del valor de las distintas cuentas sociales y la tasación o valorización de los bienes, derechos y obligaciones que conforman el activo y el pasivo de los distintos patrimonios. Esto se hace mediante el estudio de cada una de las sociedades objeto de la fusión, estudio que se concluye con un balance general de cada una de ellas, el que obviamente tiene que ser aprobado por los socios o accionistas de cada una de las personas jurídicas involucradas en la fusión. La aprobación de estos balances supone la aprobación del valor de tasación de los bienes derechos y obligaciones con que figuran en los balances respectivos y que corresponde al valor de libros que tenían en la sociedad a que pertenecían. Obviamente si hubiere desacuerdo en torno al valor de los mismos ello supondría una corrección del valor de libros de los respectivos bienes y la consiguiente confección de un nuevo balance o la corrección del antiguo, pues los nuevos valores influirán en las cuentas de la sociedad o en sus pérdidas. Es por ello que, para el caso de las sociedades anónimas, el ultimo inciso del artículo 99 de la Ley 18.046 exige que los balances auditados y los informes periciales de las sociedades objeto de la fusión sean aprobados en junta general extraordinaria de accionistas.

3. Determinación de la participación social en la absorbente

Es importante detenerse a considerar o preguntarse por los criterios que se utilizan para determinar la participación que le corresponderá a cada socio o accionista de las entidades involucradas en la fusión en la compañía absorbente. Creemos que la interrogante no es susceptible de una respuesta única, pues la solución no pasa necesariamente por determi-

(245) Ferrara sostiene también que «la fusión puede efectuarse entre sociedades del mismo tipo o de clase distinta, entre dos sociedades o varias. Pueden fusionarse varias sociedades anónimas entre sí, o varias colectivas, o varias simples, o bien alguna de ellas con alguna o varias de las otras.» FERRARA, Francesco, *Empresarios y Sociedades*, op. cit., pág. 382.

nar el valor de cada uno de los patrimonios fusionados y hacer la distribución en proporción a los mismos, esto es, en base a la comparación de los balances. Pueden, evidentemente, utilizarse otros criterios diferentes. La valorización de las entidades o empresas involucradas no necesariamente debe hacerse en la forma expuesta. Se pueden utilizar, en virtud del principio de la libertad contractual, otros criterios. Se podría recurrir –por ejemplo– al valor bolsa de las distintas sociedades; o al que resulte del informe elaborado por peritos nombrados de coman acuerdo por los socios o accionistas. Podrían también considerarse la utilidad que preste para los accionistas el aprovechamiento de las pérdidas de la sociedad absorbente. En fin, numerosos e indeterminados son los criterios que la voluntad de los accionistas puede idear para efectuar la distribución de las acciones o derechos.

Para el caso de las sociedades anónimas existe una sola limitación. Consiste en que ninguno de los socios o accionistas de las entidades intervinientes pueden perder su calidad de tal (artículo 100 Ley 18.046). Pero conservar la calidad de accionista no constituye en el hecho garantía alguna, pues lo importante es el grado de participación. Se puede ser socio o accionista poseyendo un insignificante porcentaje de participación social y, con ello, se habría dado cumplimiento a la norma legal.

Ahora bien, el ultimo inciso del artículo 99 de la Ley 18.046 señala que, «aprobados en junta general los balances auditados y los informes periciales que procedieren de las sociedades objeto de la fusión y los estatutos de la sociedad creada o de la absorbente, en su caso, el directorio de ésta deberá distribuir directamente las nuevas acciones entre los accionistas de aquellas, en la proporción correspondiente». La pregunta que surge de inmediato es ¿qué entiende la ley por la «proporción correspondiente»? Pudiera pensarse que como el propio artículo empieza refiriéndose a los balances auditados y los informes periciales, la proporción correspondiente es aquella que resulta de la comparación de los respectivos balances auditados, con lo cual, la ley de sociedades anónimas fijaría un criterio único para la determinación de la participación social en la absorbente. Sin embargo, creemos que esa interpretación es incorrecta. Primero, porque no existe razón objetiva de orden público, de protección de los intereses de los accionistas o de cualquier otro orden que sugiera siquiera la conveniencia de establecer una limitación semejante a la autonomía contractual. Segundo, porque con la alusión que el propio artículo hace a los «informes periciales» se acepta que la determinación del patrimonio objeto de la fusión no se haga solo en base a los balances sino también en base a dichos informes, con lo cual la distribución de las acciones puede hacerse, entonces, en «la proporción correspondiente» a dichos informes; y Tercero, porque la propia ley rompería con el principio sustentado al prescribir que ningún accionista puede ser privado de su condición de tal por el hecho de una fusión.

Nosotros consideramos que la ley entiende por proporción correspondiente, aquella que resulta o que corresponde al acuerdo adoptado por los socios o accionistas de las distintas entidades intervinientes, el cual no admite otras limitaciones en cuanto a su naturaleza y objeto que no sean aquellas generales establecidas en la legislación coman para todo tipo de actos jurídicos.[246]

(246) Ascarelli tampoco pone obstáculo. Dice que los socios de las entidades antes de la fusión lo serán en la nueva «proporcionalmente a la propia participación en la antigua sociedad, y según un plan de igualdad sobre la medida de la participación en la vieja sociedad y la de la participación en la sociedad nueva, que resulta, precisamente, del plan de fusión.

196. EFECTOS DE LA FUSIÓN FRENTE A TERCEROS

Debemos empezar advirtiendo que los terceros que se podrían ver afectados por el acto de fusión son los acreedores de las sociedades intervinientes. Se ven afectados por igual los de las absorbidas como los de la absorbente, pues con la fusión se produce en el patrimonio resultante una nueva relación activo-pasivo. Sin embargo, se debe advertir que, en el caso de fusión por incorporación, la sociedad absorbente no sufre ningún tipo de alteración en sus obligaciones, pues no extinguiéndose su personalidad, no se produce la novación atendido que por eso mismo no hay cambio de deudor.

Aunque en todo esto se encuentre involucrada la novación por cambio de deudor como institución cuyas normas pueden entrar a normar la materia en análisis, no resulta procedente enfocar el problema sólo desde este prisma, pues no es la única ni la más importante cuestión que se suscita con ocasión de la fusión de sociedades. Hemos advertido precedentemente que la fusión produce la disolución y la extinción de la personalidad de las sociedades intervinientes con excepción de la absorbente en el caso de fusión por incorporación. Esta es la verdadera cuestión que se suscita con motivo de la fusión. El problema de sus efectos respecto a terceros debe resolverse a la luz de lo que verdaderamente se ha producido. La novación de las obligaciones de las sociedades absorbidas se produce como una consecuencia necesaria de la extinción de sus personalidades, de manera que lo primero que debemos preguntarnos es si dicha extinción puede oponerse a los terceros y bajo que respectos.

En principio, se debe hacer presente que la disolución de una sociedad es un hecho que puede oponerse a los terceros sean o no acreedores de la sociedad. En realidad es un hecho que normalmente no les afecta, pues a pesar de que opere la sobredicha disolución, la personalidad de la entidad no se extingue sino que por el contrario continúa vigente para el solo efecto de su liquidación. Es efectivo que esto se ha discutido en el caso de las sociedades colectivas civiles, pero nosotros concluimos, así como también lo ha hecho la jurisprudencia, que en este caso opera la liquidación como si se tratara de cualquier otra sociedad.

El problema con la fusión es que afecta a los acreedores de las sociedades involucradas porque con ella se extingue la personalidad jurídica de sus deudoras sin que proceda la liquidación de las mismas, proceso que asegura el pago de sus obligaciones, sin que tengan que concurrir sobre los bienes de la deudora conjuntamente con otros acreedores que no lo eran de la sociedad. En el caso de la fusión no se procede a la liquidación de las sociedades absorbidas porque hay otra, la absorbente, que las sucede en todos sus derechos y obligaciones. Ocurre entonces algo similar a lo que se produce con ocasión de la muerte de una persona natural, cuyos herederos le suceden en todos sus derechos y obligaciones transmisibles, pero concediéndoles el orden jurídico a los acreedores hereditarios y testamentarios el beneficio de separación, por el cual pueden éstos pedir que no se confundan los bienes del difunto con los del heredero y que se cumplan tales obligaciones con preferencia a las deudas propias de éste (artículo 1378 del Código Civil).

Sin embargo, nuestro Derecho no concede un beneficio semejante a los acreedores de las sociedades intervinientes en una fusión. Las legislaciones comparadas[247] conceden

(247) El artículo 2503 del Código Civil italiano dice: «2503. Oposición de los acreedores. La fusión se puede realizar sólo después de tres meses de la inscripción de las deliberaciones de las sociedades que participan en ella, salvo que conste el consentimiento de los respectivos acreedores, el pago de los acreedores que no han dado el consentimiento o el depósito de las sumas correspondientes en un instituto de crédito.

normalmente un plazo a los acreedores de las sociedades involucradas para que se opongan a la fusión, en cuyo caso se procede a la suspensión de la misma mientras se resuelve la cuestión. Tampoco existe en nuestro ordenamiento jurídico una disposición semejante. ¿Cómo entonces resolver esta cuestión?

En primer término, se debe señalar que el artículo 99 de la ley 18.046, sobre sociedades anónimas, implícitamente acepta y sanciona la existencia de una novación por cambio de deudor al establecer que la sociedad absorbente adquiere el activo y el pasivo de las absorbidas. Si adquiere los pasivos, esto es, sus obligaciones, es porque la otra sociedad –que expresamente reconoce que se disuelve– queda liberada del cumplimiento de las mismas, tanto más cuanto ha dejado de existir. Por otra parte, el inciso 4 del mismo artículo prescribe que en los casos de fusión no procede la liquidación de las sociedades fusionadas o absorbidas.

Tratándose de sociedades anónimas el problema está resuelto en nuestra legislación: Las sociedades absorbidas se extinguen, les sucede la absorbente en todos sus derechos y obligaciones, ha operado una novación por cambio de deudor y no procede la liquidación de las sociedades absorbidas.

Cuando no se trate de sociedades anónimas no hay ley que autorice la novación por cambio de deudor así como tampoco una que señale expresamente que no procede la liquidación en caso de fusión. ¿Quiere decir esto que las personas jurídicas que no sean sociedades anónimas no se pueden fusionar si no cuentan con el consentimiento de sus acreedores? No, desde luego pueden hacerlo en virtud del principio de la libertad contractual, pero no se producirá una novación por cambio de deudor producto de la fusión, la que en teoría será inoponible a los acreedores de la sociedad disuelta.

Pero la fusión es un hecho más que una situación jurídica cuyos efectos pueden desconocerse o no. Los hechos, por el contrario, no pueden desconocerse. A los acreedores de las sociedades objeto de la fusión les interesará, cuando esta los perjudique, impedirla; y tienen derecho a hacerlo, pues si bien no existe norma expresa que los autorice, el ordenamiento jurídico no puede amparar –como no lo hace en situaciones similares– que se vean perjudicados los intereses de unos acreedores en beneficio de otros. Se podrán intentar medidas precautorias tendientes a prohibir la celebración de semejante acto jurídico, en fin, quedará en manos de la justicia ordinaria determinar si procede o no la fusión, siempre que los acreedores recurran a ella.(248)

Lo mismo debe decirse para el caso de la fusión de sociedades anónimas. No por el hecho de que la ley autorice la fusión o confusión de patrimonios con novación subjetiva de obligaciones, puede pensarse que el ordenamiento jurídico no ampare a los acreedores que se vean perjudicados con la fusión. Los ampara de igual forma como lo hace cuando se trate de otro tipo de sociedades y lo hace por las mismas vías.

Durante el término indicado los acreedores de las sociedades participantes en la fusión pueden hacer oposición.

El tribunal, no obstante la oposición, puede disponer que la fusión tenga lugar previa prestación por parte de la sociedad de una garantía idónea.»

(248) Al respecto RIPERT señala que los acreedores tienen la alternativa de exigir el pago inmediato de sus acreencias en dos casos: 1. Cuando la fusión disminuya el buen estado del patrimonio; 2. Cuando no han consentido en la fusión. Op. cit., tomo II, párrafo 1423, pág. 550.

CAPÍTULO SÉPTIMO

CONFLICTO DE INTERESES EN LAS SOCIEDADES

197. INTRODUCCIÓN

Uno de los temas importantes en el orden jurídico, son los distintos conflictos de intereses que se suscitan en el interior de las personas jurídicas. Normalmente, dichos conflictos han dado lugar a extensas reglamentaciones legales en el caso de las sociedades anónimas, aun cuando ellos se presentan en todas las demás sociedades. Sin embargo, los principios contenidos en esas reglamentaciones también estaban presentes en normas de carácter civil vigentes en Chile desde hace más de 150 años, de manera que, aun cuando, para el caso de las demás sociedades, no haya una norma específica que rija estas cuestiones, serán los mismos principios que se encuentran inmersos en nuestra legislación común, los encargados de resolver la cuestión.

Las principales materias donde se presentan conflictos de intereses entre los accionistas o socios y entre estos y la sociedad, son en los actos o contratos celebrados por la entidad con personas relacionadas a su administración o a su control y en las cuestiones que deban resolverse entre los accionistas y entre estos y la sociedad sobre la base del principio mayoritario. Este último caso ha sido muy poco desarrollado tanto por nuestra legislación como por nuestra literatura jurídica, a pesar de que ha sido blanco de comentarios constantes por parte de la prensa y de otras disciplinas. Nosotros pretendemos darle a esta materia una especial relevancia, desarrollando y aplicando el derecho a una serie de cuestiones en las que, hasta ahora, había opinado muy poco la ciencia jurídica de nuestro país.

Por otra parte, es interesante comprobar la poca aplicación práctica que han recibido los principios del derecho común, cuando se trata de resolver cuestiones jurídicas de contenido económico. Pareciera como si estas materias estuvieren al margen de la ciencia jurídica, al punto que se ha transformado casi en un cliché sostener que nuestra legislación económica es incompleta, anticuada o que no se ha acomodado a la realidad imperante en el mundo de los negocios. Falso. Parece incompleta, porque no se ha aplicado el derecho común. Parece anticuada e inerte, porque las instituciones que le dan flexibilidad al derecho no han sido utilizadas, porque ha sido muy fuerte la idea de que, en materias económicas, se debiera contar con una suerte de manual de conductas indeseadas, al cual se pudiera recurrir en caso de apuro. En fin, porque se ha debilitado la confianza en el derecho civil, creyendo que sus normas son meras abstracciones carentes de contenido práctico, cuando, si son abstractas, lo son para ser aplicadas a cualquier realidad, y no para que sean solo enseñadas a iniciados en el estudio del derecho.

Vale la pena, entonces, hacer un esfuerzo de imaginación y creatividad. El Derecho es una ciencia fácil de aprender, pero difícil de aplicar. Es difícil porque sólo nos entrega los códigos para configurar las estructuras de pensamiento que cada caso requiere para su adecuada solución. Y a veces, se necesita combinar los códigos de una disciplina con los de otra. La aplicación del derecho demanda un esfuerzo de imaginación y creatividad, como se ha dicho: el hardware existe; de nosotros depende el software adecuado.

198. EL CONFLICTO DE INTERÉS

Conforme a lo dicho por Alessandri, el contrato es «el resultado del choque de intereses opuestos que terminan por armonizarse en vista de una determinada finalidad económica perseguida por cada parte»[(249)] Sin embargo, en el caso de personas jurídicas relacionadas, el choque de intereses es solo aparente, porque, en la realidad, una misma persona o grupo de personas tienen la administración o influyen sustancialmente en la administración de las sociedades que intervienen en el acto jurídico y, por ende, pueden disponer de intereses que son opuestos. Lo mismo ocurre en el caso de que se enfrenten los intereses de los socios o accionistas o los de algunos de ellos con los de la sociedad y se sostenga que la cuestión debe resolverse votando, pues, en tal caso, el que se encuentra en situación de decidir sería el controlador, cuyo interés normalmente estará comprometido en el resultado de la votación.

En la legislación anglosajona, para designar este choque de intereses que es necesario para la formación válida de la voluntad en todo contrato, se ha acuñado la expresión «ara's length transactions», que significa una transacción negociada por partes no relacionadas, cada una de ellas actuando en su propio interés. Esta exigencia se coloca como base para determinar el valor de una cosa o servicio en un mercado justo.

El tema ha sido tratado originalmente por la doctrina chilena y extranjera cuando se discurría sobre la admisibilidad y la legitimidad de los actos o contratos consigo mismo o la autocontratación. Al respecto, se ha dicho por la doctrina[(250)] que «si el autocontrato suscita un conflicto o oposición de intereses, si su realización puede acarrear un perjuicio para el representado, si, por su naturaleza o importancia, hace posible el temor de que el representante sacrifique su deber a su propio interés, la jurisprudencia, apoyada por la

(249) ALESSANDRI, Arturo. "La autocontratación o el acto jurídico consigo mismo". *Revista de Derecho y Jurisprudencia*, tomo XXVIII, pág 5.
(250) Véase HUPKA, *La Representación Voluntaria en los Negocios Jurídicos*, Madrid, 1930, págs. 246 y siguientes.

doctrina, no vacila en declararlo inadmisible, aun a falta de texto expreso».[251] Así lo piensa también Stitchkin[252] que dice que el «acto jurídico consigo mismo es inadmisible cuando la ley lo prohíbe o cuando suscita un conflicto de intereses.

Sin embargo, la legislación chilena no contiene ninguna disposición que reglamente en su conjunto la autocontratación ni los actos jurídicos celebrados existiendo un conflicto de intereses. Dispone sí de numerosas disposiciones que reflejan el principio expuesto en el párrafo precedente, como la de los artículos 412, 1796, 1799, 1800, 2144, 2145 del Código Civil y 57, 88 y 271 del Código de Comercio.

No obstante la ausencia de norma expresa, Alessandri sostiene que el fundamento de la inadmisibilidad «de los actos o contratos celebrados con conflicto de intereses debe encontrarse en los preceptos prohibitivos sobre la materia (los citados en el párrafo anterior), porque si bien son excepcionales y no pueden aplicarse por analogía fuera de los casos que contemplan, dada la ausencia de una reglamentación general sobre esta materia, pensamos –dice– que los jueces, obligados como están a fallar los procesos sometidos a su conocimiento aun a falta de ley que resuelva el punto debatido, pueden decidir que el autocontrato es inadmisible en todos aquellos casos que, aunque no contemplados especialmente por la ley, ofrecen los mismos peligros que el legislador quiso evitar en los que reglamentó de un modo concreto. Es el criterio observado por la jurisprudencia francesa y aprobado por gran parte de la doctrina».[253]

En una situación parecida a la que se encuentran los casos expuestos de conflicto de intereses en las sociedades, el artículo 2144 del Código Civil impide al mandatario, «por sí o por interpuesta persona» comprar las cosas que el mandante le ha ordenado vender o vender de lo suyo al mandante lo que a este le ha ordenado comprar, lo que significa que el mandatario «no puede celebrar esta compraventa ni bajo la forma de autocontrato ni valiéndose de un delegado o comanditario suyo ni de cualquier otro medio.»[254] Este otro medio podría estar constituido por la utilización de la forma de una persona jurídica en la que el representante es socio, es su mandatario o influye directamente en su administración.

De aquellas contenidas en nuestra legislación, la norma que mas se aviene a las sociedades es la del artículo 271 del Código de Comercio que expresa: Se prohíbe al comisionista, salvo el caso de autorización formal, hacer contratos por cuenta de dos comitentes o por cuenta propia y ajena, siempre que para celebrarlos tenga que representar intereses incompatibles».

Sin perjuicio de lo dicho precedentemente, siempre estará presente el artículo 1546 del Código Civil, pues cualquiera que sea la naturaleza del conflicto, y más cuando este se presenta en un contrato de sociedad, las obligaciones y derechos que emanan del mismo, deben cumplirse y ejercerse, respectivamente, de buena fe, lo que por su naturaleza se opone, obviamente, a la obtención de cualquier beneficio por parte de cualquier socio que se encuentra en situación de sacrificar el interés de la sociedad al suyo propio.

(251) Ídem., pág 12. Véase nota al pie de página número dos del autor.
(252) STITCKIN, David, *El Mandato Civil*, Editorial Jurídica de Chile, 1975, página 296.
(253) ALESSANDRI, Arturo, obra citada, página 30.
(254) ALESSANDRI, obra citada, página 48. En el mismo sentido Demogue citado por Alessandri.

Se debe hacer presente que la cuestión de los conflictos de interés que se suscitan en las sociedades puede comprometer el patrimonio de dos tipos de personas, a saber: a los acreedores particulares de cada una de dichas sociedades, que no pueden perseguir para el pago de sus acreencias sino los bienes de la sociedad deudora y no los de las demás entidades relacionadas a ella; y a los accionistas o socios minoritarios de dichas sociedades, cuyo interés será siempre el de acrecentar el patrimonio y la envergadura de los negocios de la sociedad de la cual son socios y, que, en ocasiones, pueden entrar en conflicto con el interés de los socios mayoritarios cuyo margen de actuación excede a veces con creces el interés de una determinada sociedad. Estos son en definitiva los intereses que el orden jurídico debe considerar para los efectos de impedir que colisionen.

SECCIÓN PRIMERA
LOS ACTOS O CONTRATOS CELEBRADOS POR LA ENTIDAD CON PERSONAS RELACIONADAS

199. DISTINCIÓN ENTRE SOCIEDADES ANÓNIMAS Y OTRO TIPO DE SOCIEDADES

Se debería, en primer lugar, hacer una distinción entre las sociedades anónimas por un lado y los demás tipos de sociedades o personas jurídicas por otro; puesto que la legislación, no siendo diferente en sus conclusiones, sí resulta distinta en su forma, habiendo sido mucho más desarrollada para el primer caso. Por lo mismo, es conveniente tratar primero el caso de las sociedades anónimas, puesto que, además, muchas de sus conclusiones podrán ser aplicadas a las demás especies de sociedad, ya por analogía ya por aplicación de los principios generales del Derecho y la equidad natural.

SOCIEDADES ANÓNIMAS

200. EL CONCEPTO DE «PERSONAS RELACIONADAS» COMO SUPUESTO DE LAS NORMAS QUE REGULAN LOS ACTOS CELEBRADOS POR LA SOCIEDAD CON CONFLICTO DE INTERESES

Tanto la Ley sobre Sociedades Anónimas como la de Mercado de Valores introducen el concepto de «personas relacionadas» como supuesto de las normas que regulan los actos o contratos celebrados por una sociedad con conflicto de intereses.

Conforme a lo dispuesto en el artículo 100 de la Ley 18.045, se consideran «relacionadas» con una sociedad, y por ende, en potencial conflicto de intereses, a las siguientes personas:

(a) Las entidades del grupo empresarial al que pertenece la sociedad;

(b) Las personas jurídicas que tengan, respecto de la sociedad, la calidad de matriz, coligante, filial o coligada, en conformidad a las definiciones contenidas en la Ley 18.046;

(c) Quienes sean directores, gerentes, administradores o liquidadores de la misma, y sus cónyuges o sus parientes hasta el segundo grado de consanguinidad o afinidad; y,

(d) Toda persona que, por sí sola o con otras con que tenga acuerdo de actuación conjunta, pueda designar al menos un miembro de la administración de la misma o controle un 10% o más del capital o del capital con derecho a voto si se tratare de una sociedad por acciones...»

Las relaciones que subyacen en los casos mencionados precedentemente son, como se verá, de tal naturaleza, que los administradores pueden verse expuestos a tener que sacrificar el interés de la sociedad que representan a un interés contrapuesto y, por lo mismo, se consagran al efecto dos normas que regulan situaciones diversas y que serán analizadas más adelante. En el fondo, lo que se quiere expresar con este concepto de personas relacionadas es que entre esas personas existe un eventual conflicto de intereses si se ejecutan o celebran entre ellas actos o contratos.

Desde luego, las causales mencionadas resultan más bien expositivas que dogmáticas, lo que tiende un velo sobre la verdadera naturaleza de la cuestión que se regula, que no es otra que un simple conflicto de interés. Quizás habría sido mejor referirse directamente al conflicto que esconden y reglamentarlo por lo que representa dogmáticamente como ocurre normalmente en el derecho común. En vez de establecer la categoría de personas relacionadas y reglamentar los actos o contratos celebrados entre ellas, podría haberse dicho que las condiciones de los contratos que celebre la sociedad con conflicto de interés, esto es, con personas que tengan influencia en las decisiones que ella adopta, porque determinan la formación de su voluntad colectiva, deben celebrarse en condiciones de equidad similares a las que habitualmente prevalecen en el mercado y, posteriormente, entrar a presumir de derecho los casos en que hay conflicto, que es por lo demás lo que al final se hace. Pero, en fin, entendemos que el concepto de personas relacionadas se usa, también, para otros fines.

Se analizarán por separado las distintas relaciones expuestas en la ley.

201. ANÁLISIS DE LAS CAUSALES DE RELACIONAMIENTO EXPRESADAS

(a) Entidades pertenecientes a un mismo grupo empresarial. De acuerdo a lo dispuesto en el artículo 96 de la Ley 18.045, «grupo empresarial es el conjunto de entidades que presentan vínculos de tal naturaleza en su propiedad, administración o responsabilidad crediticia, que hacen presumir que la actuación económica y financiera de sus integrantes está guiada por los intereses comunes del grupo o subordinados a éstos, o que existen riesgos financieros comunes en los créditos que se les otorgan o en la adquisición de valores que emiten».

Pues bien, en los actos que celebren entre sí las distintas sociedades pertenecientes a un mismo grupo empresarial, puede resultar perjudicado el derecho de prenda general de los acreedores o el patrimonio de un tercero que es socio o accionista minoritario de una determinada sociedad que forma parte del grupo empresarial, precisamente porque, como se ha dicho, la actuación económica y financiera de sus integrantes está guiada por los intereses comunes al grupo empresarial los cuales pueden entrar en conflicto con los intereses particulares de una determinada sociedad.

(b) Matrices, filiales, coligantes y coligadas. Este tipo de relación está constituida por los vínculos de propiedad existentes entre dos o más personas jurídicas, esto es, cuando una de ellas es dueña directamente o a través de otra persona natural o jurídica de una parte de las participaciones sociales de otra, pasando a denominarse matriz cuando controla directamente o a través de otra personas más del 50% del capital y coligante cuando, sin controlarla, posee el 10% o más de su capital.(255) En este caso hablamos de sociedades matrices, filiales, coligantes y coligadas.

Es obvio que en estos casos existe un conflicto de intereses entre las sociedades, pues una de ellas se encuentra en una situación preponderante respecto a la otra. En las matrices dicha preponderancia es evidente respecto de sus filiales, pues su administración es nombrada por la matriz. En las coligantes, la preponderancia deriva del hecho de que si bien la administración de la coligada no es mayoritariamente designada por aquella, al fin de cuentas interviene o puede llegar a intervenir en su nombramiento.

De esta forma, quien no tiene libertad para decidir sin presiones no puede esperarse que defienda con rigor los intereses de la sociedad que representa. Es entonces el peligro de que anteponga su interés a su deber el que mueve al legislador a reglamentar los actos y contratos celebrados entre estas sociedades, aun cuando ese peligro no se presente en la práctica o sea meramente potencial. Se sigue, entonces, el criterio de la doctrina,(256) en el sentido que los actos celebrados existiendo conflicto de intereses no son admisibles «en ningún caso, aunque, en el hecho, no resulte perjudicial y aunque el mandatario haya obrado correctamente y defendido en buena forma los intereses confiados a su cargo».

Los administradores de las sociedades mencionadas se encuentran siempre expuestos a un conflicto de intereses cuando sus respectivas sociedades celebran actos jurídicos. Podríamos decir que se encuentran estructuralmente expuestos a este conflicto y, por ende, es indiferente de qué administradores se trate, porque lo están, no por su situación personal, sino por el lugar que ocupan dada la estructura de propiedad de la sociedad respectiva.

Es por ello que, cuando se celebran actos y contratos entre estas sociedades, la ley siempre exige que se cumplan los requisitos establecidos en ella, aun cuando dichos administradores, personalmente, no tengan al respecto interés alguno en el acto de que se trate.

(c) Personas naturales vinculadas a la administración. La letra c del artículo 100 de la Ley sobre Mercado de Valores señala que son relacionados a la sociedad sus directores, gerentes, administradores o liquidadores de la sociedad, y sus cónyuges o sus parientes hasta el segundo grado de consanguinidad o afinidad.

Si los directores, gerentes, administradores o liquidadores de una sociedad tienen un interés personal que se contrapone al de la sociedad, no puede esperarse que defiendan los intereses de ésta por sobre los suyos propios o los de su cónyuge o el de sus parientes hasta el segundo grado de consanguinidad o afinidad.

(255) Artículo 86 y siguientes de la Ley 18.046, sobre Sociedades Anónimas

(256) ALESSANDRI, Arturo, obra citada, *Revista de Derecho y Jurisprudencia*, tomo XXVIII, página 46 y Hupka, obra citada por Alessandri, página 272.

Estas personas no se encuentran estructuralmente en conflicto de intereses como se encuentran los administradores de las matrices, filiales, coligantes y coligadas, que lo están por esencia. Los directores, gerentes, administradores o liquidadores de una sociedad, no están en conflicto de intereses siempre. Solo lo están cuando se celebra por la sociedad un acto en los que ellos tengan interés.

Es por ello que, cuando se celebran actos y contratos por la sociedad, la ley exige que se cumplan los requisitos establecidos en ella, solo cuando dichos personas naturales o sus cónyuges o sus parientes hasta el segundo grado de consanguinidad o afinidad, personalmente, tengan al respecto interés en el acto de que se trate.

(d)Poder para designar un miembro en la administración o control del 10% o más del capital de una sociedad. Lo mismo que se ha dicho respecto de las coligantes, se puede decir de quien tenga derecho a designar, por sí sola o con acuerdo de actuación conjunta, al menos a un miembro de la administración de la sociedad o controle un 10% o más del capital con derecho a voto si se tratare de una sociedad por acciones. La preponderancia deriva del hecho que, si bien la administración de la sociedad no es mayoritariamente designada por aquel, al fin de cuentas, interviene o puede llegar a intervenir en su nombramiento, lo que le resta libertad al administrador para decidir si es o no conveniente para la sociedad la celebración de un contrato con dicha persona.

De lo expuesto precedentemente, se deduce que, atendiendo al origen del conflicto de intereses, éste puede provenir ya de las relaciones de propiedad existentes entre sociedades, ya de las relaciones personales de sus administradores, ya porque pertenecen a un mismo grupo empresarial.

En el fondo, en estos tres casos, se da cuenta de una situación que resulta evidente, pues se trata de contratos que celebra la sociedad con personas naturales o jurídicas que tienen influencia en las decisiones que ella adopta, porque determinan la formación de su voluntad colectiva. Por eso existe un conflicto de interés. Todo lo que se dice después en los artículos 44 y 89 de la Ley 18.046, son presunciones de derecho de que existe un conflicto de interés, para poder aplicar el único principio sustantivo que ambas normas contienen, cual es que en estos casos los contratos deben celebrase en condiciones de equidad similares a la que habitualmente prevalecen en el mercado.

202. REQUISITOS DE LOS ACTOS O CONTRATOS CELEBRADOS POR SOCIEDADES CON CONFLICTO DE INTERESES DERIVADOS DE LA RELACIONES DE PROPIEDAD O POR PERTENECER A UN MISMO GRUPO EMPRESARIAL

El artículo 89 de la Ley sobre Sociedades Anónimas, señala: «Las operaciones entre sociedades coligadas, entre la matriz y sus filiales, las de éstas últimas entre sí, o con las coligadas, y las que efectúe una sociedad anónima abierta, ya sea directamente o a través de otras entidades pertenecientes a su grupo empresarial, con sus personas relacionadas, definidas en la ley 18.045, deberán observar condiciones de equidad, similares a las que habitualmente prevalecen en el mercado. Los administradores de una y otras serán responsables de las pérdidas o perjuicios que pudieren causar a la sociedad que administren por operaciones hechas por infracción a este artículo. También se aplicará lo dispuesto en este artículo, aun cuando la matriz o la coligante, en su caso, no fuere una sociedad anónima».

La norma sustantiva que contiene esta disposición será analizada con mayor detención más adelante (véase supra párrafo 8), pero digamos ahora que esta no es una norma común en las relaciones contractuales. De hecho, no rige ninguna relación contractual de la sociedad con terceros. Ni siquiera resulta aplicable a las relaciones contractuales con los accionistas de la sociedad. Solo se aplica en la medida que esos terceros sean las personas que reúnan los requisitos del artículo 89 antes transcrito. Podría, por consiguiente, celebrarse un contrato entre una sociedad y otra cualquiera persona –inclusive accionista– en condiciones que no fueran de mercado y, no obstante, resultar perfectamente legítimo a los ojos del derecho. Sin embargo, con las personas mencionadas en la disposición, las condiciones deben ser de mercado. Ello sucede así atendido que esas personas se encuentran en condiciones de determinar o de influir en la formación de la voluntad colectiva de la sociedad y, por ello es que esas personas se encuentran en conflicto de intereses con la sociedad.

El artículo 89 antes transcrito constituye un verdadero atentado a toda buena técnica legislativa, pues confunde en su redacción los objetivos jurídicos que pretende alcanzar al tratar de obtenerlos todos juntos. Sin embargo, consigue su objetivo, y es eficiente en el modo de obtenerlo.

Desde un punto de vista estrictamente jurídico, el artículo 89 hace fundamentalmente tres cosas:

1. Instituye una presunción de derecho de que las personas mencionadas en el citado artículo influyen en las decisiones de la sociedad;

2. Instituye una presunción de derecho de que, por lo mismo, en los actos o contratos celebrados entre las personas que menciona, existe un conflicto de intereses, esto es, que no se dan los presupuestos de una transacción negociada por partes no relacionadas, cada una de ellas actuando en su propio interés, y

3. Establece que, por ello, los actos o contratos entre esas personas deben celebrarse en condiciones de equidad similares a las que habitualmente prevalecen en el mercado.

Se dice presumirse un hecho, cuando la ley, de una circunstancia conocida desprende una desconocida. Si, además, la ley no admite prueba alguna en contrario, se dice que la presunción es de derecho.

El primer hecho conocido es que cuando una sociedad es dueña del todo o parte de otra, se encuentra en condiciones de determinar o de influir sustancialmente en la formación de su voluntad colectiva. De ese hecho conocido, se concluye que en los actos que celebran entre sí las sociedades que tienen relaciones de propiedad, ya sea porque unas son dueñas de las otras o porque ambas pertenecen en todo o parte a otra sociedad, existe un conflicto de intereses, o sea, no se dan los presupuestos de una transacción negociada por partes no relacionadas, cada una de ellas actuando en su propio interés.

El segundo hecho conocido es que cuando se pertenece a un grupo empresarial, la formación de la voluntad colectiva de las sociedades que lo integran está guiada por los intereses comunes del grupo o subordinada a éstos, de lo que se concluye que en los actos que celebra una sociedad anónima abierta con las personas que forman su grupo empresarial, existe un conflicto de intereses, es decir, que no se dan los presupuestos de una transacción negociada por partes no relacionadas, cada una de ellas actuando en su propio interés. La norma del artículo 89 se extiende aún más, pues incluye los actos que celebra esa sociedad con «sus personas relacionadas definidas en la ley 18.045», pero es obvio que solo se refiere a las de su grupo empresarial, pues todas las demás que menciona esa ley, o están ya comprendidas por tener vínculos de propiedad entre sí o por estar tratadas por el artículo 44 de la Ley 18.046.

Parece indiscutible que estos hechos son presumidos por la ley, porque, de lo contrario, no habría razón alguna para exigir que los actos se celebraran en condiciones de equidad similares a las que habitualmente prevalecen en el mercado. Si no se presumieran, la discriminación que esta norma establece entre accionistas relacionados al controlador y no relacionados al controlador sería arbitraria, porque se les exigiría a los primeros unas condiciones para celebrar contratos con la sociedad que no se les exigirían a los segundos, lo que haría que la norma fuera inconstitucional al vulnerar la garantía establecida en el último inciso del número 2 del artículo 19 de la Constitución Política de la República.

La primera presunción es de derecho, porque no es posible probar que, a pesar de que una sociedad es dueña del todo o parte de la otra o, a pesar de que ambas son integrantes de un mismo grupo empresarial, la formación de la voluntad colectiva de la sociedad de que se trate es independiente y que el grado de influencia de aquellos con quienes se tienen relaciones de propiedad o del grupo al que pertenecen, es inexistente o nula.

La segunda presunción es también de derecho, porque no se puede probar que no existe conflicto de intereses, o sea, que a pesar de que se pueda influir en formación de la voluntad colectiva de la sociedad, en la práctica tal conflicto no se presenta porque se adoptan al respecto diversos procedimientos para evitar que alguien sacrifique el interés de la sociedad que representa a un interés superior, por ejemplo, mediante la conocida práctica de la «muralla china» o alguna otra semejante.

Entonces, pareciera conveniente por razones de una correcta interpretación de la ley y por razones expositivas sostener que la norma transcrita establece una presunción de derecho en orden a que en los actos que celebran entre sí las siguientes personas unas influyen en la formación de la voluntad de la otra y de que existe, por ende, un conflicto de interés en las siguientes operaciones:

1. Las operaciones entre sociedades coligadas, o sea, contratos celebrados entre dos sociedades cuya propiedad pertenece en un 10% o mas a otra.
2. Las operaciones entre una sociedad matriz y sus filiales.
3. Las operaciones entre las filiales.
4. Las operaciones de las filiales con las coligadas.
5. Las que realice una anónima abierta, ya sea directamente o a través de otras entidades pertenecientes a su grupo empresarial, con sus personas relacionadas, definidas en la Ley 18.045.

Puede que en algunos de estos casos no se presente ninguno de los dos hechos presumidos. Piénsese, por ejemplo, en operaciones que realiza una sociedad anónima cuya propiedad accionaria se encuentra dividida por mitades entre dos accionistas, pero que sólo uno de ellos tiene la administración de la compañía, porque posee acciones preferentes y el otro no. Piénsese en el caso que esa sociedad obtiene un préstamo de manos de un banco que pertenece al accionista que no cuenta con la administración. ¿Habría conflicto de interés? ¿Puede influir sobre la sociedad? Desde luego que no, pero sin embargo debería cumplirse con lo dispuesto en el artículo 89, porque, en el fondo, la norma establece las presunciones de derecho mencionadas, y contra este tipo de presunciones no cabe prueba en contrario.

203. REQUISITOS DE LOS ACTOS QUE CELEBRA LA SOCIEDAD CON PERSONAS LIGADAS A SU ADMINISTRACIÓN

El inciso 1 del artículo 44 de la Ley 18.046 sobre Sociedades Anónimas establece que «una sociedad anónima sólo podrá celebrar actos o contratos en los que uno o más de sus directores tengan interés por sí o como representantes de otra persona, cuando dichas operaciones sean conocidas y aprobadas previamente por el directorio y se ajusten a condiciones de equidad similares a las que habitualmente prevalecen en el mercado».[257] [258]

La norma rige a los actos o contratos celebrados entre la sociedad y sus directores, pero el inciso segundo de la disposición agrega que se presume de derecho que existe interés de un director, si interviene el mismo, su cónyuge o sus parientes hasta el segundo grado de consanguinidad o afinidad, o las sociedades o empresas en las cuales sea director o dueño directo o a través de otras personas naturales o jurídicas de un 10% o más de su capital o las sociedades o empresas en las cuales alguna de las personas antes mencionadas, sea director o dueño directo del 10% o más de su capital; y las personas por quien el director actúe como representante.

Por su parte, el artículo 93 de la Ley 18.046 establece que las operaciones de la sociedad filial en que algún director de la sociedad matriz u otras de las personas mencionadas en el artículo 44 tuviere interés, según lo dispuesto en el mismo precepto, sólo podrán celebrarse en la forma y condiciones y sujetas a las sanciones de dicha disposición.

Aplicando en su conjunto las disposiciones legales citadas, es inconcuso que se presume de derecho que existe un conflicto de interés y, por ende, deben celebrarse en condiciones de equidad similares a las que habitualmente prevalecen en el mercado, los actos o contratos de la sociedad con las siguientes personas:

1. Con un director de la sociedad, su cónyuge o sus parientes hasta el segundo grado de consanguinidad o afinidad.
2. Con un representado del director, siempre que actúe este último en su representación,
3. Con un director de la matriz de la sociedad filial que realiza la operación;
4. Con un representado del director de la matriz de la sociedad filial que realiza la operación, siempre que actúe el director en su representación;
5. Con el cónyuge del director de la matriz de la sociedad filial que realiza la operación;
6. Con un pariente del director de la matriz de la sociedad filial que realiza la operación, hasta el segundo grado de consanguinidad o afinidad;

(257) El artículo 248 de la Ley 19.950 sobre sociedades anónimas argentinas establece: "El accionista o su representante que en una operación determinada tenga por cuenta propia o ajena un interés contrario al de la sociedad, tiene obligación de abstenerse de votar en los acuerdos relativos a aquella. Si contraviniese esta disposición será responsable de los daños y perjuicios, cuando sin su voto no se hubiere logrado la mayoría necesaria para una decisión válida"

(258) Igual disposición se encuentra en el artículo 2373 del Código Civil italiano.

7. Con una sociedad o empresa en que el director de la matriz es director a su vez;
8. Con una sociedad en que el director de la matriz es dueño directo o indirecto de un 10% o más de su capital;
9. Con una sociedad en que un pariente del director de la matriz hasta el segundo grado de consanguinidad o afinidad, es dueño directo o indirecto de un 10% o más de su capital;
10. Con una sociedad en que el cónyuge del director de la matriz es dueño directo o indirecto de un 10% o más de su capital; y
11. Con una sociedad en que un pariente del director de la matriz hasta el segundo grado de consanguinidad o afinidad es dueño directo o indirecto de un 10% o más de su capital.

Puede ocurrir, en realidad, y ocurre por lo demás con demasiada frecuencia, que la persona de que se trate no tenga interés alguno en la operación. Piénsese, por ejemplo, en un contrato de cuenta corriente entre una empresa y un banco que tienen un director común o entre cualquiera sociedad y una empresa eléctrica que le suministra energía y que tienen un director común. ¿Puede decirse que existe interés por parte del director en la operación? Obviamente que no, pues se trata de contratos que se desarrollan en el giro ordinario de los negocios sociales de ambas personas jurídicas y de los cuales, probablemente, el director común no tendría conocimiento si no fuera porque existe este artículo. Pero como la presunción es de derecho, la norma se aplica, pues no cabe a su respecto prueba alguna en contrario.

204. REQUISITO PARA ADMITIR LA CELEBRACIÓN DE CONTRATOS ENTRE PARTES RELACIONADAS: DEBE CELEBRARSE EN CONDICIONES DE EQUIDAD SIMILARES A LAS QUE PREVALECEN HABITUALMENTE EN EL MERCADO

Tanto la norma del artículo 44 como la del artículo 89 de la Ley 18.046 establecen que los contratos deben celebrarse en condiciones de equidad similares a las que habitualmente prevalecen en el mercado.

Según el Diccionario de la Real Academia Española lo que resulta equitativo es, textualmente, «la moderación en las condiciones que se estipulan para los contratos»; y moderar es siempre «evitar el exceso»; el exceso sobre un límite determinado por las condiciones habituales que prevalecen en el mercado.

Sin embargo, es difícil determinar qué se quiso decir con «condiciones que habitualmente prevalecen en el mercado». Esta expresión da lugar a dos interpretaciones posibles:

Según la primera, se debe buscar el mercado en sus condiciones habituales, puesto que puede ocurrir, por ejemplo, que la economía del país pase temporalmente por una escasez de dinero provocada por las medidas adoptadas para frenar la inflación, todo lo cual redunda en altas tasas de interés. En tal caso, no puede exigirse que las distintas empresas de un grupo económico, por ejemplo, o las personas que por sí mismas o a través de sus representadas, tienen relaciones entre sí, se presten dinero a las tasas que en ese momento prevalecen en el mercado, primero porque no son habituales y segundo, porque puede que no sean equitativas. Ante una situación como la descrita, lo equitativo sería prestarse dinero a las tasas de interés similares a las que habitualmente prevalecen en el mercado y lo no equitativo sería que sociedades que pertenecen a un mismo centro de intereses o personas que son relacionadas entre sí, cayeran en el espiral de un mercado en proceso de ajuste, pues, en último término, los terceros que han contratado con una de dichas sociedades lo hacen sabiendo que ella pertenece a un grupo que precisamente ha diversificado sus riesgos, resguardándose así de los desvaríos del mercado. Tras esta posición se encuentra un concepto axiológico y casi dogmático sobre el valor de las cosas y servicios, a saber, que tienen un valor intrínseco determinable según sea el costo de producción y una tasa de retorno de la inversión equitativa. La experiencia ha demostrado, sin embargo, que las cosas y servicios sólo reflejan su valor intrínseco en el largo plazo y exigir, por vía legislativa, que dicho valor se refleje en el corto plazo, equivale, en la práctica, a impedir que se produzcan los ajustes de las economías, única vía conocida para restablecer la estabilidad de los mercados y asegurar el progreso económico.

Según la segunda interpretación, es necesario buscar las condiciones que habitualmente prevalecen en el mercado, cualesquiera que sean las condiciones de éste, pues no es lo mismo buscar las condiciones habituales que prevalecen en el mercado, que buscar un mercado en sus condiciones habituales. No existe ningún mercado en condiciones habituales, no existen tales condiciones. Son las condiciones generales de la economía las que determinan los mercados, de manera que no existe un mercado «habitual». Lo normal en un mercado que sufre un proceso de desaceleración es que tienda a producirse una disminución en la oferta de empleo y, por ende, que lo habitual en él sea que las remuneraciones tiendan a decrecer; y el mismo mercado, poco tiempo después, puede recuperar su ritmo anterior y, por lo mismo, producirse un aumento en la oferta de trabajo pasando a ser habitual que las remuneraciones tiendan a experimentar un crecimiento sostenido en sus montos. En el caso del ejemplo, no existen remuneraciones equitativas en un mercado habitual, así como no existen tasas de interés equitativas, ni tampoco condiciones de precio de productos equitativas, así como ningún valor de transacción de un bien o servicio que resulte equitativo. Eso lo determina el mercado según las condiciones de la economía.

El artículo 136 de la Ley 18.046 establece que: «Cada vez que en esta ley se haga referencia a las condiciones de equidad, a las imperantes en el mercado o a las ventajas o beneficios indebidos u otras similares, debe entenderse que son aquellas imperantes en la misma época de su ocurrencia». Podría creerse que esta norma resuelve la cuestión discutida en los párrafos precedentes, pues se refiere a las condiciones imperantes en la época de celebración del contrato, lo que excluiría la posibilidad de que se discuta un valor que considere a la cosa o al servicio según la necesidad de las mismas en el largo plazo. Sin embargo, ello no es así, pues la cosa o el servicio llevaría incluido esa consideración al tiempo del contrato.

205. CUÁL ES EL FUNDAMENTO DE LA REGLA DE LOS ARTÍCULOS 44 Y 89 DE LA LEY 18.046

Como se podrá apreciar de lo expuesto precedentemente, el fundamento de las disposiciones antedichas no es otro que resguardar los intereses de los terceros relativos frente a actos que se celebran por la sociedad con personas relacionadas a la misma, existiendo de por medio un potencial conflicto de intereses. Los intereses de los terceros no son de carácter general y eventual sino específico. Los intereses de terceros emanan de contratos legalmente celebrados, los cuales se verían infringidos, esto es, incumplidos, si no existieran estas normas que no son otra cosa que la aplicación práctica de los artículos 1545 y 1546 del Código Civil, en el sentido de que los contratos son una ley para las partes y deben ejecutarse o cumplirse de buena fe.

En primer término, lo que se pretende resguardar es el contrato de sociedad, pues la obligación primordial de los socios es cumplir el contrato social de buena fe, respetando los derechos de sus socios o accionistas. Aunque parezca obvio decirlo, el contrato de sociedad obliga no solo a lo que en las cláusulas sociales se ha estipulado, sino a todas las cosas que emanan precisamente de la naturaleza del contrato o que por la ley o la costumbre pertenecen a dicha naturaleza.(259) Es obvio entonces que, siendo el contrato de sociedad un contrato por el cual dos o más personas estipulan poner algo en común para repartirse las utilidades que de ello provengan, resulta de la naturaleza de dicho contrato, y de las obligaciones que de él emanan, que no procede bajo respecto alguno que, valiéndose del poder para administrar la sociedad, uno de los socios o accionistas, directa o indirectamente, obtenga para sí o para terceros relacionados con él, una utilidad por la vía de subir o bajar artificialmente el precio de una transacción.

Por otra parte, si los que ejecutaron los actos contrarios a los principios antes mencionados, no eran socios de la sociedad sino meros administradores, habrían infringido las obligaciones legales que rigen la esfera de sus atribuciones o, en su caso, el contrato por el cual actúan como tales, que por lo general será un contrato de mandato.

Es la misma conclusión a la que llegaban quiénes han tratado el problema de la auto contratación. El mandatario que compró para sí los bienes que su mandante le había encomendado vender, incumplió el contrato de mandato.(260) Por lo mismo, los socios que, valiéndose del poder de administrar la sociedad, celebraron actos con la sociedad existiendo un conflicto de intereses actual o potencial, violan o incumplen el contrato de sociedad.

En segundo término, los terceros que contrataron con la sociedad y que, en virtud de dichos contratos, resultaron acreedores de la misma, confiaron que la garantía para el cumplimiento de las obligaciones constituida por el patrimonio de la sociedad iba a ser bien administrada o, por lo menos, administrada de forma que no se le iba a hacer disminuir en una forma contraria a la buena fe. De esta manera, si quienes administran la sociedad ejecutaron o celebraron actos o contratos con ella de manera tal que perjudicaron el derecho de prenda general, violaron también el contrato que se celebró con dichos terceros, aun cuando las fuerzas del patrimonio social sean, después de ejecutados dichos actos contrarios a la buena fe, suficientes para pagar las obligaciones generadas por ellos, pues lo que se sanciona es la disminución del derecho de prenda general del acreedor y no el incumplimiento que, de por sí, tiene una sanción especial.

(259) Artículo 1546 del Código Civil.
(260) ALESSANDRI, Arturo, obra citada, página 47; STITCHKIN, David, obra citada, página 297.

Se debe descartar y rechazar como fundamento de las normas legales en comentario aquellas sobre lesión enorme contenidas en nuestro Código Civil, pues el fundamento de las mismas es completamente diferente al expuesto. En la lesión, lo que el orden jurídico reprueba es una falta de equivalencia en las prestaciones de un contrato oneroso conmutativo de tal magnitud que resulta contraria al orden público y a la equidad. En el caso en análisis, lo que el orden jurídico reprueba son las transacciones negociadas por partes relacionadas, donde nadie sabe quién actúa, todo lo cual conlleva a que una de las partes en un contrato, se valga de una situación en la que puede decidir entre intereses opuestos, favoreciéndose a sí misma en perjuicio de los demás. Por lo mismo, ningún argumento según el cual no se habrían sobrepasado los límites de desequilibrio entre las prestaciones establecidos en la ley, es aceptable sobre el particular. Solo basta que los contratos no se ajusten a condiciones de equidad similares a las que habitualmente prevalecen en el mercado.

206. EN LOS ACTOS CON PERSONAS LIGADAS A LA ADMINISTRACIÓN SE EXIGE UN REQUISITO ADICIONAL: LA APROBACIÓN PREVIA POR PARTE DEL DIRECTORIO

El artículo 44 de la Ley 18.046 establece, como se ha dicho, que las condiciones en que se celebre el acto o contrato deben ser conocidas por el directorio y aprobadas previamente por el mismo. En este sentido, se debe hacer presente que la aprobación previa del directorio es esencial. Esta aprobación hace las veces de la autorización que otorga el mandante al mandatario para comprar los bienes que le ha ordenado vender o venderle al mandante lo que este le ha ordenado comprar, según lo dispuesto en los artículos 2144 y 2145 del Código Civil. Ningún miembro de la administración de la sociedad puede celebrar un contrato al que le falte la aprobación por parte del directorio, pues excedería sus facultades y violaría el mandato que se le hubiere conferido por la ley o el directorio. Así como en el caso del mandato, no existiendo autorización del mandante, el mandatario no puede celebrar consigo mismo el acto o contrato que le hubiere encomendado, así también, no existiendo la aprobación del directorio, los administradores de la sociedad no pueden celebrar el acto en que se den los supuestos del artículo 44 de la Ley 18.046. Si, por el contrario, lo hacen, exceden su poder y violan el contrato y, por lo mismo, el acto que hubieren celebrado no obliga a la sociedad por aplicación del artículo 2160 del Código Civil que dice: «El mandante cumplirá las obligaciones que a su nombre ha contraído el mandatario dentro de los límites del mandato». Han excedido los límites del mandato, pues para que ellos pudieren contratar por la sociedad con personas ligadas a su administración, era necesaria la autorización expresa y previa del directorio. Como no la hubo, violaron el contrato de mandato y no obligaron al mandante.[261]

Pero si concurre la voluntad soberana del mandante y de la sociedad, no se considera que el conflicto de interés existente vaya efectivamente a causar un daño al patrimonio de ninguno. Si el contrato les hubiere producido un daño efectivo, habiendo existido la sobredicha aprobación o autorización, el contrato obliga a la sociedad, pero quedando a

(261) ALESSANDRI, obra citada, página 47, número 66.

salvo sí las acciones para reclamar por la culpa del mandatario o representante según el derecho común[262] o las normas especiales de la Ley sobre Sociedades Anónimas.

El directorio no se puede abstener de pronunciarse frente a una operación sometida a su decisión. No puede entregarle, por ejemplo a los gerentes, o a la junta de accionistas, la decisión de aprobar o no el acto o contrato de que se trate. Ello ocurre así, pues es al directorio de una sociedad anónima al que le corresponde la administración de la misma, según lo dispone el artículo 31 de la Ley 18.046. Es asimismo el directorio de estas entidades el que está investido de todas las facultades de administración que la ley o el estatuto no establezca como privativas de la junta de accionistas, según lo dispone el inciso 1 del artículo 40 de la misma ley. Es el directorio de la sociedad el que, conforme a lo dispuesto en el artículo 41, debe emplear en el ejercicio de sus facultades de administración, el cuidado y diligencia que los hombres emplean ordinariamente en sus propios negocios. De manera que no es aceptable –para nuestro orden jurídico– que el directorio de una sociedad anónima omita pronunciarse respecto a si aprueba o no aprueba un acto en el que se encuentran presentes los supuestos del artículo 44 de la Ley 18.046.

Tampoco puede ser la junta de accionistas la que sustituya al directorio en una decisión de esta naturaleza. Si se pensara que por ser la junta de accionistas el órgano supremo de la sociedad anónima, puede aprobar por sí misma los actos o contratos entre la sociedad y alguna persona ligada a su administración, se produciría el efecto de que, mediante dicho arbitrio, se estaría eximiendo o limitando la responsabilidad de los directores, al permitírsele que mediante su falta de pronunciamiento respecto de un acto, queden exculpados de la responsabilidad que les corresponde por los actos celebrados por la sociedad, cosa que se encuentra precisamente prohibida por el inciso 2 del artículo 41 de la Ley 18.046 que previene que es nula toda estipulación del estatuto social y todo acuerdo de la junta de accionistas que tienda a liberar o a limitar la responsabilidad de los directores; y es por lo mismo que el inciso 3 de la disposición citada establece que «la aprobación otorgada por la junta general de accionistas a la memoria y balance presentados por el directorio o a cualquier cuenta o información general, no libera a los directores de la responsabilidad que les corresponda por actos o negocios determinados; ni la aprobación específica de estos los exonera de aquella responsabilidad, cuando se hubieren celebrado o ejecutado con culpa leve, grave o dolo».

En otras palabras, se puede creer que omitiendo un pronunciamiento del directorio respecto a un acto o contrato en el que alguno de los directores tenga interés, y haciendo que sea la junta de accionistas la que lo apruebe, se puede eludir la responsabilidad que la ley les impone a dichos directores. Sin embargo, este razonamiento es equivocado, fundamentalmente por dos razones: la primera, porque el directorio no puede, conforme a la legislación sobre sociedades anónimas, delegar o excusarse de efectuar un acto de administración; y segundo, porque el solo hecho de eludir su responsabilidad respecto a pronunciarse positiva o negativamente sobre un asunto de la sociedad, constituye, en sí mismo, un acto culpable o doloso y, por ende, origina las responsabilidades que la ley establece, a saber, la indemnización de perjuicios y la devolución a caja social de una suma

(262) Ibíd.

equivalente de los beneficios que el acto de que se trate le reportó a sus personas relacionadas (último inciso del artículo 44).

207. EFECTOS DE LA AUTORIZACIÓN DADA POR LA JUNTA DE ACCIONISTAS PARA CELEBRAR UN ACTO QUE NO HA SIDO APROBADO ANTES POR EL DIRECTORIO

El consentimiento dado por los accionistas bajo la forma de un acuerdo que autorice o permita la celebración por la sociedad de un acto o contrato que infringe el artículo 89 ó 44 de la Ley 18.046 no puede significar, en primer lugar, que la junta valide una conducta ilegal, pues esas normas son de orden público y lo que se sanciona es la violación intrínseca de la misma, independientemente de si se cuenta o no con el consentimiento de los ofendidos directos o indirectos. La norma contenida en dichos artículos precisamente se ha colocado por nuestro ordenamiento jurídico, en interés de los accionistas y en el de los terceros interesados. Esto no puede ser discutido, pues el propio artículo 44 establece que dichos terceros interesados tienen acción frente a los directores para requerir de ellos las mismas prestaciones que establece a favor de los accionistas.

En este sentido, la norma que rige a las personas relacionadas con una sociedad, en orden a que sus transacciones deben ser realizadas en condiciones de equidad similares a las que habitualmente prevalecen en el mercado, protege la fe pública y el interés de la sociedad. Es también una norma relevante dentro de aquellas que integran lo que se ha venido en llamar el orden público económico. De manera que ninguna conducta de los directa o indirectamente ofendidos puede transformar en legal lo que en sí mismo es contrario al orden jurídico.

No puede, en segundo lugar, significar una renuncia a los derechos que dichas normas establecen, puesto que el inciso 3º del artículo 41 de la Ley 18.046 establece expresamente que «La aprobación otorgada por la junta general de accionistas a la memoria y balance presentados por el directorio o a cualquier otra cuenta o información general, no libera a los directores de la responsabilidad que les corresponda por actos o negocios determinados; ni la aprobación específica de estos los exonera de aquella responsabilidad, cuando se hubieren celebrado o ejecutado con culpa leve, grave o dolo». De manera que el consentimiento dado por los accionistas, por expresa disposición de la ley, no produce ningún efecto si el directorio ha obrado con culpa o dolo. Y no puede negarse que este ha obrado, a lo menos, con culpa, si el acto no ha sido celebrado en condiciones de equidad similares a las que habitualmente prevalecen en el mercado.

Podría sostenerse que el consentimiento dado por los accionistas no libera de responsabilidad al directorio, pero sí libera de responsabilidad a los terceros relacionados que se vieron beneficiados con los actos o contratos no celebrados en condiciones de equidad similares a las que habitualmente prevalecen en el mercado, porque a su respecto no existe una norma que impida una renuncia como la tratada en el párrafo inmediatamente anterior. En principio, esos terceros no son responsables ante la sociedad o los accionistas por los actos celebrados con la sociedad sino en virtud de las reglas generales, esto es, cuando han actuado como coautores, cómplices o encubridores del hecho ilícito, o han fraguado el dolo con que se perjudicó a los accionistas y a la sociedad o se han aprovechado de él (artículo 1458 del Código Civil). Sin embargo, en estos casos, la aprobación previa dada por los accionistas a dichos actos en una junta significaría, en la práctica, una simple condonación del dolo futuro que cometerán esos terceros, lo que haría que el acuerdo de dicha junta y los votos de los accionistas individualmente considerados fueran nulos absolutamente, no ya por lo dispuesto en el artículo 41 inciso 3 de la Ley 18.046 sino porque, conforme al artículo 1465 del Código Civil, la condonación del dolo futuro no vale y, por ende, dicho consentimiento expresado a través del voto en una junta adolecería de nulidad absoluta, en conformidad al artículo 1682 del Código Civil. Constituiría una condonación del dolo de los que contrataron con la sociedad, porque estos habrían ejecutado o celebrado las operaciones contrarias a lo dispuesto en los artículos 89 ó 44 de la Ley sobre Sociedades Anónimas, con el objeto de perjudicar los intereses de la sociedad y de los accionistas.

Esto significa entonces que el consentimiento dado por los accionistas no produce efecto alguno en lo que se refiere a la responsabilidad del directorio por expresa disposición del artículo 41 inciso 3 de la Ley 18.046 y es, respecto de cualquier tercero, especialmente la o las sociedades que se hubieren visto beneficiadas con él o los actos o contratos respectivos, ineficaz por nulidad absoluta de dicho consentimiento expresado a través del voto en la junta, por constituir en la práctica la condonación de un dolo futuro, todo ello según lo prevenido en los ya referidos artículos.

208. INEFICACIA POR INOPONIBILIDAD Y NULIDAD, DEL ACUERDO DE LA JUNTA DE ACCIONISTAS QUE APRUEBA LA CELEBRACIÓN DE UN CONTRATO QUE NO HA SIDO APROBADO ANTES POR EL DIRECTORIO

a. *Ineficacia por inoponibilidad del acuerdo*

Los acuerdos de la junta de accionistas que aprueban la celebración de un contrato en condiciones que no sean equitativas conforme a las que habitualmente prevalecen en el mercado, son inoponibles al directorio de la sociedad y a la misma sociedad, pues la junta carece de competencia para adoptar acuerdos que tengan por objeto la celebración de actos jurídicos con terceros o de negocios con terceros.

La competencia de la junta es aquella que la habilita para deliberar y adoptar acuerdos y decisiones sobre un asunto concreto relativo a la vida de la sociedad con el poder que le otorga su calidad de órgano, esto es, con el efecto de que sus decisiones sean consideradas por terceros y por los otros órganos sociales, como propias de la voluntad de la persona jurídica. Esta competencia está determinada, a su vez, por un elemento de forma y otro de fondo. El primero está compuesto por el cumplimiento de las formalidades de convocatoria y citación. El segundo es que la junta debe tener efectivamente facultades para resolver la cuestión de que se trata, en virtud de la ley o de los estatutos.

La junta de accionistas se encuentra en una situación de supremacía y es el órgano soberano de la sociedad, pero «no en el sentido que su actividad no esté sujeta a limitaciones, que las tiene muchas, sino en cuanto que sus componentes no son designados por nadie, pues lo son en virtud de su calidad de socios, y a la vez, porque no deben rendir cuentas de su actividad a nadie».[263]

La asamblea de accionistas no es titular de un poder omnímodo, en el sentido que sea ella la única indicada para decidir la marcha de la persona jurídica. Es válida en este sentido la opinión de Brunetti[264], según la cual, «la asamblea de los miembros de la entidad es un pequeño parlamento investido de poderes vastísimos, pero que, por su estructura, no puede dirigir ni controlar la marcha de los negocios sociales».

Los negocios sociales son controlados y dirigidos por el directorio de la sociedad. A él le empece determinar si se ejecutan o celebran y si son convenientes o inconvenientes para la marcha de la sociedad. Si así no fuere, todo el régimen de responsabilidad que es aplicable por la ley al directorio de las sociedades anónimas, que son normas de orden público, podría fácilmente burlarse vía la ratificación posterior, por la junta, de los actos del directorio o lo que es más grave, vía el traspaso de las facultades legales por parte del directorio a la junta.

En principio, por sí solos, los acuerdos adoptados por órganos incompetentes, esto es, no facultados por la ley o por los estatutos para adoptarlos, no adolecen de ningún vicio de nulidad, pues las nulidades son de derecho estricto y sucede que no existen disposiciones en nuestro ordenamiento jurídico que impongan este tipo de sanción a los acuerdos emanados de órganos incompetentes. Sin embargo, estos acuerdos son inoponibles, y por ende, ineficaces, respecto de todos los demás órganos de la sociedad anónima y a la sociedad misma.

El fundamento de esta inoponibilidad es que los accionistas y las distintas personas portadoras de la calidad de órgano de una persona jurídica, se obligaron a respetar, a hacer cumplir los acuerdos de los órganos sociales de la entidad, en la medida de que estos se adoptaran cumpliendo las normas que todos se dieron en el acto constitutivo. Si se adoptan con infracción a dichas normas, es preciso concluir que ninguno de ellos puede ser oponible a los accionistas y a los otros órganos sociales, pudiendo estos o aquellos desconocerlos para cualquier efecto que se quisieren usar.

b. Ineficacia por nulidad absoluta de los acuerdos

Conforme a lo dispuesto en el inciso 2 del artículo 41 de la Ley 18.046, es nula toda estipulación del estatuto social y todo acuerdo de la junta de accionistas que tienda a liberar o a limitar la responsabilidad de los directores.

Los acuerdos de la junta de accionistas que aprueban actos o contratos que vulneran el principio en comentario, tienen por claro objeto liberar de responsabilidad al directorio de dicha sociedad, por cuanto éste, pretendiendo eludir el artículo 44 de la citada ley y la responsabilidad que este establece, no aprueba o rechaza dichos actos o los aprueba sujeto a ratificación de la junta, traspasando así, a los accionistas reunidos en junta, una decisión que sólo al directorio empece, de manera que no se les pueda imputar directamente la responsabilidad que la propia ley establece.

(263) FERRARA, Francisco, *Sociedades y Empresarios*, Editorial Revista de Derecho Privado, Madrid, página 160.
(264) BRUNETTI, *Tratado del Derecho de Sociedades*, Unión Tipográfica, Editorial Hispano Americana, Buenos Aires, 1960, tomo II, página 360.

De esta forma, es inconcuso que el acto es nulo de nulidad absoluta, pues se trata de un acto que la ley prohíbe y, por ende, adolece de nulidad absoluta conforme lo dispone el artículo 1466 del Código Civil.

209. EL CONTRATO CELEBRADO CON INFRACCIÓN AL ARTÍCULO 44, POR NO HABER SIDO APROBADO PREVIAMENTE POR EL DIRECTORIO, ES INOPONIBLE A LA SOCIEDAD

Como se ha expresado, el hecho de haberse celebrado un contrato bajo los supuestos del artículo 44 de la Ley 18.046, sin que se hubiere previamente aprobado por el directorio de la sociedad, es inoponible a ésta, pues los representantes de la sociedad que celebraron el contrato excedieron los límites de sus atribuciones e infringieron el contrato de mandato, por lo que, conforme a lo dispuesto en el artículo 2160 del Código Civil, la sociedad no está obligada a cumplir las obligaciones contraídas a su nombre por dichos representantes.

210. ADOLECE DE NULIDAD ABSOLUTA POR CAUSA ILÍCITA UN CONTRATO CELEBRADO EN CONDICIONES QUE NO SON DE MERCADO

En efecto, conforme a lo establecido en el artículo 1467 inciso 2 se entiende por causa el motivo que induce al acto o contrato; y por causa ilícita la prohibida por la ley, o contraria a las buenas costumbres o al orden público.

Es obvio que el motivo del acto o contrato que se celebra en condiciones que no son de mercado, es el de beneficiar a terceros en perjuicio de la sociedad, vulnerándose con ello los artículos 89 y 44 de la Ley sobre Sociedades Anónimas. La causa o motivo que indujo a las partes a contratar se encuentra, entonces, prohibida por la citada disposición legal. El tema no admite discusiones, porque puede que ese artículo no sea prohibitivo sino imperativo, lo que sería un argumento para negar, a lo sumo, la existencia de objeto ilícito, pero no se puede negar que prohíbe tener como causa o motivo para contratar, el hecho de celebrar, entre partes relacionadas, contratos en condiciones que no sean de equidad similares a las que habitualmente prevalecen en el mercado.

Pero si alguna duda cabe al respecto, es obvio que dichos actos o contratos son ciertamente contrarios a las buenas costumbres. Las buenas costumbres podrán ser para algunos un concepto carente de contenido práctico, pero lo cierto es que parece mala la costumbre aquella según la cual algunos accionistas o directores de una sociedad anónima utilizan a esta sociedad para hacer pasar en beneficio de uno u otros, sin causa, y en perjuicio de los intereses sociales, un activo que, de no encontrarse dichos accionistas o directores en la situación en que se encuentran en la sociedad, jamás habrían obtenido.

De manera entonces que los contratos celebrados en condiciones que no sea las que habitualmente prevalecen en el mercado, adolecen de causa ilícita y, por ende, son nulos absolutamente según lo dispone el artículo 1682 en relación con el artículo 1467 del Código Civil.

Además, el tercero beneficiado debe restituir a la sociedad perjudicada todo lo que haya percibido con ocasión del contrato por aplicación de lo dispuesto en el artículo 1687 del

Código Civil; y, por ser un poseedor de mala fe, debe restituir los frutos civiles de los dineros involucrados, y no solamente los percibidos sino los que el dueño hubiera podido percibir con mediana inteligencia y actividad, teniendo dichos dineros en su poder, todo ello conforme a lo dispuesto en el artículo 907 del Código Civil.

Los accionistas individualmente considerados pueden solicitar directamente la nulidad absoluta, pues, conforme a lo dispuesto en el artículo 1683 del Código Civil, puede alegar la nulidad cualquiera que tenga interés en ello. Los accionistas lo tienen, dado que la sociedad se ha hecho más pobre con dichos actos o contratos y, a través de ella, se han hecho más pobres, también, los accionistas.

El artículo 133 bis de la Ley sobre Sociedades Anónimas, el cual establece que: «toda pérdida irrogada al patrimonio de la sociedad como consecuencia de una infracción de esta ley, su reglamento, los estatutos sociales o las normas que imparta la Superintendencia, dará derecho a un accionista o grupo de accionistas que representen, a lo menos, un 5% de las acciones emitidas por la sociedad o a cualquiera de los directores de la sociedad, a demandar la indemnización de perjuicios a quien correspondiere, en nombre y beneficio de la sociedad ».

Se podría pensar que este artículo impide a los accionistas que no reúnan los requisitos establecidos en la ley, entablar la acción de nulidad absoluta mencionada. Sin embargo, el artículo 133 bis antes citado no se refiere a las acciones de nulidad sino a la acción para solicitar la indemnización de perjuicios, lo que hace que lo dicho sea completamente improcedente.

Es más, negar a los accionistas individualmente considerados la acción para solicitar la nulidad absoluta de dichos actos constituiría, en la mayor parte de los casos, dejar impunes a quienes contrataron con la sociedad, pues es muy probable que esta carezca de la acción para intentar la nulidad, pues sabía o debía saber el vicio que invalidaba el acto.

211. SI EL TERCERO CON QUIEN SE CELEBRÓ EL ACTO CONTRARIO A LOS ARTÍCULOS 44 Y 89 DE LA LEY 18.046 ERA ACCIONISTA DE LA SOCIEDAD, HABRÍA INCUMPLIDO EL CONTRATO DE SOCIEDAD

Por otra parte, si los terceros con quienes la sociedad habría celebrado los actos y contratos contrarios al artículo 89 son accionistas controladores de la sociedad anónima que se vio perjudicada con ellos, estos accionistas habrían incumplido sus obligaciones derivadas del contrato de sociedad.

La primera observación que se puede formular a lo dicho consiste en sostener que lo dispuesto en el artículo 89 de la Ley 18.046 no puede ser considerada una obligación para los accionistas controladores de la sociedad, sino solamente para sus administradores, porque si tales accionistas celebran actos con la sociedad debe considerarse su participación como si se tratase de la de un tercero y estos, como se ha visto, no responden ante la sociedad por los actos contrarios al artículo 89 y 44, sino en virtud de las reglas generales, esto es, en la medida que se les prueba su participación dolosa o culposa como autores, cómplices o encubridores del hecho ilícito y, aun así, tampoco sería aceptable que se ligara el hecho con el contrato de sociedad, pues no se habría incumplido ninguna obligación nacida de éste, pues, como accionistas de una sociedad anónima, ellos no son sujetos pasivos de las obligaciones de colaboración propias de los contratos en general y del contrato de sociedad en particular, dado que en este tipo de sociedades no existen estas obligaciones, como, en ocasiones, lo ha sostenido la doctrina.

Finalmente, se podría agregar que, si bien el artículo 30 de la Ley sobre Sociedades Anónimas exige a los accionistas ejercitar sus derechos de manera de no perjudicar los de la sociedad, la disposición se refiere al ejercicio de los derechos que emanan del contrato de sociedad y que parecería absurdo que se privara a una persona, por ser accionista, de las ventajas de una buena negociación, colocándola frente a un estatuto jurídico discriminatorio donde se le exige a los «conocidos» una obligación que no se les exigiría jamás a los «extraños».

Sin embargo, el problema de fondo que hay detrás de los actos celebrados con infracción al artículo 89 de la ley citada es un conflicto de intereses. La situación de los terceros que no son accionistas de la sociedad es radicalmente distinta a los que sí son accionistas controladores o personas relacionadas a ellos, puesto que estos se encuentran en situación de determinar la voluntad colectiva de la compañía o de influir sustancialmente sobre ella. Estos accionistas de la sociedad se encuentran así en situación de decidir entre sacrificar su interés al de la sociedad o el de la sociedad al suyo. Si el contrato se celebró en condiciones que no son de equidad similares a las que habitualmente prevalecen en el mercado, es obvio que eligieron sacrificar el interés de la sociedad y, eso constituye, por sí mismo, un acto contrario al artículo 1546 del Código Civil y al artículo 30 de la Ley 18.046, no ya por haber obtenido una ventaja que para cualquier tercero era legítima sino porque han ejecutado el contrato de sociedad de mala fe al ejercer los derechos por los cuales pueden influir sustancialmente en las decisiones de la sociedad de manera abusiva, esto es, permitiendo que la sociedad celebre, en beneficio propio, un contrato en condiciones que no corresponden a las de equidad similares a las que prevalecen habitualmente en el mercado.

Se dirá, entonces, que como accionistas que pueden influir en las decisiones sociales adoptadas por la junta, no pueden sin embargo influir sobre los directores que son los que en definitiva negocian y resuelven por la sociedad. Sin embargo, tal argumento adolece de un defecto de estructura, pues el artículo 89 establece una presunción de derecho de que los accionistas principales o controladores de la sociedad o las sociedades relacionadas ejercen sobre los directores de la sociedad una influencia decisiva, al señalar que los actos entre las personas mencionadas en dicha disposición deben celebrarse en condiciones de equidad similares a las que habitualmente prevalecen en el mercado, todo ello porque los actos en los que intervengan las personas que enumera el artículo necesariamente deben someterse a esa regla, a pesar de que se pruebe de que tales personas no influyen sustancialmente sobre los directores de la entidad.

De esta manera, es inconcuso que si los terceros con quienes se celebraron los actos contrarios al artículo 89 son las personas mencionadas en dicha disposición, se habría incumplido por parte de estas personas el contrato de sociedad, pues habrían ejercido de mala fe el poder que les otorga el principio mayoritario, al haber perjudicado los derechos de la sociedad consistente en que los contratos que se celebren con dichas personas relacionadas, deben celebrarse en condiciones de equidad similares a las que habitualmente prevalecen en el mercado.

Más allá de cualquier disquisición jurídica, la obligación primordial de los socios es cumplir el contrato social de buena fe, respetando los derechos de sus socios o accionistas. Aunque parezca obvio decirlo, el contrato de sociedad obliga no sólo a lo que en las cláusulas sociales se ha estipulado, sino a todas las cosas que emanan precisamente de la naturaleza del contrato o que por la ley o la costumbre pertenecen a dicha naturaleza. En aplicación de este principio, no procede bajo respecto alguno que uno de los socios o accionistas, directa o indirectamente, obtengan para sí o para terceros relacionados con él, una utilidad por la vía de subir o bajar artificialmente el precio de una transacción, extrayéndosela a la sociedad en perjuicio de ella misma y de sus demás socios.

En igual incumplimiento caerían dichos accionistas si el acto o contrato lo hubiere celebrado una persona perteneciente al mismo grupo empresarial del accionista, pues en tal caso, se presume de derecho que tiene interés el propio accionista en esa operación y que ha influido en las decisiones de la sociedad perjudicada con el acto, todo ello por aplicación de lo dispuesto en el artículo 89 de la Ley 18.046. En tales circunstancias, no se podría discutir que el accionista es inocente, pues no se podría probar que no influyó en las decisiones de la sociedad que se hubiere visto perjudicada, atendido que existe una presunción de derecho de que así actuó.

212. LOS CONTRATOS CELEBRADOS EN CONDICIONES QUE NO SON DE MERCADO GENERAN PARA LOS RESPONSABLES Y TERCEROS BENEFICIADOS LA OBLIGACIÓN DE INDEMNIZAR PERJUICIOS

La sanción por la contravención a los artículos 44 y 89, esto es, la infracción al principio legal según el cual las transacciones entre partes relacionadas deben celebrarse en condiciones de equidad similares a las que habitualmente prevalecen en el mercado, genera para los que lo han fraguado y para los terceros beneficiados con ellos, la obligación de indemnizar a la sociedad y a los accionistas, los perjuicios que se la han causado. A este respecto, es preciso distinguir entre tres tipos de perjuicios: el perjuicio que sufre la sociedad como persona jurídica; el perjuicio que sufren los accionistas o socios; y el perjuicio que sufren los acreedores de la entidad. A ellos corresponden tres tipos de intereses distintos. Y es necesario analizar si el orden jurídico protege dichos intereses concediéndoles una acción para perseguir la consiguiente indemnización de perjuicios.

213. EL PERJUICIO QUE SUFRE LA SOCIEDAD Y LAS ACCIONES DE QUE DISPONE

El interés de la sociedad que sufrió el daño o la pérdida está constituido por resarcirse de los perjuicios derivados de un acto ilícito cometido por la persona de sus administradores, en unión con terceros relacionados a estos o a aquella, acto que podrá ser culpable o doloso según sea el caso.

La acción, entonces, se dirige, en primer lugar, en contra de los administradores a fin de que respondan de las pérdidas y perjuicios que el acto o contrato celebrado produjo a la sociedad. Así lo prescribe el artículo 89 de la Ley 18.046 que dice: «Los administradores de una y otras serán responsables de las pérdidas o perjuicios que pudieren causar a la sociedad que administren por operaciones hechas con infracción a este artículo»; y así también lo prescribe el último inciso del artículo 44 de la citada ley, que dispone: «La infracción a este artículo no afectará la validez de la operación, pero además de las sanciones administrativas en su caso y penales que correspondan, otorgará a la sociedad, a los accionistas o a los terceros interesados, el derecho de exigir indemnización por los perjuicios ocasionados y a pedir el reembolso a la sociedad por el director interesado, de una suma equivalente a los beneficios que a él, a sus parientes o a sus representados les hubieren reportado dichas negociaciones [...].».

La acción se puede dirigir también en contra de los terceros que celebraron con la sociedad los actos o contratos contrarios al principio antes indicado. Estos terceros son autores, cómplices o encubridores de los administradores y, por ende, no pueden quedar impunes frente a una actuación que contraviene el orden jurídico. Se podrá decir que, como terceros, no están obligados a respetar el principio de que los actos de la sociedad con sus personas relacionadas deben observar condiciones de equidad similares a las que habitualmente prevalecen en el mercado; pero si bien esa afirmación es cierta solo de una manera general, eso no implica que resulten responsables por haber participado en un delito o cuasidelito civil cometido por la persona de sus administradores y cuya responsabilidad, por ende, comparten. En estos casos, no serían responsables por la violación del principio expuesto, así como no lo son los terceros que contratan con la sociedad en condiciones que no son de mercado, pero sí lo serían por haber participado como autores, cómplices o encubridores en el citado delito o cuasidelito civil.

Conforme a lo dispuesto por el artículo 2317 del Código Civil, «Si un delito o cuasidelito ha sido cometido por dos o más personas, cada una de ellas será solidariamente responsable de todo perjuicio procedente del mismo delito o cuasidelito, salvo las excepciones de los artículos 2323 y 2328. Todo fraude o dolo cometido por dos o más personas produce la acción solidaria del precedente inciso».

En este sentido, se debe advertir que la comisión del hecho ilícito habría sido realizada claramente por los administradores de la sociedad, pero es indudable, también, que del mismo hecho ilícito fueron coautores, cómplices o encubridores los terceros con quienes se celebró el contrato y quienes a la postre resultaron beneficiados directamente con él. No es razonable pensar que estos últimos fueron inocentes de la comisión del hecho ilícito y que ellos no sabían que con la celebración de dichos actos o contratos se infringían los artículos 44 y 89 de la Ley 18.046 y se provocaba un enriquecimiento ilícito de ellos mismos.

Es más, el hecho ilícito se consumó necesariamente con el conocimiento y participación de dichos terceros, tanto porque ellos sabían o debían saber del beneficio sin causa que recibían, así como también porque fueron ellos los que, probablemente, en sus dobles calidades de administradores de la sociedad perjudicada o de personas relacionadas a ella y de administradores de la o las sociedades beneficiadas o de personas relacionadas a ellas, habrían promovido o forzado a la celebración de dichos actos o contratos. En este sentido, la coautoría resulta evidente. Siendo así, es entonces plenamente aplicable la disposición citada, surgiendo la solidaridad entre los coautores del tenor literal del artículo 2317 del Código Civil.

La solidaridad se refiere a reparar el daño causado, es decir, a los efectos civiles del hecho ilícito y del incumplimiento. En la especie, a reparar los perjuicios que se derivan del hecho ilícito consistente en haber infringido los artículos 44 y/o 89 de la Ley 18.046, dentro de cuyos efectos se contempla la devolución a la Sociedad de todas las sumas con que se vieron beneficiados los terceros y la respectiva indemnización de perjuicios para dicha sociedad.

En este caso, la solidaridad debería quedar regida por el artículo 2317 del Código Civil, por ser la única norma que regula el caso de la comisión de un hecho ilícito por dos o más personas, todo ello por expresa aplicación de lo dispuesto en el artículo 24 del mismo cuerpo legal.

La solidaridad afecta, por consiguiente, a todos los que hayan intervenido en el hecho ilícito, como autores, cómplices o encubridores; unos y otros los han cometido, cada uno dentro de su radio de acción. No existe ninguna razón para circunscribir la solidaridad sólo a los directores de la sociedad y negarla en contra de los terceros, tanto más cuanto el artículo 2316 limita la responsabilidad del que recibe provecho del dolo ajeno a condición de no ser cómplice en ese dolo; de donde se infiere que, si lo es, su responsabilidad es completa y queda regida por la regla general del inciso 1 del artículo 2316 y por el artículo 2317.[(265)]

La solidaridad que se deriva del delito o cuasidelito y del hecho ilícito en general produce los efectos señalados en los artículos 1511 y siguientes del Código Civil. La sociedad puede, en consecuencia, demandar la reparación total del daño causado a todos sus autores, cómplices o encubridores conjuntamente o, a cualquiera de ellos, a su arbitrio.

Se podría creer que los terceros que participaron con los administradores en este hecho ilícito han fraguado un dolo en contra de la sociedad a objeto de obtener su consentimiento en los actos jurídicos contrarios a los artículos 44 y 89 de la Ley 18.046. Sin embargo, esta creencia es equivocada. Los terceros habrían actuado como autores, cómplices o encubridores del hecho ilícito, pero no habrían engañado a nadie con el objeto de obtener el consentimiento, el cual fue dado voluntariamente por otros coautores del hecho ilícito. Ni hubo engaño ni hubo intención de obtener consentimiento alguno. Por consiguiente, resulta inaplicable lo dispuesto en el inciso segundo del artículo 1458 del Código Civil.

214. POSIBILIDAD DE QUE LOS SOCIOS O ACCIONISTAS PERSIGAN PARA LA SOCIEDAD LA INDEMNIZACIÓN DE PERJUICIOS CORRESPONDIENTE

Existe a este respecto una postura mayoritariamente aceptada, según la cual las personas portadoras de la calidad de órgano son solamente responsables ante la persona jurídica y no ante sus socios o accionistas. Es la persona jurídica –se dice– la que precisamente juzga la responsabilidad de los administradores por medio de la asamblea, y es, por tanto, la mayoría de ésta la que determinará el ejercicio de la acción de responsabilidad confiando después su ejercicio a quien crea más oportuno. Queda así excluido categóricamente –se

(265) ALESSANDRI RODRIGUEZ, Arturo, *De la Responsabilidad Extracontractual en el Derecho Civil Chileno*, Imprenta Universitaria, Santiago, 1943, página 490.

dice–, que la acción de responsabilidad contra los administradores pueda ser hecha valer por el socio singular o por una minoría de ellos.

Podrá sostenerse que el daño o perjuicio social se extiende directamente al socio o accionista desde el momento mismo en que se da principio a la ejecución del contrato celebrado con infracción a lo dispuesto en el art. 89, pues se refleja directamente en su propio patrimonio, atendido que el valor de las acciones o derechos que poseen en la sociedad está directamente relacionado con el valor del patrimonio de la entidad a la que pertenecen. Pero como se ha dicho, «ese daño que sufren los socios es el mismo daño sufrido por la agrupación. No alcanza al socio sino como parte de la agrupación y en proporción a su parte. El socio no padece como individuo, sino como fracción del grupo. El perjuicio social no afecta, pues, individualmente a los socios; no alcanza sino a través de la agrupación, como miembros de esa colectividad. Teóricamente, no cabe ya darles una acción... La persona moral se interpone entre los socios y el autor de la culpa; aquella constituye un obstáculo infranqueable para las acciones individuales de los socios».[(266)]

Los argumentos dados por Henri Leon y Jean Mazeaud resultan, a nuestro juicio, equivocados en su última parte. Esto de que la persona moral se interponga entre los socios y el autor de la culpa; y que aquella constituya un obstáculo infranqueable para las acciones individuales de los socios, no nos parece un argumento en contra de la posibilidad de permitirle a los socios o accionistas que demanden a los administradores sino, por el contrario, uno a favor: precisamente porque se interpone la forma de la persona jurídica de una manera que impide a los socios o miembros de esa persona jurídica ejercer los derechos que el orden jurídico les franquea, es que hay suficiente argumento para desplazar la forma de la persona jurídica, según hemos visto en capítulos anteriores.

Nosotros pensamos que no es la forma de la persona jurídica la que se interpone en contra de la posibilidad que los accionistas o socios de una persona jurídica puedan interponer acciones en contra de los administradores sino que es simplemente el principio mayoritario, o sea, el contrato social. El principio mayoritario consiste en que la voluntad de la persona jurídica es la voluntad de la mayoría de los miembros de la asamblea con derecho a voto. Los socios o accionistas de la misma se obligaron a respetarlo, esto es, a respetar que la voluntad de la persona jurídica sea la voluntad de la mayoría. Es esto lo que impide a los socios o accionistas de la persona jurídica demandar por sí mismos a la administración, puesto que la que determina si proceden o no las acciones en contra de ellos es la propia persona que ha sufrido el daño y no aquellos que lo han sufrido a consecuencia de que sufrió el daño la persona jurídica. Es la colectividad la que decide conforme a las estipulaciones que se han dado los socios en los estatutos, es decir, sobre la base del principio mayoritario.

Tal como se dirá más adelante, cuando tratemos las infracciones al contrato social que se pueden cometer en el ejercicio del derecho a voto, los socios o accionistas, sean o no controladores, y especialmente estos últimos, no pueden ejercer el principio mayoritario de modo que se perjudiquen los derechos de la sociedad o el de los demás accionistas, si existiere al efecto un conflicto entre sus intereses y los de la sociedad y el de los demás accionistas. El artículo 30 de la Ley 18.046, dice expresamente que «Los accionistas deben

(266) MAZEAUD, Henri, Leon y Jean y TUNC, André, op. cit., pág. 470.

ejercer sus derechos sociales respetando los de la sociedad y los de los demás accionistas». Este principio, recogido especialmente en la Ley sobre Sociedades Anónimas, no es más que la aplicación práctica de aquel contenido en el artículo 1546 del Código Civil, que obliga a cumplir los contratos de buena fe, de forma que no solo obligan a lo que en ellos se expresa sino a todas las cosas que emanan de la naturaleza de la obligación.

Esto significa que los socios o accionistas, sean o no controladores, y especialmente estos últimos, si se opusieron sin razón alguna a demandar a los controladores, infringirían el contrato de sociedad, fundamentalmente porque le causarían un daño a la sociedad si se impidiera a la misma resarcirse de un perjuicio mediante la interposición de las acciones pertinentes.

De esta forma, por regla general, los miembros de una persona jurídica no tienen acción en contra de los portadores de la calidad de órgano administrador de la persona jurídica, a menos que se haya decidido por la asamblea de miembros no ejercer las acciones en contra de la administración, esto es, ejerciéndose el principio mayoritario, y los que hayan votado por no ejercer las acciones lo hayan hecho existiendo un conflicto entre sus derechos y los de la sociedad y el de los demás accionistas causándose con ello un perjuicio a los intereses de estos o de aquella, pues, en tal caso, se estarían incumpliendo las obligaciones instrumentales de respeto al derecho ajeno impuestas por el contrato de sociedad en virtud de lo dispuesto en el artículo 1546 del Código Civil, en cuyo caso existiría un incumplimiento de las obligaciones de dicho contrato, por parte de los socios mayoritarios que, por lo mismo, estarían usando sus estipulaciones y concretamente el principio mayoritario con el objeto de dejar en la impunidad la conducta indebida de los administradores de la sociedad, lo que haría que el incumplimiento de los accionistas que hubieren votado impidiendo a la sociedad accionar en contra de los administradores consumare el perjuicio a la sociedad y, por ende, serían esos accionistas lo que tendrían que pagar el daño causado por los administradores de la misma, atendido el uso indebido que habrían hecho de las estipulaciones del contrato de sociedad, concretamente del principio mayoritario.

En todo caso, se debe hacer presente que el artículo 133 bis de la Ley 18.046 dispone lo siguiente: «Toda pérdida irrogada al patrimonio de la sociedad como consecuencia de una infracción a esta ley, su reglamento, los estatutos sociales o las normas que imparta la Superintendencia, dará derecho a un accionista o grupo de accionistas que representen, a lo menos, un 5% de las acciones emitidas por la sociedad o a cualquiera de los directores de la sociedad, a demandar la indemnización de perjuicios a quien correspondiere, en nombre y beneficio de la sociedad».

Se podría creer que esta disposición vino a dilucidar la cuestión debatida reconociendo la acción de los accionistas individuales en contra de cualquiera que le haya causado un perjuicio a la sociedad, pero estableciendo un requisito especial consistente en exigirse que la acción se intente porque quien o quienes detenten la propiedad de al menos el 5% de las acciones de la compañía.

Tal creencia resulta sin embargo no completamente exacta, pues sí bien nuestra legislación les otorga una acción a los accionistas, cumpliéndose los requisitos que ella contempla, les niega la misma acción a los accionistas si no reúnen el 5% de las acciones de la compañía. ¿Quiere decir esto que los accionistas que no cumplen este requisito, carecen de acción para demandar a sus socios por haber impedido que se intentaren las acciones legales en contra de los administradores, utilizando para ello el principio mayoritario? Desde luego que no. Si la Justicia considera que estos le causaron un daño a la sociedad por haber impedido que se intentaran las acciones, habrían ejercido el principio mayoritario perjudicando los derechos de la sociedad y, a través de ella, los de los accionistas minoritarios.

Cualquiera interpretación contraria a la mencionada haría que el texto del artículo 133 bis antes citado fuera contrario a las normas constitucionales que garantizan el derecho de dominio, por cuanto perturbaría el derecho de propiedad de los accionistas sobre sus derechos personales derivados del contrato de sociedad, al obligarlos a juntarse con otros accionistas hasta reunir, por lo menos, un 5% de las acciones emitidas por la sociedad, para interponer una acción que, antes de la dictación de esa ley, podían interponer solos.

La acción podría intentarse en contra de los accionistas que impidieron perseguir a los administradores por el total de los perjuicios sufridos por la sociedad y por el total de los perjuicios individuales sufridos por el accionista que la hubiere intentado y, si ellos todavía no han llegado a producirse, porque no se ha dado principio a la ejecución del contrato contrario a los artículos 44 y 89 de la ley 18.046, podrán intentar la acción derivada del daño contingente, consagrada en el art. 2333 del Código Civil.

215. EL PERJUICIO DE LOS SOCIOS O ACCIONISTAS Y LAS ACCIONES DE QUE DISPONEN

Como puede observarse, la acción de que dispone la sociedad contra sus administradores no ampara el derecho de los socios o accionistas. En efecto, el interés de estos últimos es, también, que se le indemnicen los perjuicios que ellos sufrieron a consecuencia del acto celebrado, y que pueden ser muy distintos a los que padeció la sociedad. Piénsese, por ejemplo, el caso de un accionista que tenía prendadas sus acciones en favor de un banco que, al conocer la disminución de valor que experimentaron las acciones con motivo de la operación celebrada con infracción a lo dispuesto en el artículo 89, declara, por tal motivo, la caducidad del plazo de la deuda y exige de inmediato el pago total de la misma.

Los accionistas gozan de lo que en doctrina se conoce como «acción individual», en contraposición a la «acción social» que corresponde a la sociedad y en nuestra opinión también a los accionistas, y que se dirige en contra de los administradores y los demás autores cómplices o encubridores del hecho ilícito, a fin de que respondan por el hecho de haber disminuido irregularmente los activos de la misma. Esta acción individual, por el contrario, pretende o persigue la reparación del daño personal que se haya causado al accionista con la operación.

Sobre este daño individual o personal que sufren los accionistas, se señala por la doctrina que «no es el mismo perjuicio el que origina, a la vez, la acción social y la acción individual». Las dos acciones no coexisten más que si se han causado dos perjuicios distintos, el uno social y el otro individual. Se concluye que «el perjuicio social no permite sino el ejercicio de una acción social; y no, a la par, el de una acción social y el de una acción individual».[(267)]

(267) MAZEAUD, Henri, Leon y Jean y TUNC, André. *Tratado Teórico y Práctico de la Responsabilidad Civil*, tomo segundo, Volumen 2, pág. 474.

Nadie ha discutido nunca la procedencia de la acción para indemnizar el daño individual sufrido por los accionistas. En nuestra opinión, la acción es procedente, siempre que los perjuicios no sean indirectos, esto es, el vínculo de causalidad se encuentre plenamente acreditado.

216. EL PERJUICIO DE LOS TERCEROS Y LA ACCIÓN DE QUE DISPONEN

La verdad es que las obligaciones del órgano administrador para con terceros, surgen de la aplicación de las normas generales contenidas en el derecho común y aquellas especiales que prevengan las leyes que rijan a una determinada especie de persona jurídica. Fuera de dichas normas, los administradores no tienen más obligaciones con terceros que las que tiene cualquier persona.

En el caso de actos o contratos celebrados con infracción a los artículos 44 y 89 de la Ley 18.046, los únicos terceros a quienes se les podría haber causado un daño son los acreedores de la sociedad.

El interés de los acreedores es únicamente el que se les paguen sus acreencias y el monto del patrimonio de la deudora les puede resultar indiferente mientras pueda cubrir sus obligaciones. Esto quiere decir que, aunque el acto o contrato cause perjuicio a la sociedad deudora, es muy probable que no le cause perjuicio a los acreedores, pues aun con dichos actos, no existe peligro para el pago de las deudas. Además, aun en el evento que la deudora cayera en quiebra, para que dichos acreedores pudieren solicitar indemnización de perjuicios, sería menester que probaran que el mal estado de los negocios se debió directamente a los actos o contratos celebrados con infracción a lo dispuesto en el artículo 89 de la Ley 18.046, pues, de lo contrario, no habría relación de causalidad entre la culpa o el dolo y los perjuicios sufridos.

Todo lo anterior es cierto, salvo que el monto del patrimonio del deudor sea indiferente a los acreedores mientras les alcance para pagar sus obligaciones. En ocasiones, el monto de la garantía general prendaria del deudor es relevante para sus acreedores, pues de ella depende el valor de sus créditos. Si la cotización de los mismos han bajado producto que han disminuido las fuerzas del patrimonio del deudor, se ha causado un daño a los acreedores que debe ser indemnizado, ya por la persona jurídica, ya por sus administradores.

217. LOS ADMINISTRADORES RESPONDEN CONFORME AL RÉGIMEN DE RESPONSABILIDAD EXTRACONTRACTUAL

El último inciso del artículo 44 de la Ley 18.046 es claro en el sentido de establecer la responsabilidad de los administradores de la sociedad al disponer que la infracción al mencionado artículo hace que surja para la sociedad, los accionistas y terceros interesados el derecho a exigir indemnización por los perjuicios ocasionados y a pedir el reembolso a la sociedad por el director interesado, de una suma equivalente a los beneficios que a él, a sus parientes o a sus representados les hubiera reportado dichas negociaciones.

Por su parte, el artículo 89 de la Ley 18.046 establece que los administradores de las sociedades matrices y coligadas y de las personas relacionadas que hayan celebrado actos sin observar condiciones de equidad similares a las que habitualmente prevalecen en el mercado, «serán responsables de los perjuicios que pudieren causar a las sociedades que administren».

Conforme a lo dispuesto en el artículo 2284 del Código Civil, «Las obligaciones que se contraen sin convención, nacen o de la ley, o del hecho voluntario de una de las partes. Las que nacen de la ley se expresan en ella. Si el hecho de que nacen es lícito, constituye un cuasicontrato. Si el hecho es ilícito y cometido con intención de dañar, constituye un delito. Si el hecho es culpable, pero cometido sin intención de dañar, constituye un cuasidelito».

Las referidas obligaciones no provienen de un hecho voluntario de una de las partes sea culpable o doloso, pues dichas obligaciones son impuestas al directorio de una sociedad anónima y a sus personas relacionadas antes de cualquier hecho voluntario de los mismos, aunque es cierto, por otra parte, que lo que se encuentra detrás de las normas es un hecho ilícito consistente en enriquecerse a costa ajena injustamente o sin causa y, por ende, aun sin la existencia de dichas normas el hecho sería voluntario e ilícito, cometido según fuere el caso con o sin la intención de dañar, con lo que sí sería un delito o cuasidelito.

Las obligaciones impuestas por el artículo 44 de la Ley 18.046 no pueden ser calificadas de obligaciones «contractuales», puesto que la ley pretende proteger a los accionistas de dicha sociedad, a la propia sociedad y a terceros interesados; y resulta obvio que no existe relación contractual entre los accionistas de la sociedad y sus directores, y menos la puede haber entre el directorio y los terceros interesados. Tampoco es válido sostener que existe una relación contractual entre los directores o «el directorio» y la sociedad, pues no puede haber relación contractual entre una parte de la entidad jurídica y la entidad jurídica propiamente tal.[(268)] Lo que sí existe es una relación «orgánica». Es obvio, entonces, que dichas obligaciones no provienen del contrato de sociedad, así como de ningún otro contrato. Sostener que existe una relación contractual entre la sociedad y los directores trae aparejada consecuencias que no pueden ser aceptadas ni desde un punto de vista teórico ni desde un punto de vista práctico. Si hay, como se sostiene, un contrato de prestación de servicios, el prestador debe cumplir las instrucciones del que los encarga, que en este caso sería la sociedad. Si en esta materia, la voluntad de la sociedad estaría representada por la junta de accionistas, ésta podría darle órdenes al directorio, quien las debería cumplir en virtud del contrato respectivo, lo que es falso, porque un órgano de la sociedad no puede darle órdenes al otro. Por otra parte, como la voluntad de la junta funciona conforme al principio mayoritario, los verdaderos mandantes o principales de los directores no serían otros que los controladores, todo lo cual se opone al principio de que la sociedad es administrada por un directorio.

En nuestra opinión, el artículo 44 de la Ley 18.046 contiene e impone obligaciones «legales». Con eso basta para definir la fuente de las obligaciones del directorio, sin comprometer su naturaleza y la función que cumple dentro de la sociedad.

(268) CONCHA GUTIÉRREZ Carlos; *Responsabilidad Civil de los Directores de Sociedades Anónimas*, página 49, sostiene que "entre los autores contemporáneos existe prácticamente unanimidad en el sentido de que, a pesar de la derogación de la regla que establecía que entre directores y sociedad había un mandato, se sigue pensando que entre ambos existe un contrato de prestación de servicios, en el que si bien la designación del prestador de servicios –el director– es efectuada por la junta de accionistas, en definitiva cuando este acepta, se configura un vínculo jurídico entre la sociedad y el director, similar al del mandato, cuya infracción produce responsabilidad contractual".

Pero aunque sea una obligación legal, es obvio también que el régimen jurídico al que debe someterse su infracción y la obligación de reparar los perjuicios que de ella se deriven, debe quedar sometido a las normas contenidas en el Título XXXV del Libro IV del Código Civil. Ello es así por los siguientes motivos: a) Porque no es racional aplicar las reglas establecidas para regular obligaciones que se contraen voluntariamente, a las obligaciones que se contraen contra la voluntad o en ausencia de voluntad, esto es, por la ley; b) Porque tampoco es racional y prudente dar a las obligaciones legales, a disposiciones que, como en el presente caso, tienen el carácter de normas de «orden público» y que no pueden renunciarse, el mismo valor que aquellas obligaciones que nacen de la voluntad, que son plenamente renunciables y que no miran el interés general de la sociedad, y c) porque nuestro Código Civil tuvo su inspiración en el Código Civil francés, y constituye para la doctrina francesa una realidad, que las obligaciones legales se someten al régimen de la responsabilidad extracontractual.(269)

218. SI LOS TERCEROS ERAN SOCIOS O ACCIONISTAS DE LA SOCIEDAD RESPONDEN CONFORME AL RÉGIMEN DE RESPONSABILIDAD CONTRACTUAL

Como se ha dicho precedentemente, si los terceros con quienes la sociedad habría celebrado los actos y contratos son accionistas controladores de la sociedad anónima que se vio perjudicada con ellos, o son personas relacionados al tercero que celebró el acto por pertenecer a un mismo «grupo empresarial», se habría incumplido el contrato de sociedad, porque se habría utilizado la influencia que como accionista le corresponde respecto a la sociedad para infringir el artículo 89 de la Ley sobre Sociedades Anónimas.

Se trataría de una responsabilidad contractual, puesto que de lo que se les acusaría a dichos accionistas sería de la infracción de una de las obligaciones del contrato de sociedad.

Conforme a lo dispuesto en el artículo 1557, por tratarse de una obligación de no hacer, se deben perjuicios desde el momento de la contravención.

Finalmente, si los accionistas con quienes hubiere contratado la sociedad fueren dos o más personas, todas ellas habrían sido coautores de un incumplimiento grave del contrato de sociedad o, habrían sido autores respecto al incumplimiento que los beneficiaba a ellos y cómplices respecto del incumplimiento que beneficiaba a los otros incumplidores. Dado lo anterior, resulta indiscutible que ya fuere como autores y cómplices, respectivamente, serían todos responsables u obligados al pago del total de los perjuicios. En otras palabras, la obligación, en este caso, sería in solidum, puesto que se produciría en este caso lo que sostiene Mazeaud: «La obligación in solidum se justifica en la especie, sin que ambos coautores sean responsables delictualmente, por el solo hecho de que cada uno de ellos está obligado, por su situación personal, a reparar todo el perjuicio causado».(270)

---

(269) En el mismo sentido RODRÍGUEZ GREZ, Pablo, *Responsabilidad Extracontractual*, Editorial Jurídica de Chile, 1999, páginas 51 a 60.

(270) MAZEAUD-TUNC, *Tratado de la Responsabilidad Civil*, tomo primero; volumen primero, página 199. Es más, para muchos, la responsabilidad del cómplice (directores) es delictual por lo que la responsabilidad del autor principal cambia de carácter y se convierte asimismo en delictual.

En contra de esta opinión se manifiesta una parte de la doctrina que señala fundamentalmente que el abuso del derecho, que se sostiene que podría ser el caso en análisis, da lugar a la responsabilidad extracontractual, pues la víctima alega que el perjuicio se produjo con motivo del cumplimiento del mismo y no por el cumplimiento del contrato. En otras palabras, se sostiene que el abuso supone necesariamente el cumplimiento de las obligaciones y que el contratante, lejos de estar violando el contrato, lo esta cumpliendo, sí bien en forma abusiva.[271] [272]

No nos parece acertada esta opinión. El mismo Alessandri,[273] partidario de esta teoría, sostiene que el abuso del derecho en materia contractual tiene plena cabida pues, conforme a lo dispuesto en el artículo 1546 del Código Civil, los contratos deben ejecutarse de buena fe. Si se trata de un cumplimiento abusivo del contrato, se trata de una ejecución contraria a lo previsto en el contrato y, por ende, de un incumplimiento contractual. No vemos cómo podría haber abuso del derecho sin incumplimiento. Nuestra opinión es plenamente compartida por otra parte de la doctrina[274] que afirma que el abuso del derecho engendra una culpa contractual cuando se produce en el cumplimiento, en la interpretación o en la rescisión de un contrato.

OTRAS SOCIEDADES QUE NO SEAN ANÓNIMAS

219. LOS PRINCIPIOS CONTENIDOS EN LOS ARTÍCULOS 30, 44 Y 89 DE LA LEY 18.046 SE APLICAN A TODAS LAS SOCIEDADES

Lo dicho en los párrafos precedentes se aplica, casi en su integridad, a todas las demás sociedades existentes. No hay que tener mucha imaginación para darse cuenta que, si como afirmamos precedentemente, es cierto que el fundamento de lo dispuesto en los artículos 44 y 89 de la Ley 18.046 es el cumplimiento de los contratos celebrados, es obvio que lo mismo que se dice respecto de las sociedades anónimas debe decirse, también, respecto de las otras sociedades, pues no se ve por qué el cumplimiento del contrato de sociedad anónima vaya a ser relevante para el derecho y no así el cumplimiento de los demás contratos de sociedad. Por igual razón, los contratos celebrados con una sociedad anónima tienen para el derecho la misma importancia que los contratos celebrados con otras sociedades. Todos ellos se deben cumplir por aplicación de lo dispuesto en los artículos 1545 y 1546 del Código Civil y, por consiguiente, ningún acreedor puede ser defraudado en algún crédito que tenga en contra de una sociedad que no sea anónima,

(271) ALESSANDRI, Arturo, *De la Responsabilidad Extracontractual en el Derecho Civil Chileno*, Imprenta Universitaria, 1943, número 178, página 270.
(272) En general, la jurisprudencia francesa –aunque no así la doctrina– ha partido de la base que se trata de una responsabilidad extracontractual por la misma razón que se ha dado en orden a que el perjuicio no es causado por el incumplimiento del contrato sino por su cumplimiento.
(273) Ídem número 178.
(274) Entre ellos, *Mazeaud, Tunc, Hubert de la Massue* y otros citados por MAZEAUD, obra citada, página 245.

porque el estatuto que las regla no contiene una disposición expresa como la que contienen los artículos 44 y 89 de la Ley 18.046, precisamente porque, como se ha dicho, estos artículos contienen principios que ya existían en nuestro ordenamiento jurídico mucho antes de la dictación de la propia ley de sociedades anónimas.

Los artículos 44 y 89 de la Ley sobre Sociedades Anónimas contienen una norma de lógica elemental, enteramente aplicable al caso de otras sociedades distintas a las anónimas, pues solamente prescriben que las condiciones de los contratos que celebre la sociedad con personas que tengan influencia en las decisiones que ella adopta, esto es, en la formación de su voluntad colectiva, deben ser equitativas y similares a las que habitualmente prevalecen en el mercado. Y si existiere alguna duda al respecto, en virtud de lo dispuesto en el inciso 2 del artículo 22 del Código Civil, dispone que los pasajes oscuros de una ley pueden ser ilustrados por medio de otras leyes, particularmente si versan sobre el mismo asunto.

Estos principios están conformados por lo dispuesto en los ya citados artículos 1545 y 1546 del Código Civil. El contrato de sociedad es una ley para las partes y debe cumplirse de buena fe. Es obvio entonces que, siendo el contrato de sociedad un contrato por el cual dos o más personas estipulan poner algo en común para repartirse las utilidades que de ello provengan, resulta de la naturaleza de dicho contrato, y de las obligaciones que de él emanan, que no procede bajo respecto alguno que uno de los socios o accionistas, directa o indirectamente, obtenga para sí o para terceros relacionados con él, una utilidad por la vía de subir o bajar artificialmente el precio de una transacción, extrayendo así un beneficio de la sociedad que, de obtenerlo por la vía del reparto de utilidades, tendría que repartirla entre sus demás socios o accionistas, conforme a la proporción establecida en el propio contrato para el reparto de las mismas.

Por otra parte, si los que ejecutaron los actos contrarios a los principios antes mencionados no eran socios de la sociedad sino meros administradores, habrían infringido el contrato por el cual actúan como tales, que por lo general será un contrato de mandato. Para este caso, el artículo 271 del Código de Comercio establece expresamente que «Se prohíbe al comisionista, salvo el caso de autorización formal, hacer contratos por cuenta de dos comitentes o por cuenta propia o ajena, siempre que para celebrarlos tenga que representar intereses incompatibles». De manera, entonces, que, para el caso en cuestión, el tema se encuentra expresamente tratado, porque el artículo 271 antes citado no solo se refiere a la autocontratación, sino utiliza una expresión general como la de «representar intereses incompatibles», que es más amplia que la sola representación, pues incluye situaciones en las que, aun sin que exista tal figura, no puede intervenir el mandatario. En estos casos, el acto no es nulo sino oponible a la sociedad, por aplicación de lo dispuesto en el artículo 2160 del Código Civil.

Es la misma conclusión a la que llegaban quienes han tratado el problema de la auto contratación. El mandatario que compró para sí los bienes que su mandante le había encomendado vender, incumplió el contrato de mandato.[275] Por lo mismo, los socios que, valiéndose del poder de administrar la sociedad, celebraron actos con la sociedad existiendo un conflicto de intereses actual o potencial, violan o incumplen el contrato de sociedad.

(275) ALESSANDRI, Arturo, obra citada, página 47; STITCHKIN, David, obra citada, página 297.

Por su parte, los terceros que contrataron con una sociedad, cualquiera que sea su naturaleza, y que en virtud de dichos contratos resultaron acreedores de la misma, confiaron que la garantía para el cumplimiento de las obligaciones constituida por el patrimonio de la sociedad iba a ser bien administrado o, por lo menos, administrado de forma que no se le iba a hacer disminuir en una forma contraria a la buena fe. De esta manera, si quienes administran la sociedad ejecutaron o celebraron actos o contratos con ella de manera tal que perjudicaron el derecho de prenda general, violaron también el contrato que se celebró con dichos terceros, aun cuando las fuerzas del patrimonio social sean, después de ejecutados dichos actos contrarios a la buena fe, suficientes para pagar las obligaciones generadas por ellos, pues lo que se sanciona es la disminución del derecho de prenda general del acreedor y no el incumplimiento que, de por sí, tiene una sanción especial.

Todo lo demás que se ha dicho respecto a los efectos de dichos actos, como las ineficacias por nulidad y la resolución del vínculo jurídico que une a un accionista con la sociedad y con los demás accionistas, es enteramente aplicable a las demás sociedades, pues esos efectos resultan de la aplicación de las normas de derecho común que se han mencionado y no por aplicación de la Ley sobre Sociedades Anónimas.

A lo sumo, podrá ser más discutible la resolución del vínculo de socio en el caso de sociedades de personas, pues ella podría aparejar la resolución entera del contrato de sociedad, por ser la persona de los socios una razón esencial de la contratación. Pero, si así fuera, ello no significa que los principios expuestos no fueron aplicables sino, por el contrario, que fueron aplicados en mayor grado.

SECCIÓN SEGUNDA
CUESTIONES QUE DEBAN RESOLVERSE ENTRE LOS ACCIONISTAS Y ENTRE ÉSTOS Y LA SOCIEDAD SOBRE LA BASE DEL PRINCIPIO MAYORITARIO

220. SOBRE EL CONCEPTO DE CONTROL Y DE CONTROLADORES

Conforme a lo dispuesto por el artículo 97 de la Ley sobre Mercado de Valores, «es controlador de una sociedad toda persona o grupo de personas con acuerdo de actuación conjunta que, directamente o a través de otras personas naturales o jurídicas, participa en su propiedad y tiene poder para realizar alguna de las siguientes actuaciones: **a)** Asegurar la mayoría de votos en las juntas de accionistas y elegir la mayoría de los directores tratándose de sociedades anónimas, o asegurar la mayoría de votos en las asambleas o reuniones de sus miembros y designar al administrador o representante legal o a la mayoría de ellos, en otro tipo de sociedades, o **b)** Influir decisivamente en la administración de la sociedad.»

Siguiendo lo señalado por el artículo 99 de la Ley sobre Mercado de Valores, «[...] influye decisivamente en la administración o en la gestión de una sociedad toda persona, o grupo de personas con acuerdo de actuación conjunta que, directamente o a través de otras personas naturales o jurídicas, controla al menos un 25% del capital con derecho a voto de la sociedad, o del capital de ella si no se tratare de una sociedad por acciones, con las siguientes excepciones: **a)** Que exista otra persona, u otro grupo de personas con acuerdo de actuación conjunta, que controle, directamente o a través de otras personas naturales o jurídicas, un porcentaje igual o mayor; **b)** Que no controle directamente o a través de otras personas naturales o jurídicas más del 40% del capital con derecho a voto de la sociedad, o del capital de ella si no se tratare de una sociedad por acciones, y que simultáneamente el porcentaje controlado sea inferior a la suma de las participaciones de los demás socios o accionistas con más de un 5% de dicho capital. Para determinar el porcentaje en que participen dichos socios o accionistas, se deberá sumar el que posean por sí solos con el de aquellos con quienes tengan acuerdo de actuación conjunta; c) Cuando así lo determine la Superintendencia en consideración de la distribución y dispersión de la propiedad de la sociedad».

Por consiguiente, quien puede hacer lo que las referidas disposiciones, dicen, tiene el «control» de la sociedad y se llama «controlador».

221. LAS VERDADERAS INTERROGANTES JURÍDICAS RESPECTO AL CONTROL DE UNA SOCIEDAD

Existe en nuestra literatura sobre el control una suerte de tendencia a confundir los aspectos económicos del tema con sus aspectos jurídicos. Nosotros queremos ser rigurosos. Los aspectos económicos de la cuestión del control deben considerarse necesariamente para regular esta materia, pero no son temas que debamos discutir como expertos en derecho. Para nosotros, el tema del control es principalmente un tema jurídico que incide en cuestiones económicas y no a revés. Si quisiéramos dar una opinión como expertos en materias que dicen relación con los problemas económicos del control deberíamos haber estudiado economía y no derecho.

Los problemas jurídicos relevantes relativos al control tampoco dicen relación, como pudiera creerse a primera vista, con los aspectos procesales de una oferta pública de acciones (OPA), como, por ejemplo, el plazo de duración de la OPA, o cuántas publicaciones deben hacerse, o qué pasa con las adquisiciones de acciones objeto de la OPA hechas por el oferente inmediatamente antes o inmediatamente después del inicio o del término del período de duración de la OPA, etc. Estas cuestiones, si bien pueden ser jurídicas, en el fondo dependen de la aplicación de ciertos principios generales del derecho que deban aplicarse en relación con el tema del control, y respecto de los cuales los expertos en derecho deben ponerse de acuerdo.

Lo relevante desde el punto de vista jurídico dice relación con los problemas que genera el control en relación con el contrato de sociedad y su cumplimiento, en relación con el derecho de propiedad y su respeto, en relación con la confianza del público en general y la fe pública, en relación con la estabilidad de los derechos adquiridos y la seguridad jurídica.

Una postura clara respecto a estos asuntos generará los incentivos correctos para que los agentes económicos tomen las decisiones económicamente más rentables precisamente porque la generación de riqueza no pasa por el perjuicio de los intereses de otros.

222. EN ALGUNAS DECISIONES, EL CONTROLADOR RESUELVE CON CONFLICTO DE INTERESES

Los intereses del accionista controlador no se identifican en su totalidad con los intereses de accionistas minoritarios, fundamentalmente porque los distintos parámetros que se utilizan para determinar el valor de las participaciones sociales de ambos, inciden de distinta manera sobre los accionistas minoritarios que sobre los accionistas mayoritarios y, en ocasiones, de manera contrapuesta, según se verá. Aparte de la valorización de los negocios sociales, los parámetros que se utilizan para determinar el valor de las acciones son básicamente tres, a saber: los dividendos que generan las acciones; el grado de concentración de la propiedad, y el grado de profundidad de las acciones.

De los tres parámetros mencionados, dos dependen del comportamiento del accionista controlador; y uno del mercado, pero este último afecta en forma negativa más a los controladores que a los minoritarios, según se verá. El monto de los dividendos que generan las acciones depende de la voluntad del controlador, pues es éste el que a la postre define el monto de los dividendos que se distribuirán. El grado de concentración de la propiedad es una variable que afecta solo a los accionistas minoritarios, pero los afecta negativamente porque es una constante que a mayor grado de concentración menor es la defensa de los inversionistas frente a las decisiones del controlador. Por último, la menor profundidad de las acciones en el mercado tiende a hacer ilíquida la inversión de los accionistas minoritarios, pero si la inversión de estos es ilíquida, la inversión de los controladores es mucho más, precisamente porque el mercado de estos últimos es siempre mas reducido que el de los primeros.

El horizonte de los negocios de controladores y minoritarios es tan disímil como que el controlador ha emprendido una actividad y los minoritarios han hecho una inversión. Como todo inversionista, los intereses de los minoritarios se identifican con un aumento del valor de las acciones de la compañía y del monto de sus dividendos, en circunstancias que los del controlador dicen relación con la estrategia global que le asigna a la Compañía dentro de la esfera de sus negocios. La rentabilidad de las participaciones de los accionistas y, por ende, el valor de las acciones de la compañía no es una prioridad del accionista controlador, pues ninguna de las variables que inciden en el precio de las acciones de los minoritarios le afectan en forma negativa a los controladores, por lo que ni su paquete accionario se fija con los mismos parámetros que el valor de las acciones de una compañía en bolsa ni la venta del paquete controlador se efectúa por esta vía. Así por ejemplo, para un interesado en el paquete controlador, la existencia de una política de dividendos restrictiva es en absoluto irrelevante en la determinación del precio de compra del paquete, pues, si lo compra, puede cambiar la política de dividendos de la compañía cuando quiera. Por el contrario, es difícil pensar que si el accionista controlador se encuentra en una situación de iliquidez vaya a fijar o aceptar que se fije una política de dividendos que privilegie las inversiones de la compañía a mediano o largo plazo. Simplemente acomodará el flujo de sus dividendos a sus requerimientos de dinero en el corto plazo. En otras palabras, si el valor de las acciones en el mercado o la rentabilidad de esa inversión se contraponen a los intereses de los controladores, éstos no tardarán en sacrificar estos objetivos a sus necesidades. En cambio, para un inversionista en acciones, la rentabilidad de su inversión y el valor de mercado de la acción son esenciales.

Hemos dicho que los intereses del controlador dicen relación con la estrategia global que le asigna a la Compañía dentro de la esfera de sus negocios. Lo mismo que se dice respecto a la política de dividendos puede decirse, en general, respecto al manejo de los negocios sociales. Si la compañía tenía por objeto la realización de un negocio determinado, y disponía de una enorme caja derivada de las utilidades generadas por dicho negocio, el controlador puede perfectamente decidir invertir dicha caja en un negocio distinto y no repartirla entre los accionistas, todo ello para ampliar la esfera de sus negocios particulares. Los accionistas minoritarios pueden haber preferido continuar con el negocio tradicional que, como inversión, le habría dado excelentes resultados si se hubiere repartido la caja, tanto en cuanto a tasa de rentabilidad como a valor de la misma.

Pero lo que se debe hacer notar a este respecto es que mientras en el caso de los minoritarios el valor de las acciones es casi enteramente influido por las decisiones del controlador, en el caso de estos últimos, el valor de su inversión es enteramente determinada por el mercado, el que discrimina, como es obvio, en cuanto a si los derechos de los minoritarios son o no respetados por el controlador y en qué medida. Así, mientras más déspota sea el controlador en cuanto a las decisiones que afectan al valor de las acciones de los minoritarios y su rentabilidad, más sube el valor de su paquete accionario, porque siendo el valor de los activos sociales una constante, si bajan las acciones de los minoritarios es porque sube el valor de las acciones del controlador.[(276)]

Se produce así una cuestión singular, la misma que en la figura de la autocontratación: una persona o grupo de personas que tienen un interés determinado que defender, representan, a su vez, a otro grupo de personas que tienen un interés contradictorio con el primero; y no obstante ello, el llamado a resolver este choque de intereses, tanto en el caso de la autocontratación como en el de la sociedad, es la misma persona que defiende ese interés contrapuesto. Hay en el fondo un conflicto de intereses en las decisiones del controlador que debe resolverse conforme a los mismos criterios expuestos en la sección precedente, esto es, sobre la base del estatuto que une a minoritarios con controladores, a saber, el contrato de sociedad.

223. DE DÓNDE SURGE EL CONTROL, SUS LIMITACIONES Y EL RÉGIMEN DE RESPONSABILIDAD

El control surge de lo estipulado en los estatutos sociales y en la ley. Surge del principio mayoritario según el cual la voluntad de la persona jurídica es la voluntad de la mayoría de los miembros que portan la calidad de órgano de una persona jurídica, calculada en la forma establecida por la ley y los estatutos. Este principio tiene diversas alternativas que

(276) Esta conclusión es compartida por PFEFFER URQUIAGA, Francisco, *Rev. Chilena de Derecho*, Vol. 28 N°1, página 126 quien sostiene lo siguiente: "Dado que el valor de una acción corresponde al valor presente de los beneficios que ella genera, el premio por el control debe ser consecuencia de que los accionistas controladores tienen acceso a flujos monetarios o beneficios no pecuniarios mayores que los percibidos por los accionistas minoritarios. De esto se sigue –agrega– que los beneficios diferenciados pueden corresponder a una expropiación de la riqueza de los accionistas minoritarios".

resultan de la combinación de dos factores: por una parte, el tipo de mayoría (simple, absoluta o especial) exigida y, por otra parte, el universo que se utilice para determinar esa mayoría (todos los miembros que tengan voto deliberativo, su capital pagado o una combinación de ambos). Todo eso se pacta en los estatutos o se encuentra previsto en la ley.

De esta manera, el que tiene el control de la entidad lo tiene porque detenta la mayoría de los votos que determinan la voluntad de una persona jurídica y, los que no disponen de esa mayoría, están obligados a respetar la voluntad del controlador en virtud de los estatutos y de la ley, en otras palabras, en virtud del contrato de sociedad.

Pero la voluntad de la mayoría, calculada en la forma prevista en el contrato social, no puede ser, como que no es, una voluntad sin control, capaz para ejecutar cualquier acción en el ámbito social, así como tampoco una voluntad que carezca de toda responsabilidad frente a la determinación de sus actos. Eso es contrario al orden jurídico y debe ser rechazado por ilegal. Ninguna persona o agrupación de personas puede encontrarse al margen de la responsabilidad que generan sus actos.

Lo dicho significa en la práctica que el controlador no puede ejercer el principio mayoritario de modo que se perjudiquen los derechos de la sociedad y los de los accionistas minoritarios.

224. EL CONTROLADOR INFRINGE EL CONTRATO DE SOCIEDAD SI, HABIENDO CONFLICTO DE INTERESES, EJERCE EL PRINCIPIO MAYORITARIO PERJUDICANDO EL DERECHO DE LOS DEMÁS ACCIONISTAS

Que el controlador no pueda ejercer el principio mayoritario de modo que perjudique el derecho de los demás accionistas y el de la sociedad, se deriva en forma expresa y directa del artículo 30 de la Ley 18.046, que dice: «Los accionistas deben ejercer sus derechos sociales respetando los de la sociedad y los de los demás accionistas».

El ejercicio de los derechos sociales, entre ellos el derecho a voto y su consecuencia constituida por el principio mayoritario, tiene necesariamente un límite, cual es el derecho de los demás accionistas y el de la sociedad. Quien no respete el derecho de los demás, infringe los estatutos sociales, porque esta norma del artículo 30 se entiende incorporada a los mismos en virtud de lo dispuesto en el artículo 137 de la Ley 18.046. Es una norma incluida, por lo demás, en toda relación jurídica, pues el derecho de dominio, que es el derecho subjetivo por excelencia, y que se ejerce sobre los derechos que emanan del contrato de sociedad, por definición, no puede ejercerse contra derecho ajeno.

Por otra parte, la obligación de ejercer el derecho a voto respetando los derechos de los demás accionistas y los de la sociedad emana de lo dispuesto en el artículo 1546 del Código Civil, que obliga a cumplir los contratos de buena fe, de forma que no solo obligan a lo que en ellos se expresa sino a todas las cosas que emanan de la naturaleza de la obligación.[277] El objeto de la sociedad, conforme lo indica el artículo 2051 del Código

(277) La interpretación que la doctrina siempre ha hecho del principio por el cual la ejecución de los contratos debe hacerse de buena fe, que se encuentra por lo demás inserto en todas legislaciones civilizadas, consiste en considerar el alcance de la buena fe, predominantemente contractual, bajo tres aspectos que

Civil, es repartirse las utilidades que provengan del negocio social. Si solo se distribuye lo que convenga al controlador, no se está cumpliendo el contrato de sociedad, pues los socios o accionistas no se asociaron para repartirse solo una parte de las utilidades sino que todas ellas, salvo las necesarias para continuar con el desarrollo del objeto de la sociedad.

El artículo 30 antes transcrito no establece ningún tipo de prioridad entre los distintos derechos de los accionistas y los de la sociedad. Todos se encuentran en un mismo pie de igualdad y, por ende, en caso de conflicto o choque de los intereses que protegen, ninguno prima sobre los demás. Ninguno es más importante que otro. Ambos tienen el mismo valor y protección ante el Derecho. Dicho lo anterior, se debe concluir que, en caso de choque entre los distintos derechos de los accionistas y los de la sociedad, este no puede resolverse sobre la base de la aplicación del principio mayoritario,(278) (279) (280) pues, si aceptásemos la aplicación de este principio para solucionar el conflicto, se debería llegar a la conclusión que los derechos de los accionistas controladores priman por sobre los derechos de los minoritarios y los de la sociedad, lo que constituye algo absolutamente contrario a lo prevenido por la norma del artículo 30; y porque el supuesto o premisa que crearía esa interpretación, haría que el mismo artículo 30 careciera de sentido, porque si fuere el principio mayoritario la forma de resolver los conflictos suscitados por la colisión de los derechos entre los accionistas, el respeto a los mismos pasa a último lugar.

Por otra parte, si todos los derechos de los accionistas se encuentran en un pie de igualdad, quiere decir una de dos cosas: o que ninguno puede resultar dañado o que todos deben resultar dañados en la misma magnitud, cada uno en beneficio de los otros, lo que importa renuncia y transacción. Respeto a los derechos de los otros no necesariamente

se diferencian entre sí del modo que a continuación se expresa: a) En un primer aspecto, la buena fe lleva a ampliar las obligaciones de las partes integrándola con obligaciones instrumentales predominantemente de conservación y de respeto al derecho ajeno; b) En segundo aspecto, la buena fe lleva a mitigar las obligaciones asumidas en un contrato transformándolas o incluso resolviéndolas según las circunstancias sobrevinientes; c) En tercer término, la buena fe conduce a descubrir un abuso del derecho o a prevenir conductas contrarias al propio acto. En lo que toca al primer aspecto, que es el relevante para los fines de este trabajo, la buena fe es "esencialmente una actitud de cooperación encaminada a cumplir de modo positivo la expectativa de la otra parte, actitud que tiene como aspectos más destacados la confianza, la fidelidad, el compromiso, la capacidad de sacrificio, la prontitud en ayudar a la otra parte…" Concretamente, en las relaciones asociativas en sentido amplio y en el contrato de sociedad particularmente hablando, "la buena fe abraza todo cuanto sea necesario para alcanzar el objetivo común, y por lo tanto se potencia el deber de fidelidad". Véase sobre el particular, BETTI, Emilio: *Teoría General de las Obligaciones*, Editorial Revista de Derecho Privado, Madrid, 1969, tomo I, páginas 99 y siguientes.

(278) Incluso ASCARELLI, Tulio, *Sociedades y Asociaciones Comerciales*, Eduar S.A. Editores, Buenos Aires, 1947, página 290, quien en un tiempo fue partidario de la teoría objetiva del derecho a voto, expresa que "el voto no puede ser ejercitado por aquel socio que se encuentra en conflicto de intereses con la sociedad, pues se desconocería en este caso la razón legislativa de la concesión del voto".

(279) PEDROL, Antonio, *La Anónima Actual y la Sindicación de Acciones*, Editorial Revista de Derecho Privado, Madrid, 1969, página 128, expresa que "resulta inconcebible la aplicación del principio mayoritario si no existiera una comunidad de intereses en el tema concreto entre la mayoría y la minoría". Este mismo autor cita en la página 278, referencia 297, una sentencia del Tribunal Supremo español que anula el acuerdo que facultaba al Consejo para una ampliación del capital social, porque dicho aumento no estaba inspirado en una racional necesidad del negocio, sino que en un propósito de abuso en perjuicio de la minoría.

(280) Por su parte la Suprema Corte Alemana ha declarado que un acuerdo puede ser ilegal si la mayoría, en un modo contrario a las buenas costumbres, actúa en perjuicio de la sociedad o de la mayoría. Sentencia citada por VON THUR, Andreas, *Derecho Civil*, Vol. I, tomo 2, página 177.

significa que los conflictos se solucionan sin perjuicio alguno para ninguna de las partes involucradas. Muy por el contrario, precisamente porque se respetan los derechos de los otros es que se renuncia al ejercicio de una parte de los propios. Es el principio de todo contrato oneroso conmutativo, el sacrificio que una de las partes hace se mira como equivalente al que esta otra parte hace en su favor; pero si no hay equivalencia, no hay respeto por el derecho del otro.

Lo dicho corresponde obviamente a una forma de explicar el problema suscitado. La otra, mayoritaria en la doctrina y que también compartimos, es sostener que los derechos de los accionistas se entiende que existen hasta donde perturban el derecho de los otros. En otras palabras, no es que en caso de conflicto deba operar una renuncia al derecho propio sino que, por el contrario, por el solo ministerio de la ley ese derecho deja de existir automáticamente.

Podría creerse, porque nos resultan expresiones más conocidas, que obra con culpa o dolo en la ejecución del contrato quien ejercita sus derechos perjudicando los de las demás partes comprometidas en la relación jurídica. Así, parecería claro que el ejercicio de un derecho no impide, en modo alguno, la aplicación del criterio general de la culpa. La culpa sería en tal caso un error de conducta, que no cometería un individuo cuidadoso colocado en una situación de conflicto.[281] Lo dicho corresponde fundamentalmente a la teoría del abuso del derecho, que en los últimos tiempos se ha desentendido de posturas finalistas[282] y ha caído en la conclusión de que el abuso del derecho no es otra cosa que el ejercicio culpable o doloso del mismo. Sin embargo, el ejercicio descuidado debe descartarse como causal de infracción a las obligaciones que imponen los contratos por aplicación del artículo 1546, pues, por lo mismo que sería culpable, no se opondría a la buena fe y recibiría una sanción propia no por ser contrario a la misma, sino por haberse obrado con culpa en el cumplimiento de la obligación (artículo 1558 del Código Civil). Respecto al ejercicio doloso de un derecho sin que se satisfaga un interés, o sea, el ejercicio de un derecho por puro causar daño o, lo que es igual, el ejercicio sin conflicto de intereses, la doctrina sostiene que debe eliminarse de la investigación sobre la buena fe, tal y como ha sido planteada, ya que entonces, la propia buena fe se esfumaría en un incoloro deber social de respeto, cosa que es diferente al planteamiento del propio artículo 1546 antes transcrito, que exige una conducta positiva o negativamente activa y particular según fuere el caso.

La hipótesis según la cual un socio o accionista ejerce su derecho a voto perjudicando, esto es, no respetando los derechos de la sociedad y los de los otros socios o accionistas, se explica casi en su integridad, cuando existe conflicto entre los intereses de unos y otros. Normalmente, esos conflictos no se presentan en las personas jurídicas, pues existe por lo general, una comunidad de intereses entre todos sus miembros. Sin embargo, en ocasiones, los intereses de sus miembros no son los mismos. Esto sucede fundamentalmente entre accionistas o socios mayoritarios o controladores y socios minoritarios. En estas ocasiones, los intereses de unos y otros chocan, de forma que se produce un conflicto que

(281) MAZEAUD - TUNC, obra citada, tomo primero, volumen 2, página 258.

(282) Estas teorías sostenían que el acto abusivo es el acto contrario al objeto de la institución, a su espíritu y a su finalidad.

es necesario solucionar. Si la solución de los mismos quedara entregada lisa y llanamente al principio mayoritario, querría decir que siempre primaría el derecho de los controladores por sobre los de los demás socios y los de la sociedad. En otras palabras, si se aceptara una interpretación como la mencionada, significaría que nuestro ordenamiento jurídico autorizaría a una de las partes en un contrato a ejercer sus derechos de forma que se perjudiquen los de las demás partes del mismo, lo que no solo sería ilegal, porque constituye una conducta que precisamente rechaza el artículo 1546 del Código Civil al no cumplirse las obligaciones instrumentales predominantemente de respeto al derecho ajeno que establece, sino que inconstitucional, pues importaría sancionar como lícita la expropiación de un derecho de dominio sin que exista una causa de utilidad pública que la justifique.

En conclusión, habiendo conflicto de intereses, el accionista controlador no puede ejercer el principio mayoritario de modo de que se perjudique el derecho de los demás accionistas y el de la sociedad, porque, al hacerlo, infringe el contrato de sociedad, fundamentalmente porque no actúa de buena fe si privilegia sus intereses a los de los accionistas minoritarios o los de la sociedad, pues es un deber general de conducta el de ejercitar los derechos propios de manera de no infringir los ajenos (artículo 1546 del Código Civil) y es una obligación claramente determinada por la ley aquella de que los accionistas deben ejercer sus derechos de manera de no perjudicar los de la sociedad y los de los otros accionistas (artículo 30 Ley 18.046).

No se trata de que habiendo conflicto de intereses, los accionistas se abstengan de votar. No existe ninguna norma en la ley chilena que se los impida. Por otra parte, en caso de abstención, «la decisión quedaría exclusivamente en manos de una minoría hostíl, numéricamente insignificante, que tendría a su arbitrio la vida de la sociedad en acuerdos trascendentales..» En este sentido, la mayoría queda liberada de una suerte de presunción inicial de mala fe. Una vez que ésta se haya pronunciado, cada accionista tendrá el derecho a recurrir ante los tribunales a fin de determinar si el voto mayoritario causó o no perjuicio a los intereses de la sociedad o al de otros accionistas.

Se puede sostener que los derechos de los accionistas minoritarios se respetan en la medida que se cumplan las normas de orden público establecidas en la ley de sociedades anónimas en protección de los derechos de los minoritarios como, por ejemplo, los dividendos mínimos obligatorios que se deben repartir en las sociedades anónimas o las normas sobre derecho a retiro establecidas en el artículo 69 de la misma ley.

Los dividendos mínimos obligatorios que menciona el artículo 79 de la Ley 18.046, podrán expresar una obligación para la sociedad y todos los accionistas, pero eso no significa que con ello necesariamente se cumpla el contrato de sociedad. Sería parecido a sostener que el comprador cumple el contrato de compraventa si paga la mitad del justo precio de la cosa, aunque haya pactado un precio superior. No se puede dejar de considerar al respecto, que la sociedad anónima puede estar definida por la ley como una persona jurídica formada por la reunión de un fondo común suministrado por accionistas responsables sólo por sus respectivos aportes y administrada por un directorio integrado por miembros esencialmente revocables, pero es al mismo tiempo un contrato de sociedad que tiene por objeto repartirse las utilidades que del negocio provengan y que, como tal contrato, conforme a lo dispuesto en el artículo 1546 del Código Civil, no solo obliga a lo que en él se exprese sino a todo cuanto resulte de la naturaleza de la obligación o que por la ley o la costumbre pertenecen a ella.

En este sentido, sería absurdo, por ejemplo, sostener que en una sociedad que dispone de utilidades acumuladas inmensas, que no tiene proyectos que realizar, el accionista controlador niegue su voto para repartir utilidades por sobre las mínimas legales, porque la sociedad tendría que pagar demasiados impuestos,[(283)] o porque ha decidido dar en mutuo esos recursos a otras entidades bajo su control, aunque sea a tasas de interés de mercado, o porque decida aumentar el capital de otras sociedades relacionadas a él, a fin de mejorar su razón de endeudamiento. Eso significa a nuestro juicio, lisa y llanamente, una infracción clara del contrato de sociedad, aun cuando se haya cumplido con los dividendos mínimos obligatorios.[(284)]

Cualquier objeción a lo dicho precedentemente, basada en que se cumple el contrato de sociedad repartiendo los dividendos mínimos legales o estatutarios no sólo es ilógica sino contradictoria en sí misma, pues equivaldría a sostener que en caso de conflicto respecto a cuál debería ser el monto de las utilidades a repartir, ese mínimo establecido en los estatutos o en la ley, se transformaría en el máximo legal permitido, pues la ley, ante cualquier conflicto al respecto, a priori, sin consideración a hecho alguno, resolvería la contienda a favor de una de las partes, cosa que la transformaría en una norma jurídica contraria al número 24 del artículo 19 de la Constitución Política del Estado, pues se estaría privando por ley de un atributo esencial del dominio constituido por gozar de los frutos que produzcan la cosas, al restringirse el derecho de goce a solo el 30% de las utilidades que deberían generar la cosa, sin que exista una causa de utilidad pública o de interés nacional calificada por el legislador.

Lo mismo que se ha dicho respecto a los dividendos puede decirse en relación con el derecho a retiro. No porque este se establezca frente a decisiones del controlador va a significar que con la transformación de la sociedad, su fusión o la enajenación del 50% o más del activo social o con cualquiera de las causas que lo hacen nacer, se esté respetando necesariamente el derecho de los minoritarios, porque ninguna de las decisiones mencionadas puede perjudicar el derecho de los minoritarios. El derecho a retiro ha sido establecido a favor de los minoritarios como una alternativa frente a decisiones legítimas del controlador que no compartan los primeros, pero no como alternativa frente al perjuicio de sus derechos. La protección de estos derechos está garantizada por el contrato de sociedad y no por el derecho a retiro.

El principio mayoritario, que es sin duda alguna la razón jurídico-contractual de por qué el accionista controlador puede imponer su voluntad a los demás accionistas, es un crédito o derecho personal que tiene el accionista controlador en contra de los demás accionistas que han contraído la obligación correlativa en virtud del contrato de sociedad. Esta obligación correlativa consiste en respetar la voluntad de la mayoría de las acciones emitidas con

(283) Es lo que actualmente se discute en la Microsoft que dispone de aproximadamente 40 billones de dólares susceptibles de ser repartidos entre sus accionistas, y los controladores se niegan a hacerlo por razones tributarias.

(284) PEDROL, Antonio, obra citada, página 278, señala que "el interés social concebido como interés común de los socios, está a favor de que la sociedad no sólo obtenga sino que, además, reparta el máximo de beneficios que la situación de la empresa consienta".

derecho a voto, o la mayoría de los miembros de una corporación que tengan voto deliberativo. El derecho que nace de la aplicación del principio mayoritario es clasificado como uno de los derechos políticos de los accionistas, pues nace del derecho a voto.

Pero el controlador no puede ejercer este derecho personal que tiene en contra de los demás accionistas, de una forma que perjudique sus derechos y los de la sociedad. Los derechos de los demás accionistas están representados fundamentalmente por sus derechos políticos y sus derechos patrimoniales. Dentro de estos últimos se encuentra claramente el de recibir la cuota de liquidación de la sociedad o el precio por su participación en ella, si desea enajenarla y el derecho a percibir las utilidades producidas por la explotación social. Este último derecho se justifica con mayor razón en el caso de las sociedades anónimas en donde, junto con ser socio, se es también inversionista.

Entonces, si uno de los derechos económicos está relacionado con el precio de su participación social o de sus acciones, es obvio que cualquier decisión del accionista controlador, ejerciendo el principio mayoritario, que perjudique el valor de esa participación, daña los derechos de los demás accionistas y, por ende, se incumple el contrato de sociedad.

Se podría decir que el precio de la participación social de un socio o accionista es una cuestión ajena al contrato sociedad, que dice relación más bien con una propiedad suya y que el contrato de sociedad no puede asegurar el precio de esa propiedad por la vía de un reparto de utilidades conveniente. Sin embargo, la propiedad de que se habla se ejerce sobre un derecho personal nacido en virtud de un contrato y, por ende, no es posible concebir ese derecho personal como algo absolutamente desligado de las obligaciones correlativas concebidas por ese mismo contrato, entre las que se encuentra la del accionista controlador de no ejercer el principio mayoritario de forma que perjudique los derechos personales de los demás accionistas.

Por otra parte, cualquier infracción de los derechos personales del accionista derivados del contrato de sociedad le resta valor a los mismos. Si ese menor valor es el resultado de una serie de acontecimientos que le suceden a la sociedad y consiguientemente al derecho personal, es obvio que lo que se debe discutir es si esos acontecimientos fueron o no resultado de la aplicación del principio mayoritario y si la decisión del accionista controlador consideró o no la obligación que tiene de ejercer su derecho respetando los de la sociedad y el de los demás accionistas. Si la sociedad adopta, por ejemplo, una política de dividendos restrictiva que redunda en una magra rentabilidad de la inversión del accionista, se podría decir que esa es una cuestión derivada de la inversión y no del contrato de sociedad, pero no es posible desconocer que la magra rentabilidad de la misma se debe a una decisión del accionista controlador en orden a establecer una política de dividendos restrictiva, la que se impuso, obviamente, a todos los demás accionistas, en virtud del principio mayoritario, esto es, en razón del mismo contrato de sociedad.

Se podrá señalar que con ello se estaría «judicializando»[(285)] una decisión de negocios;

(285) PEDROL, Antonio, obra citada, página 277, expresa que "la valoración de las circunstancias de conveniencia corresponderá en principio a la mayoría y la rectificación judicial sólo puede producirse cuando se demuestre que –con el criterio de un hombre medio– resulta totalmente injustificada la constitución o el cálculo de la reserva, en cuyo caso se pondrá en evidencia que el cálculo está inspirado en intereses puramente extrasociales, fuera del círculo de interés común y que, por tanto, no puede desplegar su poder el principio mayoritario.

pero las decisiones adoptadas por el controlador deben quedar expuestas a revisión judicial mas que no sea sino para comprobar si se cumplió o no el contrato de sociedad. Este es el punto de fondo sobre el cual debe recaer cualquier decisión judicial que pretenda revisar la actuación del accionista controlador.

225. NATURALEZA JURÍDICA DE LA OBLIGACIÓN INFRINGIDA

La obligación del controlador consiste en no ejercer su derecho a voto, y por ende su consecuencia constituida por el principio mayoritario, habiendo conflicto de intereses, de modo que se perjudiquen o afecten los derechos de los minoritarios.

Se trata, en consecuencia, de una obligación de no hacer, pues consiste en abstenerse de una determinada conducta.

Se podría sostener que la obligación del controlador es concurrir con su voto para aprobar el reparto de utilidades por parte de la sociedad y, por ende, se trataría de una obligación de hacer. Se podría decir, también, que la obligación del controlador no es la de abstenerse de ejercer el principio mayoritario, pues no existe en nuestro ordenamiento jurídico ninguna norma que impida votar a los accionistas en caso de conflicto de intereses, sino más bien ejercerlo de una determinada manera. Es más, se podría decir que si se le quitara el derecho a voto al accionista mayoritario, en caso de conflicto de intereses, no habría quien defendiera los de la sociedad.

Sin embargo, nosotros pensamos que esta última posición es equivocada. No se trata de no ejercer el derecho a voto. Se trata de no ejercerlo de una determinada manera. Cualquiera obligación de no hacer puede convertirse en de hacer sólo cambiando la perspectiva desde donde se la mire. A este respecto, el punto de vista correcto para concluir si la obligación es positiva o negativa consiste en preguntarse como se contraviene la obligación. Si se contraviene haciendo algo, es de no hacer. Si se contraviene no haciendo algo es de hacer. Si el controlador vota de manera que no se repartan dividendos está haciendo algo. Luego la obligación es de no hacer.

La discusión no es teórica, pues si se concluye que la obligación es de no hacer, el infractor debe los perjuicios desde que se contraviene y no desde el momento que se ha constituido en mora.

Por otra parte, si hay varios controladores con pacto de actuación conjunta, la obligación es de objeto divisible, porque el hecho de votar en el sentido de producir un reparto de dividendos que corresponda conforme a las peculiaridades del negocio social, es susceptible de división física, intelectual o de cuota. Siendo de cosa divisible, la obligación es simplemente conjunta. En consecuencia, cada uno de los miembros del pacto de actuación conjunta es obligado a votar de la manera indicada a prorrata de las acciones que posea en la sociedad.

226. LA INDEMNIZACIÓN DE PERJUICIOS COMPENSATORIA Y MORATORIA

Cuando ha habido venta del control, la existencia de perjuicios compensatorios se hace evidente, pues el mayor valor del control corresponde, en realidad, a la riqueza que las acciones de los minoritarios han perdido por haberse incumplido por el controlador el contrato de sociedad. Este valor corresponde a lo que el mercado le ha restado al precio de las acciones de los minoritarios, atendido el escaso valor de los derechos que representan las acciones en el contrato social, producto que se ha utilizado el principio mayoritario para resolver conflictos de interés entre ellos y el accionista controlador y la sociedad, o sea, porque se ha incumplido el contrato de sociedad.

Se podría sostener que, como ese mayor valor emana, según se ha dicho, de la capacidad de resolver en contra de los minoritarios los conflictos de intereses que se suscitan entre ellos y el controlador o, como otros autores han denominado, de la capacidad de expropiar riqueza a los minoritarios,(286) sería un activo asociado a sus acciones y no a las de los controladores. Luego, todo ese mayor valor debería sindicarse directamente a la pérdida de valor que sufrieron las acciones de los minoritarios debido al incumplimiento del contrato social. Sin embargo, si así fuera, las acciones del controlador valdrían menos que las acciones de los minoritarios, pues el premio del control se distribuiría entre las acciones de los minoritarios y no entre las de los controladores, lo que produciría un nuevo desequilibrio entre el valor de un mismo bien, lo que repugna a cualquiera. Por consiguiente, esa postura es inaceptable. Como se dirá más adelante, el valor del control siempre representa una cifra única que es independiente al número de acciones que tenga el controlador o a las acciones de los minoritarios. Lo mismo da para determinar el valor del control el número de acciones que lo representan. Puede ser una o cien o mil o un millón. Puede tratarse de un uno por ciento o de un cincuenta y un por ciento. El valor del control es siempre el mismo y, como emana de la aplicación de los estatutos sociales, su valor no se asocia a unas acciones y a otras no. Por el contrario, se distribuye por igual entre todas las acciones emitidas por la sociedad.

Si por el contrario no hubiere habido una venta del control, la determinación del daño causado a los accionistas minoritarios es más difícil de calcular, pues el mercado todavía no habría avaluado el perjuicio de los minoritarios. Sin embargo, éste sería determinable sobre la base de sumar los flujos esperados de la sociedad en un tiempo determinado, descontados a una cierta tasa de interés y comparar esa cifra con el valor en bolsa de todas las acciones de la compañía. La diferencia entre esos dos valores dividida por el número de acciones de la sociedad debería representar en valor del perjuicio por acción.

Respecto a los perjuicios moratorios, se podrá sostener que estos no existen, pues, en último término, al perjuicio que se le causará en un tiempo determinado, descontado a una cierta tasa de interés, supone que continuará igual el comportamiento del controlador, lo que no podría ser posible, pues la sentencia que constatara el incumplimiento corregiría los incentivos para que el controlador no continuara con esa conducta. Sin embargo, este razonamiento no es correcto. A los accionistas minoritarios se les causó un daño efectivo producido por no disponer del valor correcto de su inversión durante todo el tiempo que la poseyeron, lo que equivale en el fondo a la tasa de interés aplicada sobre el valor correcto de su inversión por el espacio de tiempo que la poseyeron. Ese sería el lucro cesante.

(286) Véase PFEFFER, Francisco, obra citada, página 126 y los autores nombrados por este en nota 38.

227. SE RESPONDE CONFORME AL RÉGIMEN DE RESPONSABILIDAD CONTRACTUAL

Como resulta obvio, el socio o accionista que ha infringido el contrato social debe responder de los perjuicios causados conforme al régimen de responsabilidad contractual. En consecuencia, responde de los perjuicios directos previstos si no se le puede imputar dolo; pero si hay dolo, es responsable de todos los perjuicios que fueron una consecuencia inmediata o directa de no haberse cumplido la obligación o de haberse demorado su cumplimiento, todo ello conforme lo establece el artículo 1558 del Código Civil.

La indemnización de perjuicios comprende el daño emergente y el lucro cesante según se han descrito en el párrafo anterior, en cumplimiento de lo dispuesto en el artículo 1556 del Código Civil.

Como la obligación infringida es de no hacer, conforme a lo dispuesto en el artículo 1557 del Código Civil, los perjuicios se deben desde el momento de la contravención de la obligación de no hacer, esto es, desde que el controlador vota de una manera tal que no se reparten entre los accionistas todos los dividendos que se deberían repartir.

Finalmente, si los controladores fueren dos o más personas, todas ellas habrían sido coautores de un incumplimiento grave del contrato de sociedad o habrían sido autores respecto al incumplimiento que los beneficiaba a ellos y cómplices respecto del incumplimiento que beneficiaba a los otros incumplidores. Dado lo anterior, resulta indiscutible que ya fuere como autores y cómplices, respectivamente, serían todos responsables u obligados al pago del total de los perjuicios. En otras palabras, la obligación, en este caso, sería in solidum, puesto que se produciría en este caso lo que sostiene Mazeaud: «La obligación in solidum se justifica en la especie, sin que ambos coautores sean responsables delictualmente, por el solo hecho de que cada uno de ellos está obligado, por su situación personal, a reparar todo el perjuicio causado».[(287)]

En contra de esta opinión se manifiesta una parte de la doctrina que señala fundamentalmente que el abuso del derecho, cual se afirma por algunos que podría ser el caso en análisis, da lugar a la responsabilidad extracontractual, pues la víctima alega que el perjuicio se produjo con motivo del cumplimiento del contrato y no por su incumplimiento del contrato. En otras palabras, se sostiene que el abuso supone necesariamente el cumplimiento de las obligaciones y que el contratante, lejos de estar violando el contrato, lo está cumpliendo, sí bien en forma abusiva.[(288)] [(289)]

No nos parece acertada esta opinión. El mismo Alessandri,[(290)] partidario de esta doctrina, sostiene que el abuso del derecho en materia contractual tiene plena cabida pues, conforme a lo dispuesto en el artículo 1546 del Código Civil, los contratos deben ejecutarse

---

(287) MAZEAUD-TUNC, *Tratado de la Responsabilidad Civil*, tomo primero, volumen primero, página 199. Es más, para muchos, la responsabilidad del cómplice (directores) es delictual por lo que la responsabilidad del autor principal cambia de carácter y se convierte asimismo en delictual.

(288) ALESSANDRI, Arturo, *De la Responsabilidad Extracontractual en el Derecho Civil Chileno*, Imprenta Universitaria, 1943, número 178, página 270.

(289) En general, la jurisprudencia francesa –aunque no así la doctrina– ha partido de la base que se trata de una responsabilidad extracontractual por la misma razón que se ha dado en orden a que el perjuicio no es causado por el incumplimiento del contrato sino por su cumplimiento.

(290) Ídem número 178.

de buena fe. Si se trata de un cumplimiento abusivo del contrato, se trata de una ejecución contraria a lo previsto en el contrato y, por ende, de un incumplimiento contractual. No vemos cómo podría haber abuso del derecho sin incumplimiento. Nuestra opinión es plenamente compartida por otra parte de la doctrina(291) que afirma que el abuso del derecho engendra una culpa contractual cuando se produce en el cumplimiento, en la interpretación o en la rescisión de un contrato.

228. EL VALOR DEL CONTROL

El valor del control es la diferencia que existe entre el valor de venta de las acciones de una sociedad que no aseguran el control de la misma y el valor de venta de las acciones de dicha sociedad que sí lo aseguran.(292)

La sociedad, sin embargo, tiene un valor determinado calculado –por ejemplo– en relación con las utilidades que es capaz de producir en un determinado tiempo, descontada a una cierta tasa de interés. Para calcular el valor de sus acciones, se divide este valor por el número total de ellas y, el resultado, debería indicar el valor de cada acción. Quien se interese por adquirir el control de la sociedad, debería pagar por dichas acciones no más que un porcentaje de ese valor igual al porcentaje de acciones de la compañía que le permita adquirir el control. Así, si la compañía vale 100, y asegura el control con el 51% de las acciones, debería pagar por ellas $51.Si pagare $70, por ejemplo, la diferencia entre las dos cantidades debería expresar el valor del control.

Sin embargo, este mayor valor no tiene una explicación razonable ni desde el punto de vista económico ni desde el punto de vista jurídico. Si se hubiere calculado bien el valor de la compañía, lo que el adquirente recibirá de la misma no puede ser más que esos $51, más la tasa de interés que usó como tasa de descuento, a menos que pretenda obtener un retorno superior a la tasa de descuento que utilizó, lo que no serviría para justificar la procedencia del mayor valor del control, pues el mayor retorno iría directamente a aumentar el valor de todas las acciones. Entonces, ¿de dónde obtiene los $19 que necesita para recuperar su inversión?

Se han dado muchas razones para explicar el mayor valor que experimenta el paquete controlador de una sociedad, en relación con el valor unitario de las acciones en el mercado, pero ninguna de dichas razones puede ser explicada ni por la teoría económica ni por la teoría jurídica. En lo que a nosotros respecta, explicar jurídicamente la razón de un desequilibrio económico-estructural en una relación contractual, es justificarlo por la existencia de una derecho subjetivo, nacido o de la ley o de la misma relación contractual o por su violación.

(291) Entre ellos, Mazeaud, Tunc, Hubert de la Massue y otros citados por MAZEAUD, obra citada, página 245.

(292) Algunos autores distinguen entre el concepto de "valor del control" y "premio por control". El primero sería el valor asociado a la mayor eficiencia que aporta el nuevo controlador entrante y que es función de la propiedad de los activos de la empresa que generan los ingresos futuros. El segundo, sería el precio por tener acceso a flujos monetarios o beneficios no pecuniarios mayores a los percibidos por los accionistas minoritarios. Véase PFEFFER URQUIAGA, Francisco, *Nuevas Regulaciones en las Tomas de Control y Oferta Pública de Adquisición de Acciones*, Revista Chilena de Derecho, volumen 28, N° 1, 2001, página 126. Nosotros no compartimos esta clasificación como se verá.

Se ha dicho –por ejemplo– que este mayor valor proviene del hecho de que el adquirente le asigna a la sociedad un valor superior a aquel que tenía en el mercado, porque la administración de los recursos productivos de la sociedad es ineficiente o simplemente porque es inferior a la óptima. Esto puede explicar el mayor valor que la sociedad adquiere en el mercado, pero no explica el mayor valor del control. En efecto, si algún inversionista descubre que una sociedad es administrada en forma ineficiente y, por ende, que es capaz de generar más riqueza de la que genera, pagará más por la sociedad, pero, por lo mismo, el mayor valor no lo paga por el control sino por los activos que adquiere. De manera entonces que el control no tendría nada que ver con el mayor valor, pues este se debería a un incremento real del valor de los activos sociales. Si así fuere, además, las acciones de esa sociedad aumentarían de valor en el mercado, el cual, a partir de la oferta del interesado y de la compra posterior, habría ya internalizado ese mayor valor de los activos, cosa que no ha ocurrido en Chile ni en los Estados Unidos[(293)], pues la riqueza generada por las tomas de control ha aumentado principalmente el tesoro de los vendedores del control y, solo en los Estados Unidos, las acciones de los minoritarios aumentaron su valor en los dos años posteriores a la toma de control en un magro 4,09%, en relación con el 18,92% de premio que obtuvieron los que vendieron el paquete controlador. En Chile, la riqueza generada por las tomas de control ha aumentado sólo el tesoro de los vendedores del paquete controlador (en promedio un 70% por sobre el valor bolsa de las acciones), en circunstancias que, los accionistas minoritarios, han visto decrecer el valor de sus acciones después de la venta del control.

La teoría ésta de que el mayor valor del control se debería a la mayor eficiencia en la administración de los negocios sociales que le imprimiría el adquirente, se nos antoja, además, un tanto ingenua. Si fuera cierta, los accionistas minoritarios no poseedores del control obtendrían su premio vía un aumento del valor de sus acciones en el mercado después que éste hubiere internalizado el hecho de que la nueva administración aumentó el flujo de riqueza de la compañía. Los accionistas minoritarios estarían entonces satisfechos, se habría generado más riqueza y nadie podría discutir ni las bondades de la transferencia del control ni el premio que habría recibido el antiguo controlador ineficiente, pues no se lo habría sacado a los accionistas minoritarios sino al nuevo controlador que estaría también feliz por la adquisición, dado que estaría recuperando su inversión más la tasa de interés que hubiere calculado por la vía del mayor flujo de riqueza que le generó a la compañía. Pero, si esto que hemos dicho fuera cierto, ¿estaríamos discutiendo el tema del control? No, desde luego que el tema este del control y su precio no sería un punto de discusión. Por cierto que, además, esta compañía, bajo la nueva administración, no podría generar ningún mayor valor por su control, dado que la administración de sus recursos productivos sería «eficiente».

La única explicación valedera es la que ha dado el profesor norteamericano Adolf A. Berle quien sostuvo en 1932 que ese mayor valor «surgía primordialmente de la capacidad que tenía el controlador de dominar o manejar una propiedad que, en equidad, pertenecía

(293) Véase sobre el particular la memoria de prueba "Las tomas de control de las sociedades anónimas abiertas en Chile" del alumno de la Universidad Católica don Daniel Nassar Stefan, Santiago, 1998.

a otros».[294] Nosotros concordamos con la tesis del profesor Berle, pues lo único que no tienen los accionistas no poseedores de un paquete controlador y que sí tienen estos últimos, es el supuesto derecho a imponer sus decisiones por sobre la voluntad de los demás accionistas. El control vale en sí mismo, pues tiene el supuesto derecho o capacidad para manejar una propiedad que pertenece a los accionistas minoritarios.

Pero lo curioso es que el derecho a manejar la propiedad de otros no entrega en sí mismo ningún beneficio si no es porque en la cuestiones donde el interés de los otros se encuentra en conflicto con el interés del controlador, el asunto se resuelva siempre a favor de este último, esto es, sobre la base del principio mayoritario. Es eso precisamente lo que hemos venido hablando en los párrafos precedentes. Esa capacidad de que hablaba el profesor Berle se encuentra representada por la aplicación del principio mayoritario para solucionar conflictos de interés que surjan entre los distintos accionistas, el cual, como hemos dicho, significa una infracción a las disposiciones del contrato de sociedad. Desde luego que estos beneficios que obtiene el controlador por la aplicación del principio mayoritario a los conflictos de interés no se los asegura por la fuerza ni por medio de engaño ni por fraude o algún artificio semejante. Los obtiene más bien por una actitud pasiva. Los obtiene en forma legítima si no fuera por la infracción al contrato de sociedad. Los obtiene solo por el hecho de detentar el control de la entidad. Por el hecho de disponer de la caja de la compañía asegura su liquidez y una menor tasa de interés en los préstamos que requieran sus negocios particulares. Por el hecho de ser el controlador de la sociedad puede invertir sus recursos de forma de impedir que un competidor suyo a nivel personal adquiera una mayor cuota del mercado. En fin, digamos que estos beneficios son más bien cualitativos que cuantitativos. Nadie puede acusar a ningún controlador de desviar ilegítimamente los recursos sociales en una suerte de engaño o fraude a los accionistas minoritarios. Las cosas no funcionan con tal crudeza. Incluso hay varios que sostienen con argumentos razonables la validez de este derecho de los controladores. Sin embargo, si bien este supuesto derecho les arroja a los controladores beneficios cualitativos, para los accionistas minoritarios las desventajas que les arroja son cuantitativas, pues el hecho de no repartir las utilidades que correspondan, según los negocios sociales, significa una menor rentabilidad de su inversión y, por ende, un menor valor de la misma en el mercado.

Lo dicho en el párrafo anterior nos lleva a concluir, finalmente, que el valor del control se genera por la cantidad de dividendos que se debieran repartir entre los accionistas y no se reparten. Pensada así la cuestión, el valor del control es algo tan obvio que se puede hasta calcular de antemano, sin esperar a que el mercado lo determine mediante una transferencia del mismo. El valor del control debería ser siempre igual a la diferencia existente entre el valor presente de los flujos futuros de la sociedad y el valor representado por el porcentaje de dichos flujos que por ley o por estatutos deba distribuirse como mínimo a los accionistas más el porcentaje de esos flujos que deban necesariamente reinvertirse para seguir produciendo el mismo flujo, todas las cantidades calculadas en moneda del mismo valor adquisitivo, descontadas a una misma tasa de interés y considerando la carga tributaria correspondiente. A la inversa, si una compañía distribuyera el total de las utilidades que

(294) BERLE, Adolf A. & MEANS, Gardiner C., *The Modern Corporations and Private Property*, páginas 207-252, citado por Cox D. James, *Corporations*, Editorial Advisory Borrad, 1997, página 260.

obtiene en el desarrollo de sus negocios, restada obviamente lo que se necesite invertir para mantener el mismo flujo de utilidades, el valor del control debería ser igual a 0.

En consecuencia, el valor del control es siempre el mismo, independientemente del número de acciones que lo aseguran. Lo mismo da una acción que un millón o un 1% que un 51 por ciento. El control emana de los estatutos sociales y, por ende, no se encuentra asociado a las acciones sino a la capacidad para expresar la voluntad de la sociedad. Quien tenga las acciones con las cuales se asegura el control, lo tiene no porque posea las acciones sino porque, en virtud de los estatutos, una acción da derecho a un voto. Si los estatutos establecen series preferentes con derecho a voto y otras series sin derecho a voto, el que tenga las acciones preferentes con derecho a voto, tiene el control, no porque tenga las acciones, sino porque la voluntad que se expresa por el voto que otorgan las acciones representa la voluntad de la sociedad. El valor del control no está asociado, en consecuencia, a las acciones sino a la capacidad para determinar la voluntad de la sociedad. Esa capacidad puede estar representada por muchas acciones o por pocas acciones. Incluso, en el extremo, teóricamente, si no existieren series preferentes, el control dependería de las acciones que le faltaría a una persona para detentar el número de acciones con las que se controla, el que dependería de la cantidad de acciones que el adquirente ya tenga en su poder y el número o porcentaje de acciones que, en cada sociedad, se necesite para ejercer el control, atendida la dispersión de votos. Podría, por consiguiente, ser una y, en esa acción, estaría representado el total del valor del control.

A la teoría de Berle se le formularon fundamentalmente dos críticas: La primera sostiene que el precio pagado por el paquete controlador es necesariamente más alto que el que prevalecía anteriormente en el mercado para cada acción, porque el comprador del control creó una demanda creciente que, combinada con una oferta constante, resultó en una presión a la alza del precio. La segunda considera que la capacidad para ejercer el control como vehículo para hacer más rica a la empresa es un derecho de propiedad unido al interés controlador más que un activo de la sociedad.

A la primera crítica se debe responder que la demanda creciente de una acción podría explicar el premio por el control en procesos de tomas de control hostiles, donde el antiguo controlador primero defiende su posición, mas no explica el mayor valor en tomas de control amigables, donde no puede crearse un poder comprador de acciones previo a la toma de control, porque el comprador se entiende directamente con el vendedor y acuerdan el precio.

La segunda crítica debe ser abiertamente rechazada porque la hipótesis de que la capacidad de ejercer el control para hacer más rica a la empresa es un derecho de propiedad unido al interés del controlador puede ser cierta, pero ni el hacerla más rica es un derecho exclusivo del controlador ni puede obtenerse ese objetivo a costa de los accionistas minoritarios.

Berle concluyó que si el premio por el control debía ir a alguna parte, esa debía ser el tesoro corporativo, por ser un activo de la compañía y no al bolsillo de los vendedores del control.

Otra escuela de pensamiento,[295] recogida por la legislación chilena, sostiene que la obligación del accionista controlador es asegurar una igual repartición del premio por el

(295) ANDREWS, William, *The Stockholder's Right to Equal Opportunity in the Sales of Shares*, 78 Harv. L. Rev. 505 (1965)

control entre todos los accionistas, lo que se consigue dándoles a todos los accionistas la oportunidad de vender un porcentaje de sus acciones igual al que el interesado por el control desee comprar.

Desde nuestro punto de vista, ninguna de estas dos posturas observa la causa real de un problema de mayor envergadura que la mera cuestión del premio por el control y de la cual éste es sólo un síntoma. La verdadera causa del problema es creer que el llamado a resolver los conflictos de intereses que se suscitan entre los accionistas y entre estos y la sociedad, es el principio mayoritario, el cual, como régimen de resolución de disputas es, no solo inconveniente para estos casos, sino contrario a derecho, según hemos visto. Esto nos lleva a considerar que el valor del control debería ser igual a 0, fundamentalmente por razones jurídicas, ya que en esas decisiones en que el controlador se encuentre en conflicto de intereses, debería siempre primar el respeto a los derechos de los accionistas minoritarios; y también por razones económicas, porque en un sistema económico donde no se respeten tales derechos, se desincentiva principalmente la inversión y el ahorro.

229. EL VALOR DEL CONTROL ES EN SÍ MISMO ANTIJURÍDICO

De las consideraciones expresadas en el párrafo precedente, se sigue que el valor del control sería, en sí mismo, antijurídico, porque en el fondo, es el precio por un derecho que no existiría en nuestro orden jurídico consistente en imponer a otros algo que es contrario a sus intereses y que, el solo hecho de pagarse, importa un incentivo a cometer el ilícito, pues infringir los derechos de los accionistas minoritarios en el caso de conflicto de interés, sería la única forma de recuperar lo invertido por el control, lo que provoca que el acto sea nulo absolutamente ya porque le falta causa ya porque la causa sería ilícita, dado que el motivo que induce al acto jurídico sería contrario al orden público, al pretenderse cobrar una recompensa o premio a cambio de entregar los medios para poder consumar el ilícito constituido por infringir los derechos y obligaciones que emanan del contrato de sociedad, todo ello por aplicación de lo dispuesto en el artículo 1467 en relación con el artículo 1682 del Código Civil.(296)

En este sentido, entendemos que es contrario al orden público cualquier acto que atente «en contra de principios, normas o reglas que miran a los intereses generales de mayor importancia para la sociedad»,(297) o en contra de «la organización considerada como necesaria para el buen funcionamiento general de la sociedad».(298) Nos parece indudable que un acto que tiene como causa lo dicho en el párrafo anterior perturba el buen funcionamiento del régimen general de las sociedades en Chile, que, obviamente resulta de la mayor importancia para la sociedad.

(296) En el mismo sentido se manifiesta PFEFFER URQUIAGA, Francisco, "Nuevas Regulaciones en las Tomas de Control y Oferta Pública de Adquisición de Acciones", *Revista Chilena de Derecho*, Vol. 28 N° 1, página 126, quien sostiene "este premio por control por definición existe solo si el controlador accede a flujos o beneficios a los que no tienen acceso los accionistas minoritarios. Si así fuera –agrega–, ha de concluirse que tal beneficio tiene una causa ilegítima, en cuanto representa el valor que el mercado le asigna a la capacidad de expropiar riqueza de los minoritarios."

(297) LEÓN HURTADO, Avelino, *La causa*, Editorial Jurídica de Chile, primera edición, página 61.

(298) *Gaceta* año 1946, segundo semestre, página 70, número 391.

Se podría sostener que lo que se ha dicho respecto de la existencia de una causa ilícita en estos actos o contratos es una mera especulación teórica, pues nadie puede separar en la práctica la intención de manejar la sociedad, que es lícita, de la intención de resolver los conflictos de interés a favor de una de las partes involucradas, que es ilícita, porque podría ser que ese mayor valor se pague sólo por manejar la sociedad y no por lo otro. Sin embargo, el precio de las cosas es inseparable a la rentabilidad de las mismas. Nadie pagará más por un activo si no es porque tiene la posibilidad de obtener de dicho activo el retorno de su inversión. De esta manera, si se pagara por solo el derecho de manejar los negocios sociales, la inversión efectuada por el adquirente debería rentarle una cantidad semejante en un plazo determinado más una tasa de interés atractiva. Si la tasa de interés utilizada por el adquirente para calcular el negocio no calza con aquella necesaria para cubrir su inversión, quiere decir, entonces, que lo que falta para completar el flujo necesario estaría constituido por el monto de los beneficios que no compartiría con los minoritarios, y que estarían compuestos por lo que resulte después de aplicar esto que hemos venido en denominar la capacidad de resolver conflictos de intereses siempre en su beneficio. El controlador podría mentir y señalar una tasa de interés lo suficientemente alta que explicara el monto invertido. Pero por una parte estaría mintiendo y, por otra, ella debería ser comparable con lo que deberían rentar los negocios sociales con una administración óptima.

Se puede sostener, también, en contra de lo dicho, que el artículo 199 de la Ley de Valores, al obligar a cualquier adquirente del control a efectuar una OPA dirigida a todos los accionistas por el porcentaje de acciones que desee adquirir, estaría de alguna forma legitimando el precio por el control, pues lo aceptaría desde el momento que obliga a dirigir la oferta a todos los accionistas repartiéndose así el precio del control a prorrata de las acciones que cada uno de dichos accionistas decida enajenar. En otras palabras, se estaría aceptando –por los accionistas que decidan vender– el hecho de que los conflictos de intereses surgidos entre controladores y accionistas minoritarios se solucionen sobre la base del principio mayoritario, pues los accionistas estarían cobrando un precio adicional para ello. Sin embargo, el sentido del mencionado artículo y de la ley que lo introdujo no es ni puede ser ese. La intención del legislador fue la de provocar que el mayor valor del control se repartiera entre todos los accionistas que estuvieran dispuestos a aceptar la OPA, precisamente para desincentivar la existencia de un mercado por el control, pues, si los controladores se ven obligados a repartir el premio por el control y a quedarse en la sociedad no obstante transferirlo, tratarán de que el valor de las acciones en el mercado sea lo más parecido al valor de los negocios sociales, impidiendo que el valor de aquellas se vea influenciado por decisiones del controlador ajenas al principio contenido en el artículo 30 de la Ley 18.046. Si ese es el sentido de la ley, se debe concluir que considera ilícito el premio por el control, pues lo desincentiva. Podría sostenerse que si bien lo desincentiva, no es porque lo considere ilícito sino solo inconveniente por razones económicas. Puede ser así, pero lo que es indudable es que este argumento de que el artículo 199 de la Ley 18.045 estaría legitimando el premio por el control es falso, porque –como se ha demostrado– no sólo no lo legitima sino que, por lo menos, lo desincentiva.

Por otro lado, el mencionado artículo 199 de la Ley 18.045, no se pone en el caso de que el precio por ese control se esté pagando por el supuesto derecho a imponer a los accionistas minoritarios decisiones económicas que infrinjan sus derechos emanados del contrato de sociedad, pues en tal caso, la norma sería inconstitucional al infringir el derecho de propiedad sobre los derechos personales de todos los accionistas minoritarios. Lo único que pretende, a nuestro juicio, es desincentivar el premio por el control, porque lo considera, por lo menos, inconveniente sino es que, también, injusto, arbitrario o ilegal.

230. EL VALOR DEL CONTROL ES ANTIJURÍDICO, AUN CUANDO PROVENGA DE LAS DISPOSICIONES DEL CONTRATO SOCIAL Y NO DEL NÚMERO DE ACCIONES QUE SE POSEAN

Se podría creer que, si el control emana de cláusulas especiales introducidas al contrato de sociedad, sea bajo la forma de acciones preferentes o mediante cláusulas de administración especiales, que le entreguen a un socio o grupo de socios la administración de la misma, estas acciones o derechos tendrían un mayor valor, pues conllevarían un derecho adicional expresamente concedido por los contratantes en virtud del contrato, derecho que ellos, por lo demás, habrían conocido al momento de tomar su decisión de inversión.(299)

Tal conclusión es, sin embargo, equivocada. Hemos dicho ya que el principio mayoritario no puede resolver conflictos de interés que se susciten entre los accionistas y entre estos y la sociedad, pues ellos se solucionan, en caso de colisión, sobre la base de la renuncia al ejercicio de parte de los derechos por parte de todos y cualquier intento de aplicar el principio mayoritario, sin importar su origen, significa, en la práctica, postergar los derechos de los que no tienen el control a favor de los que sí lo tienen. El control, si se ha dado en virtud del contrato de sociedad a una parte de los socios, se les ha dado para administrar los negocios de la sociedad y el desarrollo del objeto social, donde existe entre los socios una comunidad de intereses, no para resolver conflictos entre los socios donde el que resuelve lo hace con conflicto de intereses.

Este argumento es, por lo demás, sintomático, porque significa aceptar la ley de la oferta y la demanda sin un marco legal que la regule. Todos sabemos que es ilegítimo interpretar una cláusula contractual de forma que signifique para una de las partes aceptar desde ya la comisión de un perjuicio futuro, porque dicha estipulación sería nula por ilicitud del objeto, dado que importa, en la práctica, la condonación de un dolo futuro, conforme a lo dispuesto en el artículo 1465 del Código Civil.

231. LA NULIDAD ABSOLUTA POR CAUSA ILÍCITA EN LAS VENTAS DEL CONTROL EN QUE SE COBRA UN PREMIO O MAYOR VALOR POR EL MISMO

Pero por muy nula que pueda ser la venta del control en la que se cobra un precio adicional por el mismo, lo cierto es que, conforme a lo dispuesto en el artículo 1682 del Código Civil, la nulidad puede alegarse por todo el que tenga interés en ello, excepto el

(299) PFEFFER, Francisco, obra citada, página 126 y demás autores citados por él en nota 38.

que ha ejecutado el acto o celebrado el contrato sabiendo o debiendo saber el vicio que lo invalidaba.

Esto hace que, en lo que respecta a la nulidad por causa ilícita en las ventas del control en que se cobra un premio o mayor valor por el mismo, se produzcan dos cosas fundamentales:

Primero, que ninguna de las partes que ejecutaron o celebraron dicho acto o contrato pueden pedir la nulidad, porque ambos sabían o debían saber el vicio que lo invalidaba.

Segundo, que los accionistas minoritarios tampoco pueden solicitar la nulidad, porque no tienen interés en ello. En efecto, de nada les sirve solicitar la nulidad del contrato que sirvió de título a la transferencia del control. Ello serviría para que el adquirente restituyera al antiguo controlador el total de las acciones transferidas y que este le restituyera el precio pagado por ellas. El antiguo controlador retomaría el control enajenado y todo seguiría igual. No, los accionistas minoritarios carecen de interés pecuniario en la nulidad.

Sí tendría acción para pedir la nulidad por causa ilícita el ministerio público, pues este actuaría en el solo interés de la moral y de la ley.

232. LA ACTITUD DE LOS DIRECTORES DE UNA SOCIEDAD ANÓNIMA EN LA DETERMINACIÓN DE LA POLÍTICA DE DIVIDENDOS ES FUNDAMENTAL PARA EL CUMPLIMIENTO DEL CONTRATO Y, POR CONSIGUIENTE, DETERMINA SU RESPONSABILIDAD

El órgano encargado de determinar, en primer término, el monto de los dividendos a repartir, es el directorio de la sociedad, porque es quien la administra y quien sabe o debiera saber la cantidad de recursos que la sociedad necesita mantener en su patrimonio para continuar con el giro de la compañía. Lo demás debería ser repartido entre los accionista a prorrata de las acciones que cada uno posea, en cumplimiento del contrato social. Si el directorio decidiere proponer una distribución de dividendos inferior a la señalada, estaría practicando un acto contrario a los estatutos de la sociedad, conducta expresamente prohibida conforme a lo dispuesto en el artículo 42 de la Ley 18.046.

Es cierto que conforme a lo dispuesto en el artículo 56 N° 2 de la Ley 18.046, es la junta ordinaria de accionistas la que resuelve en definitiva sobre la distribución de utilidades de cada ejercicio y, en especial, el reparto de dividendos. Por eso hemos dicho que, al final, es el principio mayoritario el que resuelve sobre esta materia. Pero, en primera instancia, es al directorio que le toca proponer a la junta el monto de los dividendos a repartir. Por ello es de trascendental importancia lo que resuelva al respecto.

Es más, conforme a lo dispuesto en la Circular 687 de la Superintendencia de Valores y Seguros, el directorio debe fijar la política de dividendos de la sociedad y señalar en cada junta de accionistas el monto o porcentaje de la utilidad que se espera repartir; el número de dividendos provisorios que se esperan distribuir durante el ejercicio y fechas estimadas de pago; y cualquier restricción complementaria a la política de dividendos, como por ejemplo, convenios de pago con acreedores. Es inadmisible, al respecto, que se informe a la junta de accionistas una política de dividendos en que se repartan sólo los mínimos obligatorios o algo parecido. El directorio debería justificar fundadamente por qué no propone distribuir el total de las utilidades de la sociedad. Debería explicar en tal caso cuáles son las inversiones futuras de la compañía.

El directorio no es un órgano que se debe mantener al margen de la obligación de repartir dividendos y de su monto. Debe tener una actitud activa al respecto y debe considerarse esa actitud para los efectos de determinar su grado de participación en una eventual infracción de los derechos de los minoritarios. Conforme a lo dispuesto en el artículo 41 de la Ley 18.046, los directores deberían emplear en el ejercicio de estas funciones el cuidado y diligencia que los hombres emplean ordinariamente en sus propios negocios y responden solidariamente de los perjuicios causados a los accionistas por sus actuaciones dolosas o culpables. Si esa participación se comprueba, ya sea que haya intervenido con culpa o dolo, se convierte en un autor, cómplice o encubridor de un ilícito constituido por infringir las obligaciones nacidas del contrato de sociedad.

233. LOS DIRECTORES RESPONDEN CONFORME AL RÉGIMEN DE RESPONSABILIDAD EXTRACONTRACTUAL

Se han expuesto ya, en el párrafo 217 de este trabajo, las razones de por qué creemos que los directores responden conforme al régimen de responsabilidad extracontractual. No remitimos a él para evitar repeticiones.

SECCIÓN TERCERA
EFECTOS DE LAS INFRACCIONES A LOS ARTÍCULOS 44 Y 89 DE LA LEY 18.046 Y DEL ABUSO DEL PRINCIPIO MAYORITARIO RESPECTO AL CONTRATO DE SOCIEDAD

234. CONSIDERACIONES GENERALES

Ha quedado suficientemente fundamentado que si los terceros con quienes la sociedad haya celebrado actos contrarios a los artículos 44 y 89 de la Ley 18.046 eran socios o accionistas controladores de la sociedad, se habría producido un incumplimiento de las obligaciones derivadas del contrato de sociedad.

También ha quedado suficientemente fundamentado que si los accionistas controladores hubieren ejercido su derecho a voto habiendo conflicto de intereses y causando un perjuicio a los derechos de la sociedad o de los otros accionistas, se habría infringido una de las obligaciones instrumentales de respeto al derecho ajeno, nacida del contrato de sociedad en virtud de lo dispuesto por el artículo 1546 del Código Civil y del artículo 30 de la Ley 18.046.

Es necesario preguntarse ahora cuáles son los efectos que tales incumplimientos del contrato social producen respecto del contrato mismo, porque es evidente que la continuidad de la relación jurídica existente entre el socio o accionista incumplidor y aquel que hubiere sufrido el perjuicio, debe quedar en entredicho, pues no existiría ya ninguna garantía de que el contrato de sociedad se vaya a seguir cumpliendo de buena fe.

235. RESOLUCIÓN DEL VÍNCULO QUE UNE A LOS ACCIONISTAS PERJUDICADOS CON LOS DEMÁS ACCIONISTAS DE LA SOCIEDAD. EFECTOS

Conforme al artículo 1489 del Código Civil, «En los contratos bilaterales va envuelta la condición resolutoria de no cumplirse por uno de los contratantes lo pactado. Pero en tal caso podrá el otro contratante pedir a su arbitrio o la resolución o el cumplimiento del contrato, con indemnización de perjuicios».

Todo lo que se ha dicho que dice nuestro ordenamiento jurídico respecto a la obligación de los que hayan intervenido en el hecho ilícito de reintegrar al patrimonio social todas aquellas cantidades con que se vieron beneficiados producto de contratos celebrados con infracción a los artículos 44 y 89 de la Ley 18.046, o con infracción a lo dispuesto en el artículo 30 de la misma ley y en el artículo 1546 del Código Civil, corresponde claramente a lo que dispone el artículo 1489 de este cuerpo legal respecto a que el contratante diligente tiene el derecho a exigir el cumplimiento del contrato de sociedad, con indemnización de perjuicios.

Pero, ¿qué ocurre con la segunda parte del referido artículo 1489, en orden a que el contratante diligente tiene el derecho alternativo de exigir la resolución del contrato? Es claro que nuestro ordenamiento jurídico no ha desarrollado tan prolíficamente los efectos de dicha alternativa para el contrato de sociedad como lo ha hecho respecto del cumplimiento de dicho contrato. Pero ¿tenía que hacerlo? ¿Puede significar esto que los socios o accionistas en un contrato de sociedad no pueden pedir la resolución por incumplimiento de las obligaciones del otro?

Pareciera que una conclusión en tal sentido es equivocada. A ella se oponen los siguientes argumentos:

El ordenamiento jurídico no ha reglamentado los efectos de la condición resolutoria tácita respecto de muchos contratos. Tampoco tendría por qué hacerlo dos veces dado que ya lo hizo el Código Civil en los artículos 1489 y siguientes.

El artículo 2101 del Código Civil establece que «Si cualquiera de los socios falta por su hecho o culpa a su promesa de poner en común las cosas o su industria a que se ha obligado en el contrato, los otros tendrán derecho para dar la sociedad por disuelta ». Con ello está expresamente aplicando la condición resolutoria tácita, esto es, el artículo 1489, al caso de las sociedades.

Por su parte, el artículo 379 del Código de Comercio establece que el retardo en la entrega del aporte, sea cual fuere la causa, autoriza a los asociados para excluir de la sociedad al socio moroso, con lo que se produce no una resolución del contrato de sociedad, sino una resolución de la relación jurídica singular.

El artículo 1489 del Código Civil tiene que recibir aplicación íntegra y no sólo parcial, para el caso de las sociedades de cualquier clase o naturaleza. El contrato de sociedad ha sido concebido por el Código como un contrato bilateral, de manera que el legislador tuvo plena intención de aplicar dicha disposición al contrato de sociedad.

El artículo 59 de la Ley sobre Sociedades Anónimas establece el derecho a retiro para el caso en que se adopten por la mayoría diversos tipos de acuerdos. El derecho a retiro es una suerte de resolución del vínculo que une al accionista con la sociedad y los demás accionistas. Este derecho de separación constituye un derecho establecido para la tutela del socio frente a la mayoría.(300) Entonces, si la voluntad del ordenamiento jurídico ha sido establecer este derecho a separación del accionista, para el caso del ejercicio de derechos legítimos por parte de los demás socios, cómo va a ser lógico concluir que ese mismo ordenamiento jurídico no establece un derecho similar para el caso de la comisión de ilícitos por parte de los demás socios.

La doctrina y la jurisprudencia extranjera reconoce el derecho a pedir la resolución del contrato de sociedad, con diversas variables y consecuencias, en el caso del incumplimiento de obligaciones por parte de otros socios o accionistas, siendo la legislación respecto de la cual escriben los respectivos tratadistas, en los aspectos que nos interesa, muy parecida a la nuestra.(301)

El hecho que la doctrina moderna haya dado nacimiento con posterioridad a la promulgación del Código Civil a una categoría especial de contratos denominados «plurilaterales», no implica, como que tampoco implica para estos, que la condición resolutoria tácita no le sea aplicable al contrato de sociedad. Cualquiera sea la clasificación aplicable a este contrato, lo cierto es que, siendo para el legislador un contrato bilateral, es indiscutible que pretendió también aplicar al contrato de sociedad la condición resolutoria tácita.

Respecto al contrato plurilateral, dentro de cuya categoría se encuentra para la doctrina moderna el contrato de sociedad, se ha dicho que éste no es un contrato de eficacia personal, puesto que sus efectos no estriban principalmente en la creación de relaciones creditorias, sino en el establecimiento de un sujeto de derechos y de las relaciones de participación de sus miembros. Esta peculiaridad del contrato de sociedad hace que la definición de contrato bilateral no calce precisamente con la definición legislativa de los mismos, pues los diversos individuos que intervienen en el contrato de sociedad no se obligan «recíprocamente» los unos para con los otros, sino que todos ellos en una dirección común.

Pero el hecho que las partes en un contrato de sociedad no se obliguen «recíprocamente» no significa tampoco que no les pueda ser aplicable la condición resolutoria tácita. Esta última institución ha sido establecida fundamentalmente porque en estos contratos la causa de la obligación de una de las partes es, a su vez, el objeto de la obligación de la contraparte, de suerte que si una de ellas no cumple su obligación, la obligación de la contraparte carece de causa y, por ende, por una parte puede dar por resuelto el contrato (condición resolutoria tácita) y por la otra no se puede entender que ella ha incumplido si la otra no lo ha hecho (excepción de contrato no cumplido). Pero esto mismo que se dice que ocurre en un contrato bilateral, también ocurre en un contrato plurilateral, porque la causa de la obligación de uno de los socios es, sin duda, el cumplimiento de las obligacio-

---

(300) ASCARELLI, Tulio, *Sociedades y Asociaciones Comerciales*, Ediar S.A. Editores, Buenos Aires, 1947, página 149.

(301) RIPERT, Georges, *Tratado Elemental de Derecho Comercial*. Tipografía Editora Argentina, Buenos Aires, 1954, tomo II, página 96, dice: "La resolución del contrato por incumplimiento de obligaciones por una de las partes, opera en materia de sociedad como en todos los contratos sinalagmáticos (art. 1184, Cód. Civ.). La falta a la obligación de buena fe entre los contratantes, autoriza la disolución fundada en el artículo 1184 del Código Civil. De modo que la jurisprudencia la aplica a todas las sociedades, incluso a las de capitales".

nes de los demás, de forma que, si estos no las cumplen, la obligación del socio queda, al igual que en los contratos bilaterales, sin causa o con causa atenuada.

De manera que las causas que justifican el establecimiento de la condición resolutoria tácita para los contratos bilaterales son las mismas que las justifican para los contratos plurilaterales.

Podría pensarse que lo dicho en el párrafo anterior justifica la resolución del contrato de sociedad, pero no únicamente la relación jurídica entre el socio y la sociedad. Sin embargo, tal observación es inexacta si se tiene en consideración que el que solicita la resolución sólo puede obrar dentro del ámbito que abarcan su derechos y no puede pretender que lo que obre en el ejercicio de los mismos, alcance también a otros accionistas que no desean los efectos de la resolución. Precisamente el carácter plurilateral del contrato de sociedad, permite el establecimiento, dentro de una misma relación jurídica, de vínculos jurídicos independientes entre sí. Nuestro Código Civil reconoce la existencia de esta peculiar condición del contrato de sociedad al permitir la exclusión de un socio (artículo 2087) y que la sociedad pueda continuar no obstante el fallecimiento de uno de los socios (artículo 2103). También lo hace nuestro Código de Comercio, pues el artículo 379 establece que el retardo en la entrega del aporte, sea cual fuere la causa, autoriza a los asociados para excluir de la sociedad al socio moroso.(302)

Lo que puede resultar complicado en los contratos plurilaterales es provocar la resolución del contrato de sociedad, en circunstancias que la participación del socio que pide la resolución puede que no resulte esencial al contrato mismo. Pero la participación de un socio sólo es esencial en los contratos de sociedad *intuito personae*, a saber, en la sociedad colectiva, en comandita simple y de responsabilidad limitada, nunca en una sociedad anónima. Lo que se resuelve en una sociedad anónima es el vínculo que une a los socios incumplidores con aquel que ha resultado perjudicado por los dichos incumplimientos, nunca el contrato de sociedad. La sociedad, qué duda cabe, puede disolverse por reunirse en una sola mano todas las participaciones sociales, pero eso no debe influir en lo primero.

Por otra parte, lo dicho precedentemente pareciera constituir un principio general en las sociedades anónimas, pues la falta de aportación de un accionista se sanciona con la exclusión del mismo, según lo dispone el artículo 17 de la ley del ramo y no así con la resolución del contrato.

Finalmente, la resolución del vínculo que une a uno de los socios con los demás, puede que se complique porque no es posible aplicar el efecto retroactivo de la condición resolutoria

(302) El mismo ASCARELLI, obra citada, página 105, se dio cuenta del absurdo de producir la resolución del contrato de sociedad por incumplimiento de las obligaciones de los socios, en vez de resolver la relación jurídica individual entre el socio y la sociedad. Sostiene al respecto que la "falta de aportación por parte del socio no influye sobre la ulterior permanencia de la sociedad, sino solamente sobre la existencia del vínculo con respecto al socio singular. Creo –agrega– aplicable esta regla a los socios colectivos de las sociedades colectivas y comandita; también la falta de las aportaciones prometidas por éstos da lugar a la disolución del vínculo social singular y no al de toda la sociedad: la consecuencia no contrasta con la importancia que, en un contrato de sociedad, adquieren los socios ilimitadamente responsables y lo demuestra la circunstancia de que en la hipótesis de la muerte, interdicción, quiebra, inhabilitación de un socio ilimitadamente responsable, el Código de Comercio sanciona desde luego, la disolución de la sociedad, pero prevé la posibilidad de continuación de la sociedad misma y la jurisprudencia considera que dicha continuación puede ser acordada aun después de haberse verificado la causa (muerte, quiebra, etc., del socio) de la disolución.

cumplida a los contratos que, como el de sociedad, son de tracto sucesivo. Principalmente, porque no es posible retrotraer materialmente las cosas al estado anterior a la celebración del contrato. Sin embargo, la doctrina hace mucho tiempo que ha solucionado este problema al sostener que, en los contratos de tracto sucesivo la resolución del mismo importa terminación del contrato o del vínculo que se pretende resolver, lo que importa únicamente negar el efecto retroactivo a la condición y no el efecto disolvente o liberatorio de la misma.

Con motivo de lo anterior, en nuestra opinión, los accionistas perjudicados tienen derecho a exigir que se les restituya el valor de sus acciones según un valor calculado mediante un procedimiento que pareciere justo aplicado a la fecha de la resolución del contrato, esto es, al momento inmediatamente anterior a la celebración de las actuaciones y contratos que infringieron el principio ya tantas veces mencionado, constatada por sentencia judicial.

236. LA RESOLUCIÓN SE PRONUNCIA CONTRA LOS ACCIONISTAS INCUMPLIDORES Y EN CONTRA DE LA SOCIEDAD

La resolución se pronuncia en contra de los accionistas involucrados en los actos contrarios a los artículos 44 y 89 de la Ley 18.046 o en contra de los accionistas que en el ejercicio del principio mayoritario perjudicaron los derechos de otros accionistas y la sociedad. Pero, como se verá, se pronuncia también en contra de la misma sociedad. Esto significa en la práctica que los demandados en el juicio de resolución serían, precisamente, estas personas naturales o jurídicas.

Se podría sostener que es extraño que la sociedad sea la demandada, cuando, por una parte, ella ha sido un mero instrumento en el incumplimiento de otros y, por otra, ella misma es un resultado jurídico del contrato que creó las obligaciones infringidas por lo que no puede ser considerada parte de una convención en la que ella no pudo consentir. Se podría agregar, también, que en el caso que el perjuicio se causara a la sociedad, la resolución se pronunciaría contra la persona que sufrió el daño, lo cual repugna a cualquier buen racionamiento o norma de justicia.

Frente a lo primero, debe concluirse que la sociedad pudo haber sido un instrumento para consumar el incumplimiento, pero los actos contrarios a las disposiciones citadas fueron celebrados por sus representantes e imputados directamente a ella como persona jurídica que es.

Frente a lo segundo, debe decirse que puede que la sociedad no haya sido parte al momento de celebrarse el contrato de sociedad, pero que ciertamente, como persona jurídica, se encuentra principalmente obligada a cumplir las obligaciones que derivan del contrato de sociedad a favor de los socios o accionistas. Si así no fuere, no vemos a quien debería demandarse por los dividendos impagos o por la cuota que le corresponda a cada accionista en una devolución de capital. No corresponde analizar cuál es el concepto de parte en una relación jurídica, pero lo que sí0 sabemos es que la sociedad era la obligada frente a los socios de no ejecutar o celebrar actos con sus personas relacionadas en condiciones contrarias a las que prevalecen habitualmente en el mercado; y que si se incumple dicha obligación, puede resolverse la relación jurídica en la que ella estaba inmersa. También sabemos que la sociedad estaba obligada frente a los socios o accionistas a no consumar actos que perjudicaran los derechos derivados del contrato social. Para ello, los demás órganos de la sociedad distintos a la junta debería haberse negado a ejecutar un acto contrario a los estatutos y, al mismo tiempo, debería haber iniciado los procedimientos tendientes a corregir dicha infracción. Al haber actuado la sociedad en forma pasiva frente a un incumplimiento, se hizo cómplice del mismo.

Finalmente, frente a lo tercero, se debe afirmar que la sociedad es la forma que se dio una colectividad de individuos para actuar en la vida jurídica, pero que, al final, los que sufren el perjuicio son esos individuos y que, cualquier argumento formal tendiente a evitar que se apliquen las normas sustantivas del ordenamiento jurídico que acuden en su protección, constituye una equivocada interpretación de dichas normas sustantivas.

Lo que se pide es la resolución de tal relación jurídica nacida de un contrato bilateral como lo es, para nuestro Código Civil, el contrato de sociedad.

Abundando sobre esta materia, el artículo 30 de la Ley sobre Sociedades Anónimas establece que los accionistas deben ejercer sus derechos respetando los de la sociedad y los de los demás accionistas. La ley se refiere a los derechos de la sociedad, pero, estos derechos de la sociedad son los que surgen para ella en virtud del contrato de sociedad, puesto que la ley no puede sino haberse referido a ellos dado que los demás derechos que pudiera tener en contra de los accionistas derivados de otras relaciones contractuales, no pueden estar reglamentados a propósito del contrato de sociedad sino a propósito de cada una de las respectivas relaciones. Entonces, tenemos que es la misma Ley 18.046 la que señala que la sociedad es titular de derechos en contra de los accionistas derivados del contrato de sociedad. Lo dicho no tiene nada de extraño si se piensa que la sociedad puede ser acreedora de sus socios por obligaciones de éstos derivadas del contrato de sociedad, por ejemplo, la obligación de los socios de pagar los aportes comprometidos. De esto se sigue, entonces, que el contrato de sociedad genera una relación jurídica en la que intervienen los socios o accionistas entre sí, los accionistas con la sociedad y algunos accionistas y la sociedad con otros accionistas.

Todas estas relaciones jurídicas se generan por el contrato de sociedad y, al intervenir la sociedad como titular de derechos y obligaciones, es parte de ese contrato y, por ende, la resolución de esas relaciones jurídicas, por incumplimiento de las obligaciones de la sociedad, se pronuncia contra ella.

Se pronuncia también contra los accionistas que fueron autores, cómplices o encubridores de los actos contrarios a los artículos 44 y 89 de la Ley 18.045, porque las disposiciones contenidas en ellos son también obligaciones del contrato de sociedad.

237. LOS EFECTOS DE LA RESOLUCIÓN FRENTE A LOS DEMÁS ACCIONISTAS DE LA SOCIEDAD QUE NO INTENTARON LA ACCIÓN RESOLUTORIA

Uno de los aspectos interesantes de considerar, son los efectos que la resolución del vínculo que une al accionista con la sociedad y con los demás accionistas provoca sobre los estos últimos, los cuales son víctimas del incumplimiento contractual del accionista involucrado en los actos contrarios a los artículos 44 y 89 de la Ley 18.046, al igual que el accionista que solicita la resolución.

Sobre este particular, debe decirse que esta resolución afecta a estos accionistas, pues se obligaría a la sociedad a restituir el aporte del accionista demandante, con lo que la sociedad se haría más pobre y, a través de ella, los demás accionistas de la sociedad. Este resultado se encuentra en conflicto con el principio de que ninguna resolución judicial puede afectar a nadie que no haya sido parte en el juicio ni menos podría dictarse en contra de personas que son o resultan ser absolutamente inocentes de cualquier incumplimiento contractual y, con mayor razón, si son también víctimas del mismo incumplimiento.

Pero como hemos sostenido precedentemente, la resolución se pronuncia contra la sociedad y los accionistas involucrados en los actos contrarios a los artículos 44 y 89 de la Ley 18.046, por el incumplimiento del contrato de sociedad. Por lo mismo, si todos ellos fueron causantes del incumplimiento, todos ellos serían responsables ante los demás accionistas no involucrados del empobrecimiento de la sociedad y, por consiguiente, serían responsables ante dichos accionistas de reponer a la sociedad el valor de lo que haya debido restituirse al socio o accionista que solicitó y obtuvo la resolución del vínculo que lo unía con dicha sociedad y los demás accionistas. En el fondo, esto quiere decir que los accionistas inocentes tendrían una acción en contra de los culpables para solicitar la indemnización de perjuicios pertinentes.

CAPÍTULO OCTAVO

EXTINCIÓN DE LA PERSONALIDAD JURÍDICA

238. CONCEPTOS GENERALES

Tradicionalmente se han clasificado las causas de extinción de las personas jurídicas con base corporativa en tres: desaparición de la asociación; falta de fin, y pérdida de la capacidad jurídica.

A) Desaparición de la asociación

La asociación puede desaparecer por las siguientes causas: Por desaparecer los sustratos que la componen; por disolución de la asociación, y por perder su identidad.

1° **Desaparición del sustrato.** El sustrato de la persona jurídica con base corporativa con sus asociados o miembros. Si todos ellos desaparecen, resulta evidente que la entidad se destruye, pues la personalidad jurídica no puede quedar pendiendo en el vacío.

2° **Disolución de la asociación.** Tomando en consideración que la personalidad jurídica es una forma concedida a los particulares para la mejor consecución de sus objetivos, si éstos disuelven la asociación, resulta obvio que, junto con ella, se pierda la personalidad jurídica que ostentaba. Lo anterior, que resulta plenamente efectivo en relación con las sociedades, no lo es tanto con respecto a las corporaciones, pues éstas no pueden disolverse por sí mismas sin la aprobación de la autoridad que legitimó su existencia.

3° **Pérdida de su identidad.** La asociación pierde su identidad porque es absorbida por otra asociación, porque se fusiona con otra, o porque se fracciona o divide en varias partes, cada una con personalidad jurídica propia.

B) Falta de fin

La asociación se extingue también porque su objeto desaparece. Ello sucede en tres casos: porque se ha consumado; porque se ha hecho imposible, y porque se hace ilícito.

1° **Consumación del fin.** La asociación se extingue por el hecho de haberse obtenido su objeto, a menos que éste se transforme, consistiendo en adelante en su conservación.

2° **El fin se hace imposible.** La imposibilidad puede ser absoluta o relativa. Es absoluta cuando el fin no se puede lograr por nadie; es relativa, cuando dicho fin no lo puede conseguir la asociación, atendidos sus medios. Este segundo caso es el más frecuente; y suele estar constituido en la práctica por la pérdida del patrimonio de la asociación o por su insolvencia.

3° **El fin se hace ilícito.** Si el objeto de la persona jurídica contraviniere a la ley o al orden público o a las buenas costumbres resulta obvio que la personalidad debe desaparecer.

C) Pérdida de la capacidad jurídica

En estos casos, la personalidad de la entidad es suprimida por acto de la misma autoridad que se le concedió.

Las personas jurídicas con base fundacional pueden extinguirse por desaparecer su sustrato; esto es, por destruirse los bienes destinados a su mantención; por haber logrado su fin o por hacerse éste imposible o ilícito, o por perder su capacidad jurídica.

239. CÓMO OPERA LA EXTINCIÓN

La extinción de la personalidad jurídica puede ser instantánea o sucesiva, esto es, puede extinguirse en el momento preciso en que ha incidido la causal de extinción o, por el contrario, puede iniciarse su extinción en un momento determinado, continuando, sin embargo, viva la entidad hasta su extinción total.

La extinción de la personalidad jurídica de una entidad es instantánea cuando otra persona la sucede en todos sus derechos y obligaciones, cosa que ocurre en los casos de absorción, fusión, adquisición en una sola mano de todas las participaciones sociales, etc.

La extinción de la personalidad jurídica se produce en forma sucesiva, en todos los casos en que es menester proceder a la liquidación del patrimonio de la entidad. En estos casos, las personas jurídicas no mueren en el instante en que interviene la causa extintiva, sino que solamente, desde ese instante, se modifica su objeto: la entidad se transforma en un ente en liquidación y asume su nombre. Desde ese instante preciso se dedica única y exclusivamente a agotar, concluir, las relaciones jurídicas pendientes y a producir la conversión de los bienes en dinero para el pago de los acreedores. En todos estos casos, la personalidad jurídica sólo se extingue consumada la etapa de liquidación.

Esta ultima conclusión ha sido discutida en Chile, para el caso de las sociedades civiles, ya que a su respecto rige el artículo 2115 del Código Civil que expresa: «Disuelta la sociedad se procederá a la división de los objetos que componen su haber. Las reglas relativas a la partición de los bienes hereditarios y a las obligaciones entre los co-herederos, se aplican a la división del caudal social y a las obligaciones entre los miembros de la sociedad disuelta, salvo en cuanto se opongan a las disposiciones de este título».

Ahora bien, de la disposición transcrita se ha pretendido que la disolución de la entidad trae, ipso jure, la transformación de la sociedad en una comunidad en la cual los socios son copropietarios indivisos y al mismo tiempo la extinción de la personalidad civil y de la razón social.(303)

La Corte Suprema, sin embargo, en sentencia de fecha 20 de diciembre de 1956(304) ha sentado otra doctrina. En efecto, en el caso de una sociedad de responsabilidad limitada constituida para la explotación de un predio agrícola ha señalado que «la sociedad que se disuelve por vencimiento del plazo no desaparece: sigue subsistiendo su personalidad jurídica hasta su total extinción».

Dicha sentencia agrega que la disolución no produce entre los socios una comunidad sobre los bienes sociales, ya que estos pertenecen en dominio a la sociedad.

Estamos en completo acuerdo con la sentencia antes transcrita. En efecto, el artículo 2115 del Código Civil se refiere, única y exclusivamente, a las reglas que se deben aplicar para la división de los objetos que componen el haber de la sociedad, esto es, para distribuir el caudal social entre los socios. Pero esta operación supone, ciertamente, haber liquidado ya la sociedad, esto es, supone que las acreencias de los terceros para con la compañía se han extinguido. En este sentido, resulta obvio que, después de liquidada la sociedad se extinga su personalidad y, resulta obvio, también, que los bienes que resten a esa operación se posean en comunidad entre los socios y que se distribuyan conforme a las reglas de la participación de bienes. Pero lo anterior no significa, en manera alguna, que durante el proceso de liquidación de la sociedad ésta haya perdido su personalidad jurídica.

240. EXTINCIÓN EN LAS CORPORACIONES Y FUNDACIONES

La teoría clásica de la ficción enseña que, como el Estado es el único que tiene derecho a crear a la persona jurídica, sólo él puede destruirla. De lo que se concluye que no existe la posibilidad de una disolución voluntaria, de una renuncia a la personalidad jurídica.

Y por este mismo motivo, la teoría de la ficción postula, también, que aunque todos los elementos del sustrato hayan desaparecido, el Estado puede siempre mantener la vida de la corporación o de la fundación de beneficencia pública.

Ahora bien, el Código Civil sigue en esta materia, casi en términos explícitos, los postulados de la teoría de la ficción antes mencionados.

En efecto de acuerdo con lo dispuesto por el artículo 559 del Código Civil, «las corporaciones no pueden disolverse por sí mismas, sin la aprobación de la autoridad que legitimó su existencia. Pero pueden ser disueltas por ellas, o por disposición de la ley, a pesar de la voluntad de sus miembros, si llegan a comprometer la seguridad o los intereses del Estado, o no corresponden al objeto de su institución».

En otras palabras, los miembros de la corporación no pueden decidir sobre la extinción de la corporación misma. Esa facultad sólo la tiene el Estado que fue el único ente que pudo decidir sobre su existencia.

Sin embargo, ni el Estado ni el orden jurídico pueden obrar arbitrariamente. La parte final del artículo 559 del Código Civil establece, precisamente, dos causales por las cuales el

(303) Corte de Talca, 13 de julio de 1914, G. 1914, julio-agosto N°367, p. 1033; Corte de Talca, 24 de marzo de 1925, G. 1925, 1er. semestre, N°91, p. 616.
(304) Corte Suprema, 20 de diciembre de 1956, Rev. tomo 54, sec. 1ª, pág. 167.

orden jurídico o la autoridad administrativa pueden disolver las corporaciones o fundaciones ya creadas. Estas causales son:

a) Cuando la corporación o fundación comprometa la seguridad o los intereses del Estado, y

b) Cuando no corresponda al objeto de la institución.

El artículo 25 del Reglamento sobre Concesión de Personalidad Jurídica ha reglamentado más detalladamente la disposición del Código Civil en comentario. En efecto, el citado artículo establece que «el Presidente de la Republica podrá cancelar la personalidad jurídica a una corporación [o fundación] en el momento en que la estime contraria a las leyes, al orden público o a las buenas costumbres, o no cumpla con los fines para la que fue constituida o incurra en infracciones graves a sus estatutos. No obstante, podrá dejarse sin efecto esa medida si se probare, dentro de los tres meses siguientes de la fecha de publicación del decreto de cancelación, que fue producto de un error de hecho.

La corporación tampoco se extingue por sí misma cuando se haya destruido íntegramente su sustrato, esto es, cuando hayan perecido todos los miembros de la corporación y los estatutos no hubieren prevenido el modo de integrarla o renovarla en tales casos.

El art. 560 del Código Civil establece: «Si por muerte u otros accidentes quedan reducidos los miembros de una corporación a tan corto número que no puedan ya cumplirSE los objetos para que fue instituida, o si faltan todos ellos, y los estatutos no hubieren prevenido el modo de integrarla o renovarla en estos casos, corresponderá a la autoridad que legitimó su existencia dictar la forma en que haya de efectuarse la integración o renovación».

En lo que se refiere a las fundaciones rigen iguales principios a los precedentemente expuestos. Sin embargo, la fundación perece, por el solo ministerio de la ley, por la destrucción de los bienes destinados a su mantención (art. 564 del Código Civil).

241. DESTINO DE LOS BIENES DE LAS CORPORACIONES Y FUNDACIONES EXTINGUIDAS

La teoría de la ficción sostiene que los bienes de las personas jurídicas extinguidas pasan a pertenecer al Estado, por cuanto todos los cuerpos morales son órganos del Estado que ha confiado a ellos un servicio público; por lo que, suprimido el ente, los bienes retornan al Estado y por consiguiente quedan a la disposición de la Nación.

Nuestro Código Civil siguió, en parte, los principios mencionados. En efecto, de acuerdo con lo dispuesto por el art. 561 del Código Civil: «Disuelta una corporación, se dispondrá de sus propiedades en la forma que para este caso hubieren prescrito sus estatutos; y si en ellos no se hubiere previsto este caso, pertenecerán dichas propiedades al Estado, con la obligación de emplearlas en objetos análogos a los de la institución. Tocará al Presidente de la Republica señalarlos».

De modo que se deben distinguir dos casos: Si los estatutos de la corporación o fundación hubieren establecido el destino que debe dársele a los bienes, una vez que ésta se extingue, deberá estarse a este destino y el Presidente de la República no podrá intervenir en esta materia. Si por el contrario, los estatutos nada hubieren dicho sobre el particular, los bienes pasan a propiedad del Estado, pero éste no podrá emplearlos en objetos distintos a los que la persona jurídica tenía previstos como fin, correspondiendo al Presidente de la Republica señalar en definitiva cuáles son esos fines.

ÍNDICE ALFABÉTICO DE MATERIAS

A

P

Q

R

S

T

U

V

BIBLIOGRAFÍA

ABELENDA, CÉSAR AUGUSTO: *Derecho Civil, Parte General,* Editorial Astrea, Buenos Aires, 1980.

ALESSANDRI, ARTURO: *Tratado Práctico de las Capitulaciones Matrimoniales,* Editorial Nascimento, Santiago, 1936.

ALESSANDRI, ARTURO: *De la Responsabilidad Extracontractual en el Derecho Civil Chileno,* Editorial Universitaria, Santiago.

ALESSANDRI, ARTURO: *La Autocontratación o el acto jurídico consigo mismo.* Revista de Derecho y Jurisprudencia, Tomo XXVIII. Santiago, 1931.

ALESSANDRI BESA, ARTURO: *De la Nulidad y la Rescisión en el Derecho Chileno,* Ediar Editores S.A., segunda Edición, Santiago.

ALSINA, HUGO: *Tratado Teórico y Práctico de Derecho Procesal, Civil y Comercial,* Tomo II, Editorial Compañía Argentina de Editores, Buenos Aires, 1941.

ASCARELLI, TULIO: *Sociedades y Asociaciones Comerciales,* Ediar S.A., Editores Buenos Aires, 1947.

BARASSI, LUDOVICO: *Instituciones de Derecho Civil,* Tomo I, Cuarta Edición, Editorial Bosch, Barcelona.

BAEZA; SERGIO: *Sociedades Mercantiles de Personas,* Editorial Jurídica de Chile, Santiago, 1977.

BERLE, ADOLF & GARDINER JEANS: *The Modern Corporation and Privete Property.*

BOINDI, BIONDO: *Los Bienes,* Editorial Bosch, Barcelona, 1961.

BORDA: *Tratado de Derecho Civil Argentino,* Tomo I, Editorial Depalma, Buenos Aires, 1959.

BRUNETTI: *Tratado del Derecho de las Sociedades,* Tomo III, Unión Tipográfica, Editorial Hispano americana, Buenos Aires, 1969.

BUSTAMANTE, LUIS: *El Patrimonio. Dogmática Jurídica,* Editorial Jurídica de Chile Santiago, 1979.

CLARO SOLAR, LUIS: *Explicaciones de Derecho Civil Chileno y Comparado,* Editorial Jurídica de Chile, Santiago, 1079.

CASTAN TOBEÑAS, JOSÉ: *Derecho Civil Español, Común y Foral,* Tomo I, Instituto Editorial Reus, Madrid, 1955.

Clemente De Diego, Felipe: *Instituciones de Derecho Civil Español,* Madrid, 1959.

Concha Gutierrez, Carlos Eliseo: *Responsabilidad Civil del Empresario.* Facultad de Derecho Universidad de los Andes. Federico McKay Alliende, editor. Cuadernos de Extensión, 1996

Cox D., James: *Corporations.* Editorial Advisory Borrad, 1997.

De Sola Cañizares, Felipe: *Tratado de Derecho Comercial y Comparado,* Tomo III, Editorial Montaner y Simón S.A., Barcelona, 1963.

Del Rio, Raimundo: *Elementos de Derecho Penal,* III, Editorial Nascimento, Santiago, 1936.

Dunker: *Nacionalidad de las Personas Jurídicas,* Artículo publicado en la Revista de Derecho y Jurisprudencia, Tomo 42.

Enneccerus, Ludwig: *Derecho Civil, Parte General,* Editorial Bosch, Buenos Aires 1948, Tomo I.

Ferrara, Francisco: *Teoría de la Persona Jurídica,* Editorial Bosch, Barcelona, 1943.

Ferrara, Francisco: *La Simulación en los negocios Jurídicos,* Editorial Revista de Derecho Privado, Madrid, 1961, Chile

Ferrara, Francisco (Hijo): *Sociedades y Empresarios,* Editorial Revista de Derecho Privado, Madrid.

Galecio, Rubén: *Ensayo de una Teoría de los Derechos Eventuales,* Editorial Nacimento, Santiago.

Gatti, Hugo: *Pesonas I,* Editorial Acalli, Montevideo, 1977.

Guzman Y Millán: *Curso de Derecho Internacional Privado,* Editorial Jurídica de Chile, Santiago, 1973.

Josserand, Luis: *Derecho Civil,* Ediciones Jurídicas Europa-América, Bosch y Cía. Editores, Buenos Aires, 1959.

Kelsen, Hans: *Teoría Pura del Derecho,* Editorial Universitaria de Buenos Aires, Argentina, 1960.

Kelsen, Hans: *Teoría General del Estado,* Editorial Nacional, México, 1965.

Labatut, Gustavo: *Manual de Derecho Penal,* Santiago, 1948.

Legaz Y Lacambra, Luis: *Introducción a la Ciencia del Derecho,* Editorial Bosch, Barcelona, 1943.

Lehmann, Heinrich: *Tratados de Derecho Civil,* Editorial Revista de Derecho Privado, Madrid, 1956.

Leon Hurtado Avelino: *La Voluntad y la Capacidad de los Actos Jurídicos,* Editorial Jurídica de Chile, 1963.

Leon Hurtado Avelino: *La Causa,* Editorial Jurídica de Chile, 1963.

Mazeaud, Jean Y Henri León: *Lecciones de Derecho Civil,* Ediciones Jurídicas Europa. América, Buenos Aires, 11959.

Mazeaud-Tunk, Henri León y André: *Tratado Teórico y Práctico de la Responsabilidad Civil,* Ediciones Jurídicas Europa-América, Buenos Aires, 1963.

Messineo, Francisco: *Manual de Derecho Civil y Comercial,* Ediciones Jurídicas Europa-América, 1971.

Novoa, Eduardo: *Derecho a la Vida Privada y Libertad de Información,* Siglo Veintiuno Editores S.A., México. 1979.

Orgaz, Alfredo: *Personas Individuales,* Ediciones Depalma, Buenos Aires, 1946.

Palma, Gabriel: *Derecho Comercial,* Editorial Nascimento, Santiago, 1941.

Pedrol, Antonio: *La Anónima Actual Situación de Acciones,* Editorial Revista de Derecho Privado, Madrid, 1969.

Pfeffer Urquiaga, Francisco: *Nuevas Regulaciones en las Tomas de Control y Oferta Pública de Adquisición de Acciones.* Revista Chilena de Derecho, Volumen 28 N° 1.

Pescio, Victorio: *Manual de Derecho Civil,* Tomo III, Editorial Jurídica de Chile, Santiago.

Polo, Eduardo: *Reflexiones sobre el Régimen de Quórums y Mayorías en los Órganos Colegiados de las Sociedades Anónimas,* Artículo publicado en la Revista de Derecho Mercantil, año 1973, números 128 y 129.

Puig Peña: *Tratado de Derecho Civil Español,* Tomo I, Editorial Revista de Derecho Privado, Madrid, 1958.

Radbruch, Gustavo: *Filosofía del Derecho,* Editorial Revista de Derecho Privado, Cuarta Edición, 1959.

Ripert, Georges: *Tratado Elemental del Derecho Comercial,* Tipográfica Editora Argentina, Buenos Aires, 1954.

Rodriguez Grez, Pablo: *Responsabilidad Extracontractual.* Editorial Jurídica de Chile, 1999.

Rubino, Doménico: *El negocio Jurídico Indirecto,* Editora Revista de Derecho Privado, Madrid.

Salvat, Raimundo: *Tratado de Derecho Civil Argentino,* Tomo II, Editorial Depalma, Buenos Aires, Octava Edición, 1947.

Savigny, Federico Carlos: *Sistemas del Derecho Romano Actual,* F. Góngora y Compañía Editores, Madrid, 1872

Santoro Passarelli, Francesco: *Doctrinas Generales de Derecho Civil,* Editorial Revista de Derecho Privado, Madrid, 1964.

Serick, Rolf: *Apariencia y realidad de las Sociedades Mercantiles,* Editorial Ariel, Barcelona, 1958.

Stitchkin, David: *El Mandato Civil.* Editorial Jurídica de Chile, 1975.

Somarriva, Manuel: *Derecho de Familia,* Editorial Nascimento, Santiago, 1963.

Soria, Carlos: *Derecho a la Información y Derecho a la Honra,* A.T.E., Barcelona, 1981.

Stambler, Rudolf: *Tratado de Filosofía del Derecho,* Editorial Reus S.A., Primera Edición, 1930.

Stitchkin, David: *Curso de Derecho Civil Profundizado,* Teoría General del Patrimonio, Santiago, 1974.

Stitchkin, David: *Derecho Civil. Apuntes de sus Clases,* Tomo II, Parte General, 1960.

Vergara, Juan De Dios: *Fraude a la Ley en el Derecho Privado Interno,* Memoria de Prueba, 1958.

Vidal Martines, Jaime: *La Protección de la Intimidad de la Persona en el Ordenamiento Positivo Español,* Artículo en la Revista de Derecho Privado, Julio y Agosto 1980.

Vodanovic, Antonio: *Curso de Derecho Civil, Parte General y de los Sujetos de Derecho,* Segunda Parte, Editorial Nascimento, Santiago.

Von Ihering, Rudolf: *El Espíritu del Derecho Romano,* Tomo IV, Casa Editorial Bailly-Barilliere, Madrid, Quinta Edición.

Von Thur, Andreas: *Derecho Civil. Teoría del Derecho Civil Alemán,* Editorial Depalma. Buenos Aires, 1946.

Made in the USA
Monee, IL
18 October 2026

66035469R00178